北京大學中國古文獻研究中心叢刊
甲編第一種

劉玉才　張學謙 ◎主編

禮學文本的成立、經典化與詮釋論集

北京大學出版社
PEKING UNIVERSITY PRESS

圖書在版編目 (CIP) 數據

禮學文本的成立、經典化與詮釋論集/劉玉才，張學謙主編. - - 北京：北京大學出版社，2024.8.
　ISBN 978-7-301-35315-8
Ⅰ. K892.9
中國國家版本館 CIP 數據核字第 2024MM8543 號

書　　　名	禮學文本的成立、經典化與詮釋論集
	LIXUE WENBEN DE CHENGLI、JINGDIANHUA YU QUANSHI LUNJI
著作責任者	劉玉才　張學謙　主編
責 任 編 輯	吳冰妮
標 準 書 號	ISBN 978-7-301-35315-8
出 版 發 行	北京大學出版社
地　　　址	北京市海淀區成府路 205 號　100871
網　　　址	http://www.pup.cn　新浪微博：@北京大學出版社
電 子 郵 箱	編輯部 dj@pup.cn　總編室 zpup@pup.cn
電　　　話	郵購部 010-62752015　發行部 010-62750672　編輯部 010-62756449
印 刷 者	北京聖夫亞美印刷有限公司
經 銷 者	新華書店
	720 毫米 ×1020 毫米　16 開本　24.5 印張　372 千字
	2024 年 8 月第 1 版　2024 年 8 月第 1 次印刷
定　　　價	98.00 元

未經許可，不得以任何方式複製或抄襲本書之部分或全部內容。
版權所有，侵權必究
舉報電話：010-62752024　電子郵箱：fd@pup.cn
圖書如有印裝質量問題，請與出版部聯繫，電話：010-62756370

教育部人文社會科學重點研究基地重大項目
"儒家經典整理與研究"〔19JJD750001〕成果

前　言

　　2022年12月10日至11日,由北京大學中國古文獻研究中心、北京大學中文系中國古典學平臺、北京大學人文學部主辦的"禮學文本的成立、經典化與詮釋"學術研討會在綫上舉行。來自北京大學、清華大學、中國社會科學院文學研究所、浙江大學、武漢大學、同濟大學、華東師範大學、南京師範大學、東北師範大學、河南大學、鄭州大學的20餘位學者參加了會議,60餘位專家與青年學子綫上旁聽了會議。禮學是中國古典學術的重要組成部分,而禮學文本則是禮學研究的基礎。本會議旨在組織禮學研究者,從禮學文本的成立、經典化與詮釋等方面深入探討相關議題,以推進禮學研究的多維度發展。

　　12月10日上午,研討會開幕式由北京大學中文系、北京大學中國古文獻研究中心劉玉才教授主持。劉玉才教授代表主辦方對各位與會專家表示熱烈歡迎。他指出本次會議具有特别意義,2016年北京大學中文系承辦了北京大學人文論壇第一場研討會,本次研討會爲人文論壇第一百場,再次由北京大學中文系承辦。

　　北京大學中文系主任杜曉勤教授爲會議開幕式致辭。他認爲本次會議具有多重意義,對中文系來説,它是中國古典學平臺年度大型學術活動的最後一場,有曲終奏雅之意。杜教授介紹了北京大學中文系中國古典學學科平臺情況,中國古典學學科平臺是北京大學中文系三大學科建設平臺之一,也是最早成立、運行的學科建設平臺,其建立宗旨爲立足於研究中國古代人文經典作品,强調由古典語文學切入,以文本考察爲中心,包括三個方面的研究内容:第一,古典語文學研究,即對中國古代人文經典中的文字、音韻、訓詁、語法、格律等各方面展開基礎訓練和系統研究;第二,中國古典文獻學研究,即對中國古代人文經典著作進行版本、目録、校勘、辨僞等方面的研究;第三,中國古典文學研究,即對古典文學經典作品進行藝術分析與思想闡釋，另外古典學術史、古典藝術史作爲古典學術思想和藝術的呈現，也是本學科研究的重要方面。最後，杜教授指出由中國古典學學科平臺副主任劉玉才教授和張學謙老師組織的本次學術會議，正充分體現了我們對中國古典學的理解。本次會議主題由"禮學""文本""文獻""經典化""闡釋"五個關鍵詞組成，涵蓋文獻形態的研究、文本考據與分析、歷代思想闡釋、中國社會生活方式影響等方方面面，這是一個真正系統性、有機性的中國古典學研究的話題。諸位先進提交的論文各有妙見，相信本次會議會討論熱烈，取得圓滿的成功。

北京大學中國古文獻研究中心主任廖可斌教授發表致辭，他認爲由於中國古代特有的生產方式、政治體制、社會結構、文化體系等方面因素的影響，禮在中國古代社會具有非常重要的地位。它涉及民俗、倫理、政治、法律、文學、教育等多個方面，體現爲禮俗、禮儀、禮樂、禮制、禮教、禮法、禮學等，構成了極其豐富的禮文化。廖教授梳理了"二十四史"中《禮志》《刑法志》的設置，指出各朝正史中各種專書、專志的設置情況，並不一定與社會和國家治理的實際情形完全對應，但其間無疑存在一定程度的相關性，至少反映了當時人們對於社會和國家治理的思想觀念。這是中國古代社會和國家治理中特別重禮、或者說重禮輕法的一種表徵。廖教授表示，他贊同劉玉才教授提出"對中國古代經學文獻的研究，應立足於堅實的文獻考辨，同時不能僅就經典論經典，而應具有問題意識，將經典放在中國古代歷史、古代社會生活的背景中進行考察"的説法，他認爲本次研討會將禮學文獻的變化放在中國社會歷史發展的動態過程和複雜環境中進行考察，同時通過觀察禮學文獻的變化，折射中國古代社會歷史的變化，將打通文獻研究與歷史文化研究。諸位禮學研究專家、青年學者的熱烈討論，一定會對新時期的禮學研究起到重要推動作用。

劉玉才教授對於會議的旨趣進行了説明。爲紀念北京大學古典文獻專業建立60週年，2019年北京大學中文系舉辦了中國古典文獻學新生代研討會，會議以"版本目録學面臨的機遇與挑戰"爲主題，圍繞實物版本學與文本校勘學的分野、新文化史背景下的書籍史研究等話題展開，探討如何在版本目録學領域做出新的突破、實現傳統學術的傳承與創新，並計劃後續開展一系列學術活動。本次研討會即爲原計劃的學術活動的重要組成部分，會議選擇禮學文本爲切入點,關注文本的生成、經典化的過程及其歷代闡釋。之所以選擇這一主題,是基於從文獻學角度對禮學研究的反思、古典語文學研究方法的啓示以及簡帛文獻新材料和數字人文提供的研究空間。衆所周知,近一二十年,禮學研究在文獻整理、名物考釋、制度解構、禮儀實踐等方面取得了豐碩成績,日益成爲傳統學術研究最爲活躍的部分,但是禮學作爲經學的屬性依然根深蒂固,關注經學史、經學文獻的研究仍然占據較高比例。相對而言,結合考古名物的實證研究、出經入史的禮制研究等,提供了更爲開闊的詮釋視野,也更能體現多維交叉的現代學術屬性。現在學界有回歸文本、回歸古典語文學的提倡,而古典文獻學不應局限於文獻表象的著録、描述、發掘整理,而是應經由語言文字路徑深入文本,探究文本生成、變異、詮釋、理解的過程,最後達至解釋文本意義的目的。本次會議聚焦於禮學文本的成立、經典化與詮釋,提倡以解釋文本構成與意義爲宗旨,而禮學文本的歷史語境還原解讀無疑是深入研究的基礎,也是目前研究的薄弱環節。近些年,諸如上博簡和郭店簡《緇衣》、安大簡《仲尼曰》、清華簡《參不韋》等文獻的發現,爲禮學文本的成立、選擇、詮釋提供了許多新材料。根據這些新材料,可以重新審視傳世文獻複雜的文本生成過程。同時,數字人文的長足進步,又爲通過算法技術離析文本層次、比對互文、串聯文本提供了輔助手段。本次會議對以上諸多重要論題展開討論,必能拓展禮學研究的視野,使禮學研究走向更開闊、更深入的空間。

其後,由北京大學中文系程蘇東副主任主持,賈海生、王鍔、曹建墩、吴飛教授做了主題發言。

浙江大學古籍研究所賈海生教授發言題爲《兩見於文獻與銘文的廟見之禮》。廟見之禮是古時婚禮中夫之父母雙亡或偏亡的情況下,來婦必須踐行的禮典。賈海生教授梳理了傳世文獻和銅器銘文所記載的廟見之禮的儀節、所涉名物、特點、禮義,指出文獻所見廟見之禮是以筓奠菜,銘文反映的廟見之禮則是以器饋食,相關的儀節等也各不相同。雖然禮典的面貌不同,相同的禮義則是來婦通過廟見之禮受室事於已亡的父母而與其夫共承宗廟。在此基礎上,賈海生教授又進一步爲廟見之禮溯源,將西周以降的廟見之禮追溯到殷商舊禮而非周禮的創舉,同時銘文稱廟見已亡的夫之父母爲姑公,反映了母系交表婚;文獻稱廟見已亡的夫之父母爲舅姑,反映了雙系交表婚，二者皆是承載了歷史記憶的舊稱。

南京師範大學文學院王鍔教授發言題爲《從〈禮記·儒行〉看先秦儒、士關係》。王鍔教授從《儒行》的内容説起，將孔子所講儒者品行概括爲澡身浴德、仁義忠信等六大特點。緊接着，他排比《周禮》《説文解字》等文獻，梳理了"儒"的含義，指出先秦對於"儒"有小人儒、君子儒之分，《儒行》之儒是君子儒，即《荀子·儒效》所謂之"大儒"。"士"原指主斷刑獄之官，其身份在先秦時期不斷變化，成爲"四民"之首。在孔子所處的時代，儒、君子、士在很大程度上是指同一類型之人，注重品德修養，學習六藝，通古今之道。最後，王鍔教授揭示《儒行》對於中華文化的影響，歷代不僅刻印、賞賜《儒行》，更涌現出《儒行解》等一批注解之作。《儒行》所倡導的澡身浴德、博學篤行、守道不阿、剛毅不屈的君子儒之精神，至今仍值得發揚光大。

河南大學歷史文化學院曹建墩教授發言題爲《〈禮記〉禮義闡釋的結構與範式》。曹建墩教授表示，東周時因禮崩樂壞，思想家對禮的思考也日漸增多，逐漸呈現理論化趨勢，既有外在因緣，也有内在的邏輯發展。儒家後學對禮的理論闡釋主要集中在《禮記》一書，《禮記》的理論化主要是"禮義"闡釋，分爲兩個層面，一是禮本體相關闡釋，一是從人踐履這一主體闡釋，主要從人性情、道德等角度闡釋禮的義理。曹建墩教授比較了孟子、荀子對"禮義"的闡釋以及簡帛《五行》對禮的闡釋，將《禮記》闡釋結構分爲天人二元，禮在其中承擔"天人"二元連接功能。

北京大學哲學系吴飛教授發言題爲《"禮者天理之節文"平議——從文質論的角度看》。"禮者，天理之節文"，是朱子對理、禮關係的著名界定。吴飛教授從清儒戴震、凌廷堪等人對朱子的批評切入，追溯了先秦經子文獻中禮、理二字的含義，指出它們都屬於文質論的討論範疇，理作爲内在紋理，與作爲外在文飾的禮文，都是針對人情質實的節文。宋代張載、二程以後，由於對天理的強調，對禮、理關係的討論有所變化，朱子則堅持了"理"的文質論含義，但其"節文"的用法，卻與先秦多數文獻中的"節文"用法多有不同。節謂等差，文謂文采，因而，其"禮者，天理之節文"之説，雖使用了文質論語言，卻並非傳統的文質論結構，真正含義是：理是生生質實的文理，禮則是實現天理的實踐方式。

研討會第一場由清華大學歷史系馬楠副教授主持。鄭州大學文學院王勇的報告《論神、主與王權的關係》,指出神是純觀念的產物,但在現實中它必依附於一定的人或物身上,才能爲人所崇拜;神所依託的現世人物,就是主。通過混淆神與主,當權者可以把他們自己的意志僞裝爲"主"的意志,進而僞裝成神的意志。王權正是通過這樣的手段,從巫那裏竊取了神權。同濟大學人文學院徐淵的報告《從武威漢簡〈儀禮〉再談〈喪服〉〈服傳〉的成書及古今文問題》,否定了沈文倬先生關於《服傳》成書等説法,他進一步考證出《服傳》成書大概在西漢初至漢宣帝甘露三年石渠閣會議之間,之後一直單篇流傳,其經傳合編的時代要晚到東漢末期馬融、鄭玄的時代。即使當時注家將經傳合編,也仍視《服傳》爲《儀禮》的記傳,因此並未對其古今異文作注。北京大學中文系杜以恒的報告《武威漢簡〈儀禮〉經學價值發覆——從簡本〈儀禮〉的符號談起》,指出武威漢簡《儀禮》大部分符號的作用是劃分《儀禮》儀節,其承載的《儀禮》分節體系是西漢《儀禮》文本的重要組成部分,較爲通行。漢簡分節與賈公彥、朱熹等後世注家之分節多有共識,但其精細程度遠超後人,反映出西漢經師對《儀禮》用功之深、琢磨之細。漢簡分節粗疏之處亦多,其體系性、準確性仍有不及後世經解之處。

  研討會第二場由中國社會科學院文學研究所部同麟副研究員主持。清華大學中國經學研究院張濤的報告《論禮容與漢儀應當歸復漢代禮經傳習脈絡》,對洪業、沈文倬關於徐生、高堂生傳禮問題之研究加以反思,他認爲文帝至昭帝百年之間,徐生師弟子影響更大,高堂生作爲標誌人物,地位固不可動搖,但對徐生禮容之學也應予以更多重視。不得應用學理類型劃分將歷史中的經師嚴格區別爲兩大陣營,而應採取開放多元的視角來觀察漢初禮學。武漢大學文學院覃力維的報告《大戴〈禮經〉家法的重構與解釋》,以《禮經》篇次之説爲切入點,指出清代重視大戴篇次者,建構出一套超出具體禮儀的禮義系統,其思路大致有兩種:一是大戴《禮經》篇次符合漢代今文禮家"推致"之法,代表學者爲黄以周;一是大戴篇次與五倫合轍,邵懿辰首倡此義。二説影響深遠,尤其邵懿辰之説更爲巧妙。武漢大學中國傳統文化研究中心朱明數的報告《韋玄成"五廟而迭毁"説與西漢廟制變革》,通過考察元、成、哀、平廟制變革,考證出韋玄成實主"五親廟迭毁"之制,史皇孫居昭、宣之間,爲元帝五親廟之一。韋氏此説既有經學依據,更可利用當時的宗法觀念,有效回應史皇孫"上序昭穆"的爭議。元、成間,"五親廟迭毁"

制迭經反復,未能久行,後終被"立親廟四"制度所取代。

研討會第三場由華東師範大學古籍研究所張文副研究員主持。清華大學歷史系馬楠的報告《黃龍十二博士新考》,認爲舊説"爲博士則能立博士"的判斷依據不能成立,"立博士"的判斷標準應爲章句學説得到官方認可,未必實有其人"爲博士"。據此《詩》齊、魯、韓三家有章句,立博士在元、成之時,宣帝黃龍十二博士爲《詩》一家,《禮》后氏、大小戴三家,合《書》三家、《易》三家、《春秋》二家。武漢大學中國傳統文化研究中心范雲飛的報告《禮書乎?史志乎?——論〈通典〉禮議的文本來源與性質》,全面比勘了《通典》與各代史志,揭剥、離析其文本層次,考證出《通典》魏晉禮議大部分録自六朝禮書,尤其是庾蔚之《禮論鈔》。而禮議文本本身也具有非常豐富的層次,其主要取材範圍包括高堂隆《魏臺雜訪議》《魏名臣奏》等書。但杜佑大多不能親見六朝專門禮書,只能通過當時較爲通行的綜合類禮書轉引。清華大學出土文獻研究與保護中心李卿蔚的報告《宋代禮圖文獻的研究價值及"以圖釋禮"的核心目的》,以宋代禮圖文獻爲研究對象,探討了禮圖的生成及研究價值等問題。她認爲聶崇義《新定三禮圖》所載禮器的形制來源大多有所依憑,禮圖與出土實物之間存在差異的根本原因在於禮圖書"以圖釋禮"的本質屬性,所以不能簡單地以出土器物證禮圖之正誤,或以圖釋正誤與否來評判其書之優劣。

研討會第四場由同濟大學人文學院徐淵副教授主持。北京大學中國古代史研究中心李霖的報告《重審〈三禮注〉與〈毛詩〉之關係:以〈鄭志·答炅模〉爲中心》,反思了"鄭玄注《禮》在先,未得《毛詩》,用三家《詩》"這一問題,他表示此説將鄭學内部的注、箋之異,轉化爲與鄭玄無關的三家《詩》與《毛詩》之别,從而擱置了問題。而這一説法源自《鄭志·答炅模》,但與《鄭志》所述"注《禮記》時未得《毛傳》"並不一致。他通過《禮記》《毛詩正義》對鄭答炅模的六處引述,恢復了《鄭志》原文及炅模之問。東北師範大學文學院唐田恬的報告《〈三禮目録〉清人輯本平議》,梳理了孔廣林、袁鈞、王謨、臧庸、黄奭所輯《三禮目録》情況,她指出孔廣林輯本爲最早的《三禮目録》清輯本,學術價值較高。臧庸輯本在孔輯本基礎上,寫入較多個人創見,亦有一定意義。王謨輯本僅事鈔撮,比較簡略。黄奭輯本乃全襲孔輯本而成。袁鈞輯本大量暗襲孔輯本,少有個人研究。中國社會科學院文學研究所鄴同麟的報告《〈禮記正義〉殘鈔本補校》,指出日本東洋文庫所藏《禮記正義》卷五殘卷雖經繆荃孫、吉川幸次郎、阮廷焯、劉玉才等學者校勘,仍有一些比較有價值的異文未引起學者們注意。他在比勘版本、分析字形等基礎上,對殘抄本作了進一步的校補。

研討會第五場由北京大學中文系、中國古文獻研究中心張學謙助理教授主持。北京大學中文系高樹偉的報告《〈永樂大典〉引〈禮記〉輯考——兼議〈永樂大典〉"三禮"文獻的輯佚參考系》,考證出《永樂大典》徵引《禮記》相關文獻至少存在四個層次,四個層次文本的編纂方式、所據版本均有明顯差異,這與《大典》兩次纂修密切相關,尤其與第二階段掌"三禮"纂修的副總裁高得暘的編纂思路密切相關。南京師範大學文學院侯婕的報告《〈欽定禮記義疏〉文本纂修流程與性質再探——兼論杭世駿〈續禮記集説〉編纂緣由與實質》,借助《欽定禮記義疏》稿本,考察了其纂修過程及與定本差異,進而指出《續禮記集説》在禮説徵引方面與《義疏》取材同根同源,並將《欽定禮記義疏》所遮蔽的清代禮家諸説加以客觀呈現,實則發《義疏》所未發,釋《義疏》所未釋,是三禮館臣纂修《義疏》工作的另一層體現。南京師範大學文學院井超的報告《阮刻本〈禮記注疏〉平議》,詳細介紹了阮刻本《附釋音禮記注疏》底本、刊刻、流傳、價值等問題,他表示阮元校勘《禮記注疏》所據底本是元刻明修十行本《禮記注疏》,刊刻者鑒於底本訛誤,進行了一定的校勘,少部分寫有校勘記,大多數徑改底本文字。綜合各版本來看,阮刻本是現存《禮記注疏》版本中質量最好的。當然,其經、注、疏、釋文、校勘記,皆存在一定的問題,有待進一步全面修訂。

研討會第六場由清華大學中國經學研究院張濤副教授主持。華東師範大學古籍研究所張文的報告《〈撫本禮記鄭注考異〉辨正》,介紹了撫州本《禮記》及《撫本鄭注考異》成書、價值,他表示顧廣圻的校勘理念和研究方法具有典範意義,對於我們從事古籍整理實可提供重要借鑒。但因受到時代條件局限,顧氏所據版本較爲薄弱,而其推理論證亦有疏漏。張文在參考前人校勘成果的基礎上,充分利用各種版本資料,深入考察經注文本邏輯,對顧校的疏失擇要辨析考證。北京大學中文系黃漢的報告《〈禮記參訂〉撰寫始末考》,考察了《禮記參訂》成書時間,並將《禮記參訂》文本分爲兩大類型、四個層次,探討了《禮記參訂》與《陳氏禮記集説補正》《簡莊疏記》《撫本禮記鄭注考異》《禮記注疏校勘記》等書的關係,釐清了陳鱣撰寫《禮記參訂》的動機、過程。北京大學中文系朱瑞澤的報告《〈三禮義宗〉辨體》,對《三禮義宗》篇卷、體例、價值進行了推論敘述,他指出《三禮義宗》是一種兼顧經學理論與實踐考量、章段結構近似禮典儀注的"禮制設計"著作,其體量應在三十卷、一百五十篇,它兼具經學理論的典範性與服務於中古禮制實踐的系統性,因此在中古學術風景中占據一個獨特的坐標。

　　研討會最後進行了綜合討論,參會學者圍繞"禮學文本的整理""新材料的發現與舊材料的發掘""重要論斷的重估""禮學與其他領域的交叉研究""禮學研究未來的發展方向"等問題展開了熱烈的討論。同濟大學人文學院徐淵副教授談及自己整理《禮記》時遇到的問題:《禮記》版本衆多,如何選擇一個合適的底本作爲底本;面對衆多的版本異文,如何加以取捨;分章分節涉及對於文本層次劃分、禮經禮義的理解,面對《禮記》文本,如何準確進行分章、分節。他表示現代禮學整理本一個重要構成即分章分節,希望能形成多種各具特色的《禮記》讀本,滿足不同讀者的需求。中國社會科學院文學研究所部同麟副研究員認爲分章分節體現了對於禮義禮節的不同理解,難以統一。禮學文本需要考慮的是文本產生、演變的過程,而非統一爲定本。北京大學中文系杜以恒老師也談及自己研究《儀禮》分節的心得,他指出歷代《儀禮》分節分爲經解系統、版本系統兩種形式,總體看來諸家分節共識居多,不能過分放大分節差異。北京大學中文系張學謙老師表示禮學文本的整理形式應基於用途的考慮,現存衆多整理本實際上更多是讀本作用,若想呈現更加豐富的文本形態,還是需要借助彙校等形式。清華大學歷史系馬楠副教授介紹了清華簡中禮書文本情況,她表示這些文本與《儀禮》十七篇面貌不同,但部分儀節卻又與之相似。簡本本身有經文、記文,既載常禮,又載變禮,相信會對禮經文本的生成等禮學問題有較大的推動。南京師範大學王鍔教授表示近二三十年禮學文本的大量公布與出現,如何利用和研究確實成爲重要的問題。本次會議既討論出土文獻與禮學文本,也有從經學史角度探討禮學文本問題,更有針對某一部禮學著作進行深入探析,方法多樣,角度新穎。年輕的學者不僅參與了進來,而且已經到達前沿,部分甚至在引領前沿,這些都是非常可喜的現象。關於禮學文本的整理問題,版本的系統梳理十分重要。對於版本之間的文字差異,如果有把握、有依據,可以改動，但最好出校説明。没有把握、没有依據，最好是並從，留給讀者更多一些思考的機會。禮學材料的新舊是相對的，禮學文獻中仍然有大量有待挖掘發現的材料，亦有許多已被研究、還未被研究透徹的材料，這些都需要認真去研究、考辨。至於未來禮學研究的發展方向，對於三禮文本的仔細研讀，對歷代禮學研究著作的評判和研究，仍然是非常重要的。

研討會於 11 日上午閉幕，北京大學中文系劉玉才教授致閉幕辭。他指出，本次研討會聚焦於禮學文本的成立、經典化與闡釋，各位學者的論文從各個角度對禮學文本加以討論，角度新穎，勝義紛呈。不僅有對前輩學者重要論述更進一步的推進，更開闢出新的話題、新的領域。與會學者遍布各個年齡段，其中最年輕的一位是零零後，同時一天半的會議也吸引了全國各地六十多位師生綫上參加，這説明禮學研究是後繼有人的、蒸蒸日上的。相信在大家的共同努力下，禮學研究將會走向更開闊、更深入的空間。

本書是"禮學文本的成立、經典化與詮釋"學術研討會發表論文的結集，部分會議論文因爲作者另有發表安排或尚未定稿，故未能收録。我們對提交論文進行了編排整理與格式統一，其中或有未盡完善之處，敬請不吝指正。

目 録

兩見於文獻與銘文的廟見之禮 ……………………… 賈海生 楊 羚 1
清華簡《大夫食禮》略説 ………………………………………… 馬 楠 17
論武威漢簡《儀禮》的符號及儀節劃分問題
　　——兼談簡本《儀禮》的經學價值 ………………………… 杜以恒 21
二戴《禮記》中"孔門傳記"文獻的分類與《論語》的二次成書
　　——兼論《論語》的輯纂方法與選篇原則 ………………… 徐 淵 48
大戴《禮經》家法的重構與解釋 ……………………………… 覃力維 82
從《禮記·儒行》看先秦儒、士關係 ……………………………… 王 鍔 113
論禮容與漢儀應當歸復漢代禮經傳習脈絡 ……………………… 張 濤 129
"禮者天理之節文"平議
　　——從文質論的角度看 ……………………………………… 吴 飛 146
重審《三禮注》與《毛詩》之關係：以《鄭志·答炅模》爲中心 …… 李 霖 170
《三禮義宗》辨體 ……………………………………………… 朱瑞澤 203
《禮記正義》殘鈔本補校 ……………………………………… 邰同麟 220
《永樂大典》引《禮記》輯考
　　——兼議《永樂大典》"三禮"文獻的輯佚參考系 ………… 高樹偉 237
《欽定禮記義疏》文本纂修流程與性質再探
　　——兼論杭世駿《續禮記集説》編纂緣由與實質 ………… 侯 婕 248
《三禮目録》清人輯本平議 …………………………………… 唐田恬 273
阮刻本《禮記注疏》校補缺文考 ……………………………… 井 超 316
《撫本禮記鄭注考異》辨正 …………………………………… 張 文 335
陳鱣《禮記參訂》成書考 ……………………………………… 黄 漢 358

兩見於文獻與銘文的廟見之禮

賈海生　楊　羚

若先秦時代的傳世文獻與銅器銘文記載了同一禮典，傳達了相同的禮義，雖然述禮之文有詳略之分，所見之儀有繁簡之差，仍可毫不猶豫地斷定此禮必是當時各個階層實際踐行過的禮典。婚禮中的廟見之禮，既見於傳世文獻，亦見於銅器銘文，即是顯例之一。所謂廟見之禮，指親迎時來婦之舅姑（夫之父母）皆亡，親迎之明日來婦無法踐行婦見舅姑之禮，於是同牢合卺後三月之内在廟中祭祀舅姑，猶如舅姑生時來婦以特豚孝養舅姑於室中一樣，皆是爲了表明親受室事於舅姑而得以與夫共承宗廟。在當時人們的觀念中，君臣之義、父子之親等人倫之紀，皆造端於夫婦之道，《周易·序卦》云"有夫婦然後有父子，有父子然後有君臣，有君臣然後有上下，有上下然後禮義有所錯"，《荀子·大略》云"夫婦之道，不可不正也，君臣、父子之本也"，皆是明確的表述。因此，通過下達、納采、問名、納吉、納徵、請期、親迎等儀式以合二姓之好的婚禮，必是當時各個階層都曾經踐行的重要禮典，而廟見之禮雖非婚禮不可或缺的儀節，却因夫之父母雙亡或偏亡的特殊情況而成爲婚禮必須踐行的儀節。

一　文獻所記廟見之禮

天子、諸侯、卿大夫曾經踐行過的廟見之禮，文獻闕如不具載，其詳不可得知，僅有列士所行廟見之禮見於《儀禮·士昏禮》。其文云：

若舅姑既没，則婦入三月乃奠菜。席于廟奥，東面右几。席于北

---

* 本文爲國家社會科學基金冷門絕學專項研究項目"出土文獻與禮樂文明研究"（22VJXG008）成果之一。

方,南面。祝盥,婦盥于門外,婦執笲菜,祝帥婦以入。祝告,稱婦之姓,曰:"某氏來婦,敢奠嘉菜於皇舅某子。"婦拜,扱地,坐奠菜于几東席上,還,又拜如初。婦降堂,取笲菜入,祝曰:"某氏來婦,敢告於皇姑某氏。"奠菜于席,如初禮。婦出,祝闔牖户。老醴婦于房中,南面,如舅姑醴婦之禮。

根據鄭玄的注釋,文中"席于廟奧"之"廟"指"考妣之廟"。來婦在廟中分別奠菜於舅姑之席,則是因祭以見舅姑。然而以上引廟見之禮與《儀禮》的《特牲饋食禮》《少牢饋食禮》以及其他文獻的記載相較,雖然同在廟中行禮祭祀舅姑,却有明顯的不同之處,呈現了吉禮之變的特點:

一、舅姑別席異面。依周禮的規定,父母雙亡且皆已入廟,以其魂氣相合,四時常祭則設同席共几以使神明有所依憑。《禮記·祭統》對此有說明:"鋪筵設同几,爲依神也。"根據鄭注、孔疏的解釋,設席時稱之爲筵,坐於其上則稱之爲席,同之言詞而詞訓共,祭祀時爲舅姑設同席共几,表明死後魂氣已相合而同歸於此席此几。婚禮中因夫之父母雙亡來婦必須踐行的廟見之禮,雖然亦行之於廟中而以奠菜爲祭,却不爲舅姑設同席共几而是別席異几。張爾岐云:"席於奧者,舅席也。席於北方者,姑席也。"① 據此而言,舅席布於廟奧處,東面右几;姑席布於北墉下,南面無几。來婦行廟見舅姑之禮,之所以在廟中分別爲舅姑布席設几,賈疏揭其禮義云:"此既廟見,若生時見舅姑,舅姑別席異面,是以今亦異席別面,象生,不與常祭同也。"

二、洗設於廟門之外。四時常祭之洗,設在廟中阼階之東南,見於《特牲饋食禮》。廟見之洗,設於廟門之外,見於前引《士昏禮》。爲來婦所設之洗之所以設於廟門之外,與常祭之洗所設之處不同,賈疏釋其義云:"洗在門外,祝與婦就而盥之者,此亦異於常祭,象生見舅姑,在外沐浴,乃入舅姑之寢,故洗在門外也。"祝官事神,亦自潔盥洗。經文僅言"祝盥"而不言盥於何處。賈疏謂祝與婦皆盥於廟門外之洗;盛世佐以爲祝先入室布席設几,降盥於廟中阼階東南之洗,然後出廟門帥婦入室。② 若後一說反映了歷史的真實面貌,則廟見之禮實際上是兩處設洗,設於阼階東南是正禮,設於廟門之外

---

① 〔清〕張爾岐:《儀禮鄭注句讀》卷二,文淵閣《四庫全書》本。
② 〔清〕盛世佐撰,袁茵點校:《儀禮集編》,杭州:浙江大學出版社,2021年,第94頁。

是變禮。

三、室事交於階。《禮記·禮器》云："室事交乎户，堂事交乎階。"根據鄭注、孔疏的解釋，常祭有室事與堂事之禮，室事指祭時室中事尸，堂事指祭後堂上儐尸。事尸時執役之人送饌至於室之門户，事尸之人於室之門户受饌，相互交接於户；儐尸時堂下之人送饌至於階，堂上之人於階受取，相互交接於階。廟見之禮，以筭菜奠於室中舅姑之席，屬於室事，菜之交接本應在户，經言"婦降堂，取筭菜入"，則是交接於階，不同於常祭之禮。

四、奠菜不立尸。就當時實際踐行的吉凶之禮而言，行禮的方法有奠有祭，而奠與祭的差異主要在於是否立尸。喪中之奠，不立尸，見《士喪禮》《既夕禮》；喪中之祭，如葬日虞祭，視死者性別，分別立男尸、女尸，見《士虞禮》；吉時之祭，立尸以象生者，因精氣已合，不分別男尸、女尸，見《特牲饋食禮》《少牢饋食禮》。廟見之禮奠菜於舅姑，雖然仍屬於祭祀，却不立尸受享。奠而不祭，類於凶禮；行之廟中，明是吉禮。因此，奠菜而不立尸，介於吉凶之間，當是以此非常之禮致來婦哀敬之情。

五、不享不饋。四時宗廟常祭，既有牲牢之享，亦有黍稷之饋。根據《特牲饋食禮》《少牢饋食禮》的記載，列士以特牲致享，以黍稷饋食；大夫以少牢致享，以黍稷饋食。廟見之禮殺於常祭，既無牲牢之享，亦無黍稷之饋，而僅僅奠菜於舅姑之席。鄭注云："奠菜者，以筐祭菜也，蓋用菫。"依此而言，所奠之菜是菫，意在繼生時之養、追生時之孝，猶如舅姑生時來婦以黍饋食舅姑，與廟中常祭致享、饋食之禮表現事死如事生的禮義相同。因廟見之禮不享不饋，奠菜時就以扱地之拜致情，鄭注謂扱地是"手至地"之拜，猶如男子之稽首，亦異於廟中常祭致享、饋食之禮的吉拜。

夫之父母皆亡，同牢合巹後之所以必須踐行廟見之禮，有深層的禮義蘊於其中，傳世文獻對此有所揭示：

一、成婦之義。《禮記·曾子問》引孔子之語曰："三月而廟見，稱來婦也。擇日而祭於禰，成婦之義也。"孔疏認爲《士昏禮》記來婦奠菜之後，別無祭舅姑之事，則此所言"祭於禰"即彼文所言"奠菜"，廟見、奠菜、祭禰本是一事。關於"成婦之義"，鄭注以爲是成就來婦供養舅姑之義。實際上，還有更深的禮義蘊於其中，吳廷華有進一步的闡釋："奠菜，祭菜，殺于正祭，此所謂廟見也。婦人必舅姑授之室使代己，而後主祭祀。舅姑在，則降阼階時，已受之舅姑,與祭可矣。若舅姑没,則無所受矣。故于時祭之先,行廟見之禮,以明其職之有所自受,然後可以助祭也。必三月者,時祭無過三月,故以久者言之。"①因此,所謂成婦之義,不僅是通過廟見之禮成就來婦有供養之責,還在於表明來婦主室事之職有所自受,猶如舅姑存時受來婦饋食後降自西階表明以室事授予來婦一樣,亦即《禮記·昏義》所謂"以著代也"。

二、察婦善惡。《白虎通·嫁娶》云:"婦入三月然後祭行,舅姑既没,亦婦入三月奠采于廟。三月一時,物有成者,人之善惡可得知也,然後可得事宗廟之禮。"此處所言"奠采"即《士昏禮》之"奠菜",采、菜音同義通。三月爲一季,萬物或變或成。親迎之後,以三月爲限,足以察見來婦之善惡。若其性行純、貞信篤、和於夫、宜於家,能成婦道,方可行廟見之禮受室事於舅姑而與其夫共承宗廟,否則不能配爲夫婦而或有出之之道,如賈逵、服虔等人之説。②

上文所述廟見之禮,綜合歷代禮家的論述,皆認爲是嫡子在父母雙亡的情況下娶妻時嫡婦所行廟見之禮。因爲嫡子承重傳家,父廟立於嫡子之家,娶妻共承宗廟,嫡婦固當先廟見舅姑,然後方可奉四時宗廟之祭。庶子不主持宗廟之祭,僅有助祭的義務,娶妻時父母皆亡,庶婦是否亦行廟見之禮,傳世文獻没有明確的記載。前引《曾子問》下孔疏釋廟見之禮時,聯繫《士昏禮》的記載,推斷庶婦不行廟見之禮。孫希旦據文辨孔疏之誤,認爲廟見之禮本是代替親迎之明日婦見舅姑之禮,庶婦在舅姑見在的情況下,亦於成婚之明日見舅姑,則舅姑雙亡亦必行廟見之禮。③若孫説不誤,則無論是嫡婦還是庶婦,在舅姑雙亡的情況下,皆行廟見之禮。

二　銘文所記廟見之禮

正因爲廟見之禮是當時各個階層實際踐行過的禮典,往往成爲整個婚禮不可或缺的重要儀節之一,不僅傳世文獻記載了廟見之禮以爲行事的準則,而且西周以來的銅器銘文亦有簡略的記載。銘文云:

---

① 〔清〕吴廷華:《儀禮章句》,〔清〕阮元編:《清經解》第 2 册,上海:上海書店,1988 年,第 343 頁。
② 〔清〕陳立撰,吴則虞點校:《白虎通疏證》,北京:中華書局,1994 年,第 465 頁。
③ 〔清〕孫希旦撰,沈嘯寰、王星賢點校:《禮記集解》,北京:中華書局,1989 年,第 521 頁。

敔叔敔姬作伯媿媵（媵）簋，用享孝于其姑公，子子孫孫其萬年，永寶用。(《殷周金文集成》4062/敔叔敔姬簋/西周晚期)

屖作姜淠盨，用享考（孝）于姑公，用祈眉壽屯（純）魯，子子孫永寶用。(《集成》4436/屖盨/西周晚期)

杞白（伯）乍（作）車母媵鬲，用言（享）于其姑公，萬年子子孫孫永寶用。(《商周青銅器銘文暨圖像集成續編》262/杞伯雙聯鬲/春秋早期)

隹（唯）王五月初吉丁亥，許公乍（作）弔姜媵簠，用言（享）用孝，永令無疆，子子孫孫，永保用之。(《銘圖續編》510、511/許公簠甲、乙/春秋中期)

從銘文來看，上述諸器既是嫁女的媵器，亦是被攜至夫家的禮器。銘文或言享孝于姑公，或省其文僅言享于姑公，聯繫傳世文獻的記載，其義可得而知。《詩經·天保》云："吉蠲爲饎，是用孝享。"變銘文之享孝爲孝享，是爲了與下文協韻。毛傳訓享爲獻，鄭箋謂詩言將行祭祀之禮。王先謙則明確指出："祭先人，故曰孝享。"①銘文亦變"享孝"爲"用享用孝"而文獻則作"以孝以享"，如《載見》云："率見昭考，以孝以享。"鄭箋釋後一句詩云："以致孝子之事，以獻祭祀之禮。"根據諸家的解釋，凡言享孝，皆指祭祀而言。若就文尋繹隱含的深義，仍可分而揭之，言享在於表明進獻器中之物而使鬼神享之，言孝在於表明繼生時之孝而事死如事生。

揭示了享孝之義，則器之所用已不言自明。敔叔敔姬簋、杞伯雙聯鬲銘文既明言器是嫁女的媵器，又言用於享孝姑公，銘文之姑公即《士昏禮》所言舅姑，可證享孝姑公就是親迎後的廟見之禮。屖盨銘文雖未明言器是嫁女的媵器，依周禮的規定，男子稱氏，女子稱姓，銘文既已稱器是爲姜淠所作之盨，稱姓以明同姓不婚，亦表明器是爲嫁女所作媵器，則其銘文所言"用享孝于姑公"亦指廟見之禮。許公簠銘文未言"用享用孝"的對象，前文已明言器是"媵簠"，表明器是攜至夫家用於祭祀的禮器，亦可證享孝的對象是姑公。因此，上述銘文都或明或暗地表明以器所行之禮是婚禮中的廟見之禮。

就《士昏禮》的記載而言，來婦踐行廟見之禮的前提條件是舅姑既没。若舅亡姑存或姑存舅亡，是否亦踐行廟見之禮，傳世文獻没有明確的記載，

---

① 〔清〕王先謙撰，吳格點校：《詩三家義集疏》，北京：中華書局，1987年，第578頁。

而禮家的論說亦莫衷一是。銅器銘文則提供了舅存姑亡亦行廟見之禮的記載：

> 京弔（叔）乍（作）莆嬴媵簠，用亯（享）于文祜（姑），用匄眉壽無疆，得屯令終，子子孫孫永寶用。（《銘圖續編》428、429/京叔簠甲、乙/西周晚期）

就銘文而言，此器與前述諸器有相同之處，既是嫁女的媵器亦是攜至夫家的禮器，不同之處僅在於享孝的對象是文姑而非姑與公，表明銘文所記雖是廟見之禮，但廟中之神有姑無公，則廟見之時其公尚在人間。據《士昏禮》賈疏，舅姑皆死，精氣已合且皆入廟，親迎後三月之內固行廟見之禮；若舅死姑存，親迎之明日饋食於姑，亦三月內以廟見之禮見舅，因爲舅已入廟，不可不見之；若姑死舅存則不行廟見之禮，因爲舅存之時姑無專廟。然而從京叔簠銘文來看，即使舅存姑亡，仍行廟見之禮，廟見之姑當是暫時祔於其祖姑，並非無廟可祭。黃以周指出："若舅存姑殁，姑雖無專廟，但既祔于皇姑，則婦廟見于皇祖姑以見姑。"①此説與京叔簠銘文記載的情形相合，可證舅存姑沒亦行廟見之禮。褚寅亮所言"姑沒舅存，斷以不見爲正"②，與京叔簠銘文反映的事實相違。

父存姑亡，親迎後廟見亡姑，若來婦無媵器攜至夫家用於廟見之禮，則夫家或自作用於廟見之禮的禮器，銅器銘文對此亦有簡略的記載：

> 散車父作皇母嬭姜寶壺，用逆姞氏，伯車父其萬年，子子孫孫永寶。（《集成》9697/散車父壺/西周中期）

銘文既言"作皇母嬭姜寶壺"而不言其父，表明父存母亡而作器用於祭祀皇母，又言"用逆姞氏"以爲己妻，明是作器祭祀皇母而言及娶姞氏爲妻。禮器用於祭祀，祭祀行於廟中，廟中告神迎娶，一器兼明二事，可證以此器所行之禮亦是親迎後三月之內的廟見之禮。與散車父壺同時出土的散氏車父壺銘文云："散氏車父作嬭姜尊壺，其萬年，子子孫孫永寶用。"（《集成》9669）此器

---

① 〔清〕黃以周撰，王文錦點校：《禮書通故》，北京：中華書局，2007年，第263頁。
② 〔清〕褚寅亮：《儀禮管見》，〔清〕王先謙編：《清經解續編》第1冊，上海：上海書店，1988年，第893頁。

銘文僅言爲母作器而不言"以逆姞氏",合觀二壺銘文,相互參證,可知散車父壺是散車父特爲婚禮中廟見其母所作有銘銅器。銘文屢言爲母作器,表明其母有廟,以相關文獻爲證,又可知其母已祔於其祖母而有廟受享。①

三　銘文所記廟見之禮的特點

根據上文的論述,雖然可以斷定文獻與銘文都記載了當時踐行的廟見之禮,然而禮典的面貌在文獻與銘文中却截然不同。文獻記載的廟見之禮是以笲奠菜於舅姑,銘文則明言是以攜至夫家的禮器享孝於舅姑。就上述用於廟見之禮的禮器而言,有簠、盨、鬲、簋、壺。其中簠、盨、簋皆是用於盛黍稷稻粱的禮器,其他器銘有明確的説明:

伯句作寶簠,其朝夕用盛稻粱穛。(《銘圖續編》410/伯句簠/西周中期前段)

史免作旅匡(筐),從王征行,用盛稻粱,其子子孫孫永寶用享。(《集成》4579/史免簠/西周晚期)

伯大師小子伯公父作簠,擇之金,唯鐈唯盧(鋁),其金孔吉,亦玄亦黄,用成(盛)糩稻需(糯)粱。(《集成》4628/伯公父簠/西周晚期)

郜召作爲其旅簠,用實稻粱。(《考古》1998年9期/郜召簠/西周晚期)

唯伯克父甘娄自作捧䉽,用盛黍稷稻粱,用之征行,其用及百君子宴饗。(《銘圖續編》474/伯克父盨/春秋早期)

叔家父作仲姬匡(筐),用盛稻粱。(《集成》4615/叔家父簠/春秋早期)

簠、簋用於盛黍稷稻粱,銘文已自言之。文獻關於簠、簋之所用,也有相同的説明。《詩經·權輿》云:"於我乎!每食四簋。"毛傳云:"四簋,黍稷稻粱。"《釋文》云:"内方外圓曰簋,以盛黍稷,外方内圓曰簠,用貯稻粱,皆容一斗二升。"《説文》云:"簠,黍稷方器也。簋,黍稷圓器也。"因此,簠、簋皆用於盛黍

---

① 賈海生、蔡雨彤:《散車父壺銘文所見廟見之禮》,《歷史文獻研究(總第42輯)》,揚州:廣陵書社,2019年。

稷稻粱,當是不容置疑的事實。從出土的實物資料來看,簋爲圓形器,簠爲方形器。通檢《殷周金文集成》及《近出殷周金文集錄》,屢見銘文自名其器是盨,却不言用於盛黍稷稻粱。伯克父自稱其所作之器是簠䈞而器形則是盨,似可據以推斷盨亦可用於盛黍稷稻粱。在傳世文獻中,鬲屬於鼎類禮器,如《説文》云:"鬲,鼎屬也。實五觳,斗二升曰觳。象腹交文,三足。"《爾雅·釋器》云:"(鼎)款足者謂之鬲。"就銅器銘文而言,鼎可稱爲鬲,如春秋早期江小仲母生所作之器是鼎而銘文言"自作甬鬲"(《集成》2391);鬲亦可稱爲鼎,如西周晚期毃姞所作之器是鬲而銘文言"作寶鼎"(《銘圖》2327)。鬲用於炊煮食物,文獻本有説明,《士喪禮》所言"煮于垼,用重鬲"即是明證。因此,前述杞伯雙聯鬲雖用於廟見之禮,却未必是以之進獻黍稷稻粱於舅姑的器物,或許僅僅是用於炊煮黍稷稻粱。壺類銅器用於盛酒水,《詩經·韓奕》云"顯父餞之,清酒百壺",殳季良父壺銘云"用盛旨酒"(《集成》9713),可證壺用於盛酒;《特牲饋食禮》云"壺濯及豆籩",《周禮·挈壺氏》云"掌挈壺以令軍井",可證壺亦用於盛水。

媵器被攜至夫家用於廟見之禮而盛黍稷稻粱,則禮典的儀式必不如文獻記載的廟見之禮是以笄奠菜,而是以饋食之法享孝舅姑。鄭玄注《特牲饋食禮》云:"祭祀自孰始曰饋食。饋食者,食道也。"賈疏云:"食道是生人飲食之道,孝子於親,雖死,事之若生,故用生人食道饋之。"沈文倬云:"祀典中的'饋食'祭法,在邦禮分類上屬於食禮。食禮以吃飯爲主體。"①因此,饋食之法是進黍稷稻粱,而簋、簠、盨恰是盛黍稷稻粱之器,可證銘文所記廟見之禮以簋、簠、盨等禮器行之,必是以饋食之法享孝舅姑。通檢有銘銅器,不見以鼎爲媵器而銘文明言用於享孝公姑的現象,可證銘文反映的廟見之禮既非特牲饋食之禮,亦非少牢饋食之禮,也不是以笄奠菜於舅姑之禮,而僅僅是以饋食爲主的禮典,亦不同於饋獻是進獻牲體而用鼎行禮。

若根據出土實物資料推斷銘文所記廟見之禮用饋食之法不誤,則可進一步斷定用饋食之法行禮當立尸以象亡親。萬斯大云:"《特牲》《少牢》二禮,不曰祭而曰饋食者,祭以粢盛爲重也。……就二禮考之,尸者,祭祀之

---

① 沈文倬:《菿闇文存——宗周禮樂文明與中國文化考論》上册,北京:商務印書館,2006年,第361頁。

主。食飯惟尸,而他人不及。嘏者,受福之重,嘏惟用黍,而他物不及。此食之所以重,而特舉以爲名也。"①依此而言,凡饋食於亡親,必立尸以象之。傳世文獻不載廟見之禮的饋食之法,若據《特牲饋食禮》《少牢饋食禮》爲參證,則廟見饋食之禮的面貌不外乎陰厭、迎尸、正祭、酳尸等主要儀節。

以簋、簠等禮器饋食舅姑,必先爲神布席設饌以厭飫鬼神,所以當有陰厭的儀節。陰厭饗神時,祝官告神,其辭或曰:"某氏來婦,敢饋黍稷稻粱于皇公文姑。"若廟見時公姑偏亡,其辭或僅言"某氏來婦,敢饋黍稷稻粱于皇公某子",或僅言"某氏來婦,敢饋黍稷稻粱于文姑某氏"。若立尸以象舅姑存時婦見舅姑的情形,當立男尸、女尸,別席異面;若舅姑偏亡,則或立男尸,或立女尸。迎尸入廟後,進入正祭,尸就坐於席上,先取少許黍稷稻粱置於席前空地,祭祀始爲飲食之神,然後從簋、簠等器中取來黍稷稻粱,捏成三個飯團,食後向主人告飽,祝官勸侑,主人一拜,如此多次,禮儀率皆如初,最終以九飯或十一飯告飽。前述散車父壺記載了廟見之禮,可證廟見舅姑有以壺行禮的現象。若壺用於盛酒,似可推斷尸食飯告飽後有以酒酳尸的儀節。根據《特牲饋食禮》鄭注的解釋,所謂酳尸實際是獻酒於尸,以尸食飯告飽後而飲之酒,有頤養安樂之義,所以稱之爲酳。若壺用於盛水,則用於婦、祝、尸盥洗時沃水。《特牲饋食禮》後附之記云:"沃尸盥者一人,奉槃者東面,執匜者西面淳沃,執巾者在匜北。宗人東面取巾,振之三,南面授尸,卒,執巾者受。"此是祭祀宗廟的盥洗之法,可據以推想廟見之禮的盥洗蓋亦如此,不同之處僅在於是以壺沃水。至於廟見之禮的其他儀節、儀注,綜合文獻中有關當時各個階層以牲牢饋食的祭祀典禮,聯繫前文對《士昏禮》所記廟見之禮的論述,可以推知其大概。

從《特牲饋食禮》和《少牢饋食禮》的記載來看,士大夫以牲牢饋食的宗廟之祭分別陳列二簋、四簋,可見簋、簠等禮器的多寡表現了主人的身份有高低貴賤之不同。前述歔叔歔姬簋共有三件,器蓋相配,銘文、器型相同,1978年出土於陝西省武功縣任北村青銅器窖藏,同一窖藏還出土了另外三件歔叔歔姬簋蓋,蓋內銘文與歔叔歔姬簋銘文相同,但出土時扣在芮叔□父簋器身上,器銘云:"内(芮)叔□父作寶簋,用享用考(孝),用賜眉壽,子子孫

---

① 〔清〕萬斯大:《儀禮商》卷二,文淵閣《四庫全書》本。

孫永寶用。"①陳昭容認爲,𣪘國嫁女的媵器扣在芮國器物上,尤其是芮叔□父簋之器形、紋飾與𣪘叔𣪘姬簋完全相配,可據以推測𣪘叔𣪘姬共製作了六件銅簋以爲伯媿出嫁時的媵器,其中三件失器存蓋而由芮叔作器身補足,若此推測不誤,則伯媿出適之國應是姬姓的芮國。② 前述許公爲弔姜所作媵簋、京弔爲莆嬴所作媵簋,各有兩件見於著錄。在各種祭祀典禮中,簋、簠等重器的多寡是區別人物高低貴賤的標志。𣪘叔𣪘姬嫁女時以六簋爲媵器,廟見時又以六簋行禮,許公、京弔嫁女時分別以二簠、二簋爲媵器,廟見時又以二簠、二簋行禮,可見以器饋食的廟見之禮體現了主人的身份貴如大夫以上。

四 廟見之禮溯源

西周至於春秋時代,各個階層所娶之妻在夫之父母雙亡或偏亡的情況下踐行的廟見之禮,隨主人的身份不同,禮器的華素、儀節的繁簡、牲牢的有無,與《士昏禮》所記廟見之禮不盡相同,前文已有詳細的論證,但皆非周禮的創舉而是承自殷商舊禮。宋鎮豪根據甲骨卜辭的記載,考察商代貴族階層的婚禮,梳理出來的主要儀節有議婚、訂婚、請期、親迎四個主要儀節,未言商代的婚禮亦有廟見夫之先父先母的儀節。③ 然而商代的銅器銘文云:

子作婦媚彝,女(汝)子母庚宓(闕)祀尊彝。痹。(子作婦媚卣/《集成》5375/殷)

婦闌作文姑日癸尊彝。冀。(《集成》922/婦闌甗/殷)

婦闌文姑尊彝。(《集錄》910/婦闌角/商代後期)

銘文中的"婦媚""婦闌",猶如甲骨卜辭中的"婦好"(《合集》10136)、"婦妌"(《合集》17506)、"婦嫽"(《合集》6905)、"婦鼓"(《合集》21787)、"婦凡"(《合集》22395)等所謂的生婦。在甲骨卜辭中,婦是表示配偶之義的親屬稱謂,

---

① 盧連成、羅英傑:《陝西武功縣出土楚毁諸器》,《考古》1981年第2期。
② 陳昭容:《兩周夷夏族群融合中的婚姻關係——以姬姓芮國與媿姓倗氏婚嫁往來爲例》,《兩周封國論衡——陝西韓城出土芮國文物暨周代封國考古學研究國際學術研討會論文集》,上海:上海古籍出版社,2014年,第93頁。
③ 宋鎮豪:《夏商社會生活史(增訂本)》,北京:中國社會科學出版社,2005年,第240—249頁。

但並非文獻中相對於父母而言的子之妻,如《穀梁傳·宣公元年》所云"其曰婦,緣姑言之之詞也",而是表示夫之妻的意思,婦後一字則是其私名。生婦的身份或是商王之后妃,或是宗子之妻妾,或是方伯、大臣之夫人。

子作婦嬪卣銘文中的宓字通閟,閟宮一語見於《詩經·魯頌》,毛傳、鄭箋皆以姜嫄廟解之,銘中之閟當亦指閟宮之類的祭祀場所。銘文大意是說,瘨族中的"子"(族長)爲婦嬪製作了尊彝,命其用於廟中祭祀己之已亡的母庚。婦闌爲祭祀文姑所作禮器,除甗之外,尚有鼎(《集成》2403)、卣(《集成》5349)、爵(《集成》9092)、斝(《集成》9246)、罍(《集成》9820),銘文完全相同。婦闌祭祀文姑,以諸器行禮,可見其身份非同一般。《集錄》所收婦闌角,銘文沒有族徽,與《集成》所收婦闌諸器未必是同一人所作之器。以子作婦嬪卣銘文與婦闌甗、婦闌角銘文相互參證,可知二婦闌作器的目的皆是用於廟中祭祀夫之先母。

從上引銅器銘文來看,在殷商時代,生婦以禮器祭祀夫之先母(母庚、文姑),禮皆行於閟宮之類的廟中,可證夫之先母已有廟受祭。就生婦而言,嫁至夫家第一次以器在廟中祭祀夫之先母,無論其禮是始嫁時特別舉行的祭祀典禮,還是婚後依時例行的常祀,都可視爲廟見之禮。雖然當時未必有"廟見"之名,既是以器在廟中行祭,已有"廟見"之實。因此,據上引殷商時代的銅器銘文,可以推知西周時代各個階層踐行的廟見之禮源於殷禮。

就親屬稱謂而言,姑與舅相互對應。表示夫之母的姑稱已見於殷商時代的銅器銘文,然而通檢《殷周金文集成》與《近出殷商金文集錄》却不見生婦爲舅作器用於廟中祭舅的記載,甲骨卜辭亦不見可以直接隸定爲舅的文字。既然可以斷定西周時代的廟見之禮源自殷禮而廟見之神是生時可以稱爲舅姑的夫之父母,則屢見於傳世禮書中的舅姑之稱是否亦承自殷商時代,就是不容回避的問題了。

甲骨卜辭、殷商金文雖然皆没有可以直接隸定爲舅的文字,並不表明没有對應口語中舅之稱謂的文字。甲骨卜辭云:

乙酉,貞又歲于伊黽示。(《合集》33329)
丁亥,貞多宁以邑又伊尹黽示。茲用。(《屯南》2567)

蔡哲茂指出:"殷卜辭有'黽'字,又可寫作黿,此字經常和商代開國名臣伊尹連在一齊,透過字形的分析,和音讀的確定,可以知道'𤰈'或'𧱓'讀作'舅',殷人稱伊尹爲舅,猶周人稱姜太公爲舅是同一道理。"①其説得到了學術界的認可,如宋鎮豪就將舅列爲甲骨卜辭所見親屬稱謂之一,所據正是《屯南》2567號卜辭。② 因此,商代的親屬稱謂中既有姑也有舅,只不過舅字在甲骨卜辭中寫作𤰈或𧱓而已。

𤰈或𧱓既然是商代對應口語中舅之稱謂的文字,兩周銅器銘文中不見舅字,當亦是以音同或音近之字通之。春秋時代的洹子孟姜壺銘文有"希喪其簋"之語,郭沫若等許多學者都認爲銘中簋字通舅。③ 不惟甲骨卜辭、兩周銘文中以音同或音近之字通舅,新見戰國竹書中亦是如此。安大簡《詩經》是戰國時代從中原抄入楚國的文本,其中《渭陽》一詩中的"我遺咎氏",《毛詩》作"我送舅氏",整理者斷詩中咎字通舅。④ 因此,根據上文所述,可知最初表示母之昆弟的稱謂自早期氏族社會以來就是口頭流傳的語詞(spoken word),從商代至於戰國尚無穩定的書寫形態,則舅或許是一個晚出的書寫本字(written word)。雖然戰國時代的《詩經》抄本還以咎通舅,並不表明舅字晚至戰國時代還没有出現,因爲先秦時代流傳下來的文獻中隨處可見已有本字而仍用假字的現象,出土文獻以咎、簋、𤰈通舅當亦不例外。實際上,就稱謂產生的情理而言,舅既與姑相對,姑字已見於商代的銅器銘文,舅字當與姑字同時出現,卜辭、銘文、竹簡未用所謂的本字而已。

值得進一步討論的問題是,表示夫之父母的舅姑既然是從早期氏族社會歷經商代流傳下來的稱謂,西周至於戰國時代的傳世文獻中又屢見具體的用例,但在前引西周、春秋時代的𩰲叔𩰲姬簋、犀盨、杞伯雙聯鬲銘文中却稱夫之父母爲姑公。實際上,舅姑與姑公雖然同指夫之父母,舅與公的差異表明歷史上曾經實行過不同的婚姻制度。爲了揭示姑公之稱背後隱藏的婚姻形式,有必要先闡明稱夫之父母爲舅姑的原因。

---

① 蔡哲茂:《殷卜辭"伊尹𤰈示"考——兼論它示》,《歷史語言研究所集刊》第58本4分,1987年,第755頁。
② 宋鎮豪:《夏商社會生活史(增訂本)》,第268頁。
③ 郭沫若:《兩周金文辭大系圖録考釋》,《郭沫若全集》考古編第八卷,北京:科學出版社,2002年,第451頁。
④ 安徽大學漢字發展與應用研究中心編:《安徽大學藏戰國竹簡》(一),上海:中西書局,2019年,第112頁。

姑本指父之姊妹，舅本指母之昆弟，二者皆是表示親屬關係的稱謂；在婚姻狀態下，妻之父母、夫之父母亦皆有舅姑之稱。《爾雅·釋親》對此有明確的説明："父之姊妹爲姑，……母之晜弟爲舅。……妻之父爲外舅，妻之母爲外姑。……婦稱夫之父曰舅，稱夫之母曰姑。"至於本是親屬稱謂的姑舅爲何亦可指稱妻之父母、夫之父母，傳世文獻的解釋並没有觸及問題的本質，如《白虎通·三綱六紀》云："稱夫之父母謂之舅姑何？尊如父而非父者，舅也；親如母而非母者，姑也。故稱夫之父母爲舅姑也。"以尊如父、親如母論舅姑可以指稱夫之父母，並未揭示稱謂背後隱藏的婚姻形式。實際上，稱妻之父母爲舅姑、稱夫之父母爲舅姑，源於早期氏族社會姑之子女或舅之子女均可與己結爲夫妻的婚姻制度。早在 1941 年，馮漢驥不僅指出中國古代姑舅之子女與己通婚的現象相當於西方人類學家所言交表婚姻而交表婚姻有雙系、單系之分，同時還揭示了交表婚姻中舅姑之稱各包含一種親屬關係、兩種婚姻關係的真相：

> 如己身（女）與母之昆弟之子結婚，則母之昆弟（舅）與夫之父爲一人，以"舅"一名詞統之，固屬自然。再如己身（女）與父之姊妹之子結婚，則父之姊妹（姑）與夫之母又爲一人，以"姑"一名詞統之，亦屬自然也。吾人當知，在親屬關係增加之程序上，舅（母之昆弟）姑（父之姊妹）之關係在先，舅（夫之父）姑（夫之母）之關係在後，以先有之名詞，加諸後來增加之關係上，在語言上固屬自然之趨勢也。
>
> 反之，己身（男）若與母之昆弟之女結婚，則母之昆弟（舅）與妻之父爲一人。又如己身（男）與父之姊妹之女結婚，則父之姊妹（姑）與妻之母同爲一人。以同上之理由，舅姑之名，亦可加之於妻之父母也。①

依此而言，稱妻之父母爲舅姑或稱夫之父母爲舅姑，皆是以舊有之親屬稱謂加諸新增之婚姻關係上造成的結果。至於西周以降，雖然"娶於異姓，所以附遠厚別"（《禮記·郊特牲》）、"男女同姓，其生不蕃"（《左傳·僖公二十三年》）已是人們的共識，爲了自身的繁衍，倡導族外婚姻，《白虎通·嫁娶》所

---

① 馮漢驥：《由中國親屬名詞上所見之中國古代婚姻制》，《馮漢驥考古學論文集》，北京：文物出版社，1985 年，第 194—195 頁。

言"外屬小功已下,亦不得娶也,以《春秋傳》曰譏娶母黨也"①,即是明證,然而事實是嫁娶姑之子女、舅之子女的交表婚姻隨處可見,文獻典籍中的實例歷歷在目。因此,隨着優生認識的不斷提高,同時也爲了解決交表婚姻與喪服制度的衝突,在已不實行交表婚姻的情况下,本應改用他稱以指代夫之父母,而現實生活和文獻典籍中仍以舅姑指稱夫之父母,既是沿用承載歷史記憶的舊稱,亦是因現實生活中確實存在交表婚姻的現象而難以廢除兼表親屬關係、婚姻關係的舅姑之稱。

表示夫之父母的舅姑之稱源於早期實行的雙系交表婚姻,則銘文所見姑公之稱當是反映了不同於雙系交表婚姻的稱謂。在傳世文獻與出土文獻中,公除了表示爵位外,亦是對長老的尊稱,王獻唐對此曾有翔實的論述。②公姑並列連舉,指稱夫之父母,猶如以舅姑指稱夫之父母,則公當亦是表示婚姻關係的稱謂。銘文中之所以用姑公而不用舅姑,必有值得深究的原因。趙林認爲公與舅上古音相同,皆可音＊ku,所以銘文就用姑公代替姑舅表示夫之父母。③ 黄銘崇考察商周親屬稱謂制度,其意亦以爲銘文中的姑公等同於傳世文獻中的姑舅。④ 約定俗成的親屬稱謂皆是自古流傳下來的定名,出於口吻則有固定的音讀,刻於甲骨、鑄於銅器、書於竹簡或以音同之字代之。若公與舅的古音果然相同,符合先秦時代往往以音同之字代替本字的書寫習慣。根據大多數古音學家的研究結果,公與舅的古音並不相同。如白一平、沙加爾將公、舅的上古音分別擬作＊C.qʕoŋ、＊[g](r)uʔ,⑤鄭張尚芳將公、舅的上古音分別擬作＊kloːŋ、＊guʔ。⑥ 因此,稱夫之父母爲姑公,當是反映母系交表婚姻的稱謂,即氏族内只允許男娶舅之女、女嫁姑之子而不允許男娶姑之女、女嫁舅之子,其結果是在兩個方面與雙系交表婚姻不同:於男

---

① 引文中的"下"字原作"上",據陳立之説改,詳見其《白虎通疏證》,北京:中華書局,1994年,第478頁。
② 王獻唐:《山東古國考》,濟南:齊魯書社,1983年,第120頁。
③ 趙林:《殷契釋親——論商代的親屬稱謂及親屬組織制度》,上海:上海古籍出版社,2011年,第199—201頁。
④ 黄銘崇:《商周貴族親屬稱謂制度的比較研究》,《甲骨文與殷商史(新六輯)——羅格斯商代與中國上古文明國際會議論文專輯》,上海:上海古籍出版社,2016年。
⑤ William H. Baxter and Laurent Sagart, *Old Chinese: A New Reconstruction*, Oxford University Press, 2014, pp. 101, 123.
⑥ 鄭張尚芳:《上古音系(第二版)》,上海:上海教育出版社,2019年,第345、396頁。

子而言,母之昆弟(舅)與妻之父爲同一人而父之姊妹(姑)與妻之母不是同一人;於女子而言,父之姊妹(姑)與夫之母爲同一人而母之昆弟(舅)與夫之父不是同一人,所以就以公代舅以明公與己的親疏遠近。公在母系交表婚姻中僅僅是表示婚姻關係且明其身份爲長輩的尊稱,與雙系交表婚姻中兼表親屬關係、婚姻關係的舅不可相提並論。圖示母系交表婚姻、雙系交表婚姻中人物關係如下(圖1):

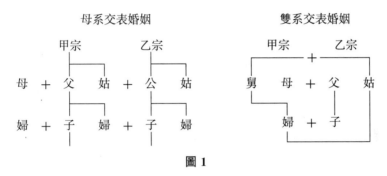

圖1

圖中＋符表示婚配關係,雙系交表婚姻中的"婦＋子"亦表示"子＋婦"。若以上對姑公之稱有别於舅姑之稱的判斷不誤,則姑公之稱透露了早期社會某些氏族僅僅實行母系交表婚姻的情形。西周時代的銘文仍以姑公指稱夫之父母,當也是沿用了承載歷史記憶的舊稱,因爲西周初期制禮作樂以來實行的喪服制度,已表明人與人之間的親疏遠近,其中姑之子、舅之子在《儀禮·喪服》中被列爲緦麻之親,敖繼公以爲言子亦包括其姊妹在内,[①]皆未出五服之限,則禁止交表婚姻的準則已寓於其中。在西周、春秋時代的社會生活中,周禮雖是各個階層締結婚姻的準則,但並不是强制性的律令,於是在普遍實行族外婚姻的情況下,各個宗族出於種種不同的原因,交表婚姻仍不絶如縷。假如前引𣄰叔𣄰姬簋、犀甗、杞伯雙聯鬲銘文中的姑公之稱,既是沿用了自古流傳下來的舊稱,也是對當時現實生活的真實反映,則銘文中的伯媿、姜濼、車母皆是與姑之子爲婚。

---

① 〔元〕敖繼公:《儀禮集説》卷十一,文淵閣《四庫全書》本。

五　結語

　　根據上文的論述，廟見之禮雖然同見於文獻與銘文，然而禮器有筓、器之分，進獻之物有菫菜、黍稷之別，因進獻之物不同，不僅有立尸與否的現象，而且告廟之辭也隨之不同，儀節的繁簡、禮典的規模也不可相提並論。雖然以筓奠菜、以器饋食的廟見之禮有諸多的差別，共同的禮義則是通過奠菜或饋食的儀節受室於舅姑，與其夫共承宗廟。不同的禮典而有相同的禮義，反映了禮典因時、因地、因人而有所損、有所益。以銘文所記廟見之禮爲參證，可見傳世文獻如《士昏禮》記載的廟見之禮並非因"禮窮則同"的原則而成爲西周以來共同遵循的禮典，當是某一時段列士娶妻踐行的禮典。銘文所記廟見之禮，不僅體現了主人的身份高於列士，而且禮典的面貌類似大夫以上以饋食之法祭祀宗廟的情形。西周以降各個階層踐行的廟見之禮，並非周禮的創舉而是源自殷商舊禮。銘文稱廟見已亡的夫之父母爲姑公，文獻稱廟見已亡的夫之父母爲舅姑，前者反映了母系交表婚而後者則反映了雙系交表婚。無論姑公之稱，還是舅姑之稱，皆是承載了歷史記憶的舊稱。

　　賈海生，浙江大學古籍研究所教授、山東大學兼職特聘教授；楊羚，浙江大學馬一浮書院博士研究生。

清華簡《大夫食禮》略説

馬　楠

　　清華簡《大夫食禮》凡兩篇，編連爲一卷，分別爲51簡與14簡，各自編號，篇題爲整理者據簡文内容擬定。《大夫食禮》内容爲楚地大夫之食禮，主體載大食之禮，兼記小食；後一篇則論執事者行事，兩篇關係類於《儀禮》諸篇與附經之"記"。簡文詞句頗似《儀禮》，行禮節次與《公食大夫禮》最爲接近，與該篇記主國國君以食禮待下大夫之聘賓、兼記上大夫與下大夫之別亦相類似。《大夫食禮》爲亡佚的先秦禮書，對於研究禮書的形成、流傳、經記關係等問題具有重要意義。

　　按《儀禮》中飲食之禮，由重至輕爲饗禮、食禮、燕禮。燕禮主於酒，食禮主於飯，有牲無酒，饗禮則牲、酒皆備。《儀禮》十七篇中有《燕禮》，爲諸侯與本國卿大夫燕飲之禮；有《公食大夫禮》，爲諸侯食聘賓之禮。據《聘禮》所説，諸侯與聘賓"壹食，再饗"，燕則"無常數"，與上介亦待以"壹食，壹饗"，《公食大夫禮》陳具之節云"設洗，如饗"，可見《公食大夫禮》撰定編次與"饗禮"相前後。《儀禮》諸篇有相互照應、推排補備的特點，《聘禮》主體部分載使卿（上大夫）聘問，兼載小聘使大夫之禮；《公食大夫禮》載主國君以禮食小聘大夫（下大夫）之禮，兼載公食上大夫異於下大夫之數。此外《燕禮》兼載國君與聘賓燕飲，對應記文亦有"若與四方之賓燕"。

　　《周禮》職文往往饗、食並稱，舉重包輕。至於《左傳》《國語》之中，記饗（字又作享）、燕（字又作宴）甚多，廣涉天子與諸侯、卿大夫，諸侯與諸侯，諸侯、卿大夫與來聘之卿大夫，本國諸侯與卿大夫，本國卿大夫與卿大夫之饗禮、燕飲。饗示敬重、燕示親好，饗禮之後往往繼以燕禮，[1]以致饗、燕往往對

---

①　《左傳》昭公元年，"趙孟、叔孫豹、曹大夫入于鄭，鄭伯兼享之。……趙孟爲客。禮終乃宴"。昭公二年，韓宣子來聘於魯，"公享之……既享，宴于季氏"。昭公二十五年"宋公享昭子（叔孫婼），賦《新宫》，昭子賦《車轄》。明日宴，飲酒，樂，宋公使昭子右坐，語相泣也"。

稱，如《左傳》宣公十六年周定王所謂"享有體薦，宴有折俎"①；成十二年郤至所謂"享以訓共儉，宴以示慈惠"；《周禮·大宗伯》"以饗燕之禮，親四方之賓客"等。較之饗、燕，《左傳》等記食禮較少，陳設、儀節、禮義也鮮有涉及，《公食大夫禮》所記又爲國君以禮食聘賓，清華簡《大夫食禮》庶幾可補禮文多佚之憾。

《大夫食禮》經文主要記載了大夫大食之禮，兼記大食的兩種可能情況：一是主人爲五大夫、賓客爲七大夫，另外又有七大夫往食；二是縣大夫食，即地方之縣公、莫敖、連敖、司馬行食禮。大食之禮之後，又記小食與大食之異。最後總凡大食、小食，主人以幣帛等酬答賓客之來。大聘與小聘的區別是卿與大夫，根據上述大食的兩種可能情況，大食與小食的區別應當也取決於賓主爵級、官職的高下。後一篇《大夫食禮記》則從食禮執事者角度論執事者行事節次、食禮之陳具。

沈文倬先生認爲，《儀禮》附經之"記"，是將行文上不便插入正文的解釋性、補充性的文字，安排於篇末作附錄；②我們則更作推進，認爲《儀禮》十七篇是整合歸併同類禮文的成果，經文、記文是這一編纂過程的同時產物，所謂附經之"記"是編纂過程中將不便歸併的內容附後，包括細節説明、發凡起例、記異聞、記禮義等，傳統經學所謂經文在先、記文在後的判斷標準均不成立。《儀禮》十七篇的確體現出整飭完備、相互照應的特點，嚴整程度是高於清華簡《大夫食禮》的。

《大夫食禮》基本儀節、行文特點與《儀禮》諸篇相當接近，如主人由東階、賓客由西階，授受相拜於兩楹之間，皆與《儀禮》不異。《大夫食禮》與《公食大夫禮》結構、儀節上更爲近似：列鼎庭中，梡俎在鼎南；③賓客入門之後，爲賓客設饌，皆醢豆在前，食簋在後；三飯之前皆卷加席，三飯後皆有漿飲；

---

① 對應《國語·周語中》"王公立飫，則有房烝。親戚宴饗，則有殽烝"。
② 沈文倬：《略論禮典的實行和〈儀禮〉書本的撰作》，《菿闇文存——宗周禮樂文明與中國文化考論》，北京：商務印書館，2006 年，第 37 頁。
③ 梡，簡文作"楥"，見於望山簡 2.45："一牛楥，一豕楥，一羊楥，一尊楥。"《望山楚簡》釋爲"斷木爲四足"之"梡"。(北京：中華書局，1995 年，第 131 頁)《禮記·明堂位》"俎用梡嶡"，孔疏："虞俎名梡，梡形四足如案。……夏俎名嶡，嶡亦如梡，而橫柱四足中央如距也。"嶡則包山簡、信陽簡之"橛"。其實"橛""梡"古音相近，形制亦無區別。説詳李家浩《包山 266 號簡所記木器研究》，《著名中年語言學家自選集·李家浩卷》，合肥：安徽教育出版社，2002 年。

卒食後皆撤俎歸賓。

同時《大夫食禮》也存在許多"設若之辭",如迎賓、賓入,分"如主貴""如客貴"兩種情況論賓主揖讓之辭;主人酬賓,分"如大食""如小食"論酬入之節;記文部分也記載主人唯酳是屬,與主人酳、食皆屬兩種情況。而《公食大夫禮》載主國國君以禮食小聘大夫(下大夫)之禮,兼載公食上大夫異於下大夫之數,又載如君不親食使人往致之禮;大夫相食之禮後,又載如大夫不親食君使人代致之禮。傳統上,這些"設若之辭"往往被認爲是記文混入經文,但《大夫食禮》提示我們,"設若之辭"應當是經文、記文對若干情況的整合與歸併,體現了禮書整理、編纂的過程。

《公食大夫禮》與《大夫食禮》的差異也大量存在。從禮文詳略來看,《公食大夫禮》在正饌、加饌陳設,賓祭正饌、加饌方面敘述詳盡,而清華簡《大夫食禮》則詳於賓主禮辭。

儀節上,《公食大夫禮》與《大夫食禮》也多有不同。《公食大夫禮》有爲賓設加饌、賓祭加饌兩節,《大夫食禮》則無加饌,或許是由於行禮級別不同。《大夫食禮》既無加饌,也就不會有《公食大夫禮》初食三飯,食加饌之稻粱,用正饌之俎豆;卒食正饌之黍稷,用加饌之庶羞,所謂"互相成也"的儀節。①又如《公食大夫禮》中,羹定(肉羹既熟)後,甸人陳七鼎(牛、羊、豕、魚、腊、腸胃、膚)於門外,陳具後,乃迎賓、拜至;聘賓入門後,士乃舉鼎入門,雍人陳俎于鼎南,旅人加匕于鼎,大夫以序盥、以匕載鼎食於俎。《大夫食禮》開篇即是"既桄",相當於肉羹既熟、載俎已訖,主人乃出迎賓、賓入。《公食大夫禮》中,賓三飯後,主國之君以束帛侑賓,即以幣勸食;而《大夫食禮》屬饋於賓後,乃命某大夫爲"友者",這在《儀禮》諸篇中從未得見。

此外,《大夫食禮》又體現出鮮明的楚地特徵,大食之末,簡文敘述兩種大食可能出現的情況:

> 如五大夫、【四〇】客七大夫以食,而有它七大夫焉……
>
> 凡縣大夫食,公則會(厭)一長,莫敖則上一長,連敖則上二長,司馬【四六】則上三長,非邦所幹,長則莫敢上大夫。

---

① 《禮經釋例》卷四,《續修四庫全書》第 90 册,上海:上海古籍出版社,2002 年,第 86 頁。

五大夫屢見於《左傳》，歷代學者多據《禮記・王制》"大國三卿，皆命於天子，下大夫五人，上士二十七人"，數五位大夫以釋之。七大夫見於曾侯乙簡 210。但從《大夫食禮》看來，五大夫、七大夫皆爲爵稱，比照秦二十等爵，五大夫爲第九，七大夫爲第七。而"凡縣大夫食"云云，公爲縣公，莫敖、連敖、司馬皆爲地方職官，如包山簡鄝莫敖（簡 29）、株陽莫敖（簡 117）等。《大夫食禮》以莫敖、連敖、司馬爲序，也合於燕客銅量、包山簡、馬王堆《陰陽五行》等文的序列。

　　綜上，《大夫食禮》是一篇戰國中期的禮類文獻，與傳世《儀禮》十七篇有諸多相同之處，又具有鮮明的楚地特徵，對於研究《禮》經《禮》記的形成流傳、經記關係、成書時間具有重要意義。

　　馬楠，清華大學歷史系、出土文獻研究與保護中心副教授。研究方向爲歷史文獻學、經學史。代表作有《唐宋官私目錄研究》等。

論武威漢簡《儀禮》的符號及儀節劃分問題
——兼談簡本《儀禮》的經學價值

杜以恒

　　1959 年出土的武威漢簡《儀禮》包括甲乙丙三本①，是現存最早的《儀禮》文本，自公布之日起便受到學界高度關注。圍繞簡本《儀禮》陸續產生了陳夢家《武威漢簡》②、王關仕《儀禮漢簡本考證》③、沈文倬《〈禮〉漢簡異文釋》④《漢簡〈服傳〉考》⑤《漢簡〈士相見禮〉今古文雜錯並用説》⑥、田河《武威漢簡集釋》⑦等經典論著。已有成果以簡本《儀禮》文字校釋、性質認定爲基礎，進而討論《儀禮》今古文、文本流傳、經典化、學術史等重要問題，取得了很多突破。

　　簡本《儀禮》不含注釋，只是三種早期《儀禮》文本，因此已有的研究成果幾乎都從文獻層面入手，没有深入經義。我們對前人訓釋《儀禮》的系統性認識目前只能上溯至東漢末鄭玄《儀禮注》，至於簡本《儀禮》所處的西漢時期人們如何理解《儀禮》經文，今人只能從《通典》等史料中輾轉探求，其詳則不可知。

　　簡本《儀禮》在經傳文之外雖無注釋，却有不少符號存在。前人對這些

---

① 甲本有《士相見之禮》《服傳》《特牲》《少牢》《有司》《燕禮》《泰射》七篇，乙本只有《服傳》一篇，丙本只有《喪服》一篇。爲求簡潔，下文論及漢簡篇目時對於無歧義的《服傳》《喪服》外諸篇不再一一注明"甲本"。
② 中國科學院考古研究所、甘肅省博物館編：《武威漢簡》，北京：文物出版社，1964 年。
③ 王關仕：《儀禮漢簡本考證》，臺北：臺灣學生書局，1975 年。
④ 沈文倬：《〈禮〉漢簡異文釋》，《文史》第 33—36 輯，後收入浙江大學出版社 1999 年出版的論文集《宗周禮樂文明考論》中。
⑤ 沈文倬：《漢簡〈服傳〉考》，《宗周禮樂文明考論》，杭州：浙江大學出版社，1999 年，第 130—193 頁。
⑥ 沈文倬：《漢簡〈士相見禮〉今古文雜錯並用説》，《宗周禮樂文明考論》，杭州：浙江大學出版社，1999 年，第 126—129 頁。
⑦ 田河：《武威漢簡集釋》，蘭州：甘肅文化出版社，2020 年。

不起眼的符號關注較少,然而這些遍布漢簡的符號實際上暗含了當時學者對《儀禮》的理解,是認識西漢經學的一手材料。本文對簡本《儀禮》所含各類符號進行窮盡式研究,並與後世經説全面比較,力圖揭示隱藏在漢簡符號背後的經學價值。

鑒於前人對簡本《儀禮》符號的認識有限,而這些符號種類繁多,各類符號又多寡不一、功能有別,至爲複雜。因此我們在闡發簡本《儀禮》經學價值之前,必須先對符號本身展開專門討論。

一　簡本《儀禮》符號考

(一) 前人研究

陳夢家先生作爲簡本《儀禮》最早的整理者、研究者,對漢簡符號已有關注,其《由實物所見漢代簡册制度》第十二部分《標號》將武威漢簡《儀禮》符號分爲十一種:1.□扁方框,附篇號;2.●大圓點,附篇號;3.●中圓點,章句號;4.○圓圈,章句號;5.▲三角形,章句號;6.・小點,題目號;7.＝重文號;8.⌊括號,删略號;9.⌊鈎,鈎識號;10.頓號;11.儿,讀書記號。其中1－7"爲繕寫者所作""是書寫者於抄録經文時所同時並録的,表明篇、章、句所在者",8－11"爲誦習者所作""是誦習者所作的鈎識"①。陳先生所論全面精細,令人嘆服,尤其是對含義較爲模糊的"⌊"號分析獨到(詳見下文"⌊"號論述)。但陳先生構建的符號體系過於複雜,不一定完全符合漢簡繕寫者、誦習者的原意。比如陳先生所舉大圓點、中圓點、小點的形態都是●,只是大小不同。然而從漢簡圖版來看,這些圓點的大、中、小並不是涇渭分明的,圓點大小的認定帶有相當大的主觀性。漢簡繕寫者抄寫《儀禮》時是否特意區分大、中、小三種圓點並賦予不同的含義,是很值得懷疑的,2020年田河先生新著《武威漢簡集釋》即不區分大小,將這些圓點統一釋作"●"。又如"□扁方框",陳先生僅舉出一例,認爲是區分《服傳》經、記的,程鵬萬先生則指出乙本《服傳》記文開始的符號與乙本《服傳》通篇通用的"○"號"差别不大",

---

① 陳夢家:《由實物所見漢代簡册制度》,《漢簡綴述》,北京:中華書局,1980年,第308－309頁。

"都是空心圓點"①,田河《集釋》釋文亦將扁方框釋作空心圓圈。其實漢簡《儀禮》的符號系統並没有那麽複雜,這一點下文會詳加辨析。

此外,陳夢家先生對章句概念的使用也有再完善的空間。如陳先生先論甲本、乙本《服傳》及丙本《喪服》簡首符號標示章,簡中符號標示句或節,又云"甲本其它六篇……只有行中的章號,不空格,不提行。如甲本《士相見之禮》,共分十章"②。陳先生前文已述漢簡《服傳》《喪服》簡首標章、簡中標句,此又云其餘六篇的簡中符號也標示章,並據甲本《士相見之禮》經文内部的9個"●"認爲該篇共分十章,似可商榷。"●"是簡本《儀禮》經文中最常見的圈號,施加密度很高,其功能不可能都是分章,如簡本《泰射》93簡經文"●諸公卿升就席●"、簡本《燕禮》51簡記文"●凡薦與羞者小膳宰也●有内羞●",這兩處圈號中的經、記文均是不滿十字的短句,無論從經義還是篇幅上均無法構成僅次於篇的文本層級"章"。且鄭玄注、賈公彦疏在訓解《喪服》篇時頻繁提及某某章,而訓解《儀禮》其餘篇時則完全没有使用章的概念。從漢簡符號實際情況、經義、《儀禮》故訓這三個方面來看,陳先生此論尚可再討論。

沈文倬先生總體不認可陳夢家先生的符號體系,沈先生云:"漢簡爲《禮經》白文,間有方圓符號,陳夢家氏謂之章句號,然所加符號無義理可尋,則陳説非也。"③但沈先生否定陳説之餘,並未專門討論漢簡符號,這可能與沈先生認爲漢簡符號"無義理可尋"有關。

陳夢家先生之外對漢簡符號研究頗有貢獻的學者是王關仕先生,其《儀禮漢簡本考證》第三部分"簡本家法考辨"中第四節"章句之異同"專列"句讀之異屬""句讀之誤斷"兩小類④,以舉例的方式討論漢簡儀節劃分符號的失誤,所論多是。且王先生討論時能結合清人張爾岐《儀禮鄭注句讀》加以辨析,已初具《儀禮》分節學術史的視野。在王先生諸篇校箋中,亦偶有據經義、體例討論簡本符號者。這説明王關仕先生已經認識到漢簡符號的主要功能是劃分直接關乎經義的《儀禮》儀節。王氏之論,洵有卓識。惜所論簡

---

① 程鵬萬:《簡牘帛書格式研究》,上海:上海古籍出版社,2017年,第198—199頁。
② 中國科學院考古研究所、甘肅省博物館編:《武威漢簡》,第39頁。
③ 沈文倬:《漢簡〈士相見禮〉今古文雜錯並用説》,《宗周禮樂文明考論》,第129頁。
④ 王關仕:《儀禮漢簡本考證》,第150—151頁。

略,難成體系,且未能與後世《儀禮》經說廣泛勾連。

還有一些通論早期簡帛制度的著述亦曾論及武威漢簡《儀禮》的符號,其中具有代表性的成果是程鵬萬先生專著《簡牘帛書格式研究》第一章"簡牘格式"第七節"簡牘符號"①,該節論述多有涉及簡本《儀禮》者,大多精當。

總之,簡本《儀禮》符號雖已有不少學者論及,但其全面系統研究尚待展開。至於漢簡錯綜複雜的符號背後到底隱含了怎樣的學術價值,更是一個謎團。

(二) 簡本《儀禮》符號的種類、數量及其功能

據田河《武威漢簡集釋》釋文及彩色圖版,簡本《儀禮》符號共有 530 個,包括"●""○""■""▲""└""()""、""="八種形態(符號形態在各篇分布可參下表1)。這八種符號的功能並不固定,有的符號只有一種特定功能,有的則有多種功能,還有一些符號的功能可以等同於另一種形近符號。爲方便討論,我們從這些符號的實際功能入手展開討論。

表 1　武威漢簡《儀禮》符號形態分布統計表

符號	士相見之禮	甲本服傳	乙本服傳	丙本喪服	特牲	少牢	有司	燕禮	泰射	總計
●		13	31	1	10	58	42	36	25	116	332
○			1	34		1					36
■			3	1				1			5
▲										2	2
└	1				10		5		7		23
()	1										1
、					2						2
=		49	45		3				32		129
總計	15	84	81	10	74	43	41	59	123	530

---

① 程鵬萬:《簡牘帛書格式研究》,第 178—230 頁。

1. 重文符號

簡本《儀禮》共有重文符號 129 個，形態均爲"＝"，這種重文符號在寫本中較爲常見。不過簡本《儀禮》並非每逢重文都使用重文符號，如《特牲》第 25 簡"獻尸，尸拜受"第二個"尸"字、《泰射》第 27 簡"擯者告于公，公許"第二個"公"字都未使用重文符號，這類情況並不少見。

2. 篇目符號

簡本《儀禮》篇目符號共有 8 個，意在突顯一篇之始，又可細分爲篇首符號和篇次篇題符號兩種。

篇首符號 6 個，分別是《士相見之禮》、《特牲》、丙本《喪服》首簡簡首的"●"，甲本《服傳》首簡簡首"■"，乙本《服傳》首簡簡首"○"，《燕禮》首簡簡首"▲"。程鵬萬先生認爲"▲"或爲"●"之誤："武威漢簡《燕禮》第 21 簡▲是章節的停頓號，學者一般將之看成是三角形，《燕禮》其他簡上的章句符號爲圓點，三角形可能是爲圓點的誤點。"①程先生此論頗有道理。甲本《服傳》的框號"■"、《燕禮》的三角號"▲"並不標準，符號大小亦與漢簡中常見的實心圈號"●"一致。且整個簡本《儀禮》中只有五個"■"、兩個"▲"，數量極少，相互之間又缺少共同的使用理據。因此我們只能認爲漢簡中零星的"■""▲"是"●"寫得不够標準的變體。需要説明的是，簡本《儀禮》並非各篇首簡簡首均有標號，《少牢》《有司》《泰射》三篇簡首俱全，然皆無篇首符號。

篇次篇題符號"●"2 個，位于《士相見之禮》第 1 簡簡背篇次"苐三"、第 2 簡簡背篇題"士相見之禮"之前，按功能亦當歸於篇目符號之列。但漢簡其餘篇目第 1、2 簡簡背篇次、篇題前均無符號。

3. 字數統計符號

簡本《儀禮》在諸篇經文之末或全篇之末多有字數統計，統計文字前常加"●"區隔，如《士相見之禮》末簡下方有"●凡千二十字"，總計全篇字數；又如《燕禮》經文之末有"●凡三千六十六字"、記文暨全篇之末有"●記三百三文"，分別統計經、記字數。簡本《儀禮》中《士相見之禮》《特牲》《少牢》《有司》《燕禮》《泰射》及丙本《喪服》均有字數統計符號，其中僅有《燕禮》是經、

---

① 程鵬萬：《簡牘帛書格式研究》，第 197 頁。

記分別統計字數，有兩個字數統計符號。其餘篇目均通篇統計，僅一個字數統計符號。甲、乙本《服傳》則無字數統計，亦無相應符號。

4.《喪服》文本劃分符號

《喪服》篇包括經、記、傳三部分，經文又分十一章，文本層次較多。簡本《儀禮》對《喪服》文本層次進行了劃分，其中甲本、丙本主要使用"●"，乙本使用"○"。甲本《服傳》共有文本劃分符號35個，其中"●"31個，另有三個"■"、一個"○"，當亦是"●"之變體。乙本《服傳》共有文本劃分符號36個，其中"○"34個，另有"●""■"各一個，當亦爲變體，應統一釋作"○"。丙本《喪服》共有文本劃分符號10個，其中"●"9個，另有"■"一個，也應是不標準描畫所致的變體，當釋作"●"。對於《喪服》中這些與通行符號形態不同的變體符號，下文不再單獨說明。

簡本《喪服》文本劃分符號按照具體功能又可分爲分章符號、經記間符號、經傳間符號、經傳內部符號、記文間符號五小類。其中前三類區分不同層次的文本，後兩類區分同一文本層次內部不同的意義單元。

①分章符號

《儀禮》諸篇唯《喪服》分十一章，甲本、乙本《服傳》及丙本《喪服》諸章首句均另簡書寫，上加標號，是爲分章符號，陳夢家先生所論已詳①。然甲本第二章、乙本第十章及丙本第三、五、六、七、八、十章章首處殘缺，故分章符號僅存25個。甲、乙、丙三本首章首句既是首章第一句，也是全篇第一句，因此首章前的符號既是分章符號，也是篇首符號。爲方便統計，我們把三本首章前分章符號歸入篇首符號統計。

②經記間符號

漢簡三本《喪服》記文首句均另簡書寫，上加標號，以區隔《喪服》經文、記文，是爲經記間符號。此外，簡本《特牲》記文首句前也有一個"●"（第47簡），其用法與簡本《喪服》經記間圈號全同。

③經傳間符號

漢簡甲本、乙本是單傳本，以傳文爲核心，但其中亦多有引述經文之處，其基本結構與今本"經＋傳＋經＋傳"相似。爲了方便閱讀，甲本、乙本在經

---

① 中國科學院考古研究所、甘肅省博物館編：《武威漢簡》，第36頁。

傳之間偶有符號區隔，如甲本、乙本"齊衰三年章"所引經文"慈母如母""母爲長子"前均有圈號（甲本第 10、11 簡，乙本第 6、7 簡），以與前句經文所屬傳文相區隔。此類符號甲本共有 21 個，乙本共有 23 個，是《服傳》中最常見的功能符號。丙本《喪服》是不附傳文的單經本，沒有經傳間符號。

④經傳內部符號

甲本、乙本《服傳》除經傳間有符號外，經文、傳文內部亦偶見符號，共計 3 處，均爲圈號。經文間圈號位於《服傳》"小功章"所引經文"叔父之下殤""從父昆弟之長殤"之間（甲本第 49 簡，乙本第 30 簡），王關仕先生從經義出發，認爲"不可以章節號斷爲二"，其"誤置明矣"。① 王氏所論較爲合理，然漢簡兩句之間刪省"適孫之下殤"以下經文 39 字，此處圈號亦有提示經文刪省的可能。傳文間圈號有兩處，也與《服傳》刪省經文有關。甲本、乙本"齊衰杖期"於經文"父在爲母"所屬傳文末句"達子之志也"之下加圈號（甲本第 13 簡，乙本第 8 簡），圈號之後則爲經文"妻"所屬傳文。此處甲本、乙本引述經文時未引"妻"字，且解釋"妻"的傳文前無"傳曰"二字，若不加符號區隔，則針對經文"父在爲母""妻"的兩條傳文便會粘連在一起，不易分辨。另一處傳文間圈號位於甲本"斬衰三年章"經文"女子子在室爲父"句所屬傳文末句"吉笄尺二寸"下（第 8 簡），其功用亦是在引述經文不全的情況下，區隔從屬不同經文的傳文。

⑤記文間符號

丙本《喪服》無傳文，經文內部亦無符號，但記文間有符號 3 個，功能是爲記文分節，如丙本第 32 簡記文"凡衰，外削幅"前加"●"，將記述婦人髽、笄總之制的記文與記述衰裳之制的記文區隔開來；第 33 簡記文"負廣出于適寸"前加"■"，則將記述衰裳之制的記文又細分爲"衰裳加工技法""衰裳尺寸之數"兩部分。這兩處劃分符合經義，細密準確。但第 3 處記文間符號，即丙本第 30 簡記文"荅（舅）無服"前"●"，則有偏差。此處圈號前後原文作"庶子爲後者，爲其外祖父母、從母、舅無服"，意思是做了父親繼承人的庶子不爲他的外祖父、外祖母、從母、舅服喪，此處舅與外祖父母、從母是並列關係，中間絕不可斷。

---

① 王關仕：《儀禮漢簡本考證》，第 119 頁。

5. 儀節劃分符號

《儀禮》共有十七篇,除《喪服》篇是記載服喪制度的專篇外,其餘十六篇詳細記載了"士冠禮"以下十四種周代禮儀的禮儀程序。而《儀禮》記載的這些大型禮儀程序都是由若干個小的禮儀環節有序排纂而成,具有極强的程序性。這些小的禮儀環節,就是儀節,是大型禮儀程序的基本組成單位。簡本《儀禮》中除三種《喪服》文本外的諸篇,大部分符號的功能就是劃分儀節,符號形態以"●"爲主。如《特牲》第 3、4、5、6 簡中各有一個"●",恰好將《特牲饋食禮》"筮日""筮尸""宿尸""宿賓""視濯視牲"這五個前期籌備儀節準確地區隔開來。以"●"號爲主的儀節劃分符號遍布簡本《儀禮》除《喪服》篇外諸篇,共有 281 個,占全部簡本《儀禮》符號半數以上,是簡本中最常見的符號類型。

6. 鈎識號

簡本《儀禮》中共有 25 個鈎識號"└"①,陳夢家先生認爲其作用有"句讀""鈎識某一章句""作爲平列重文名詞的間隔"三類,是讀者後加的。② 陳先生所論極是。需要補充的是,"└"號的主要功能是補充劃分儀節(即"鈎識某一章句")。如《士相見之禮》第 8 簡"再拜受└下大夫相見",此處"└"的功能是區分"士見大夫"與"大夫相見"這兩種不同的儀節,原簡疏漏未分,後人以"└"號補分。25 個"└"號中有 9 個與"●"分節符號同時出現,似乎也暗示了"└"號與分節密切相關,如《特牲》第 31 簡"主人降作(阼)階"上"●"標示"獻賓與兄弟"儀節的開始,"●"右側還有一個"└"號與之並列。王關仕先生認爲"●""└"號並列處的"└"號是經師對原有分節(王先生稱爲"句讀")的認可,而不並列的"└"號則是經師對分節的改正,可備一説。③

總之,漢簡儀節劃分符號以占一字位或半字位的"●"爲主,後加的"└"號雖有不少也是分節符號,但數量較少、質量不高,與"●"號不是一個體系。考察漢簡《儀禮》分節,仍當以"●"爲主。

7. 括號

簡本《儀禮》僅《士相見之禮》第 11 簡見此符號,該簡"慈惕"二字被類似

---

① 《特牲》第 28 簡、36 簡各有一個"└"號非常細小,田河《武威漢簡集釋》釋作"、"號。然田河《集釋》中釋作"、"的只有這兩處,經與其餘"└"號對比,這兩處符號仍當釋爲"└"號。
② 陳夢家:《由實物所見漢代簡册制度》,《漢簡綴述》,第 309 頁。
③ 王關仕:《儀禮漢簡本考證》,第 151 頁。

上下括號"()"的符號圈出,陳夢家先生認爲"是讀者所作刪去號"①,王關仕、沈文倬先生則從經義出發,認爲"()"並非刪除之意,但亦未明言"()"的真正含義。② 由於簡本括號僅此一處,其功能尚難確證。

爲便於總覽簡本各類功能符號所涉及的形態、各篇分布數量,兹繪製功能符號統計表於下(表2)。其中"符號形態"一欄若同時有多個符號出現,則表明此種功能符號對應多種符號,符號排列以出現頻率高低爲序。

表2 武威漢簡《儀禮》功能符號分布統計表

符號類型		符號形態	士相見之禮	甲本服傳	乙本服傳	丙本喪服	特牲	少牢	有司	燕禮	泰射	總計
重文符號		=		49	45		3			32		129
篇目符號	篇首符號	●○■▲	1	1	1	1	1			1		6
	篇次篇題圈號	●	2									2
字數統計符號		●	1			1	1	1	1	2	1	8
《喪服》文本劃分符號	分章符號	●○■		9	9	4						22
	經記間符號	■●		1	1	1	1③					4
	經傳間符號	●○		21	23							44
	經傳内部符號	●○		3	2							5
	記文間符號	●■				3						3

---

① 中國科學院考古研究所、甘肅省博物館編:《武威漢簡》,第154頁。
② 王關仕:《儀禮漢簡本考證》,第12頁;沈文倬:《〈禮〉漢簡異文釋》,《宗周禮樂文明考論》,第259頁。
③ 除《喪服》外簡本諸篇中僅《特牲》有一處經記間圈號,爲免另立大類之繁冗,姑附於此。

續表

符號類型	符號形態	士相見之禮	甲本服傳	乙本服傳	丙本喪服	特牲	少牢	有司	燕禮	泰射	總計
儀節劃分符號	●○■▲	9				56	42	35	24	115	281
鈎識號	∟	1				12		5		7	25①
括號	( )	1									1
總計		15	84	81	10	74	43	41	59	123	530

以上所舉七類符號中，重文符號、篇目符號、字數統計符號、《喪服》文本劃分符號屬對《儀禮》固有文本層次的標示，較少涉及對《儀禮》經文的理解，括號、鈎識號則是讀者後加。而儀節劃分符號是施加者根據其對《儀禮》本經的理解，將諸篇大禮儀劃分成若干小禮節。這一符號的施加是主觀的，體現了施加者對《儀禮》的理解，能夠反映其禮學水平，是我們研究的重點。

（三）簡本《儀禮》儀節劃分符號的性質

簡本《儀禮》儀節劃分符號具有很高的經學價值，但在討論之前，我們必須先明確簡本儀節劃分符號的代表性問題，即這些分節符號是個別抄寫者或個別經師的偶然行爲，還是某一時期内《儀禮》學者普遍采用的。

簡本《儀禮》的抄寫時間，學界主要有西漢晚期說與新莽時期說兩種。西漢晚期說的代表學者是陳夢家、沈文倬，其主要依據是同時出土的日忌簡有墓主人所書西漢成帝年號"河平"。新莽時期說始於陳邦懷，支持者較多，2018年陳松梅、張顯成發表《武威漢簡〈儀禮〉形成時代綜論》一文仍主此說②，其主要依據是簡本特殊用字習慣與新莽時期文本相符、簡本刪改與"邦"相關内容。其實成帝之時距新莽時期不過三四十年，兩派觀點的分歧並不算大。拋開具體抄寫時間不論，學界普遍認爲丙本在三本中抄寫年代

---

① 此處徑將田河《集釋》兩處釋作頓號的符號視爲"∟"號。
② 陳松梅、張顯成：《武威漢簡〈儀禮〉形成時代綜論》，《簡帛（第十七輯）》，上海：上海古籍出版社，2018年，第257—265、349—350頁。

最早。而甲本、乙本《服傳》文字基本一致，當是略晚於丙本的同時期抄本。丙本淵源可追溯至西漢早期，甲、乙本可追溯至西漢中期。也就是說，武威漢簡《儀禮》代表的《儀禮》文本面貌基本屬西漢中後期。武威漢簡《儀禮》大部分篇目含有通篇字數統計，其中《燕禮》還分別統計經、記字數，這說明簡本追求文本的穩定性，帶有定本性質，可能是西漢中後期比較通行的《儀禮》文本之一。

那麼簡本《儀禮》的符號是否與漢簡本身一樣淵源有自、能夠一定程度上反映西漢中後期《儀禮》文本的共性呢？答案是肯定的。爲了認清簡本《儀禮》符號的性質，我們先要關注三個小問題：

1. 簡本《儀禮》大部分符號的作用是劃分儀節，這一工作要求施加符號者對《儀禮》較爲熟練，有較高的禮學水平，因此簡本《儀禮》符號當源自某位經師，並非抄手可爲。且簡本《儀禮》除了括號和"⌊"號外，包括儀節劃分符號在內的絕大多數符號都占一字或半字位，這說明這些符號在抄寫之初就已存在，是簡本《儀禮》固有的組成部分，不可能是抄成之後所加。

2. 甲、乙本《服傳》不僅在文字上高度相似，其內含各類符號的位置亦高度一致，今將二本分節符號對比如下（表3）：

表3　甲本、乙本《服傳》符號對照表

圈號後經傳文	甲本			乙本			類型
	序號	符號	位置	序號	符號	位置	
斬衰常	1	■	第1簡簡端	1	○	第1簡簡端	篇首圈號
傳曰總六升	2	●	第7簡簡中	2	○	第4簡簡中	經傳間圈號
繩屨者	3	●	第8簡簡中	殘缺			傳文內部圈號
疏衰常	殘缺			3	○	第6簡簡端	分章符號
資者絰也	殘缺			4	○	第6簡簡中	經傳間圈號
慈母如母	4	●	第10簡簡中	5	○	第6簡簡中	經傳間圈號
母爲長子	5	●	第11簡簡中	6	○	第7簡簡中	經傳間圈號
疏衰常	6	●	第12簡簡端	7	○	第8簡簡端	分章符號

續表

圈號後經傳文	甲本			乙本			類型
	序號	符號	位置	序號	符號	位置	
爲妻何以朞也	7	●	第 13 簡簡中	8	○	第 8 簡簡中	傳文內部圈號
不杖麻屨者	8	●	第 15 簡簡端	9	○	第 10 簡簡端	分章符號
爲人後者	9	●	第 19 簡簡中	10	○	第 12 簡簡中	經傳間圈號
爲父何以朞也	10	●	第 21 簡簡中	11	○	第 13 簡簡中	經傳間圈號
繼父同居者	11	●	第 23 簡簡中	12	○	第 14 簡簡中	經傳間圈號
爲夫之君		無圈號		13	○	第 15 簡簡中	經傳間圈號
爲君之父母	12	●	第 25 簡簡中	14	○	第 16 簡簡中	經傳間圈號
妾爲女君	13	●	第 26 簡簡中	15	●	第 16 簡簡中	經傳間圈號
婦爲舅姑	14	●	第 26 簡簡中	16	○	第 16 簡簡中	經傳間圈號
公妾大夫之妾	15	●	第 26 簡簡中	17	○	第 16 簡簡中	經傳間圈號
疏衰裳	16	○	第 31 簡簡端	18	○	第 19 簡簡端	分章符號
爲舊君	17	●	第 32 簡簡中	19	○	第 19 簡簡中	經傳間圈號
大功布衰裳	18	●	第 37 簡簡端	20	○	第 22 簡簡端	分章符號
何以服大功也	19	●	第 37 簡簡中	21	○	第 22 簡簡中	經傳間圈號
大功布衰裳	20	●	第 40 簡簡端	22	○	第 24 簡簡端	分章符號
大功布九升	21	●	第 40 簡簡中	23	○	第 24 簡簡中	經傳間圈號
繐衰裳	22	●	第 48 簡簡端	24	○	第 29 簡簡端	分章符號
小功布衰裳	23	●	第 49 簡簡端	25	○	第 30 簡簡端	分章符號
從父昆弟之長殤	24	●	第 49 簡簡中	26	○	第 30 簡簡中	經文內部圈號
小功布衰裳	25	●	第 50 簡簡端	殘缺			分章符號
從母何以小功也	26	●	第 50 簡簡中	27	○	第 31 簡簡中	經傳間圈號
夫之姑姊妹弟	27	●	第 50 簡簡中	28	○	第 31 簡簡中	經傳間圈號
君母之父母從母	28	●	第 51 簡簡中	29	○	第 31 簡簡中	經傳間圈號

續表

圈號後經傳文	甲本			乙本			類型
	序號	符號	位置	序號	符號	位置	
緦麻三月者	29	■	第53簡簡端	30	○	第33簡簡端	分章符號
庶子爲後	30	●	第53簡簡中	31	○	第33簡簡中	經傳間圈號
士爲庶母	31	●	第54簡簡中	32	○	第33簡簡中	經傳間圈號
貴臣貴妾	32	●	第54簡簡中	33	○	第33簡簡中	經傳間圈號
乳母何以緦也	33	●	第54簡簡中	34	○	第34簡簡中	經傳間圈號
從母昆弟	34	●	第54簡簡中	35	○	第34簡簡中	經傳間圈號
公子爲其母	35	■	第57簡簡端	36	■	第36簡簡端	經記間符號

從表中可以看出，甲本符號共35個，乙本36個，二本中位置完全相同的符號有33個，另有"繩屨者""疏衰常""資者緦也""小功布衰常"4句前符號二本中恰有一本殘缺，不知同異，只有"爲夫之君"之上的符號乙本有而甲本無。也就是說，甲本、乙本《服傳》中絕大多數符號在正文中的位置是完全相同的。而簡本《服傳》中大量存在的經傳間符號、經文内部圈號、傳文内部圈號的施加並不系統，帶有較大選擇性。甲、乙本《服傳》符號的高度相似只能說明簡本《儀禮》中包括儀節劃分符號在内的大部分符號在傳抄中較爲穩定，是簡本《儀禮》的重要組成部分。

3. 陳夢家先生發現"熹平石經《儀禮》的《鄉飲酒篇》(《漢石經集存》第四二○號)在'拜送降賓介奠于其所'和'如賓服以拜辱'之下都有圓點章號，表示此兩句爲兩章的末句"①，經筆者比對，這兩句下的●恰好分別是"二人舉觶"與"徹俎"儀節以及"拜禮"與"息司正"儀節的分節點，賈公彦、朱熹等歷代主流《儀禮》注家都在此分節，此是儀節劃分符號無疑。除陳先生發現的兩處外，《集存》第四○四號著録《士虞禮》殘石記文"告事畢賓出""圭爲而哀薦之饗"下各有一個●(見圖1)，恰好是"無尸不餞之法""卒哭祭告祔之辭與饗辭""祔祭之禮"三個連續記文儀節的分節點，屬記文儀節劃分符號。筆者

---

① 中國科學院考古研究所、甘肅省博物館編：《武威漢簡》，第39頁。

圖1 《集存》404號殘石

又檢社科院考古所《漢魏洛陽故城南郊禮制建築遺址1962—1992年考古發掘報告》,發現其中著錄的一塊《既夕禮》殘石中亦有圈號,位於記文"則不饋于下室"下,恰好位於記文儀節"下室之饋"與"筮宅卜日"之間①,屬記文儀節劃分符號。這些殘存的儀節劃分符號以及熹平石經其他經書殘石中廣泛存在的"●"號,說明東漢熹平石經《儀禮》應當是系統劃分儀節的《儀禮》石本。此外,熹平石經《儀禮》殘石中有《鄉飲酒》篇題篇次"鄉飲酒第十",而簡本《儀禮》諸篇第1、2簡簡背亦多寫有相似的篇題篇次,陳夢家先生據此指出"熹平石經的這種體例,當仿自簡本"②。武威漢簡是出自邊遠地區的西漢抄本,熹平石經則是矗立於東漢都城的官方經書定本,二者在地域、性質上有較大差異。作爲官方定本的熹平石經一定會選擇淵源有自的漢代通行本作爲底本,方可達到正定文字之效。而熹平石經《儀禮》篇題篇次形式、儀節劃分符號與西漢末邊陲抄本高度相似、關係緊密,則證明武威漢簡《儀禮》源出西漢通行本,具有一定的時代代表性。

綜合以上三點,我們可以對簡本《儀禮》符號及漢代《儀禮》儀節劃分得出初步認識:武威漢簡《儀禮》中的儀節劃分符號由西漢經師施加,並隨着《儀禮》文本的傳抄而穩定傳承,不隨意變動。簡本《儀禮》雖是西漢邊遠地區的抄本,但其篇題篇次形式、儀節劃分符號與東漢官方定本熹平石經一致,證明簡本《儀禮》源出一個被後世認可的西漢通行本。因此簡本《儀禮》儀節劃分符號組成的分節體系、暗含的《儀禮》經說、折射的禮學理念在西漢當有一定代表性。而武威漢簡與熹平石經分節的共性,則説明在文本中以

---

① 中國社會科學院考古研究所編著:《漢魏洛陽故城南郊禮制建築遺址1962—1992年考古發掘報告》,北京:文物出版社,2010年,第288頁。除此之外,《發掘報告》著錄熹平石經《儀禮》殘石中還有一處圈號,位於《鄉飲酒禮·校記》處(見《發掘報告》第297頁),並非儀節劃分符號。由於該圈號前後殘留文字較少且無今本可以參照,因此其具體功用尚難得知。

② 中國科學院考古研究所、甘肅省博物館編:《武威漢簡》,第12頁。

"●"號劃分儀節是兩漢時通行的《儀禮》研讀法。

二 簡本《儀禮》儀節劃分符號的經學價值

《儀禮》儀節劃分暗含了對《儀禮》經文的理解，是學術問題而非文本問題。武威漢簡《儀禮》殘存儀節劃分符號281個（後加的"𠃊"號不計），這無疑是我們研究西漢《儀禮》學乃至整個漢代經學的寶貴材料。可惜學界對這些符號的重要性尚缺乏足夠認識，亦無全面研究。經筆者考察，漢簡之後可考的對《儀禮》進行全面分節的經解共有17家：唐賈公彥《儀禮疏》、宋朱熹《儀禮經傳通解》、楊復《儀禮圖》、元敖繼公《儀禮集說》、明郝敬《儀禮節解》、清張爾岐《儀禮鄭注句讀》、姚際恒《儀禮通論》、江永《禮書綱目》、姜兆錫《儀禮經傳內編》、王文清《儀禮分節句讀》、蔡德晋《禮經本義》、盛世佐《儀禮集編》、王士讓《儀禮紃解》、《欽定儀禮義疏》、吳廷華《儀禮章句》、秦蕙田《五禮通考》、胡培翬《儀禮正義》。爲更好地解析簡本《儀禮》的儀節劃分符號，也爲徹底打通古今《儀禮》分節的歷史，筆者將簡本《儀禮》281個儀節劃分符號逐一與17部後世經解相應的儀節劃分進行對比，得出了一些經學、經學史上的新認識，茲擇要分論於下。

（一）漢代至清代《儀禮》儀節劃分共識頗多，《儀禮》分節是古人研治《儀禮》的通行方法

將武威漢簡《儀禮》儀節劃分與後世衆多《儀禮》經解進行全面比較，可知漢簡儀節劃分與後世多有相同之處，如漢簡《特牲》第42簡"利洗散"前加"●"，將"旅酬""佐食獻尸"兩個儀節區隔開來，賈公彥《儀禮疏》、黃榦《通解續》以下17家後世經解皆在此處分節①；又如漢簡《少牢》第6簡"既宿尸""明日，主人朝服即位于廟門外"兩句經文前所加"●"，將"筮尸宿尸宿諸官""爲期""視殺視濯"三個少牢饋食禮籌備階段的儀節區隔開來，除明人郝敬《儀禮節解》此處分節略有差異外，賈公彥、黃榦以下16家分節皆與漢簡同。

---

① 朱熹在世時僅完成《儀禮經傳通解》前十篇，涉及喪禮、祭禮的後七篇是朱熹逝世後其高足黃榦、楊復續成。下文討論分節時，凡涉及《通解》對《士相見禮》《燕禮》《大射儀》分節稱朱熹，涉及《特牲饋食禮》《少牢饋食禮》《有司徹》分節則稱黃榦。

再如漢簡《燕禮》第 32 簡"射人自作(阼)階下請立司正"前"●",將"樂賓笙間合""立司正命安賓"兩個儀節劃分開,賈公彥、朱熹以下 17 家分節皆同。諸如此類漢簡儀節劃分與後世 17 家全同或與大多數同者,共有 116 個,占簡本《儀禮》全部儀節劃分符號(281 個)四成以上。茲將簡本《儀禮》分節與後世全同或大部分同的符號分布情況總列於下(表 4),表中"J"代表簡數,"N"代表在一簡中的先後次序,如"J6"代表第 6 簡中唯一的圈號,"J9N3"代表第 9 簡第 3 個圈號。表中所列 116 個符號中,唯有《特牲》第 6 簡是虛心圈號"○",其餘皆是實心圈號"●"。

表 4　簡本《儀禮》儀節劃分與後世經解全同或大部分相同統計表

篇目	分節符號位置	總計
士相見之禮	J6/J9N1/J9N3/J10/J13/J14/J15	7
特牲	J3/J4/J5/J6/J10N1/J25/J27N2/J27N3/J30/J31/J33/J35N1/J35N3/J35N4/J36/J37/J41/J42N1/J42N2/J42N4/J47N2/J49N1/J49N3/J50N3/J51N2/J51N3	26
少牢	J6N1/J6N2/J8N2/J12N2/J23/J30/J34/J37/J40/J41/J42N1	11
有司	J1/J5/J10/J20/J40/J42/J48/J50/J54/J58/J59/J60N1/J60N2/J60N3/J61/J64/J75N1/J76	18
燕禮	J5/J16/J19/J22/J24N2/J30N1/J30N2/J32/J34/J35/J37/J39/J41/J45/J48/J50/J50N1	17
泰射	J4/J9/J11N2/J11N3/J15/J19/J20/J22N2/J33N1/J33N2/J35N2/J38/J40/J44N3/J46N1/J52/J55/J61N1/J65N1/J75N1/J78N1/J84N1/J87/J93N3/J96N2/J97N2/J98N1/J100/J101/J102N1/J103/J105/J106/J108/J109N1/J109N2/J113N2	37
總計		116

賈公彥、朱熹、張爾岐等唐以來學者當然沒有見過武威漢簡,不可能參考其儀節劃分,他們與簡本《儀禮》大量共同的儀節劃分體現了漢代至清代學者對《儀禮》經文本義的理解多有共識,而這些共識又進一步反映出中國古代經學家在思維方式上的共性,反映出經學在中國傳統學術中獨具的穩

定性。

此外,對《儀禮》進行通篇儀節劃分的不只是本文業已論及的武威漢簡、熹平石經以及 17 家後世經說。據筆者考察,現存《儀禮》刻本中明正德陳鳳梧刻經注本、明嘉靖陳鳳梧刻注疏本、明嘉靖汪文盛刻注疏本、明嘉靖聞人詮刻注疏本、明嘉靖李元陽刻注疏本、明萬曆北京國子監刻注疏本、明萬曆吴勉學刻白文本、明崇禎毛氏汲古閣刻注疏本、清乾隆武英殿刻注疏本、清同治崇文書局刻經注本亦以圈號的形式對《儀禮》儀節進行全面劃分,清道光稽古樓刻經注本則以文字標注的方式劃分全經儀節。① 儀節劃分遍布《儀禮》從漢至清各種版本、經說,可見儀節劃分是古人研治《儀禮》的通行方法。清人陳澧在總結前人研讀《儀禮》方法時亦首推"分節"②,可稱卓識。兩千年來古今學者共用同一種解經方法,體現了中國古代經學家在思維方式、學術體系上的共性。

(二) 武威漢簡《儀禮》的儀節劃分比後世經解更爲精細,可見西漢經師讀經用功之深及當時重視章句之風

"食不厭精,膾不厭細",《儀禮》分節也是如此。雖然在特定儀節中不一定劃分得越細越好,但就整部《儀禮》儀節劃分而論,無疑是越細密越好。對《儀禮》分節越細密,往往意味着分節水平越高。以唐以來各時期具有代表性的《儀禮》分節爲例,唐賈公彦《儀禮疏》將《儀禮》分爲 332 個儀節,宋朱熹《通解》分爲 413 節,元敖繼公《集說》分爲 480 節,明郝敬《節解》分爲 383 節,清初張爾岐《句讀》分爲 522 節,清中期胡培翬《正義》分爲 542 節。這些經解所分儀節數量多寡大體與其分節水平高低相符,而由唐至清儀節數量的波動上升亦與《儀禮》學興衰大勢相符。

然而武威漢簡《儀禮》的儀節劃分情況卻打破了我們對《儀禮》儀節劃分總體越來越精細的固有認識。現存武威漢簡《儀禮》之《士相見之禮》《特牲》《少牢》《有司》《燕禮》《泰射》六篇中共有 281 個標準的儀節劃分符號("∟"號

---

① 杜以恒:《歷代〈儀禮〉刊本經文圈號考》,《古典文獻研究》第二十六輯上卷,南京:鳳凰出版社,2023 年,第 43—63 頁。
② 陳澧《東塾讀書記》總結前人《儀禮》讀法云:"一曰分節,二曰繪圖,三曰釋例。"見〔清〕陳澧:《東塾讀書記》卷八《儀禮》,《續修四庫全書》(第 1160 册),上海:上海古籍出版社,2002 年,第 572 頁。

不計),意味着簡本《儀禮》在這六篇中至少劃分了 282 個儀節。而唐以來分節最精細的胡培翬《儀禮正義》,將《儀禮》全經共分 542 個儀節。若按比例推算,簡本《儀禮》全經分節數量當多於《儀禮正義》。需要注意的是,現存武威漢簡六篇中《燕禮》通篇殘缺嚴重,《特牲》缺第 11—24 簡,其餘四篇亦多有局部殘損,可以肯定的是簡本《儀禮》六篇原有的分節符號遠不止 281 個。如此一來,我們更可以確定漢簡甲本全套《儀禮》儀節劃分數量遠多於後世分節最爲細密的《儀禮正義》。

在具體儀節的劃分中,我們更能直觀感受到漢簡分節之細密,兹略舉數例:

1.《特牲饋食禮》經文"厥明夕,陳鼎于門外"至"告事畢,賓出,主人拜送"述說在舉行典禮前一日進行的一系列籌備工作。本文所考賈公彥以下 17 家分節中 15 家將本段籠統分爲一個儀節,並冠以"視濯視牲""視濯視牲告期"等節名①。姜兆錫則在本段内部"請期"前切分,將本段分爲"視濯具及牲鼎""請期"兩個儀節。吳廷華不僅在"請期"前切分,還在"主人及子姓、兄弟即位于門東"前切分,將姜兆錫"視濯具及牲鼎"節對應的經文細分爲"陳設""省具"兩節。簡本《特牲》本段不僅在"主人及子姓、兄弟即位于門東"(第 7 簡)、"請期"(第 9 簡)前均有分節符號"●",在"執(設)洗于作(阼)階東南"前又有"●"(第 7 簡),是將吳廷華"陳設"節對應的經文細分爲"門外陳設""門内陳設"兩個儀節。簡本《儀禮》本段共分 4 個儀節,較清人吳廷華 3 節、姜兆錫 2 節及大部分後世經解籠統分爲 1 節更爲精細。

2.《大射儀》經文"乃席工于西階上"至"大師及少師、上工皆東坫之東南,西面北上坐"記述大射禮舉行前的"作樂娛賓"環節,本文所考賈公彥以下 17 家分節中 16 家將本段籠統分爲一節,並冠以"樂賓""工歌下管"等節名②,唯有姜兆錫分爲"樂賓升歌暨獻工""樂賓下管"兩節。簡本《泰射》則在本段經文

---

① 賈公彥節名爲"祭前一日之夕視濯與視牲",黃榦節名爲"陳鼎拜賓視牲告期",楊復、張爾岐、胡培翬節名爲"視濯視牲",敖繼公、蔡德晋、盛世佐、《欽定儀禮義疏》節名爲"視濯視牲爲期",郝敬節名爲"省視牲器",王文清節名爲"陳鼎視濯視牲告期",江永節名爲"視濯視牲告期",王士讓節名爲"陳鼎拜賓視牲器告祭期",秦蕙田節名爲"陳鼎拜賓視濯視牲告期"。姚際恒此處分節缺失。

② 賈公彥節名爲"作樂及獻工",朱熹、楊復、姚際恒、江永、王文清、王士讓、吳廷華節名爲"樂賓",敖繼公、蔡德晋、《欽定儀禮義疏》節名爲"工歌下管",郝敬節名爲"三獻畢樂作主人獻公",張爾岐、秦蕙田、胡培翬節名爲"作樂娛賓射前燕禮備",盛世佐節名爲"樂"。

"主人洗爵升,實爵獻工"(第36簡)、"大陑(師)、上工皆降"(第37簡)前各加分節符號"●",將本段經文細分爲"堂上歌《鹿鳴》三終""主人獻工""堂下管《新宮》三終"三個儀節,細密程度遠勝後人。

3.《大射儀》經文"司宮尊侯于服不之東北"至"服不復負侯而俟"記述大射禮第二番射末尾"獻獲者"環節,本文所考賈公彥以下17家分節中賈公彥、朱熹、敖繼公、張爾岐、江永、姜兆錫、王文清、王士讓、盛世佐、《欽定儀禮義疏》、吳廷華、胡培翬將本段分爲一節,楊復、郝敬、蔡德晉、秦蕙田將本段與下"獻釋獲者"儀節合爲一節,唯姚際恒將本段細分爲"設尊獻獲者之屬""獻服不及隸僕人巾車獲者"兩節。簡本《泰射》則在本段"設洗于尊西北"(第84簡)、"司馬正洗散"(第85簡)、"宰夫有司薦"(第85簡)、"司馬陑(師)受虛爵"(第86簡)前分別加"●",將本段細分爲"設尊""設洗筐""獻服不酒""獻服不食""獻隸僕人等人"五個儀節,完全符合經義,細密程度遠超後人。

簡本《儀禮》分節細密、遠超後人的例子比比皆是,兹製表總列於下(表5)。表中分節符號位置代號使用方法與表4一致,表中分節符號除《少牢》J22是"■"外其餘均爲通行的"●"。

表5 簡本《儀禮》儀節劃分細密程度超越後世經解統計表

篇目	分節符號位置	總計
士相見之禮	J8N2/J9N2	2
特牲	J7N1/J7N2/J9/J10N2/J26/J27N1/J29N1/J32/J35N2/J42N3/J44/J46/J48N2/J48N3/J49N2/J51N4/J51N1/J51N2/J51N3/J51N4	20
少牢	J4/J7/J8N1/J9/J10N1/J10N2/J11N1/J11N2/J12/J13/J15/J16/J17/J19/J20/J21/J22/J26N1/J26N2/J26N3/J36/J38N1/J38N2/J39/J42N2/J45	26
有司	J12/J13/J15/J17/J36/J55/J56/J66/J68/J70/J71/J73/J75N2/J77/J79N1	15
燕禮	J3/J30/J43	3

續表

篇目	分節符號位置	總計
泰射	J8/J10/J11N1/J24/J27/J31N1/J31N2/J35N1/J36/J37/J39/J44N1/J44N2/J46/J49/J50/J53/J72N1/J73/J78/J80/J81/J82/J83/J84N3/J85N1/J85N2/J86/J89N1/J90/J93N1/J93N2/J93N4/J94/J95N1/J95N2/J96N1/J97N1/J98N2/J104N1/J104N2/J107/J112/J113N1	44
總計		110

　　武威漢簡《儀禮》分節不僅細，而且精，在經義上多有獨到之處，如《大射儀》"司射適次，釋弓，説決、拾，去扑，襲，反位"句，賈公彦、朱熹、郝敬、姚際恒、江永、姜兆錫、蔡德晋、王士讓、吴廷華未分節，楊復、敖繼公、張爾岐、王文清、《欽定儀禮義疏》、盛世佐、秦蕙田、胡培翬則在此句前分節。此句前經文爲"三耦及諸公、卿、大夫、衆射者……皆授有司弓矢，襲，反位。卿、大夫升就席"，意爲參與射箭的人都將自己的弓矢交還有司，穿上左臂外衣袖，回到原位，無論是否參與射箭的卿、大夫均升堂返回原位。而"司射適次"句意爲司射去次中放下自己主持射禮所需的各類物件，穿上左臂外衣袖，回到原位。"司射適次"句與前面幾句共同説明了參與大射禮的主要人員都交回或放回行射禮所用各類器物，"襲，反位"，回到原位，準備開始大射禮最後的旅酬環節。至於"司射適次"句下面的經文，則是司馬正、司射命令相關人員把行禮的箭靶等各類器物撤下。簡言之，"司射適次"句及上面幾句經文説明射禮完成人員歸位，而"司射適次"句之下的幾句經文則説明人員歸位之後撤去射禮相關器物。楊復、敖繼公、張爾岐、胡培翬等在"司射適次"句前分節，誤將該句歸入撤出器物的儀節。武威漢簡《儀禮》則在"司射適次"句之下加"●"分節（《泰射》第 99 簡），將該句正確歸入上文，可見漢簡分節者對經文理解之精準。

　　總體而論，武威漢簡《儀禮》儀節劃分比我們目前可知所有後世分節更爲細密，且在《儀禮》經文理解上多有勝於後人之處，這説明劃分簡本《儀禮》儀節的經師讀《儀禮》極爲細緻、對《儀禮》極爲熟悉。西漢盛行章句之學，重視經文的深度闡發。對專記禮儀程式的《儀禮》來説，準確把握《儀禮》儀節無疑是《儀禮》章句的前提與基礎。從漢簡細密的分節中,我們可以想見漢儒重視章句、"一經説至百餘萬言"的經學風尚①。

(三) 武威漢簡《儀禮》儀節劃分比後世經解更重視等級、禮成、正變等禮學要素,體現了漢代經師的禮學理念

縱觀整個漢簡《儀禮》分節與後世之同異,可以發現漢簡往往對一些包含重要禮學元素的經文單獨劃分儀節,這無疑反映了分節者對禮學的側重。從儀節劃分來看,漢簡最爲重視的禮學要素是等級、禮成、正變。

1. 重視等級

禮的核心功能是"別異",即根據等級尊卑約束人們的行爲,使所有社會成員各安其位。等級性是《儀禮》乃至整個禮學體系的核心要素。簡本《儀禮》分節對等級非常重視,經常將不同等級行禮的差别以分節的方式突顯出來,具體又可分區別尊卑身份、突顯尊者指令、區别尊卑器物三類。

①區别尊卑身份,即直接區分描述不同等級、不同身份行禮者禮節的經文。如《士相見禮》"下大夫相見"句與"上大夫相見"句記述大夫相見之禮,本文所考歷代 17 家分節中除賈公彦此處未分節外,其餘 16 家分節均將此兩句視作一個儀節,命名爲"大夫相見"。簡本《儀禮》則在"上大夫相見"前加分節符號"●"(第 8 簡),將上大夫、下大夫相見之禮各分一個儀節。又如《士相見禮》:"始見于君,執摯,至下,容彌蹙。庶人見於君,不爲容,進退走。"本文所考歷代 17 家分節中除賈公彦此處未分節外,其餘 16 家分節均將此句歸入"大夫士庶人見於君"節,不再細分。簡本《儀禮》則在"庶人見于君"前加分節符號"●"(第 9 簡),將臣與民見君之禮加以區隔。又如《大射儀》"司射命設豐"至"乃徹豐與觶",本文所考歷代 17 家分節均分爲"飲不勝者"一節②,漢簡則在此段内部施加 6 個"●",細分爲 7 個儀節,其中兩個"●"加在"若賓、諸公、卿、大夫不勝"(第 82 簡)、"若飲公"(第 83 簡)之前,意在突顯若身份尊貴之人輸掉比賽被罰酒,則要適度降低懲罰力度。再如《大射儀》"諸公卿升就席"前後本文所考歷代分節皆無儀節劃分,簡本《泰射》則

---

① 〔漢〕班固著,〔唐〕顔師古注:《漢書》卷八十八《儒林傳》,北京:中華書局,1962 年,第 3620 頁。
② 個别分節節名略有差異,如賈公彦名曰"二番射訖行射爵",郝敬名曰"正射飲不勝者",姜兆錫、王文清名曰"再射飲不勝者",吴廷華名曰"飲射爵"。

在本句前後分別加"●"(第 93 簡),突顯了地位尊貴的公、卿升堂就坐之儀。

②突顯尊者指令,即注重將典禮中請示尊者的環節突顯出來。如《大射儀》"小臣自阼階下請媵爵者"至"媵爵者皆退反位"爲"二人媵觶"環節,本文所考歷代分節均分作一節,簡本《泰射》則在本段中"小臣請致者"前加"●"分節(第 24 簡),將小臣請示公如何致爵的環節區隔出來,而本段首句前漢簡本來就有"●",如此一來漢簡此段兩節皆以小臣請示公起首("請媵爵者""請致者"),可見漢簡對請命之重視。又如《大射儀》"公坐取大夫所媵觶"至"奠于篚,復位"爲"公爲賓舉旅"環節,歷代分節均不細分,簡本《泰射》則在本段"賓告于擯者,請旅諸臣"前加"●"(第 27 簡),突顯了賓委託擯者請公下令開始旅酬的環節。

③區別尊卑器物,即對描述不同等級行禮者所用禮器的經文按等級加以細分。簡本《儀禮》分節區別尊卑器物較爲明顯的是對特牲、少牢饋食禮中不同等級身份之人所用俎的區分,如簡本《特牲》記文"尸柤(俎,下同)""祝柤""作(阼)柤""佐食柤"前均加"●"(均在第 51、52 兩簡中),簡本《有司》經文"或(侑)柤""主婦柤"前均加"●"(第 12、13 簡)。此外,漢簡還注意區分不同身份人所用鼎之鼎實,如簡本《少牢》"羹鄭(定),雍人陳鼎""司士升豕右辨(胖)""雍人論(倫)膚九""司士有(又)升魚、腊""司宮尊兩廡(甒)于房戶之閒"五句前均有"●"(第 8—11 簡),將記載羊鼎、豕鼎、膚鼎、魚鼎腊鼎鼎實的經文區隔開來。對於描述這些俎、鼎實的經文,漢簡之後歷代分節大多不再細分。

總之,漢簡《儀禮》儀節劃分處處體現着遠超後人的等級關注,這或是西漢時《儀禮》學興盛並廣泛介入政治的學術反映。

2. 重視禮成

禮成即某個儀節完成,往往有特定經文與之對應。唐以來諸家分節對於這些標誌着儀節完成的經文不夠重視,通常將這些經文置於儀節之末,不再單獨區分。簡本《儀禮》則很注意突顯禮成,如《特牲》經文"尸休(謖),祝前,主人降"前簡本有分節符號"●"(第 42 簡),突顯了獻尸禮成,尸、主人降堂的儀節;《特牲》經文"賓出,主人送于門外"句前簡本有分節符號"●"(第 46 簡),突顯了特牲饋食禮全部禮節完畢、主賓離開的儀節;《泰射》經文"擯者升卿,卿皆升就席""卒,擯者升大夫,大夫皆升就席"前簡本均有分節符號

"●"(第31、35 簡),分別突顯了主人獻卿、獻大夫禮成,相關人員升堂就位的儀節。

3. 重視正變

《儀禮》禮典的標準程序是正禮,因應某種特殊情況作出的調整則是變禮,二者一主一輔,不可或缺。漢簡之後諸家分節面對體量較小的儀節,往往不區分正變,籠統將正禮、變禮歸爲一節,而漢簡則較爲注重正變之別,如簡本《燕禮》《泰射》共有的"若有諸公,則先卿獻之"句前均有分節符號"●"(《燕禮》第 24 簡、《泰射》第 31 簡)①,將《燕禮》《大射儀》中主人獻卿正禮與主人獻孤變禮區分開來。

單純從分節的角度來看,以上所舉諸例未必完全妥當,如簡本《泰射》第 93 簡在"諸公卿升就席"句前後均加"●",是以六字爲一個儀節,略顯細碎,實不必分。然而無論這些分節是否可取,其傳達出的重等級、重禮成、重正變的禮學傾向是非常明顯的,這對我們瞭解西漢《儀禮》學具有重要參考價值。

(四)武威漢簡《儀禮》儀節劃分粗疏漏略處亦不在少,可見西漢經師對《儀禮》研讀深度未必超過後人

上文論證了漢簡《儀禮》分節在精細程度、關注核心禮學要素等層面多有遠超後世分節之處,然而這並不意味着簡本《儀禮》分節質量超越後人。簡本《儀禮》儀節劃分也有很多不容迴避的疏漏,具體體現在局部分節細碎、局部分節粗疏、錯誤理解經文三個方面。

1. 局部分節細碎。簡本《儀禮》分節的最大特點是極其細密,但《儀禮》分節的根本目的是爲了方便學者研讀。若單個儀節所含經文過少,則會顯得細碎,反而不利於理解經義。如簡本《泰射》第 54 簡"……●小臣坐委矢于楅,北梧(括)●司馬陑(師)坐乘之,卒●……",這兩句經文屬於大射禮第一番射末"取矢"儀節,分別述説小臣、司馬師在這一儀節中的具體動作,歷代諸家分節對於這兩句經文都不再細分,漢簡將這兩句經文分別列爲一節,

---

① 簡本《燕禮》"若有"寫作"如右","獻"寫作"就"。

反而令人困惑,失之細碎。類似分節過於細碎之處簡本《儀禮》至少有 39 處①。西漢經學家夏侯勝曾批評其侄夏侯建熱衷章句的做法,説他是"章句小儒,破碎大道"②。由漢簡分節之細碎觀之,夏侯建所爲當是西漢一時學風的反映。

2. 局部分節粗疏

簡本《儀禮》總體分節精細,但也並不是毫無死角,在較大範圍内的局部分節中亦可見分節粗疏之例。如保存較爲完好的簡本《有司》第 21 簡至 35 簡,這 15 支簡涵蓋"主人受尸酢""主婦獻尸""主婦獻侑""主婦致爵於主人"四個分量較重的儀節,後世分節在這一範圍分節數量均不低於四個,然而簡本竟無一個分節符號;又如《特牲饋食禮》"長兄弟洗觚爲加爵""衆賓長爲加爵"二句分别記述長兄弟、衆賓長加爵,後世絕大多數分節都將這兩句各立一節,簡本《特牲》則籠統分爲一節。類似簡本分節比後世分節粗疏之例尚多,此不盡舉。

需要説明的是,這種局部分節粗疏並不一定説明簡本《儀禮》分節者對《儀禮》的理解有誤。從上文分析來看,簡本《儀禮》分節多有細密精到之處,可見簡本分節者禮學水準較高。這樣一位分節者不至於分辨不出《有司》中的主要儀節,其局部分節粗疏可能有特殊原因(比如《有司》的儀節多有與《特牲饋食禮》重複之處)。

3. 錯誤理解經文

比分節細碎、分節粗疏更爲嚴重的問題,是簡本《儀禮》分節有時反映出分節者對《儀禮》經文有誤解之處。上文梳理前人成果時曾提及王關仕《〈儀禮〉漢簡本考證》有專論漢簡分節疏失的"句讀之異屬""句讀之誤斷"③,舉出 12 處漢簡分節的錯誤,十分精到。此外,筆者還發現了若干漢簡分節之誤,如《特牲饋食禮》旅酬環節經文"賓坐取觶……長兄弟拜受觶,賓北面答拜……衆賓長自左受旅……受旅者拜受,長兄弟北面答拜……皆如初儀",

---

① 《特牲》J34、J45、J50N1、J50N2、J50N4、J51N1,《少牢》J18N1,《燕禮》J43,《泰射》J6N1、J6N2、J6N3、J22N1、J34、J54N1、J54N2、J54N3、J56N1、J56N2、J56N3、J61N2、J62、J63N1、J63N2、J64、J65N2、J66N1、J66N2、J69、J70、J71N1、J71N2、J72N2、J74N1、J74N2、J75N2、J82N2、J102N2、J102N3、J103N1。

② 〔漢〕班固著,〔唐〕顔師古注:《漢書》卷七十五《眭兩夏侯京翼李傳》,北京:中華書局,1962 年,第 3159 頁。

③ 王關仕:《〈儀禮〉漢簡本考證》,第 150—151 頁。

此段經文講述旅酬開始時主人將觶傳給長兄弟、長兄弟再傳給眾賓長的禮節，漢簡之後諸家均不分節，漢簡則在"長兄弟北面合（答）拜"前加分節符號"●"（第 39 簡）。此段經文共涉及兩次觶的傳遞，每次傳遞的禮節大體相同，即傳遞時接受者一拜，傳遞者回以一拜。漢簡於賓傳長兄弟觶時不在傳遞者回拜處（即"賓北面答拜"）分節，卻於長兄弟傳眾賓長時在傳遞者回拜處分節，自相矛盾。且從經義而論，長兄弟答拜是對眾賓長拜受的直接回應，二者不可分割。漢簡此處分節不合經義且自相牴牾，當是誤解經文。

又如《少牢饋食禮》經文"少牢饋食之禮。日用丁、己"至"又筮日如初"是少牢饋食禮第一個儀節"筮日"，漢簡之後諸家均不在此段內部分節，漢簡則在本段"乃官戒"前加"●"分節（第 3 簡）。此處相應上下文是："吉，則史韇筮，史兼執筮與卦以告于主人：'占曰從。'乃官戒，宗人命滌，宰命爲酒，乃退。乃官戒，宗人命滌，宰命爲酒，乃退。"大意是筮日結果出來後，如果結果是吉祥的，史就把結果告訴主人，並告訴諸官，諸官則開始爲即將到來的祭禮下達籌備命令。此段經文行爲主體都是史，是連貫的儀節，不可切分。且《特牲饋食禮》首個儀節也是筮日，但漢簡《特牲》筮日儀節內部卻沒有再加細分。此是漢簡分節有違經義且自相矛盾的又一例。

從這些粗疏漏略來看，漢簡《儀禮》分節並不完善，其儀節劃分的體系性、準確性仍與朱熹、敖繼公、張爾岐、胡培翬等後世傑出經解有差距。

三　結語

武威漢簡《儀禮》抄寫於西漢末期或新莽時期，是現存最早的《儀禮》文本，其中遍布各類符號。通過全面研究，可知簡本《儀禮》中共有符號 530 個，包括"●""○""■""▲""└""（）""、""＝"八種形態，其中"■""▲"係"●"之變體，當釋作"●"；"、"則是"└"號過小導致的誤釋，因此簡本《儀禮》原本符號形態當只有"●""○""└""（）""＝"五種。其中"＝"號共 129 個，是寫本中常見的重文符號。"○"號是漢簡乙本的通用符號，其作用、用法與甲本"●"完全一致。"●"是甲本的通用符號，按照實際功能又可分爲篇目符號、字數統計符號、《喪服》文本劃分符號、儀節劃分符號四類，其中儀節劃分符號最多,共有281個。"╙"號僅見於甲本,其主要作用是劃分儀節。"()"號在簡本中僅有一處,功能尚不明確。簡本中"●""○"及其變體符號均占一字或半字位,"╙""()"號則不占字位,屬簡本抄成後所加,非原本固有。

筆者將甲、乙本共有的《服傳》篇符號進行了對照,發現二本各類符號的位置幾乎是完全一致的,這説明簡本《儀禮》原有占字位的符號是當時《儀禮》文本的重要組成部分,不因傳抄而改易,具有相對穩定性。而這些符號的主要功能是劃分儀節,這也意味着儀節劃分與《儀禮》文本的結合在西漢中後期也是穩定的,簡本《儀禮》儀節劃分具有一定代表性,不是孤立、偶然的行爲。而東漢後期熹平石經《儀禮》中同樣殘留的"●"分節符號,則説明西漢《儀禮》分節的傳統至少延續到東漢末期。

簡本《儀禮》儀節劃分直接與經義相關,通過簡本分節符號,我們可以窺見西漢經師對《儀禮》的具體理解。筆者取唐賈公彦《儀禮疏》、宋朱熹《儀禮經傳通解》等17部具有代表性的《儀禮》經解與簡本《儀禮》進行比較,發現簡本《儀禮》281個分節點中,有116個與後人全同或與大部分後人同。這反映出《儀禮》分節不僅是古代通行的《儀禮》讀法,而且各時期的經學家對《儀禮》的具體理解亦頗多共識。

除了116個有共識的分節外,其餘165個有差異的分節點絶大多數是漢簡分節比後世細密造成的,可見簡本《儀禮》分節精細程度遠遠超越後人。而簡本《儀禮》分節中有不少分節能夠折射出漢簡分節者對《儀禮》的精到理解,並反映出漢簡分節者比後人更加重視等級、禮成、正變等核心禮學要素。這些現象無疑反映出西漢經師讀《儀禮》用功之深、琢磨之細,令人直觀地感受到漢儒重視章句的學風、獨特的禮學理念及一時《儀禮》學之盛。當然,簡本《儀禮》分節也並非盡善,其儀節劃分存在局部分節細碎、局部分節粗疏、誤解經文等問題。就總體而論,其儀節劃分的體系性、準確性仍與朱熹、敖繼公、張爾岐、胡培翬等後世傑出經解有差距。

需要指出的是,東漢末鄭玄撰作《儀禮注》時所用的《儀禮》文本極有可能是兩漢時期通行的、以圈號劃分儀節的《儀禮》文本,但就唐石經《儀禮》、黃丕烈影刻宋嚴州本《儀禮》而論,鄭玄注本似乎並未延續這一經學傳統。鄭玄放棄當時通行的《儀禮》分節傳統或許是克服章句解經煩瑣之弊的需要,這又是一個有價值的學術論題。總之,簡本《儀禮》符號及其經學價值尚有繼續深入研究的空間。

[**附記**]本文撰寫時承蒙北京大學中文系程蘇東師、李成晴老師、鄲子翔兄、王翊兄，山東大學郭超穎老師，南京師範大學井超老師審正，受益良多，特此致謝。

杜以恒，北京大學中文系博士後，研究方向：中國經學、禮學與文獻學，代表作：《〈永樂大典〉引〈儀禮〉考實——兼論〈大典〉編纂來源的複雜性》《五代兩宋〈經典釋文〉傳刻新探》《楊復〈儀禮圖〉元刊本考》。

二戴《禮記》中"孔門傳記"文獻的分類與《論語》的二次成書
——兼論《論語》的輯纂方法與選篇原則*

徐 淵

關於《論語》結集成書的過程，衆説紛紜。《史記·孔子世家》及《仲尼弟子列傳》均未載《論語》成書的事跡。《仲尼弟子列傳》結尾太史公云："余以弟子名姓文字悉取《論語》弟子問並次爲篇，疑者闕焉。"司馬遷使用《論語》爲孔子及七十子立傳時，並未特別措意於推求《論語》是如何由弟子們結集成書的，而僅將其作爲追尋孔子及其弟子生平的信史來使用。劉向《別錄》云："《魯論語》二十篇皆孔子弟子記諸善言也。"劉歆《七略》云："《論語》者，孔子應答弟子時人及弟子相與言而接聞於夫子之語也。當時弟子各有所記。夫子既卒，門人相與輯而論纂，故謂之《論語》。"《漢書·藝文志》（以下簡稱《漢志》）因循其説。北宋邢昺《論語注疏解經序》引鄭玄云："仲弓、子游、子夏等撰定。"南朝梁劉勰《文心雕龍·論説篇》云："昔仲尼微言，門人追記，故仰其經目，稱爲《論語》。"其説與《漢志》略同。《文選·辯命論》注引傅子云"昔仲尼既殁，仲弓之徒追論夫子之言，謂之《論語》"，認爲《論語》由仲弓等門徒追記而成。隋唐時期陸德明《經典釋文·敘錄》云："夫子既終，微言已絶。弟子恐離居已後，各生異見，而聖言永滅，故相與論撰，因輯時賢與古明王之語，合成一法，謂之《論語》。"以上臚列諸説是文獻史上關於《論語》成書的經典記載，無論《漢志》説"相與輯而論纂"，還是《釋文·敘錄》言"相與論撰"，都失之籠統，使得後人無法確知《論語》的成書實況，試圖對此加以探究的代有其人。

---

* 本文爲國家社科基金重大項目"中國經典詮釋學基本文獻整理與基本問題研究"（項目號爲21&ZD055）階段性成果，亦受"古文字與中華文明傳承發展工程"協同攻關創新平臺資助。

一　《論語》輯撰成書諸説

按照《論語》單篇所録孔子及其弟子言論的時間來看，《論語》二十篇中最晚的篇目寫成大概在戰國初期。今本《論語·泰伯第八》記載：

> 曾子有疾，孟敬子問之。曾子言曰："鳥之將死，其鳴也哀；人之將死，其言也善。君子所貴乎道者三：動容貌，斯遠暴慢矣；正顔色，斯近信矣；出辭氣，斯遠鄙倍矣。籩豆之事，則有司存。"

柳宗元《論語辯》云：

> 或問曰："儒者稱《論語》，孔子弟子所記。信乎？"曰："未然也。孔子弟子，曾參最少，少孔子四十六歲，曾子老而死，是書記曾子之死，則去孔子也遠矣。"①

柳宗元依據《泰伯》此章的記載，認爲《論語》的編定在曾子卒後，頗具説服力，也就是説《論語》成書的時間上限不當早於曾子卒年。《史記·仲尼弟子列傳》記曾子事跡云：

> 曾參，南武城人，字子輿。少孔子四十六歲。孔子以爲能通孝道，故授之業。作《孝經》，死於魯。

柳宗元説曾參是孔子弟子中最少的，恐怕不實。《仲尼弟子列傳》中孔子弟子録有年名及受業聞見於書傳的有三十五人，其中少於曾參的即有五人，顓孫師（子張）少孔子四十八歲，冉孺（子魯）少孔子五十歲，曹卹（子循）少孔子五十歲，伯虔（子析）少孔子五十歲，公孫龍（子石）少孔子五十歲（其名見於王家咀楚墓《孔子曰》）。其餘不知年歲並不見於書傳的還有四十二人，這些弟子中一定還有一些年紀小於曾子者。清孔繼汾編著《闕里文獻攷》卷四十二述曾參"初仕於莒，其後齊迎以相，楚迎以令尹，晉迎以上卿。年七十學，名聞天下"②，其説出於《韓詩外傳》及《顔氏家訓》。《韓詩外傳》卷一載曾子

---

① 〔唐〕柳宗元：《論語辯》，《柳宗元集》，北京：中華書局，1979年，第110頁。
② 〔清〕孔繼汾：《闕里文獻考》第四十二卷，濟南：山東友誼書社，1989年，第1083－1084頁。

"曾子仕於莒,得粟三秉,……親沒之後,齊迎以相,楚迎以令尹,晉迎以上卿",唐顔之推《顔氏家訓·文章第九》載"曾子七十乃學,名聞天下",據此則曾参之年壽當過七十。不過清人黄叔琳已明辨其非,稱此不足爲據。曾子實際的卒年不可確攷。即便如此,曾子少於孔子四十六歲,孔子卒時曾参年僅二十六歲上下,後在莒國、齊國、楚國、晉國出仕,食禄豐厚,權位頗高,其卒年必在壯年之後,因此至少距孔子卒年三十年以上。《論語》的成書當在此之後。

柳宗元《論語辯》云:"曾子之死,孔子弟子略無存者矣。吾意曾子弟子之爲之也。何哉?且是書載弟子必以字,獨曾子、有子不然。"①又説:"今所記獨曾子最後死,余是以知之。蓋樂正子春、子思之徒,與爲之爾。或曰:孔子弟子嘗雜記其言,然而卒成其書者,曾氏之徒也。"②柳氏主《論語》成於曾氏之徒説。劉寶楠《論語正義》(以下簡稱《正義》)云:"《論語》之作不出一人,故語多重見,而編輯成書,則由仲弓、子游、子夏首爲商定。……仲弓等裒輯諸弟子所記,勒爲此編。"③則《正義》主仲弓編輯説。不論如何,前代學者已經認識到,《論語》並非一人所作,其成書出乎多人之手,此書如何編成,由何人編成,則莫衷一是。

民國以降,文獻與古史的層累形成觀念深入人心,在此基礎上討論《論語》成書的學者不乏其人。由於相關研究衆多,下面僅舉數家具有代表性的看法。楊伯峻認爲"孔子的言論,當時弟子各有記載,後來才彙集成書,所以《論語》一書絕不能看成某一個人的著作";"《論語》的篇章不但出自孔子不同學生之手,而且還出自他不同的再傳弟子之手","成於很多人之手",④《論語》"著筆當開始於春秋末期,而編輯成書則在戰國初期"⑤。趙紀彬認爲"孔丘死後,游、夏等七十子之儔,可能各出所記孔丘應答時人及弟子之語,相與論撰;嗣後曾参、有若之門人亦似更有追記","《論語》撰定非一人,成書非一時,而是經過集體努力,長期積累的一部古代著作"。⑥ 王鐵認爲"《論語》結

---

① 〔唐〕柳宗元:《論語辯》,《柳宗元集》,第110頁。
② 同上書,第110—111頁。
③ 〔清〕劉寶楠撰,高流水點校:《論語正義》,北京:中華書局,1990年,第793頁。
④ 楊伯峻:《論語譯注·導言》,北京:中華書局,1958年,第27—29頁。
⑤ 同上書,第29—30頁。
⑥ 趙紀彬:《論語新探·緒論》,北京:人民出版社,1976年,第1頁。

集於曾子門下,它的最後編定是在孔子之卒半個多世紀之後"①。楊朝明認爲"說《論語》是子思主持完成更爲合理"②。黃懷信認爲"今本《論語》二十篇並非雜手所成,而是有統一編輯思想的個人或數人編著"③。李零認爲"《論語》一書,是戰國時期編成","但戰國時期的《論語》不一定就是現在這個樣子,有些話可能在今本之內,有些話可能在今本之外,而且有好多不同的傳本"。④ 這些說法多持《論語》整體成書的成見。無論認爲《論語》成於一人一手,還是持長年累成之說,論者都不懷疑《論語》自誕生之日起即是一個整體。本文以爲這樣的認識與傳世文獻及近年出土簡牘所反映的事實頗有距離,下面試申說之。

二 《論語》篇目與章節的重出現象

今本《論語》共計二十篇,分別是《學而第一》《爲政第二》《八佾第三》《里仁第四》《公冶長第五》《雍也第六》《述而第七》《泰伯第八》《子罕第九》《鄉黨第十》《先進第十一》《顏淵第十二》《子路第十三》《憲問第十四》《衛靈公第十五》《季氏第十六》《陽貨第十七》《微子第十八》《子張第十九》《堯曰第二十》。根據《漢志》,西漢時期《論語》主要的傳本有古文《論語》二十一篇(以下簡稱《古論》)、《齊論語》二十二篇(以下簡稱《齊論》)、《魯論語》二十篇(以下簡稱《魯論》)。《古論》爲魯恭王壞孔子宅所得,多《子張問》一篇(分《堯曰》第二章以下爲另一篇)。《齊論》比今本《論語》多《問玉》⑤《知道》兩篇。《魯論》篇目與今本相同,有《傳》十九篇,《傳》已亡佚。《齊論》《魯論》都屬於今文系

---

① 王鐵:《試論〈論語〉的結集與版本變遷諸問題》,《孔子研究》1989 年第 3 期,第 65 頁。
② 楊朝明:《新出竹書與〈論語〉成書問題再認識》,《中國哲學史》2003 年第 3 期,第 35 頁。
③ 黃懷信:《從内容與結構看〈論語〉成書》,《中國典籍與文化》2006 年第 4 期,第 8 頁。
④ 李零:《喪家狗——我讀〈論語〉》,太原:山西人民出版社,2007 年,第 28 頁。
⑤ 今傳本《漢志》"問王"實爲"問玉"之誤,王應麟《漢書藝文志考證》卷四《齊二十二篇》云:"《説文》:《逸論語》曰:'玉粲之璱兮,其璠猛也','如玉之瑩'。又曰:'璠璵,魯之寶玉也。'孔子曰:'美哉璠璵,遠而望之奐若也,近而眂之瑟若也。一則理勝,二則孚勝。'《初學記》亦謂《逸論語》之文。愚謂《問王》疑即《問玉》也,篆文相似。"實際上,戰國齊文字"玉"正寫作"王",春秋晚期齊國器洹子孟姜壺(《殷周金文集成》編號 9730)中的"玉"字作"王",是典型的齊文字作風。《齊論》"問玉"訛爲"問王",實由齊文字的特點造成。參見〔宋〕王應麟撰,尹承整理:《漢藝文志考證》,《二十五史藝文經籍志考補萃編》第 1 卷,北京:清華大學出版社,2014 年,第 104 頁。

統，在西漢時代傳習廣泛。《齊論》有《齊說》二十九篇，王吉所說。《魯論》有《魯夏侯說》二十一篇、《魯安昌侯說》二十一篇、《魯王駿說》二十篇。《魯夏侯說》爲夏侯勝所說；《魯安昌侯說》爲安昌侯張禹所說，可能即張侯《論語》的前身；《魯王駿說》爲王吉子王駿所說。另有一種《論語》說《燕傳說》，不知屬於哪一系統。《漢書》卷八十一《匡張孔馬傳第五十一》載張禹生平，云：

> 初，禹爲師，以上難數對己問經，爲《論語章句》獻之。始魯扶卿及夏侯勝、王陽、蕭望之、韋玄成皆說《論語》，篇第或異。禹先事王陽，後從庸生，采獲所安，最後出而尊貴。諸儒爲之語曰："欲爲《論》，念張文。"由是學者多從張氏，餘家寖微。

《漢志》《論語》類小序亦說"張氏最後而行於世"，陸德明《經典釋文·敘錄》說："安昌侯張禹受《魯論》於夏侯建，又從庸生、王吉受《齊論》，擇善而從，號曰《張侯論》。最後而行於漢世，禹以授成帝。"張禹本《論語》流行得最晚，但是最爲通行，吸收了《古論》《齊論》《魯論》的優點，與今本關係最爲密切。皇侃《論語義疏》對《古論》《齊論》《魯論》三者的關係有詳細的申說：

> 至漢時合壁所得及口以傳授，遂有三本。一曰《古論》，二曰《齊論》，三曰《魯論》。既有三本，而篇章亦異。《古論》分《堯曰》下章"子張問"更爲一篇，合二十一篇。篇次以《鄉黨》爲第二篇，《雍也》爲第三篇。内倒錯不可具說。《齊論》題目與《魯論》大體不殊，而長有《問王》《知道》二篇，合二十二篇，篇内亦微有異。《魯論》有二十篇，即今日所講者是也。

按照皇侃的說法，《張禹論》脱胎於《魯論》，因而與《魯論》篇目相同而内容略異。《隋書·經籍志》（以下簡稱《隋志》）云："張禹本受《魯論》，晚講《齊論》，後遂合而考之，刪其繁惑，除去《齊論·問王》《知道》二篇，從《魯論》二十篇爲定。"晁公武《郡齋讀書志》"論語類""《何晏注論語》十卷"條云："按漢時《論語》凡有三，而《齊論》有《問王》《知道》兩篇，詳其名，當是必論内聖之道、外王之業，未必非夫子之最致意者，不知何説，而張禹獨遺之。"馬端臨《文獻通考》云："《齊論》多於《魯論》二篇，曰《問王》《知道》。史稱爲張禹所刪，以此遂無傳。""然《古論語》與《古文尚書》同自孔壁出者，章句與《魯論》不異，惟分《堯曰》'子張問'以下爲一篇，共二十一篇。則《問王》《知道》二篇亦孔壁中所無,度必後儒依倣而作,非聖經之本真。此所以不傳,非禹所能刪也。"

馬端臨説《問玉》《知道》二篇爲後儒"依倣而作,非聖經之本真",暫且置之不論。諸家對《古論》《齊論》《魯論》三者篇目組成的認識是基本一致的,《古論》比《魯論》多出一篇,《古論》將今本《堯曰第二十》第二章開始的"子張問"單獨分爲一篇,因此有二十一篇,而内容與《魯論》大體無異。而《齊論》比《古論》《魯論》多出《問玉》《知道》二篇。另外,《古論》與《魯論》的篇次也不相同,《古論》中《鄉黨》爲第二篇,今本在第十一篇;《雍也》爲第三篇,今本在第六篇。從《古論》與《魯論》的篇次差異來看,西漢初期《論語》的篇次尚未完全定型。這與西漢時代《儀禮》的流傳頗爲相似,高堂生所傳之《禮》與戴德、戴勝所傳之《禮》的篇目均爲十七篇,而篇次頗有不同。

《論語》各歷史傳本中除了篇目、篇次的問題,篇章之間章節重出的現象也值得關注。此一現象歷史上早有學者注意到,下表(表1)依據今本《論語》序加以臚列,共計十例(相同或近似内容加着重號,後文同):

表1 《論語》篇章間章節重出統計表

《學而第一》第三章	《陽貨第十七》第十七章
子曰:"巧言令色,鮮矣仁!"	子曰:"巧言令色,鮮矣仁。"
《學而第一》第八章	《子罕第九》第二十五章
子曰:"君子不重則不威,學則不固。主忠信,無友不如己者,過則勿憚改。"	子曰:"主忠信,毋友不如己者,過則勿憚改。"
《學而第一》第十一章	《里仁第四》第二十章
子曰:"父在,觀其志;父没,觀其行;三年無改於父之道,可謂孝矣。"	子曰:"三年無改於父之道,可謂孝矣。"
《八佾第三》第十五章	《鄉黨第十》第十五章
子入大廟,每事問。或曰:"孰謂鄹人之子知禮乎?入大廟,每事問。"子聞之曰:"是禮也。"	入大廟,每事問。

續表

《雍也第六》第三章	《先進第十一》第七章
哀公問："弟子孰爲好學？"孔子對曰："有顏回者好學，不遷怒，不貳過。不幸短命死矣！今也則亡，未聞好學者也。"	季康子問："弟子孰爲好學？"孔子對曰："有顏回者好學，不幸短命死矣！今也則亡。"
《雍也第六》第二十七章	《顏淵第十二》第十五章
子曰："君子博學於文，約之以禮，亦可以弗畔矣夫！"	子曰："君子博學於文，約之以禮，亦可以弗畔矣夫！"
《子罕第九》第十八章	《衛靈公第十五》第十三章
子曰："吾未見好德如好色者也。"	子曰："已矣乎！吾未見好德如好色者也。"
《子罕第九》第二十九章	《憲問第十四》第二十八章
子曰："知者不惑，仁者不憂，勇者不懼。"	子曰："君子道者三，我無能焉：仁者不憂，知者不惑，勇者不懼。"子貢曰："夫子自道也。"
《泰伯第八》第十四章	《憲問第十四》第二十六章
子曰："不在其位，不謀其政。"	子曰："不在其位，不謀其政。"曾子曰："君子思不出其位。"
《顏淵第十二》第二章	《衛靈公第十五》第二十四章
仲弓問仁。子曰："出門如見大賓，使民如承大祭。己所不欲，勿施於人。在邦無怨，在家無怨。"仲弓曰："雍雖不敏，請事斯語矣。"	子貢問曰："有一言而可以終身行之者乎？"子曰："其恕乎！己所不欲，勿施於人。"

上舉諸例中，第五例與第十例問者不同，孔子所答内容部分相同。其餘八例未見上下文，而孔子所述全部或大部分相同。《論語》之作，如果按照《漢志》之説"夫子既卒，門人相與輯而論篡，故謂之《論語》"，則這樣的重複現象顯得頗爲突兀。《論語》若成於孔子弟子的一次匯纂編輯，不應當出現

諸多重複之語。第二例"子曰：'君子博學於文，約之以禮，亦可以弗畔矣夫！'"《雍也》《顏淵》兩章字句全同，《雍也》既然已經收録，則《顏淵》不當重出。此一現象或許透露了《論語》成書的重要信息。

三　大、小戴《禮記》與《論語》互涉章節①

先秦傳世文獻與出土文獻出現《論語》章節的情況複雜。其中一部分文獻晚於《論語》成書，則其中相關章節爲徵引《論語》無疑。顧炎武《日知録》卷七云："《孟子》書引孔子之言凡二十有九，其載於《論語》者有八。"②除此八條之外，還有二十一條不見於今本《論語》。劉光勝認爲："在《論語》之外，社會上還流行着大量的孔子語録。"③這類流行於戰國的孔子語録今日得見者，主要即大、小戴《禮記》篇目，小戴《禮記》含有以"子曰""孔子曰""夫子曰""子云""子言之""仲尼曰"等引孔子語的篇目共計二十六篇：《檀弓上第三》、《檀弓下第四》（含"仲尼曰"三條）、《曾子問第七》、《文王世子第八》（其第二篇，"仲尼曰"一條）、《禮運第九》、《禮器第十》、《郊特牲第十一》、《玉藻第十三》、《樂記第十九》（其第九篇）、《雜記上第二十》、《雜記下第二十一》、《祭義第二十四》、《經解第二十六》、《哀公問第二十七》、《仲尼燕居第二十八》、《孔子閒居第二十九》、《坊記第三十》（除第一條以"子言之"爲首，其餘皆以"子云"引出孔子語）、《中庸第三十一》（含"仲尼曰"一條）、《表記第三十二》（含"子言之"八條）、《緇衣第三十三》、《儒行第四十一》、《大學第四十二》、《三年問第三十八》、《鄉飲酒義第四十五》、《射義第四十六》、《聘義第四十八》。大戴《禮記》中含有"孔子曰""子曰"引孔子語的篇目共計十八篇④：《主言第三

---

① 吴國武認爲"《論語》《禮記》兩書在成書性質、思想內容和文體書例上有着極爲緊密的聯繫，相近的字詞句式、對話記事和義理觀念隨處可見"，"全面、系統地利用《禮記》文本來解讀《論語》文句還有拓展的空間"。又説"以往學界對於《論語》《禮記》之關係有過一些討論，但專題的研究並不多見"。説見吴國武：《〈禮記〉〈論語〉文本對讀芻議——以〈樂記〉篇爲例》，謝維揚、趙争主編：《出土文獻與古書成書問題研究——"古史史料學研究的新視野研討會"論文集》，2015 年，上海：中西書局，第 296、297 頁。吴氏曾在 2008 年、2010 年等多次會議上提倡"以禮解《論語》""以禮説《論語》"的詮釋路向，見該書第 296 頁注①。該文與本關於《禮記》《論語》關係的認識頗有相合之處，可以參看。
② 〔清〕顧炎武：《日知録》，《顧炎武全集》第 18 册，上海：上海古籍出版社，2011 年，第 335 頁。
③ 劉光勝：《〈論語〉成書新證及其方法論反思》，《中原文化研究》2022 年第 6 期，第 109 頁。
④ 大戴《禮記》無以"子言之""子云""仲尼曰"引孔子語者。

十九》、《哀公問五義第四十一》、《哀公問於孔子第四十二》(與小戴《禮記》《哀公問第二十七》重出)、《禮察第四十六》、《曾子立孝第五十一》、《曾子大孝第五十二》、《衛將軍文子第六十》、《五帝德第六十二》、《勸學第六十四》(即《荀子·勸學》)、《子張問入官第六十五》、《千乘第六十八》、《四代第六十九》、《虞帝德第七十》、《誥志第七十一》、《小辨第七十四》、《用兵第七十五》、《少閒第七十六》、《易本命第八十》①。以上這些篇目中，小戴《禮記》的《檀弓上》《檀弓下》原爲一篇，《雜記上》《雜記下》原亦爲一篇，故小戴《禮記》總計篇目爲二十四篇。大戴《禮記》的《哀公問於孔子》與小戴《禮記》的《哀公問》內容相同，不必重複分析。以上這些篇目根據《漢書·景十三王傳》"皆經、傳、說、記、七十子之徒所論"，後文將其合稱爲"孔門傳記"文獻。

"孔門傳記"所錄孔子言行的形式大致可以分爲三類，第一類是孔子長篇發論以及弟子提問孔子長篇回答的篇目，包括小戴《禮記》的《文王世子》(其第二篇)、《禮運》、《樂記》(其第九篇)、《哀公問》、《仲尼燕居》、《孔子閒居》、《儒行》、《聘義》(末章)，大戴《禮記》的《主言》《哀公問五義》《哀公問於孔子》《五帝德》《子張問入官》《千乘》《四代》《虞帝德》《誥志》《小辨》《用兵》《少閒》。其中大戴《禮記》的《千乘》《四代》《虞帝德》《誥志》《小辨》《用兵》《少閒》七篇，即《漢志》所記的《孔子三朝記》，記錄的是魯哀公與孔子的問答。《漢志》"孔子三朝記"條目顏師古注云："今《大戴禮》有其一篇，蓋孔子對哀公語也。三朝見公，故曰'三朝'。"②在劉向編寫《別錄》之前，戴德將《孔子三朝記》編入大戴《禮記》。到劉歆編定《七略》的時候，則將《樂記》編入《樂》類，將《孔子三朝記》編入《論語》類。故班固《漢志》因循其分類，亦將《孔子三朝記》編入《論語》類，而沒有跟從戴德將其編入《禮》類類目。

此類篇目的特點是孔子的論述篇幅較長，義理豐贍，與《論語》短小精悍的文體不類。其中有些論述摻雜後世的史事和觀念，被認爲是孔子後學僞託孔子之口所作。如《禮運》有"天下爲公，選賢與能""書同文，行同倫"等看來出現較晚的觀念。然而細辨《禮運》的體式，不難發現其仍然屬於言偃向孔子問學、孔子述禮之原則的長篇宏論。這一類文本的主體內容和來源可

---

① 爲行文簡明，下文不再引用篇第幾之序號。
② 〔漢〕班固撰，〔唐〕顏師古注：《漢書》，中華書局，1962年，第1717頁。

能較早,後經戰國儒生的改寫,竄入較晚的內容。類似變化可以比照郭店簡《老子》到馬王堆《老子》之間的變化。產生於春秋戰國之際的文本,經過戰國時代的傳寫,摻入戰國的思想觀念,是先秦至秦漢文本轉換過程中較爲常見的現象。除了《禮記》中的以上篇目,《孝經》大概也能視作這第一類文獻的一種,記錄了曾子問孔子答,關於"孝道"的長篇論述。後文將這第一類文獻稱爲"孔門事語"類文獻。

"孔門傳記"的第二類是孔子一人陳述、孔子與弟子問答或記錄孔子事跡的彙編文獻。這類篇目占"孔門傳記"文獻篇幅較多,包括小戴《禮記》的《檀弓》《曾子問》《坊記》《中庸》《表記》《緇衣》,大戴《禮記》的《衛將軍文子》。他們共同的特點是與《論語》的體式非常接近,所錄均爲孔子及其弟子的言行彙編,章節短小,內容精煉。從這些文本的成書時間和地域分布來看,無法確認這些文獻的產生一定早於或晚於《論語》諸篇,它們與《論語》各章節有相同或者相似的語句,無法表明是這些篇目襲用了《論語》,還是《論語》襲用了這些篇目。後文將這第二類文獻稱爲《論語》類文獻。

"孔門傳記"的第三類爲引用孔子語以輔助其論説者,如小戴《禮記》的《禮器》、《玉藻》、《祭義》、《經解》(末章)、《三年問》、《大學》、《鄉飲酒義》、《射義》;大戴《禮記》的《禮察》《曾子立孝》《曾子大孝》《勸學》《易本命》。這一類篇目與《孟子》屬性相同,以"七十子之徒所論"文獻爲主。如大戴《禮記》的《勸學》篇,本爲荀子所作,是今本《荀子》的首篇。這些篇目的成書一定在《論語》或所謂"孔子語録"流行之後,所徵引的孔子言語未必都出於《論語》,而應是各有所本。後文將這第三類文獻稱爲"七十子之徒所論"類(以下簡稱"七十子所論"類)文獻。

《隋書·經籍志》云:"至劉向考校經籍,檢得一百三十篇,向因第而敘之。又得《明堂陰陽記》三十三篇、《孔子三朝記》七篇、《王史氏記》二十一篇、《樂記》二十三篇,凡五種,合二百十四篇。"由此可知"古文記"二百十四篇正由《漢志》所録"《記》一百三十篇"與《明堂陰陽記》三十三篇、《孔子三朝記》七篇、《王史氏記》二十一篇、《樂記》二十三篇組合而成。大、小戴《禮記》諸篇則出於"古文記"二百十四篇。[①] 依據《漢志》的分類,前述大、小戴《禮

[①] 徐淵:《兩漢今古文〈孝經〉流變所反映的〈禮記〉屬性問題》第四節,《經學文獻研究集刊(第二十八輯)》,上海:上海書店出版社,2022年。

記》記録孔子言語的各篇，來源大致可以分爲三部分，其一源出於河間獻王所獻《記》一百三十一篇，《漢志》歸於《禮》類；其二源出於《樂記》二十三篇（小戴《禮記》中《樂記》十一篇），《漢志》歸於樂類；其三源出於《孔子三朝記》七篇（即大戴《禮記》中《千乘》《四代》《虞帝德》《誥志》《小辨》《用兵》《少閒》七篇），《漢志》歸於《論語》類。①

王應麟《〈漢書·藝文志〉考證》"《記》一百三十"條下云："今逸篇之名可見者，有《三正記》《別名記》《親屬記》《明堂記》《曾子記》《禮運記》《五帝記》《王度記》《王霸記》《瑞命記》《辨名記》《孔子三朝記》《月令記》《大學志》《雜記》。"②其中《明堂記》《曾子記》《禮運記》《五帝記》《月令記》《大學志》《雜記》等與今本二戴《禮記》篇名關係緊密，《明堂記》疑即小戴《明堂位》，《曾子記》疑即小戴《曾子問》，《禮運記》疑即小戴《禮運》，《五帝記》疑即大戴《五帝德》，《月令記》疑即小戴《月令》，《大學志》疑即小戴《大學》，《雜記》疑即小戴《雜記》。《漢書·景十三王傳》云："獻王所得書皆古文先秦舊書，《周官》《尚書》《禮》《禮記》《孟子》《老子》之屬，皆經、傳、説、記、七十子之徒所論。"其中《禮記》即此《記》一百三十一篇。"孔門傳記"下"孔門事語"類、《論語》類、"七十子所論"類三類篇章，大多出於河間獻王所獻之《記》。

《漢志》所録《論語》類文獻計有《論語》古二十一篇（兩《子張》），《齊（論）》二十二篇（多《問玉》《知道》），《魯（論）》二十篇，《傳》十九篇；《齊説》二十九篇（王吉説），《魯夏侯説》二十一篇，《魯安昌侯説》二十一篇，《魯王駿説》二十篇；《燕傳説》三卷。《奏議》十八篇（即《石渠論》），《孔子家語》二十七篇；《孔子三朝記》七篇，《孔子徒人圖法》二卷。關於《古論》《齊論》《魯論》以及諸《説》本文首節已有分析。《漢志》所録《論語》類文獻成書於戰國或更早的，除了今本《論語》二十篇、《齊論》的《問玉》《知道》二篇外，只有《孔子三朝記》《孔子徒人圖法》。③而《孔子徒人圖法》可能是圖像類文獻，與"孔門傳

---

① 《漢書·藝文志》云："及《明堂陰陽》《王史氏記》所見，多天子、諸侯、卿、大夫之制，雖不能備，猶瘉倉等推《士禮》而致於天子之説。"《漢書》，第 1710 頁。若《漢志》所記不誤，《王史氏記》與《明堂陰陽》的内容相類，所録非孔子與七十子問答之語，故未將上述篇目歸於《王史氏記》下。

② 〔宋〕王應麟著，張三夕、楊毅點校：《漢藝文志考證》，北京：中華書局，2011 年，第 156－157 頁。

③ 一般認爲今本《孔子家語》即使非王肅所輯，亦當是由漢人取各類文獻中記録孔子言行的條目編纂而成，其中大多數條目見於今存傳世文獻。《家語》是經過秦火漢代文獻定型以後編輯彙纂而成的文獻，並非直接成書於戰國時代。

記"不類。將《孔子三朝記》歸於《論語》類說明了劉向、劉歆、班固等漢代學者對《孔子三朝記》性質的認識。由此可以推論，與《孔子三朝記》體式類似的上述第一類"孔門事語"類文獻《文王世子》（其第二篇）、《禮運》、《樂記》（其第九篇）、《哀公問》、《仲尼燕居》、《孔子閒居》、《儒行》、《聘義》（末章）（以上入於小戴《禮記》），《主言》《哀公問五義》《哀公問於孔子》《五帝德》《子張問入官》《千乘》《四代》《虞帝德》《誥志》《小辨》《用兵》《少閒》（以上入於大戴《禮記》）等，在時人眼中也與《孔子三朝記》的性質相近似。

與《論語》各篇有重出章節相類似，小戴《禮記》各篇與《論語》也有重出的章節，臚列於下表（表2），共計十五例（依《論語》章序排列）：

表2　小戴《禮記》與《論語》重出章節統計表

《八佾第三》第九章	《禮運第九》
子曰："夏禮，吾能言之，杞不足徵也；殷禮，吾能言之，宋不足徵也。文獻不足故也。足，則吾能徵之矣。"	孔子曰："我欲觀夏道，是故之杞，而不足徵也。吾得《夏時》焉。我欲觀殷道，是故之宋，而不足徵也。吾得《坤乾》焉。《坤乾》之義，《夏時》之等，吾以是觀之。"
《中庸第三十一》	
子曰："吾說夏禮，杞不足徵也。吾學殷禮，有宋存焉。吾學周禮，今用之，吾從周。"	
《八佾第三》第十一章	《仲尼燕居第二十八》
或問禘之說。子曰："不知也。知其說者之於天下也，其如示諸斯乎！"指其掌。	子曰："明乎郊社之義、嘗禘之禮，治國其如指諸掌而已乎！"
《里仁第四》第二章	《表記第三十二》
子曰："不仁者不可以久處約，不可以長處樂。仁者安仁，知者利仁。"	子曰："仁有三，與仁同功而異情。與仁同功，其仁未可知也。與仁同過，然後其仁可知也。仁者安仁，知者利仁，畏罪者強仁。"

續表

《里仁第四》第十八章	《坊記第三十》
子曰："事父母幾諫,見志不從,又敬不違,勞而不怨。"	子云："從命不忿,微諫不倦,勞而不怨,可謂孝矣。《詩》云:'孝子不匱。'"
《雍也第六》第二十九章	《中庸第三十一》
子曰："中庸之爲德也,其至矣乎!民鮮久矣。"	子曰："中庸其至矣乎!民鮮能久矣。"
《子罕第九》第十八章	《坊記第三十》
子曰："吾未見好德如好色者也。"	子云："好德如好色,諸侯不下漁色,故君子遠色,以爲民紀。"
《鄉黨第十》第五章	《閒傳第三十七》
君子不以紺緅飾,紅紫不以爲褻服。當暑,袗絺綌,必表而出之。緇衣,羔裘;素衣,麑裘;黄衣,狐裘。褻裘長,短右袂。必有寢衣,長一身有半。狐貉之厚以居。去喪,無所不佩。非帷裳,必殺之。羔裘、玄冠,不以弔。吉月,必朝服而朝。齊,必有明衣,布。	中月而禫,禫而纖,無所不佩。
	《檀弓上第三》
	夫子曰："始死,羔裘、玄冠者,易之而已。"羔裘、玄冠,夫子不以弔。
	《玉藻第十三》
	孔子曰："朝服而朝,卒朔然後服之。"
《鄉黨第十》第十九章	《玉藻第十三》
見齊衰者,雖狎,必變。見冕者與瞽者,雖褻,必以貌。凶服者式之。式負版者。有盛饌,必變色而作。迅雷、風烈,必變。	若有疾風、迅雷、甚雨,則必變。
《先進第十一》第十九章	《仲尼燕居第二十八》
子貢問:"師與商也孰賢?"子曰:"師也過,商也不及。"曰:"然則師愈與?"子曰:"過猶不及。"	子曰:"師,爾過,而商也不及。子產猶衆人之母也,能食之,不能教也。"子貢越席而對曰:"敢問將何以爲此中者也。"子曰:"禮乎禮!夫禮所以制中也。"

續表

《顏淵第十二》第二章	《中庸第三十一》
仲弓問仁。子曰："出門如見大賓，使民如承大祭。己所不欲，勿施於人。在邦無怨，在家無怨。"仲弓曰："雍雖不敏，請事斯語矣。"	子曰："……忠恕違道不遠，施諸己而不願，亦勿施於人。"
《憲問第十四》第三十六章	
子曰："其恕乎！己所不欲，勿施於人。"	
《顏淵第十二》第十七章	《哀公問第二十七》
季康子問政於孔子。孔子對曰："政者，正也。子帥以正，孰敢不正？"	公曰："敢問何謂爲政？"孔子對曰："政者，正也。君爲正，則百姓從政矣。君之所爲，百姓之所從也。君所不爲，百姓何從？"
《子路第十三》第二十二章	《緇衣第三十三》
子曰："南人有言曰：'人而無恆，不可以作巫醫。'善夫！'不恆其德，或承之羞。'"	子曰："南人有言曰：'人而無恆，不可以爲卜筮。'古之遺言與？龜筮猶不能知也，而況於人乎？《易》曰：'不恆其德，或承之羞。'"
《憲問第十四》第三十四章	《表記第三十二》
或曰："以德報怨，何如？"子曰："何以報德？以直報怨，以德報德。"	子曰："以德報德，則民有所勸；以怨報怨，則民有所懲。《詩》曰：'無言不讎，無德不報。'《大甲》曰：'民非后，無能胥以寧。后非民，無以辟四方。'"
《憲問第十四》第三十六章	《中庸第三十一》
子曰："不怨天，不尤人，下學而上達，知我者其天乎！"	子曰："……上不怨天，下不尤人。故君子居易以俟命，小人行險以徼幸。"

　　大戴《禮記》各篇與《論語》也有重出的章節，臚列於下表（表3），共計四例（依《論語》章序排列）：

表 3　大戴《禮記》與《論語》重出章節統計表

《爲政第二》第十章	《文王官人第七十二》
子曰："視其所以，觀其所由，察其所安。人焉廋哉？人焉廋哉？"	聽其聲，處其氣，考其所爲，觀其所由，察其所安。
《公冶長第五》第十章	《五帝德第六十二》
子曰："始吾於人也，聽其言而信其行；今吾於人也，聽其言而觀其行。於予與改是。"	孔子曰："吾欲以顏色取人，於滅明邪改之；吾欲以語言取人，於予邪改之；吾欲以容貌取人，于師邪改之。"
《顏淵第十二》第十三章	《禮察第四十六》
子曰："聽訟，吾猶人也。必也使無訟乎！"	然如曰禮云禮云，貴絕惡於未萌而起信於微眇，使民日從善遠罪而不自知也。孔子曰"聽訟，吾猶人也，必也使無訟乎"，此之謂也。
《季氏第十六》第十一章	《曾子立事第四十九》
孔子曰："見善如不及，見不善如探湯。吾見其人矣，吾聞其語矣。隱居以求其志，行義以達其道。吾聞其語矣，未見其人也。"	君子禍之爲患，辱之爲畏，見善恐不得與焉，見不善恐其及己也，是故君子疑以終身。

　　以上諸例中，小戴《記》中的《中庸》與《雍也》第二十九章、《憲問》第三十六章，《緇衣》與《子路》第二十二章的内容尤爲接近。《中庸》《緇衣》屬於上述分類中的第二類《論語》類文獻，與《論語》體式非常接近。《中庸》一篇的主題較爲集中，是集中彙録孔子關於"中庸"言論的文獻，而《論語》各篇論述"中庸"的章節僅見於《雍也》第二十九章。

　　1993 年在湖北荆門市郭店村發掘的郭店一號楚墓中發現的楚簡中有《緇衣》一篇，上海博物館藏戰國楚竹書中亦有《緇衣》一篇，雖然二者與今本小戴《禮記》之《緇衣》内容有異，但可以肯定它們是今本《緇衣》的早期傳本。《緇衣》單獨成篇提示我們二戴《禮記》的諸多篇目在戰國時期也是單篇或另外成組流傳的，這些單篇流傳的篇目與《論語》二十篇的關係是平行的，屬於不同地域或者不同儒家學派的文獻，未必具有直接互相承襲的關係。因此，可以將《論語》視作較早形成組類關係的單篇文獻的結集，① 而同樣性質的《檀弓》《曾子問》《坊記》《中庸》《表記》《緇衣》，大戴《禮記》的《衛將軍文子》等篇目要遲至西漢中後期由大、小戴編輯成爲《禮記》之後才作爲一個整體流傳。

四　從出土戰國文獻看《論語》的形成

《郭店楚墓竹簡》發表於 1998 年，其中有《緇衣》一篇，整理者説"本篇簡文的内容與《禮記》的《緇衣》篇大體相合，二者應是同一篇書的不同傳本。簡本無今本的第一及第十六兩章"，整理者還推斷説"今本第一章想是在《緇衣》定名後添加上去的"。② 郭店簡本《緇衣》的章序與今本有很大不同，文字也不盡相同，表 2 所引與《論語·子路》第二十二章相同者，郭店簡《緇衣》在最後一章，其文如表 4：

表 4　《禮記·緇衣》第二十二章與郭店簡本《緇衣》對照表

《緇衣第三十三》	郭店楚簡《緇衣》
子曰："南人有言曰：'人而無恒，不可以爲卜筮。'古之遺言與？龜筮猶不能知也，而況於人乎？《易》曰：'不恒其德，或承之羞。'"	■子曰："宋人又{有}言曰：'人而亡{無}賏{恒}，不可爲【四十五】卜筮{筮}也。'亓{其}古之迻{遺}言嬖{與}？龜齿{筮}獻{猶}弗智{知}，而皇{況}於人虐{乎}？《寺{詩}》員{云}：'我黽{龜}既獻{厭}，【四十六】不我告獻{猶}。'"【四十七】③

今本《論語》、小戴《記·緇衣》均引《易·恒卦》，而郭店簡本《緇衣》則引

---

① 同樣的例子是包含《千乘》《四代》《虞帝德》《誥志》《小辨》《用兵》《少閒》七篇的《孔子三朝記》，可能也是在戰國已經形成組類的文獻。後文介紹的王家咀楚簡《孔子曰》包含不同篇題的篇目，可以視作出土實物的例證。
② 荆門市博物館編：《郭店楚墓竹簡》，北京：文物出版社，1998 年，第 129 頁。
③ 以下出土文獻釋文皆采取寬式隸定。

《詩·小旻》。除《緇衣》此章外，郭店簡《語叢三》有兩章與《論語》略同，見下表(表5)：

表 5 《論語》與郭店簡《語叢三》相似章節統計表

《述而第七》第六章	郭店楚簡《語叢三》
子曰："志於道，據於德，依於仁，遊於藝。"	志於衍{道}，瘇(狎)於悳(德)，厎(並){傍}於息{仁}，遊於埶{藝}。【五十一】
《子罕第九》第四章	郭店楚簡《語叢三》
子絕四：毋意，毋必，毋固，毋我。	亡(毋)意(意)，亡(毋)古(固)，【六十四上】亡(毋)義(我)，亡(毋)必。【六十四下】

《語叢三》"志於道"章與《述而》第六章内容基本相同，《語叢三》"亡意"章與《子罕》第四章的内容一致，但語序不同，亦没有標明是孔子的態度。《語叢三》中的語句多與儒家的主張相合，《郭店楚墓竹簡》整理者爲《語叢一》《語叢二》所加的按語説《語叢》的内容皆爲類似格言的文句。① 劉釗認爲《語叢三》"内容涉及到君、臣、父、子、孝、弟、仁、義、損益、德等儒家學説，還有關於喪禮和賓禮的一些句子，應該屬於儒家著作"②，因此《語叢三》可以視作儒家語録的一種選輯本。郭店簡《尊德義》中還有一句可與《泰伯》第六章相對照(表6)：

表 6 《論語·泰伯》與郭店簡《尊德義》對比表

《泰伯第八》第六章	郭店楚簡《尊德義》
子曰："民可使由之，不可使知之。"	民可貞{使}道【二十一】之，而不可貞{使}智{知}之。民可道也，而不可弱{強}也。【二十二】

《尊德義》是一篇完整的政論文，産生時間大致要晚於孔子時代，劉光勝認爲郭店簡《尊德義》此句"抄撮、化用的是《泰伯》篇"③，因此可以視《尊德

---

① 荆門市博物館編：《郭店楚墓竹簡》，第193、203頁。
② 劉釗：《郭店楚簡校釋》，福州：福建人民出版社，2005年，第208頁。
③ 劉光勝：《〈論語〉成書新證及其方法論反思》，《中原文化研究》2022年第6期，第109頁。

義》此章爲第三類"七十子所論"類文獻。郭店簡中還有一篇《魯穆公問子思》，此篇雖非記錄孔子與弟子的問答，其體式卻與《論語》類文獻接近，其性質可以與大戴《禮記》的《衛將軍文子》相比照。

《上海博物館藏戰國楚竹書》自 2001 年開始陸續發表，至今已經發表九輯。上博一《緇衣》一篇前文已經有列論，下面將其簡文與今本《論語》對照，迻錄如下（表 7）：

表 7　《論語·子路》第二十二章與上博一《緇衣》對照表

《子路第十三》第二十二章	上博一《緇衣》
子曰："南人有言曰：'人而無恆，不可以作巫醫。'善夫！'不恆其德，或承之羞。'"	■子曰：宋人又（有）言曰：人而亡恆（恆），□□□□□□□【二十三】員（云）："我龜既獸（厭），不我告猷■"【二十四】

上博一簡本《緇衣》與郭店簡《緇衣》同引《詩·小旻》，與今本《論語》、小戴《記·緇衣》引《易·恆卦》不同。

除上博一《緇衣》之外，上博二《從政》一篇，與《論語》諸章的內容多有聯繫；上博三《仲弓》一篇"爲政之始"一段又見於《論語·子路》；上博五《君子爲禮》"非禮勿視"一段又見於《論語·顏淵》，《弟子問》"巧言令色"一段又見於《論語·學而》《陽貨》篇。以下對其中引用《論語》的相關章節做了整理，以《上博簡》發表時間序迻錄如下（表 8－10）：

表 8　《論語》與上博簡相關章節統計表

《子路第十三》第二十五章	上博二《從政》
子曰："君子易事而難說也：說之不以道，不說也；及其使人也，器之。小人難事而易說也：說之雖不以道，說也；及其使人也，求備焉。"	［君子先］人則啓道之，後人則奉相之，是以曰君子難得而易史（使）也，其史（使）人，器之；小人先人則堲敢{御}之，［後人］【甲十七】則纍毀之，是以曰小人易得而難史（使）也，其史（使）人，必求備焉。……【甲十八】

續表

《堯曰第二十》第二章	上博二《從政》
子張曰:"何謂四惡?"子曰:"不教而殺謂之虐,不戒視成謂之暴,慢令致期謂之賊,猶之與人也,出納之吝,謂之有司。"	毋暴、毋虐、毋惻(賊)、毋恄{貪}。不攸{修}不武,胃{謂}之必城{成}則暴,不晉{教}而殺則虐,命亡{無}疘{時},事必又{有}羿{期}則惻{賊},爲利桎{枉}【甲十五】事則眙{貪}。【甲五】

周鳳五認爲《從政》是"儒家學者傳習《論語》或《論語》原始材料的紀錄","《從政》篇與《論語》有關,其內容可能是'七十子之徒'或其後學闡述《論語》或相關材料的紀錄"。① 陳劍則認爲"可以肯定《從政》此處解釋闡發《論語》之文,其所據不同於今傳《論語》。後文要引到的簡文'四毋',也是跟今傳《論語》相涉之文有密切聯繫但又並不完全相同。"②

上博三《仲弓》與《子路》第二章的聯繫非常緊密,從文本來看《仲弓》篇非常接近於本文歸於第一類"孔門事語"類文獻,是孔子關於爲政的長篇論述,其文見下(表9):

表9　《論語·子路》第二章與上博三《仲弓》對照表

《子路第十三》第二章	上博三《仲弓》
仲弓爲季氏宰,問政。子曰:"先有司,赦小過,舉賢才。"曰:"焉知賢才而舉之?"曰:"舉爾所知,爾所不知,人其舍諸?"	季桓子使仲弓爲宰,仲弓以告孔子,曰:"季氏……"【一】仲弓曰:"敢問爲政何先?"……【五】……老老慈幼,先有司,舉賢才,惑(宥)過惥(赦)罪。【七】罪,政之始也。"仲弓曰:"若夫老老慈幼,既聞命矣。夫先有司,爲之如何?"仲尼曰:"夫民安舊而重遷【八】……有成,是故有司不可不先也。"仲弓曰:"雍

---

① 周鳳五:《讀上博楚竹書〈從政〉甲篇札記》,《上博館藏戰國楚竹書研究續編》,上海:上海書店出版社,2004年,第181—195頁。
② 陳劍:《上海博物館藏戰國楚竹書〈從政〉篇研究(三題)》,復旦大學出土文獻與古文字研究中心網站,網址:http://www.fdgwz.org.cn/Web/Show/360,文章編號0083,2008年2月28日。

續表

《子路第十三》第二章	上博三《仲弓》
	也不敏,雖有賢才,弗知舉也。敢問舉才【九】如之何?"仲尼曰:"夫賢才不可掩也。舉而所知。而所不知,人其捨之諸?"【十】

　　通過比對可知,《子路》第二章的内容明顯是上博三《仲弓》篇的一部分,《仲弓》的論述更爲詳細周密。很難説《仲弓》是依託《子路》第二章敷衍出來的一篇"孔門事語"類文獻,而《子路》第二章作爲《仲弓》一文節録的可能性更大。李零認爲:"《論語》是從類似《仲弓》或《禮》大小戴《記》的一些篇章摘録,還是後者是從前者演義,甚至兩種情況都有。我認爲,至少不能排除,很多是前一種情況。它們很可能是從一些談話和對話中摘抄下來。"①上博三《仲弓》篇的啓示是《論語》中不少孔子與弟子的簡短問答,可能是從這一類長篇問答文本中精簡而來的,類似的關係可以與《八佾》第九章取自《禮運》,《八佾》第十一章取自《仲尼燕居》,《先進》第十九章取自《孔子閒居》,《顔淵》第十七章取自《哀公問》等諸例類比。《子路》第二章取自《仲弓》,而《仲弓》的成篇很可能在《子路》成篇之前,當然也在《論語》成書之前。

　　上博五《君子爲禮》《弟子問》整理者張光裕説"本篇與下一篇《弟子問》簡文内容性質相類,多屬孔門弟子與夫子之間答問",《弟子問》"包括孔子與宰我、顔回答問,以及顔淵與子由,子羽與子貢之對答等"。② 黄人二認爲:"還是應將兩篇合看,因爲在竹簡形制、字體方面,兩篇均相當接近,内容則同爲孔子與門弟子,弟子之間,弟子與時人之問答。"③我們認爲黄説近是,《君子爲禮》與《弟子問》實乃一篇與《論語》體式類似的文獻,屬於典型的第二類《論語》類文獻。《君子爲禮》與《顔淵》第一章,《弟子問》與《學而》第三

---

① 李零:《簡帛古書與學術源流》,北京:生活·讀書·新知三聯書店,2004年,第299頁。
② 張光裕:《説明》,馬承源主編:《上海博物館藏戰國楚竹書(五)》,上海:上海古籍出版社,2005年,第253、267頁。
③ 黄人二:《上博藏簡(五)〈君子爲禮〉與〈弟子問〉試釋——兼論本篇篇名爲〈論語弟子問〉與〈論語〉之形成和主要編輯時間》,《中國國家博物館館刊》2011年第6期,第65頁。

章、《陽貨》第十七章關係密切,其文迻錄如下(表10):

表10 《論語》相關篇章與上博五《君子爲禮》《弟子問》對照表

《論語·顏淵第十二》第一章	上博五《君子爲禮》
顏淵問仁。子曰:"克己復禮爲仁。一日克己復禮,天下歸仁焉。爲仁由己,而由人乎哉?"顏淵曰:"請問其目。"子曰:"非禮勿視,非禮勿聽,非禮勿言,非禮勿動。"顏淵曰:"回雖不敏,請事斯語矣。"	甔{顏}困(淵)時{侍}於夫＝子＝(夫子。夫子)曰:"韋{回},君子爲豊{禮},以依於息{仁}。"甔{顏}困(淵)俊(作)而含{答}曰:"韋{回}不母{敏},弗能少居也。"夫子曰:"迻{坐}!虗{吾}語女{汝}。言之而不義,【一】口勿言也;視之而不義,目勿視也;聖{聽}之而不義,耳勿聖{聽}也;遑{動}而不義,身毋遑{動}安{焉}。"甔{顏}困(淵)退,臺{數}日不出。□〔□〕睧{問}】【二】之曰:"虗{吾}子可{何}丌{其}脻{瘠}也?"曰:"肰{然},虗{吾}新{親}睧{聞}言於夫子,欲行之不能,欲迖{去}之而不可,虗{吾}是以脻{瘠}也。"【三】
《學而第一》第三章	上博五《弟子問》
子曰:"巧言令色,鮮矣仁!"	曰:考{巧}言窋{令}色,未可冑{謂}息{仁}也。□者丌{其}言?而不可……【附簡】
《陽貨第十七》第十七章	
子曰:"巧言令色,鮮矣仁。"	

《君子爲禮》《弟子問》這類文獻在戰國時期單獨成篇流傳,是證明《論語》及孔子語錄早期單篇流傳的很好例證。

上博簡中還有一些屬於"孔門傳記"文獻但是沒有包含《論語》相同或相似章節的篇目。如上博二《民之父母》,其內容見於今本小戴《禮記·孔子閒居》,記載了子夏向孔子請教的五個問題,內容緊扣"民之父母";上博二《子羔》簡文記述孔子答子羔所問堯、舜、禹、契及后稷之事;上博二《魯邦大旱》記錄魯哀公十五年時發生大旱,哀公以此請教孔子禦旱之策;上博五《季康子問於孔子》記載季康子向孔子問政,孔子作長篇答復的事跡;上博六《孔子見季桓子》記述了孔子與季桓子討論如何治國理政的長篇對話；上博八《顏淵問於孔子》記錄了孔子爲顏回提出的"内事""内教""至明"三個問題所作的長篇答復；上博九《史䍃問於夫子》記載了史官䍃向孔子問爲官之道的對話。這些篇目屬於記載孔子長篇言論的"孔門事語"這一類文獻。另外，上博一《孔子詩論》皆以"孔子曰"起首，可以視作孔子論《詩》主題言論的專題彙編，屬於第二類《論語》類文獻。

以上是《上海博物館藏戰國楚簡》中與今本《論語》相涉的大致情况。《清華大學藏戰國竹簡》自2010年起，已經發表了十二輯。其中尚無直接記錄孔子與七十子問答的文獻，因此與《論語》相涉的條目較少。唯清華九《治政之道》中關於君民教化關係的一段與《論語·顏淵》相關，迻錄如下（表11）：

表11 《論語·顏淵》與清華簡《治政之道》對照表

《顏淵第十二》第十九章	清華九《治政之道》
季康子問政於孔子曰："如殺無道，以就有道，何如？"孔子對曰："子爲政，焉用殺？子欲善而民善矣。君子之德風，小人之德草。草上之風，必偃。"	上風，下芔（草）。上之所好，下亦好之；上之所亞（惡），下亦亞（惡）之。【三】

劉光勝認爲"清華簡《治政之道》也是簡化、摘抄《顏淵》篇而成"①。則清華九《治政之道》亦可歸爲第三類"七十子所論"類的文獻。

《安徽大學藏戰國竹書》自2019年起，已經發表了兩輯。其中2022年發表的第二輯收錄了《仲尼曰》一篇。《仲尼曰》一篇與今本《論語》相同的條目達到七條②，占全部二十六條孔子語録中的四分之一左右，下面按今本《論語》序迻錄如下（表12）：

---

① 劉光勝：《〈論語〉成書新證及其方法論反思》，《中原文化研究》2022年第6期，第109頁。
② 整理者將《仲尼曰》第十九章歸入與《論語》相同的條目，但是認爲"文字出入較大"，本文認爲二者沒有直接聯繫，故減去一條。

表 12　《論語》與安大簡《仲尼曰》相關章節對照表

《里仁第四》第五章	《仲尼曰》第四章
子曰："富與貴，是人之所欲也，不以其道得之，不處也。貧與賤，是人之所惡也，不以其道得之，不去也。君子去仁，惡乎成名？君子無終食之間違仁，造次必於是，顛沛必於是。"	中（仲）尼曰："去身（仁），亞（惡）虐（乎）成名？造迎（次）、遺（顛）遙（沛）必於此。"【二】
《里仁第四》第十七章	《仲尼曰》第十五章
子曰："見賢思齊焉，見不賢而內自省也。"	中（仲）尼曰："君子見善吕（以）思，見不善吕（以）戒。"【八】
《公冶長第五》第十八章	《仲尼曰》第十二章
子曰："晏平仲善與人交，久而敬之。"	中（仲）尼【六】曰："晏坪（平）中（仲）善交才（哉）！舊（久）麐（狎）而長敬。"【七】
《雍也第六》第十一章	《仲尼曰》第二十章
子曰："賢哉回也。一簞食，一瓢飲，在陋巷，人不堪其憂，回也不改其樂。賢哉回也！"	中（仲）尼曰："一籩（簞）飤（食），一勺湎（漿），人不奐（勝）丌（其）慐（憂），叴（己）不奐（勝）其樂，虔（吾）不女（如）韋（回）也。"【十】
《憲問第十四》第二十四章	《仲尼曰》第十三章
子曰："古之學者爲己，今之學者爲人。"	中（仲）尼曰："古之學者自爲，含（今）之學〔者〕爲人。"【七】
《衛靈公第十五》第六章	《仲尼曰》第五章
子曰："直哉，史魚！邦有道，如矢；邦無道，如矢。君子哉蘧伯玉！邦有道，則仕；邦無道，則可卷而懷之。"	中（仲）尼曰："〔直〕【二】才（哉），叀（史）魚！邦又（有）道，女（如）矢；邦亡（無）道，女（如）矢。"【三】

續表

《季氏第十六》第十一章	《仲尼曰》第二十一章
孔子曰："見善如不及,見不善如探湯。吾見其人矣,吾聞其語矣。隱居以求其志,行義以達其道。吾聞其語矣,未見其人也。"	中(仲)尼曰："見善【十】女(如)弗及,見不善女(如)逿(襲)。堇(僅)吕(以)卑(避)戁(難)青(静)尻(居),吕(以)成亓(其)志。白(伯)屎(夷)、弔(叔)即(齊)死於首昜(陽),手足不拿,必夫人之胃(謂)唐(乎)?"【十一】

安大二《仲尼曰》與今本《論語》的承襲關係並不十分清楚,《仲尼曰》中還有不少與二戴《禮記》關係密切的章節,如第一章與《大戴禮記·曾子疾病》,第二章、第三章與《禮記·緇衣》,第七章與《禮記·中庸》,第十章與《禮記·大學》。依此來看《仲尼曰》是與《論語》體式相同的單篇流傳的孔子言論彙編,與《論語》有不少重複的章節,關係密切。

2019年至2021年荆州市博物館對湖北省荆州市荆州區紀南鎮洪聖村的王家咀墓地進行了發掘,編號爲M798的一座戰國楚墓中出土了一批竹簡。其中主要有三種竹簡,其中一種爲孔子語錄文獻,整理者擬題爲《孔子曰》。這篇竹簡室內揭取約1000個編號,比較完整的約有110支,其數量大大超過安大二《仲尼曰》。《孔子曰》的內容及文體與《論語》極爲相似,全文分爲多篇,部分簡背有篇題,均不見於今本《論語》。篇題有"居川上之下""智(知)之樂之""可智(知)也之下"。篇中分章以"孔子曰"開始,部分内容較長的章又分爲若干節。分章及分節均用"■"間隔表示,這與郭店簡《緇衣》的作風相同。其簡文與安大二《仲尼曰》的情況相似,僅部分章節見於今本《論語》,並且文字並不全同,有相異之處。部分章節不見於今本《論語》,而見於《禮記》《孟子》等典籍,還有一些章節不見於傳世典籍。荆州市博物館披露了編號爲第738、771、843、852的四支簡。其中簡738、771所錄的內容見於今本《論語》,迻錄如下(表13):

表 13　《論語·先進》與王家咀楚簡《孔子曰》相關章節對照表

《先進第十一》第十七章	王家咀楚墓《孔子曰》
季氏富於周公,而求也爲之聚斂而附益之。子曰:"非吾徒也。小子鳴鼓而攻之,可也。"	子逄(路)爲季氏宥(宰),孚=(孔子)曰:"繇(由)也爲季氏宥(宰),亡能改【七百三十八】於亓(其)惪(德),亓(其)布粟怀(倍)它(他)日矣。繇(由)也,弗虐(吾)徒也已,孚=(小子)鳴鼓而攻之,可矣。"【七百七十一】

《先進》第十七章裏孔子批評的是冉求,而王家咀楚墓《孔子曰》則將孔子批評的對象記錄爲子路,這種出入在《孔子家語》與其他傳世文獻的對讀中頗爲常見。介紹發布的王家咀楚墓《孔子曰》843、852 兩支簡所記錄的是孔子與其弟子公夏乘、公孫石的一段對話,這段對話和事跡不見於傳世文獻。①

王家咀楚墓《孔子曰》的性質與《仲尼曰》近似,應該是與《論語》同時流傳的孔子言論彙編,其文體與《論語》高度相似。《孔子曰》與其他同類出土文獻所不同之處在於其數量多達百餘支。按已經披露的釋文,單簡按三十字左右計算,通篇至少在 3000 字上下。簡背的篇題說明這些篇目已經按一定次序組成一部古書,而這部古書是作爲一個整體一起流傳的,這與之前所見的單篇流傳或者偶然抄錄在一卷竹簡上的不同篇目的形式完全不同,爲戰國竹書的篇章形態提供了新的例證。

五　出土西漢簡牘與《論語》的定型

西漢的《論語》已經趨於定型,第一節梳理了《漢志》所錄的西漢主流《論語》傳本的基本情況。近年考古發現的兩漢時期竹木簡本《論語》有定州漢墓竹簡、海昏侯漢墓竹簡、肩水金關漢簡、懸泉置漢簡、朝鮮平壤貞柏洞漢墓竹簡五種。其中河北定州西漢中山懷王劉脩墓出土的《論語》初步認定有

---

①　荆州博物館:《湖北"六大"終評項目——荆州王家咀 798 號戰國楚墓》,江漢考古微信公衆號,2022 年 5 月 10 日,https://mp.weixin.qq.com/s/6E9Er8MxbK_QFfxoLHwekg。

620 枚簡（殘簡居多）。劉脩死於漢宣帝五鳳三年（前55），是西漢中後期的《論語》文本。此種竹簡錄成釋文共計7576字，不足今本《論語》的二分之一，殘損嚴重。通過校勘此種《論語》與今本的異文，不同之處多達700餘處，占釋文的十分之一。原簡未發現篇題，整理者整理時未注意原簡背面的劃痕情況，根據今本《論語》補加了篇題，並按今本《論語》的順序調整了簡序。① 可以確定的是，此種《論語》與前述戰國孔子言語彙編類的《論語》類竹簡性質不同，是已經趨於穩定的經典《論語》寫本，分篇與今本一致，不同之處主要體現在篇序、分章和異文上。由於定州漢簡《論語·堯曰》一篇與《子張問》並没有分爲兩篇，也没有不見於今本《論語》以外的章節，因此可以排除是《古論》或《齊論》的可能性，應該是屬於《魯論》系統或者其他非學官系統的《論語》傳本。②

2015年江西南昌西漢海昏侯劉賀墓出土的《論語》簡初步確定有500多枚，大部分有殘闕。每簡24字，簡背有斜向劃痕。各篇首簡完整的，簡背都題有篇題。陳侃理推測，此書原來很可能是每篇獨立成卷的。③ 篇中分章抄寫，每章另起一簡，未見分章符號。此種竹簡保存狀況不佳，完整簡少，殘闕嚴重，可以釋讀的文字約爲今本的三分之一。簡背中有題名爲"智（知）道"的篇題，以及一些不見於今本的簡文。楊軍等發掘者認爲，海昏《論語》簡背所書"智道"，就是《漢書·藝文志》所載《齊論語》第二十二篇的篇題"知道"④。海昏簡《知道》篇首章的内容爲：

孔子知道之易也。易易云者三日。子曰："此道之美也。"

其内容與《肩水金關漢簡》簡73EJT22:6可以互證⑤。《海昏竹書〈論語〉初

---

① 劉來成：《定州西漢中山懷王墓竹簡〈論語〉介紹》，《文物》1997年第5期，第58頁。
② 《海昏簡牘初論》第九章《海昏竹書〈論語〉初論》撰寫者陳侃理認爲"它（定州簡《論語》）不是齊、魯、古三種《論語》中的任何一種或其變型，而是三《論》特徵和區分確立以前的一種古本《論語》"。本文謂之"非官學系統的《論語》傳本"。陳侃理：《海昏竹書〈論語〉初論》，朱鳳瀚主編：《海昏簡牘初論》，北京：北京大學出版社，2021年，第149頁。
③ 陳侃理：《海昏竹書〈論語〉初論》，朱鳳瀚主編：《海昏簡牘初論》，第143頁。
④ 楊軍、王楚寧、徐長青：《西漢海昏侯劉賀墓出土〈論語·知道〉簡初探》，《文物》2016年第12期，第72—75、92頁；
⑤ 甘肅簡牘博物館、甘肅省文物考古研究所、甘肅省博物館、中國文化遺産研究院古文獻研究室、中國社會科學院簡帛研究中心編：《肩水金關漢簡（貳）》，上海：中西書局，2013年，第94頁。

論》説：

> 劉賀墓出土《論語》中發現一枚簡，背面靠近簡首處寫有"起智道廿一"五字……標明了此本《論語》中《知道》的篇序應是第二十一篇……翻檢劉賀墓竹簡《論語》的初步釋文，也沒有發現可以確定屬於《問玉》篇的文句。①

因此陳侃理推定海昏簡《論語》不包含《問玉》篇，是個二十一篇本。

與海昏簡《論語》同出的還有小戴《記》中《中庸》《祭義》以及大戴《記》中《曾子大孝》相關的内容，其單簡字數、書體、簡長以及簡的性質與《論語》簡一致。考慮到海昏簡的時間略早於大、小戴編定《禮記》的時代，海昏侯生存時期前後的漢代人將《中庸》《祭義》《曾子立孝》等"孔門傳記"類文獻與《論語》進行統一抄寫，代表着當時人對這類文獻性質的認識。楊博認爲"似説明'《禮記》類''《論語》類'諸文獻遲至西漢宣帝時期仍處於'單篇别行'的狀態"。②

肩水金關是漢代張掖郡肩水都尉所轄的一處出入關卡遺址，位於甘肅省金塔縣北部，從中出土漢簡一萬餘枚。整理單位甘肅省博物館從 2011 年至 2016 年陸續發表了《肩水金關漢簡》（壹至伍），其中包含多支《論語》簡，分散在各册之中。根據肩水金關遺址出土的紀年簡來看，最早爲漢昭帝時代，最晚到新莽時期，③因此肩水金關《論語》簡的時代大致與定州簡《論語》、海昏簡《論語》相前後。肩水金關《論語》簡牘，包括今本《論語》中《雍也》第六、《泰伯》第八、《衛靈公》第十五、《陽貨》第十七的内容，除此之外還有《齊論》第二十二篇《知道》的首章。據王楚寧等的整理，其中見於今本《論語》的殘簡有五支，不見於今本《論語》的殘簡有八支。④ 楊博認爲"肩水金關《論語》殘簡中'子贛曰："九變復貫，知言之篡"'（《金關》73EJC：608）、'子曰："自愛，仁之至也；自敬，知之至也。"'（《金關》73EJT31：139）諸句，均可由海昏簡

---

① 陳侃理：《海昏竹書〈論語〉初論》，朱鳳瀚主編：《海昏簡牘初論》，第 147 頁。
② 楊博：《出土文獻視野下的〈論語〉文本形態演進》，發表於上海大學 2022 年"出土文獻與典籍文本形成研究高端論壇"會議論文集，第 226 頁，後載於《孔子研究》2023 年第 4 期，第 124—129 頁。
③ 同上書，第 227 頁。
④ 王楚寧、張予正、張楚蒙：《肩水金關漢簡〈齊論語〉研究》，《文化遺産與公衆考古（第四輯）》，北京聯合大學文化遺産保護協會編，2017 年，第 66—74 頁。

本互證爲《齊論·知道》篇章句。"①由於海昏簡《論語》主體尚未披露,肩水金關未見於今本《論語》的八支簡是否能遽然論定爲《齊論》之《知道》篇,尚存疑問。

懸泉置遺址位於甘肅河西走廊瓜州與敦煌兩縣市交界處瓜敦公路南側 1.5 千米的戈壁灘上。1990 年甘肅省文物考古研究所進行搶救性發掘,至 1992 年底發掘完畢。該遺址是一處漢晉郵驛機構。遺址出土兩漢簡牘 3.5 萬餘枚,其中有字者 2.3 萬餘枚,簡牘以木質爲主,竹質極少。這些簡中有明確紀年的有 2100 餘枚,最早的紀年爲西漢武帝元鼎六年(前 111 年),最晚爲東漢安帝永初元年(107 年)。②懸泉漢簡含《論語》木簡二枚,簡上抄錄三章《論語·子張》殘文,章與章之間用墨點隔開。編號爲 V92DXT1812②:119 的木簡簡文爲:

……乎張也,難與並而爲仁矣。·曾子曰:"吾聞諸子,人未有自致也者,必也親喪乎。"·曾子曰:"吾聞諸子,孟莊子之孝,其他可能也,其不改父之臣與父之……"③

今本《論語·子張》中此三章內容爲:

曾子曰:"堂堂乎張也,難與並爲仁矣。"曾子曰:"吾聞諸夫子:人未有自致者也,必也親喪乎。"曾子曰:"吾聞諸夫子:孟莊子之孝也,其他可能也,其不改父之臣與父之政,是難能也。"

編號爲 V92DXT1812②:215 的木簡簡文爲:

……子張曰:"執德不弘,通道不篤,焉能爲有,焉能爲亡?"·子夏之門人問交於子張,子張曰……

今本《論語·子張》中此兩章內容爲:

子張曰:"執德不弘,通道不篤,焉能爲有,焉能爲亡?"子夏之門人問交于子張。子張曰:"子夏云何?"對曰:"子夏曰:'可者與之,其不可

---

① 楊博:《出土文獻視野下的〈論語〉文本形態演進》,發表於上海大學 2022 年"出土文獻與典籍文本形成研究高端論壇"會議論文集,第 225 頁。
② 郝樹聲、張德芳:《懸泉漢簡研究》,蘭州:甘肅文化出版社,2009 年,第 10—13 頁。
③ 郝樹聲、張德芳:《懸泉漢簡研究》,第 268 頁。

者拒之。'"子張曰:"異乎吾所聞。君子尊賢而容衆,嘉善而矜不能。我之大賢與,于人何所不容;我之不賢與,人將拒我,如之何其拒人也?"

可見懸泉漢簡的內容與傳世本《論語》僅有小異,應當是定本《論語·子張》篇的殘卷。

朝鮮平壤樂浪地區在二十世紀九十年代發掘了貞柏洞 364 號漢墓,出土了約 120 枚《論語》竹簡。據估計此墓墓主應該是漢元帝初元四年(前 45)或之後不久下葬的樂浪郡屬吏。貞柏洞《論語》簡的年代比之定州簡《論語》和海昏簡《論語》要稍晚一些。這些簡並未公佈,目前所知已經披露的 39 支簡中,有屬於《先進》篇的 31 枚,十七章 557 字;屬於《顏淵》篇的 8 枚,七章 144 字。根據相關學者的介紹,尚未發表的其他簡也都屬於這兩篇。①

目前出土五種兩漢《論語》簡的情況說明漢代《論語》已經趨於定型,與戰國《論語》類文獻的存在形式及分布情況已經大爲不同。

六　結語:《論語》在戰國的二次成書

以上對各時期《論語》類文獻形態及文本互涉情況的討論,爲探究《論語》在戰國時期的流變提供了新的可能性。縱觀戰國時代三類"孔門傳記"文獻的流變,可以重塑《論語》的成書圖景,以下提出本文對於《論語》成書過程的一些新的認識:

首先,作爲《論語》主體的孔子及其弟子的語錄與對話,並非孔子弟子及其再傳弟子直接回憶的產物,而是從"孔門事語"一類的文獻中摘抄或者節錄而來。這類文獻的代表包括小戴《禮記》的《文王世子》(其第二篇)、《禮運》②、《樂記》(其第九篇)、《哀公問》、《仲尼燕居》、《孔子閒居》、《儒行》、《聘義》(末章),大戴《禮記》的《主言》《哀公問五義》《哀公問於孔子》《五帝德》《子張問入官》《千乘》《四代》《虞帝德》《誥志》《小辨》《用兵》《少閒》,單篇流傳的《孝經》,上博二《民之父母》《子羔》《魯邦大旱》,上博五《季康子問於孔

---

① 李成市、尹龍九、金慶浩:《平壤貞柏洞 364 號墓出土竹簡〈論語〉》,《出土文獻研究(第十輯)》,北京:中華書局,2011 年,第 174—206 頁。

② 根據第三節的分析,本文仍將《禮運》列入可能成書於《論語》之前的"孔門事語"類文獻。

子》,上博六《孔子見季桓子》,上博八《顔淵問於孔子》,上博九《史蒥問於夫子》等。王鍔《〈禮記〉成書考》將小戴《禮記》中《哀公問》《仲尼燕居》《孔子閒居》《儒行》列爲春秋末期至戰國前期的文獻,認爲這些篇目在《禮記》諸篇中成書最早,是很有見地的。① 前論已經説明,上博三《仲弓》的體式與此類《禮記》篇目非常接近,根據《仲弓》簡文與《論語·子路》第二章對比可知,《仲弓》不太可能是由《子路》第二章敷衍而得,而是先有單篇流傳的《仲弓》,後又摘抄爲《論語·子路》的"仲弓爲季氏宰問政"章。根據本文第二節的列表,可將《八佾第三》第十一章、《先進第十一》第十九章、《顔淵第十二》第十七章視爲同類的例子。這些例子都説明,《論語》中格言式語録是通過對"孔門事語"類文獻的裁剪選練而來的,這是《論語》各篇形成的主要輯纂方法。據此,"孔門事語"類文獻的成書要早於《論語》諸篇成書時代就無可懷疑了。

其次,傳世文獻或者出土文獻中有不少與《論語》體式完全相同或者大致相似的篇目。這些篇目包括小戴《禮記》的《檀弓》《曾子問》《坊記》《中庸》《表記》《緇衣》等;大戴《禮記》的《衛將軍文子》;郭店簡《緇衣》;上博五《君子爲禮》《弟子問》(兩篇當屬於同一篇);安大二《仲尼曰》;王家咀簡《孔子曰》等。《隋書·音樂志》引南朝梁沈約云"《中庸》《坊記》《表記》《緇衣》皆出於子思子",而這四篇的體式都與《論語》相類似。考慮到前述"孔門傳記"文獻所涉及的孔門弟子多在孔子之孫孔伋(子思)之前,子思從這些較爲原始的文獻中輯録孔子的言語編爲《論語》式樣的格言彙編不足爲怪。遲至郭店楚墓的時代,《緇衣》篇仍是單篇流傳的,並且其後《緇衣》篇仍有改寫。② 由此可以推測,《坊記》《中庸》《表記》《緇衣》四篇在戰國時代應該也是單篇流傳的,這些篇目與《論語》未結集之前的篇目都是孔門不同弟子在各個地域輯纂而成的。這四篇由於是子思所編,因此影響大,傳習廣,一直單篇流傳,直至西漢中晚期方由戴德、戴勝編入《禮記》之中。而屬於今本《論語》的二十篇,產生時間可能與子思四篇相前後,在戰國早期至中期單篇流傳,在戰國中期至晚期被編爲《論語》一書,作爲一個整體在各國間流傳。

---

① 王鍔:《〈禮記〉成書考》,北京:中華書局,2007年,第25—65頁。
② 整理者認爲今本《緇衣》第一章爲後人所加,故"緇衣"的篇名來自《緇衣》第二章,說見本文第四節開篇。

第三,《論語》諸篇的編纂分篇無疑都是圍繞着一定的主題展開的。黄懷信認爲:"今本《論語》各篇内容皆有一定的主旨。"①今本《論語》二十篇各篇内容各自比較集中,同篇目内孔子的言論主題相對接近,某些篇目展現出較强的統一性,這種特點爲釐清《論語》各篇成篇時的輯纂原則提供了綫索。孔門後學在初步編輯《論語》各篇時所遵循的原則是將主題比較接近的孔子言行輯録在一起,形成一篇完整的言行彙編。《論語》篇目中較爲典型的有:第三篇題名《八佾》,"可以代表禮樂";第四篇題名《里仁》,"論修德,以仁爲主";第五篇題名《公冶長》,"多爲孔子評價臧否古今人物之言,以論弟子者居多";第六篇題名《雍也》,"主要論諸弟子及君子德行";第七篇題名《述而》,"綜論孔子品行、爲人、思想、教學,以至體貌、坐姿,多借孔子自言";第十篇題名《鄉黨》,"總記孔子言談舉止、行爲容儀及衣着、飲食等",舊爲一章;第十一篇題名《先進》,"主要論諸弟子行爲志向及孔子對諸弟子的評價";第十九篇題名《子張》,"雜記子張、子夏、子游、曾子、子貢之語"②;第二十篇題名《堯曰》,舊爲三章,第一章記古聖王言行,第二章記子張向孔子問政,第三章爲孔子語録。今本《論語》最後一篇,《古論》分爲兩篇,將第二章以下的部分另别一篇,題名《子張問》,從内容看是很合理的。戰國時代《堯曰》篇第一章《堯曰》和第二、三章《子張問》可能就是分開别行的,後來由於傳抄的關係合爲一篇。

以上篇目在主旨上的差别,往往給熟讀《論語》者留下深刻印象。這樣的主題集中、形式統一並不是偶然形成的,而是《論語》單篇的輯纂者從"孔門傳記"文獻中撮抄孔子及弟子嘉言懿行時有意爲之的結果。今本《論語》二十篇之中,體例比較特别的是《鄉黨》與《堯曰》。《鄉黨》通篇皆論曲禮。《堯曰》(不計後面《子張問》篇)則與《尚書》語式比較接近,應該是西周時代《尚書》類文獻的遺子。這兩篇摻雜在《論語》二十篇中,顯得頗爲突兀。《鄉黨》和《堯曰》的存在,從側面展示了《論語》單篇流傳時期的豐富形態。單篇主旨越明確,所選録的孔子言行越精當,則此篇在天下流傳的範圍就會越廣。

---

① 黄懷信:《從内容與結構看〈論語〉成書》,《中國典籍與文化》2006 年第 4 期,第 8 頁。
② 以上各篇内容概括,參見上引黄懷信《從内容與結構看〈論語〉成書》,第 1—6 頁。

與《論語》諸多單篇同時流傳於戰國時代的還有子思四篇。由於《中庸》篇集中輯錄的是孔子關於"中庸"的言論，《表記》篇集中輯錄儒家君子的各種行爲表率，《坊記》篇集中輯錄孔子關於"防範違禮"的言論，在戰國時期都頗爲流行。子思四篇中《緇衣》篇反而内容相對鬆散，但並不妨礙《緇衣》同樣被廣泛傳習。可見主旨的集中並不是《論語》單篇廣泛流傳的必要條件，《論語》中一些章節間聯繫較爲鬆散的篇章，由於經過著名儒家學者之手的編輯和推廣，同樣能四處流布。可以想見，與《論語》二十篇的這些單篇同時流傳的篇目還有很多，由於《論語》諸篇内容精審、義理最勝，在傳播過程中影響力不斷加大，傳習者越來越多，逐步形成了穩定的文本，並在傳抄過程中確立了公認的篇題。這爲其後《論語》的最終成書奠定了基礎。

　　第四，《論語》二十篇（《齊論》二十二篇）的結集當在戰國中晚期。朱維錚《〈論語〉結集脞説》説：

　　　　古怪的是，自那以後到公元前二世紀中後期，即西漢景、武之際，至少有兩個半世紀之久，這部原始結集本在文獻中一直不見蹤影。可能是曾參三傳弟子的孟軻，可能是仲弓直系傳人的荀況，都以孔門正宗自居，時時稱引孔子的言行，也時時稱引《詩》《書》《春秋》諸經，但都没有直接稱引過《論語》①，好象這部書對他們來説並不存在。戰國其它子書也是如此。②

朱氏提出的問題頗爲尖鋭，歷代學者對此問題並無令人信服的解釋。另外，遲至南朝梁皇侃的《論語義疏》，已經致力於説明編輯《論語》成書時各篇順序的學理關係，後世接續其業者不乏其人。不過正因爲《論語》各篇間存在體式差别較大的篇目，這項工作至今没能形成共識。

　　從前述的分析來看，《論語》二十篇成書時，各篇的内容已經基本定型，各篇的篇題可能業已確定。王家咀簡《孔子曰》提供了將不同篇題的《論語》

---

① 傳世古書中唯《坊記》錄有《論語》之名，《坊記》此章作："子云：'君子弛其親之過而敬其美。《論語》曰：三年無改於父之道，可謂孝矣。《高宗》云：三年其惟不言，言乃讙。'"根據《坊記》的體例，"君子"以至於"言乃讙"一段文字當都是"子云"的内容，孔子自引《論語》當然是不可能的，此章明顯經後人的誤改，不足爲證。

② 朱維錚：《〈論語〉結集脞説》，《孔子研究》1986 年第 1 期，第 43 頁。

類孔子言行匯集在同一批竹簡之上的實例。① 這些篇題雖不見於今本《論語》或其他傳世文獻，但提示我們《論語》的篇題可能在戰國時期已經形成。如果今本《論語》諸篇在戰國時代有較長單篇流傳的歷史的話，則這些篇目各自具備篇名是順理成章的。《論語》的結集是在這些篇目廣泛流傳並被各地儒生充分認可和傳習的基礎上完成的。如果將這些篇目彙編爲一部書確是出自一時一人之手的話，則《論語》篇目間的順序完全可能是根據編者的某種理念編定的。不過從《儀禮》這部書的成書過程來看，其從西漢初年確立篇目範圍，到鄭玄時代最終確定十七篇的篇序，經歷了漫長的歲月。戰國時代的古書是否已經有了穩定的篇序觀念，以及如何保障某位學者確立的篇序能夠穩定地傳承，以目前的認識來看還無法確論。本文認爲《論語》篇序的確定比《魯論》《齊論》確定其篇目範圍的時代要晚②，目前西漢所見的幾種出土《論語》簡中，海昏簡《論語》寫有篇序相關文字"起智道廿一"，説明西漢中期《論語》的篇序已經確立。

　　第五，從傳世文獻中《論語》的傳習關係來看，《論語》在西漢早期業已定型。所不同者，官學只有《魯論》《齊論》之異，後來發現的《古論》與前二者没有篇目上的重大差異。從出土的河北定州中山懷王劉脩墓《論語》簡、江西南昌海昏侯劉賀墓《論語》簡、懸泉置漢代《論語》簡、肩水金關漢代《論語》簡、朝鮮平壤貞柏洞漢墓《論語》簡來看，遲至西漢中晚期《論語》已經完全定型。這些《論語》簡牘中除了今天所不傳的《齊論》之《問玉》《知道》篇外，未有逸出今本《論語》的章節，僅僅在分章與文字方面存在差别。西漢初期《論語》的定型提示我們，《論語》的成書時代應該在秦火之前，《論語》最終確定篇目範圍的時間不會晚於戰國晚期。考慮到《論語》作爲一部完整的著作被接受需要一定的傳播時間，因此不會遲至戰國晚期才形成主要的定本。否則經過秦火之後，不會很快爲漢初學者所接受。《論語》這一書名的産生也應該在《論語》確定篇目範圍之後，西漢初年《論語》定型之前。

　　以上五項分述了《論語》在戰國時期的"二次成書"過程與《論語》各篇的輯纂方法和選篇原則。《論語》各篇的産生始於孔門諸弟子及再傳弟子從

---

① 王家咀簡《論語》各篇是否抄寫在同一卷竹簡之上，還有待整理者的進一步研究和披露。
② 本文第一章已經述及《古論》與《魯論》的篇次不同，説明漢初《論語》篇次可能尚未定型。

"孔門事語"類文獻中輯錄孔子及其弟子言行，依照特定的主題彙編成單篇《論語》類文獻，經過一個時期的流傳與定型，形成較爲固定的篇名與内容。再經某位儒生將其中影響力較大、流傳廣泛的篇目編定在一起，並加以教授和推廣，最終在西漢初年確立爲《論語》這部經典。

徐淵，同濟大學中文系副教授，同濟大學經學研究院副院長，"古文字與中華文明傳承發展工程"協同攻關創新平臺復旦大學出土文獻與古文字研究中心特聘研究員。研究領域：出土文獻、《春秋》學、三《禮》學，著有《兩周秦漢禮典相關出土文獻考疑》《〈儀禮·喪服〉服敘變除圖釋》，整理有鄭玄《禮記注》、杜預《春秋釋例》。

大戴《禮經》家法的重構與解釋

覃力維

漢代《禮經》傳承，今文學同出后倉，形成了大戴、小戴、慶氏三家之學，但師説今已無聞；①古經多出三十九篇，平帝時雖立於學官，但"絶無師説，秘在於館"(《儀禮·士冠禮》賈疏)，乃至逐漸散佚。今傳鄭注《儀禮》十七篇，糅合了漢代今古文文本，篇次亦取劉向《別録》校書次第。在"禮是鄭學"(《禮記·雜記上》孔疏)的典範影響下，今文師説的流傳更是困難。大戴《禮經》家法世所不傳，及至清儒光大漢學(尤其是西京之學)，遂有學者重新構擬。② 清儒重構之法，因大戴師説存世者鮮，多依託大戴《禮經》次第與分類而論，並能探賾隱微，興發《禮經》義理，足資借鑒。雖然清儒重構之大戴與漢時大戴未必盡合，但在面對急劇變化的現實世界時，學者重新闡釋傳統思想資源的努力與過程，同樣值得關注。

第一節　漢代二戴禮説的承傳

《史記·儒林列傳》以《詩》《書》《禮》《易》《春秋》爲序，未言家法，只説漢

---

* 本文是國家社會科學基金重大項目"中國傳統禮儀文化通史研究"(項目編號：18ZDA021)階段性成果。

① 三家之中，慶氏學似成於東漢，如《後漢書·曹襃傳》言其父曹充"持慶氏《禮》"，又"作章句辯難，於是遂有慶氏學"，而曹襃"教授諸生千餘人，慶氏學遂行於世"，曹襃卒於和帝永元十四年(102)；《儒林傳》則言曹充"習慶氏學，傳其子襃"。慶氏家學之傳又尤爲綿長(東漢時改稱賀氏，中古時期爲會稽望族)，參閲楊華：《慶氏禮學述論》，《人文論叢》2007年第1輯總第27卷，武漢：武漢大學出版社，2017年，第164—179頁。

② 漢代經學有西京重師法、東京重家法之説，但據學者考證，師法、家法的規範並不嚴格，很可能是後儒(尤其是清儒)的想象與建構。本文所言"家法"，只是聚焦於詞彙的基本意義，與經學史上漢代經學的師法、家法之別無關。姜龍翔：《漢代經學學官守舊規範考》，姜龍翔：《經學守舊考：以清儒所建構之經學守舊現象爲探討核心》，高雄：麗文文化事業股份有限公司，2017年，第46—148頁。

世諸經今文宗師,古文獨及《尚書》;《禮》稱"言《禮》自魯高堂生""諸學者多言禮,而魯高堂生最"①"是後能言《禮》爲容者,由徐氏焉"。《漢書·儒林傳》則以《易》《書》《詩》《禮》《春秋》爲序,備言諸經今文宗師、家法分化與古文源流(卻未述《禮經》古文),具體表現爲"漢興""由是某有某氏之學""由是某家有某氏學"的敘事;《禮》家則有"言《禮》則魯高堂生""諸言《禮》爲頌者由徐氏""由是《禮》有大戴、小戴、慶氏之學""由是大戴有徐氏,小戴有橋、楊氏之學"以及"初"之"《禮》后"、孝宣世復立"大小戴《禮》"的演進。《後漢書·儒林列傳》亦以《易》《書》《詩》《禮》《春秋》爲序,主體以今文十四博士與諸經古文爲主,但因"東京學者猥衆,難以詳載",便只"錄其能通經名家者",顯示風氣已變;《禮》今文博士有二戴,其傳承"雖相傳不絕,然未有顯於儒林者",記錄殊少。清唐晏《兩漢三國學案》甚至感歎"有漢一代,它經咸盛,惟《禮》無傳。不全不備,偏議曲説,何足以傳孔門之宏業也哉"。②

今文《禮經》之學,東漢初以慶氏學最顯赫,如光武帝建武(25—56)中博士曹充、明帝永平(58—75)初博士董均(《後漢書·儒林列傳》,從王臨受學)、章帝元和(84—87)間博士曹褒,皆習持慶氏《禮》。《後漢書·曹褒傳》又言曹褒"傳《禮記》四十九篇",筆者懷疑與章帝建初四年(79)白虎觀會議有關。據周德良先生統計,《白虎通義》引"禮"達二百三十一則(另有《禮緯》八則),較之引《春秋》一百一十四則(另有《春秋緯》三則)多出一倍,爲引證群經之冠。③ 其中,與今傳《禮記》篇目有關者近百二十則(另與《大戴禮記》

---

① 《史記》點校本、修訂本皆言"魯高堂生最本",沈文倬先生從瀧川資言《史記會注考證》於"最"字逗,表明諸學者中惟有高堂生講説古禮(秦儀、漢儀與之有别);並言"本禮固自孔子時而其經不具"之"本禮",與"經禮""正經"同義,指區别於秦漢新儀的古禮。此從沈先生句讀與解説。沈文倬:《從漢初今文經的形成説到兩漢今文〈禮〉的傳授》,《菿闇文存——宗周禮樂文明與中國文化考論》,北京:商務印書館,2006年,第535頁。

② 唐氏分目有《禮經》高堂氏派、《禮》大小戴派、慶氏《禮》派、不知所本之西漢《禮》家(張良、叔孫通)、《周官禮》派、三禮之學。〔清〕唐晏:《兩漢三國學案》卷7,吴東民點校,北京:中華書局,1986年,第323—377頁。

③ 周德良並不以《白虎通義》爲白虎觀經學會議的討論結果,而是曹褒所制《漢禮》。曹褒制禮在章帝章和元年(87),《後漢書·曹褒傳》言"次序禮事,依準舊典,雜以五經讖記之文,撰次天子至於庶人冠婚吉凶終始制度",與《白虎通義》恐難相合,本文仍以傳統説法爲準。周德良:《〈白虎通〉研究——〈白虎通〉暨〈漢禮〉考》,新北:花木蘭文化出版社,2012年,第27—31頁。韓敬竹統計《白虎通義》引"禮"頻率,因兼及暗引、化用者,數量遠較周氏爲大,疏誤亦多,其中引《小戴禮記》437次、《大戴禮記》44次、《儀禮》90次、逸禮29次、《周禮》50次、禮20次、《禮緯》26次。韓敬竹:《〈白虎通〉引書輯考》,哈爾濱師範大學碩士學位論文,2015年,第49—101頁。另參陳雄根、何志華編著:《先秦兩漢典籍引〈禮記〉資料彙編》,香港:香港中文大學出版社,2012年。

篇目相關者七則），尤以《王制》三十二則最多。① 雖然有不少逸文出於其間，但大致可以看出《禮記》至少在章帝時代已經備受重視，此或是曹褒傳《禮記》的歷史背景（許慎《五經異義》列"今《禮》戴說"亦多與二戴《記》篇目有關）。②

慶氏學又家世相傳，慶普後裔慶純避安帝生父清河孝王劉慶諱，改賀氏，其人"儒學有重名"（《三國志·吳書·賀齊傳》引虞預《晉書》、《晉書·賀循傳》），當是家學所傳。唐晏又以鄭衆撰《婚禮謁文》爲慶氏學之屬，卻以何休撰《冠儀約制》而入高堂氏派，或是注意到鄭氏文有百官六禮辭與慶氏學重禮儀相通。③ 沈文倬先生即以慶氏學屬太常漢儀博士而非今文《禮經》博士系統。程蘇東先生在沈氏基礎上，認爲《漢書》載慶氏立於學官與劉向《別錄》、劉歆《移太常博士書》不同，故而推測班說不可信；但漢儀博士未必真實存在，董均、曹充父子雖習慶氏《禮》，本經卻極有可能還是大小戴中的一種。④ 如果此說可信，從曹褒傳《禮記》四十九篇來看，當是傳小戴《禮經》。

小戴本有橋氏（橋仁）、楊氏（楊榮）之學，楊氏學其後無聞。橋氏之學，《後漢書·橋玄傳》稱其"著《禮記章句》四十九篇，號曰'橋君學'"，亦與《禮記》有關，但言"從同郡戴德學"，與《漢書》不同。筆者頗疑橋仁《禮記章句》出自橋氏後人託名。橋氏家世傳業，東漢桓靈間用事之橋玄即其後裔，史載橋玄"少治《禮》"（《世說新語·識鑒》劉孝標注引司馬彪《續漢書》），當即小

---

① 周氏統計中，《白虎通義》稱"禮"者有三十五則（其中經、記、緯書皆有），"禮經"二則，"禮說"一則，與《禮經》十七篇相關者凡三十二則，數量遠不如"禮記"。今可據陳立《白虎通疏證》，對《白虎通義》暗引、化用經緯典籍者重作梳理。

② 《五經異義》涉及今文《禮》說者，有九族（《喪服》）、竈神（《禮器》《大戴記·禮器》）、刑不上大夫（《曲禮上》）、高禖（《月令》）、笏名（《玉藻》）、祧廟（《祭法》）、公冠無樂（《公冠》）、明堂制（《盛德記》、講學大夫淳于登）、天子親迎（《曲禮下》《哀公問》）、諸侯祖天子（《郊特牲》）、鶩和（《保傅》）、虞主所藏（《檀弓》《士喪禮》）、人君年幾而娶（《文王世子》《昏義》）、"今大戴《禮》說"、冠齡（《士冠禮》《冠義》）、復征（《王制》）、城制（《檀弓》《坊記》）、乘數（《坊記》）等條。另《月令》影響漢代政制甚深，參閱薛夢瀟：《早期中國的月令與"政治時間"》，上海：上海古籍出版社，2018年。

③ 丁晏《佚禮扶微》亦輯何休《冠儀約制》，並言其文"古雅"，而不及鄭衆《婚禮謁文》。王鍔《三禮研究論著提要》以鄭（馬國翰輯《鄭氏婚禮》）、何（馬國翰輯《冠禮約制》）二氏文皆入《儀禮》類，同時也注意到與《儀禮》有區別。以後世禮書分類，二文似宜入雜禮類。〔清〕丁晏：《佚禮扶微》卷4，師顧堂影印《南菁書院叢書》本，第136—138頁。〔清〕唐晏：《兩漢三國學案》卷7，吳東民點校，第336—337、368—369頁。王鍔：《三禮研究論著提要（增訂本）》，蘭州：甘肅教育出版社，2007年，第125、126頁。

④ 沈文倬：《從漢初今文經的形成說到兩漢今文〈禮〉的傳授》，《菿闇文存——宗周禮樂文明與中國文化考論》，第548—556頁。程蘇東：《從六藝到十三經——以經目演變爲中心》，北京：北京大學出版社，2018年，第303—311頁。

戴學,且經記並傳。與橋玄同時前後,馬融、盧植、鄭玄皆注解《禮記》,但古文色彩濃厚,世傳今文禮學之橋氏後人可能有不同想法。今考史志碑傳,章帝後傳小戴學者,又有安帝永初(107—113)間雁門太守鮮于璜"治《禮》小戴"①,桓帝延熹(158—167)時宗正劉祐少學小戴(《後漢書·黨錮列傳》引謝承《後漢書》),鄭玄"本習小戴《禮》"(《後漢書·儒林列傳》),又受《禮記》於張恭祖(《後漢書·鄭玄傳》),漢末隱士申屠蟠隱居學經亦治小戴《禮》(《高士傳》)②,張紘受《禮記》於濮陽闓(《三國志·吳書·張紘傳》裴注引《吳書》)等皆是。③ 小戴《禮經》《禮記》之學,自章帝白虎觀會議後,很可能得到了更爲廣泛的傳播。

與小戴相比,大戴學傳承更符合"雖相傳不絶,然未有顯於儒林者"的記載。大戴本有徐氏之學,家世傳業,東漢時已無聞。許慎《五經異義》説明堂制,"今《禮》戴説"舉《盛德記》(見於今本《大戴禮記·明堂》)之後,又列講學大夫淳于登之言,許氏案語只言"今《禮》、古《禮》各以其義説",淳于登似傳大戴學。④ 又熹平石經《禮經》,今殘碑可見"鄉飲酒禮第十"篇題等,即是大戴次第,⑤可見大戴《禮經》學並非衰微不堪。另大戴撰有《喪服變除》,佚文

---

① 鮮于璜漢安帝永初元年(107)拜雁門太守,卒於漢安帝延光四年(125)六月。碑立於漢桓帝延熹八年(165)十一月,1973年出土於天津市武清縣高村公社。董治安主編:《兩漢全書》第35冊《兩漢石刻文獻》,濟南:山東大學出版社2009年版,第19966頁。又《梁相孔耽神祠碑》記孔耽"少治《禮經》",但家法不詳。此碑立於漢靈帝光和五年(182)六月,《隸釋》言在亳州永城縣,且"筆法頗古怪,其文又左而右"。董治安主編:《兩漢全書》第35冊《兩漢石刻文獻》,第20074頁。

② 〔晉〕皇甫謐:《高士傳》,劉曉東校點,瀋陽:遼寧教育出版社,1988年,第38頁。

③ 唐晏列大小戴派又有荀爽、蔡邕、李咸、孫炎、射慈、嚴畯、李譔數人,其中蔡氏撰《月令問答》或傳小戴,荀爽撰《禮傳》則難以斷定大戴、小戴之傳。潁川荀氏爲荀子之後,家世傳經不絶,不知是否別有傳承。李咸靈帝建寧三年(170)拜太尉,學三禮(《後漢書·胡廣傳》李賢注引謝承《後漢書》)在鄭玄定"三禮"之前,記載或誤。鄭玄注禮大致在熹平元年(172)以後,孫炎爲鄭玄弟子,射慈撰《喪服變除》(《隋書·經籍志》)、嚴畯善三禮(《三國志·吳書·嚴畯傳》)、李譔注《三禮指歸》(《三國志·蜀書·李譔傳》)等,當皆是受鄭玄影響,與大小戴家法無關。

④ 〔清〕皮錫瑞:《駁五經異義疏證》卷5,吴仰湘編:《皮錫瑞全集》第4冊,北京:中華書局,2015年,第107−108頁。

⑤ 馬濤研究熹平石經《禮經》殘石,發現石經《鄉飲酒禮》"磬階間縮霤北面鼓之"一節與今本不同,可見大戴《禮》家對兩鄉禮異同之處頗爲重視;又漢代《喪服》經傳別行(武威漢簡《儀禮》即如此),但石經很可能後附《喪服傳》。馬濤:《漢石經〈儀禮〉碑圖重綴》,《史林》2015年第2期,第48−53頁;《漢石經〈儀禮·鄉飲酒〉記文探微》,虞萬里主編《七朝石經研究新論》,上海:上海書店出版社,2019年,第50−64頁。另參郜積意:《漢石經〈春秋〉殘字合證與碑圖之復原》,《文史》2015年第4輯,北京:中華書局,2015年,第5−65頁。虞萬里:《〈尚書·無逸〉篇今古文異同與錯簡》,《"中央研究院"歷史語言研究所集刊》2016年第87本第2分,第243−303頁。

所見大戴經説較爲完整，學者言其"情文俱盡"（如"二十五月大祥，二十七月而禫"）、"情義結合"（如"天子諸侯之庶昆弟與大夫之庶子爲其母，哭泣飲食，居處思慕，猶三年也"）①，此後鄭玄、射慈等皆有述作。

總體上，二戴《禮經》學與二戴《記》關係緊密，且《漢書·藝文志》所載《禮經》類亦只有經、記、説三體（《周官經》類有傳），因此有二戴以《記》解經之説。邵懿辰《禮經通論》即言"疑二戴本引記以解經也"，只是邵氏之説有其特定的理論述求，旨在證明"本經十七篇固未嘗不完，而八十五篇各有所可附，亦不至凌雜而失統矣"。② 沈文倬先生則從漢代今文禮學的傳授切入，亦有"二戴是以輯錄古'記'替代解説來建立家法"之説：

> 如果"本習小戴《禮》"而小戴所持之本文字"各異"，他（即鄭玄）豈有不把這些異文收入注内？根據這個顯而易見的道理，我們判斷戴德、戴聖所據經本都是后蒼所傳之本，文字並無異同。**二戴是以輯錄古"記"替代解説來建立家法的**，二家所輯不同，導致對十四個禮典和一篇《喪服》（即《禮經》十七篇）構成**系統的認識**就不一樣，因而在篇目次第的編排上也不一致，這倒表現了他們"别其家法"的意思。③

今本《小戴禮記》四十九篇、《大戴禮記》三十九篇（散佚四十六篇），不少篇目確與《禮經》十七篇聯繫緊密，尤其是《小戴禮記》中劉向《别錄》所分喪服、吉事兩類。但二戴對《禮經》亦有解説，或亦稱"記"。《後漢書·儒林列傳》言鄭玄"本習小戴《禮》"，又"注小戴所傳《禮記》四十九篇"，經記之間當有不同。晉武帝咸寧四年（278）立《臨辟雍碑》，言泰始三年（267）十月始行鄉飲酒、鄉射禮，"馬鄭王三家之義，並時而施"。④ 二戴傳《禮經》行世更久，很難想象二戴並無專門解經之説。今存《石渠禮論》佚文中，即有戴聖、聞人通漢、韋玄成有關鄉射、大射合樂的爭論（以韋玄成議爲是，即大射亦合樂，但不見於經文），戴聖所言"鄉射至而合樂者，質也。大射，人君之禮，儀多，

---

① 馬曉玲：《戴德〈喪服變除〉佚文校勘整理與研究》，《國學學刊》2015年第2期，第52—65頁。
② 〔清〕邵懿辰：《禮經通論卷上》，黄銘、秦婷點校，丁耘主編：《五四運動與現代中國（思想史研究第七輯）》，上海：上海人民出版社，2009年，第381頁。
③ 沈文倬：《從漢初今文經的形成説到兩漢今文〈禮〉的傳授》，《菿闇文存——宗周禮樂文明與中國文化考論》，第556頁。
④ 毛遠明校注：《漢魏六朝碑刻校注》第2册，北京：綫裝書局，2008年，第269頁。

故不合樂也",當即其《禮經》説。① 《石渠禮論》今存又多議《喪服》,其中戴聖、聞人通漢論大宗是否可絶條,尤可證戴氏經説之傳。

漢宣帝以戴聖"大宗不可絶。言嫡子不爲後者,不得先庶耳。族無庶子,則當絶父以後大宗"爲是②,其言明顯對應今本《喪服傳》"適子不得後大宗"。可與之對比者,《白虎通義·封公侯》引《禮服傳》云:

> 大宗不可絶,同宗則可以爲後爲人作子何？明小宗可絶,大宗不可絶。故舍己之後,往爲後於大宗。所以尊祖重不絶大宗也。③

《白虎通義》所引顯然不是《喪服傳》原文,武威漢簡《服傳》甲、乙本與今本《喪服傳》皆作"大宗者,尊之統也。大宗者,收族者也,不可以絶,故族人以支子後大宗也。適子不得後大宗"。④ 《禮服傳》論小宗可絶,《喪服傳》實無明文,只言支子後大宗、嫡子不得後大宗。《小戴禮記》中亦無小宗可絶之論。今文《禮》內部則有異説,聞人通漢亦受學后蒼,卻以嫡子不得絶小宗以後大宗。因此,《白虎通義》所引《禮服傳》,與《石渠禮論》對照,很可能就是戴聖經説。而《白虎通義》引經説亦稱"禮服傳",可見小戴並非僅以"輯録古'記'替代解説來建立家法"。

大戴"記"佚文亦散見群籍,清儒多以之爲《大戴禮記》遺篇、遺句,但其中也可能存在大戴解《禮經》之"記",如姚鼐曾引其伯父姚範之言:

> 《儀禮·喪服傳》疏引《大戴禮》"大功已上唯唯,小功已下頷頷",此非今《大戴禮記》也,大戴説十七篇之辭也,又非賈公彦唐人所能引載也。魏晉六朝以來舊義疏得見大戴説者所引,而賈氏襲之。《晉書·禮志》載杜元凱云:"《士喪》一篇,戴聖之記雜錯其間。"二戴之説,晉時尚存,是以知其雜錯也。今則存於經者無以辨之,而其亡者不可得見矣。⑤

"大功已上唯唯,小功已下頷頷",賈疏言出"大戴禮",但並不見於今傳

---

① 〔唐〕杜佑:《通典》卷77,王文錦、王永興、劉俊文、徐庭雲、謝方點校,北京:中華書局,1988年,第2105頁。
② 〔唐〕杜佑:《通典》卷96,王文錦、王永興、劉俊文、徐庭雲、謝方點校,第2581頁。
③ 〔清〕陳立:《白虎通疏證》卷4,吳則虞點校,北京:中華書局,1994年,第151—153頁。
④ 張煥君、刁小龍:《武威漢簡〈儀禮〉整理與研究》,武漢:武漢大學出版社,2009年,第46、76頁。
⑤ 〔清〕姚鼐:《惜抱軒九經説》卷11,《續修四庫全書》第172冊影印清同治五年(1866)省心閣刻《惜抱軒全集》本,上海:上海古籍出版社,2002年,第662頁。

《大戴禮記》。《大戴禮記》今存篇目多與喪禮、喪服無關，因此也有學者據此證明《大戴禮記》佚篇即《小戴禮記》，而《小戴禮記》專門解釋喪禮、喪服的篇目就有十一篇。姚範卻懷疑亦有"大戴説十七篇之辭"存在的可能，確實別有新義。姚範另舉杜預之言以證西晋時二戴説經之文尚存。晋武帝泰始十年（274），武元楊皇后去世，群臣議皇太子制服，杜預以爲當諒闇心喪三年終制，其言《儀禮》無天子諸侯喪禮，《士喪禮》中又"戴聖之記雜錯其間"，故而"難以取正"。① 西晋《儀禮》博士，據《臨辟雍碑》，家法當是馬融、鄭玄、王肅三家，時無小戴，不知杜預是否別見小戴《儀禮》。不論如何，二戴解經之説應該不僅僅限於輯録古記而已，只是書缺有間，或是斷圭碎璧，或是經記難分。

而武威漢簡出土《儀禮》諸篇，與二戴、劉向《別録》篇次不同，陳夢家、王文錦先生以爲慶普傳本而篇次有勝於他家，沈文倬先生則以之爲古文或本，並以"所謂編次者，不過持有者作檢索之用耳"，且簡本"無論用何種編排方法補足十七篇，均無義理可言"。② 説簡本文本性質以沈先生義爲長，説簡本篇次似以陳、王二先生爲佳。更爲無奈的是，後世學者在追尋二戴《禮經》家法師説時，僅有篇次最成統系，沈先生所言"系統的認識"就藴藏其間。篇次就是表達家法的一種方式，一種可以追索的方式。

第二節　士禮與推致

自鄭玄注群經，三禮宗鄭注，其中《儀禮》次第從劉向《別録》所定之序。劉向校書自成帝河平三年（前26）始，至成帝綏和元年（前8）去世時仍未最後完成。劉氏所録《禮經》次第不同於二戴，筆者疑非出自劉氏自定，當是校書中秘《禮古經》的結果。而《禮古經》入藏中秘則與武帝時孔安國及其後人有關，前後相距已至少六十餘載。孔氏應確實整理了《禮古經》文本，雖未如《古文尚書》《論語》《孝經》皆有傳注，但略定次序則不無可能。劉歆《移太常

---

① 〔唐〕房玄齡等：《晋書》卷20，北京：中華書局，1974年，第622頁。
② 陳夢家：《武威漢簡敘論》，中國科學院考古研究所、甘肅省博物館編：《武威漢簡》，北京：文物出版社，1964年，第10—15頁。王文錦：《〈儀禮〉》，《文史知識》編輯部編：《經書淺談》，北京：中華書局，2005年，第56頁。沈文倬：《〈禮〉漢簡異文釋》，《菿闇文存——宗周禮樂文明與中國文化考論》，第60—61頁。相關争論，參閱張焕君、刁小龍：《武威漢簡〈儀禮〉整理與研究》，第3—10頁。

博士書》又言魯國桓公之遺學傳《逸禮》三十九篇，桓公即魯徐生弟子桓生，曾爲禮官大夫，如此則桓公今古學皆傳。劉氏《禮經》篇次或是承自桓公，也未可知。鄭氏以劉向《別錄》次第爲本，後世宗鄭者皆目爲有法，賈疏所謂"皆尊卑吉凶次第倫敘"。而鄭氏《三禮目錄》另載二戴《禮經》篇次，便長期受到忽視，賈疏斷爲"皆尊卑吉凶雜亂"。

賈疏"尊卑吉凶"的標準，自然是出於宗鄭的需要。尊卑者，《儀禮》前十篇由士禮而至於諸侯朝覲天子；吉凶者，《儀禮》後七篇先喪後祭，大致展現了個體生命由人而鬼而神的轉變過程。此序亦爲朱子《儀禮經傳通解》所本，影響最大。小戴次第，前賢屢言倫次錯雜，然則吉凶七篇仍是前後一體，只是《士虞禮》《喪服》與《士喪禮》《既夕》分隔開來較爲奇怪；另尊卑之次也較爲混亂，僅首尾顯示出士禮、諸侯天子禮的層級。大戴次第將《喪服》居於書末，更是有違賈氏所說"次第倫敘"。1959年武威漢簡《儀禮》出土，簡本時間約在西漢末年，又展示出一種新的次第。諸家次第無別者（參表1），有六組搭配穩定：《士冠禮》《士昏禮》《士相見禮》一組，《特牲饋食禮》《少牢饋食禮》《有司徹》一組，《聘禮》《公食大夫禮》《覲禮》一組，《鄉飲酒禮》《鄉射禮》一組，《燕禮》《大射》一組，《士喪禮》《既夕》一組。《士虞禮》《喪服》二篇位置最不固定。吉凶七篇內部次序的升降，大戴、劉向、漢簡皆先凶後吉（大戴以《喪服》居末較特殊），僅小戴吉凶錯雜；七篇整體次序的調整，大戴、小戴、簡本皆寓於禮書中段，大致以"尊卑"爲主，惟劉向居末，特別突出"吉凶"，又在吉凶禮內部區分尊卑。所謂"尊卑"，實際上與漢代今文《禮經》"推士禮而致於天子之說"相關。而"推致"之法不僅體現在冠昏喪祭每種禮目的等級差異上，也體現在《禮經》十七篇的篇次上。

表1 《禮經》次第表

	大戴		小戴		劉向 鄭玄	武威漢簡
	經	記	經	記		
1	士冠	公冠[79]	士冠	冠義[43]	士冠	［士冠］
2	士昏		士昏	昏義[44]	士昏	［士昏］
3	士相見		士相見	（士相見義[劉敞]）	士相見	士相見

續表

	大戴		小戴		劉向鄭玄	武威漢簡
	經	記	經	記		
4	士喪		鄉飲酒	鄉飲酒義[45]	鄉飲酒	[鄉飲酒]
5	既夕		鄉射	射義[46]、投壺[40]	鄉射	[鄉射]
6	士虞		燕禮	燕義[47]	燕禮	[士喪]
7	特牲饋食	諸侯遷廟[73] 諸侯釁廟[73]	大射		大射	[既夕]
8	少牢饋食		士虞		聘禮	服傳
9	有司徹		喪服	喪服四制[49]	公食大夫 觀禮	[士虞]
10	鄉飲酒		特牲饋食	祭法[23]		特牲饋食
11	鄉射	投壺[78]	少牢饋食	祭義[24]	喪服	少牢饋食
12	燕禮		有司徹	祭統[25]	士喪	有司徹
13	大射		士喪	奔喪[34]	既夕	燕禮
14	聘禮		既夕	問喪[35]	士虞	泰射
15	公食大夫		聘禮	聘義[48]	特牲饋食	[聘禮]
16	觀禮	朝事[77]	公食大夫	（公食大夫義劉敞）	少牢饋食	[公食大夫]
17	喪服		觀禮		有司徹	[觀禮]

"推致"說是今文《禮經》學的師法，當無甚疑問。《漢書》中有兩處言及：

> 今叔孫通所撰禮儀，與律令同錄，臧於理官，法家又復不傳。漢典寢而不著，民臣莫有言者。又通没之後，河間獻王采禮樂古事，稍稍增輯，至五百餘篇。今學者不能昭見，但**推士禮以及天子**，說義又頗謬異，故**君臣長幼交接之道寖以不章**。……今大漢繼周，**久曠大儀**，未有立禮成樂，此賈誼、仲舒、王吉、劉向之徒所爲發憤而增嘆也。(《漢書·禮樂志》)

> 《禮古經》者，出於魯淹中及孔氏，(學七十)[與十七]篇文相似，多三十九篇。及《明堂陰陽》《王史氏記》所見，**多天子諸侯卿大夫之制**，雖不能備，**猶瘉倉等推士禮而致於天子之説**。(《漢書·藝文志》)

兩相對照，"今學者"即"倉等"。在漢代語境中，今文《禮》家之説經，顯然需要服務於現實政制（所謂"通經致用"）。今文禮學的"推致"，不能僅僅是一種師說，更要參與王朝的禮制實踐。因而，"推士禮而致於天子"的政治、實用色彩極爲強烈，但受到多重因素的影響，今文禮學終漢世四百年也未能改善"久曠大儀"的局面。① 尤其是劉向、劉歆父子校書中秘之後，重新發現了禮之逸經、逸記。這批多數源自古文的禮學文獻，内容與範圍遠遠超過今文禮學，卻得不到重視。劉歆所言"國家將有大事，若立辟雍、封禪、巡狩之儀，則幽冥而莫知其原"（《漢書·劉歆傳》），首要批駁對象就是今文《禮經》博士。

今文禮學的傳人並非没有"制禮作樂"的努力，只是未獲成功。漢章帝章和元年（87），曹褒曾"次序禮事，依準舊典，雜以五經讖記之文，撰次天子至於庶人冠婚吉凶終始制度"（《後漢書·曹褒傳》）。曹褒家傳慶氏學，其父曹充在光武帝時即以此爲博士。雖然沈文倬先生認爲慶氏學乃是類似漢儀博士之類，但慶氏學出后倉，作爲慶氏學傳人的曹褒，知曉"推致"說應無疑義。所謂"次序禮事""冠婚吉凶終始"，可能就蕴含着今文禮學師說的影子（史傳言其"傳《禮記》四十九篇"），並且在糅合"舊典""五經讖記"的基礎上（史傳言其"作《通義》十二篇，《演經雜論》百二十篇"），將"推士禮以及天子"的方法與"天子至於庶人"的上下層級縮合成更緊密的禮制整體。但曹褒制禮，挑戰了當時儒學士大夫"太平"而後"制禮"的主流觀念，同時也直接突破了今文禮學師說、家法的範疇。今文學内部實際上共享了一些基本主題與理念，在"制禮"問題上，今文《禮經》之學可能就有《公羊》學的底色。今文禮學傳於高堂生，興於后倉（《漢書·儒林傳》稱"后氏《禮》"），而后倉本爲《齊詩》博士；后氏受《禮》於孟卿，孟卿亦通《春秋》（《漢書·儒林傳》言疏氏《春

---

① 王鳴盛根據《漢書·禮樂志》的論述，申言"漢無禮樂"。陳戍國先生以爲王氏之説稍顯武斷，然亦非毫無道理，進而論以"漢禮多無定制"，即與班固所言"久曠大儀"相合。漢世"久曠大儀"，實是受制於當時的"制禮作樂"觀念，尤其是《公羊》學的影響。這一點在陳蘇鎮先生《〈春秋〉與"漢道"》一書中有極爲精彩的分析。當然，漢代禮制實踐也留下了不少遺産，諸如"元始""永平故事"，都在不斷影響中古時期的禮制建設（鄭玄的禮學體系更是提供了一整套禮制模型）。〔清〕王鳴盛：《十七史商榷》卷11，黃曙輝點校，上海：上海書店出版社，2005年，第77—78頁。陳戍國：《中國禮制史·秦漢卷》，長沙：湖南教育出版社，2002年，第83—88頁。陳蘇鎮：《〈春秋〉與"漢道"：兩漢政治與政治文化研究》，北京：中華書局，2011年，第133—206、229—240、265—272、360—377、461—468頁。有關漢代禮制及其影響的研究，可參楊英：《祈望和諧：周秦兩漢王朝祭禮的演進及其規律》，北京：商務印書館，2009年。田天：《秦漢國家祭祀史稿》，北京：生活·讀書·新知三聯書店，2015年。閻步克：《服周之冕：〈周禮〉六冕禮制的興衰變異》，北京：中華書局，2009年。顧濤：《漢唐禮制因革譜》，上海：上海書店出版社，2018年。

秋》即出於孟卿）；后氏《禮》受到作爲"齊學"的《公羊》學影響，也不無可能。

再如《白虎通·爵》篇對天子與士的界定也值得注意：

天子者，爵稱也。爵所以稱天子何？王者父天母地，爲天之子也。

公卿大夫者何謂也？內爵稱也。內爵稱公卿大夫何？爵者，盡也。各量其職，盡其才也。……**士者，事也。任事之稱也**。故《傳》曰："通古今，辯然否，謂之士。"何以知士非爵？《禮》曰"四氏强而仕"，不言"爵爲士"。……天子之士獨稱元士何？士賤，不得體君之尊，故加元以別於諸侯之士也。

王者太子亦稱士何？舉從下升，以爲**人無生得貴者，莫不由士起**。①

《白虎通》集東漢初年今文經説之大成（尤其是《公羊》學視域中的禮制），形成了今文學内部基本的"通義"。② 天子是否爵稱，今古文經説有異。許慎《五經異義》載《易》孟、京説以天子爲爵稱，古《周禮》《左傳》以"天子"之稱施於夷狄而無爵，許慎從古而鄭玄從今，另《公羊》説（成公七年何休《解詁》）同今文《易》、服虔説同許氏。③《白虎通》不以"士"爲爵稱，同時又賦予士獨特的意義。"人無生得貴者"，本自《士冠禮》記文"天子之元子猶士也，天下無生而貴者也"，又見於《禮記·郊特牲》所言"冠義"。此亦當是今文禮學通義。鄭玄雖以"天子"爵稱與今文同，但不認同"士非爵"。鄭玄根據《士冠禮》記文"古者生無爵，死無謚"，以"天子""士"俱有謚，即是有爵。陳立據鄭説，又解《白虎通》"士非爵"爲夏殷制。

可見，"天子""士"是否有爵並非可以輕易放過的小問題，關係着古人對君權、皇權的隱微態度。在"天子"爵稱的前提下，不論今文説"士非爵"的獨立性與特殊性（與"太子"同稱），還是鄭解"士有爵"的上下同一性，"士"實際上都是一種中間、基礎狀態（大夫無冠禮以及禮注、禮疏中"攝盛""禮窮則同"之義也可與之關聯）。古文説則大不同，賈逵以"《左氏》義深於君父"

---

① 〔清〕陳立：《白虎通疏證》卷1，吳則虞點校，第1、16—21頁。
② 《白虎通》自然也有古學成分，但並非重點。徐興無：《通義的形成——〈白虎通義〉的話語機制》，《中華文史論叢》2019年第3期，第264—301頁。
③ 〔清〕陳壽祺：《五經異義疏證》卷下，曹建墩點校，上海：上海古籍出版社，2012年，第168—170頁。〔清〕皮錫瑞：《駁五經異義疏證》卷4，吳仰湘編：《皮錫瑞全集》第4册，北京：中華書局，2015年，第92—96頁。黃永武：《許慎之經學》，臺北：中華書局，2019年，第389—391頁。

"《左氏》崇君父,卑臣子,强干弱枝,勸善戒惡,至明至切,至直至順",而"《公羊》多任於權變"(《後漢書·賈逵傳》)。李若暉先生以何休吸收古文説,删削"天子僭天"(鄭玄《考工記》注有引),構造"君天同尊"的經學體系;但何休以"天子"爵稱,又是删削不盡。① 與何休吸收古文説改造《公羊》相較,鄭玄對古文説君父義反而較爲審慎,進而改造了古《周禮》説,創造了自身以《周禮》爲核心的新體系(李若暉先生言以"禮法合一")。其間各種經説的互動、演進之跡,頗值得留心。

　　白虎觀會議召開於漢章帝建初四年(79),曹褒制禮不可能不知"通義"的結論。其行爲不僅與"天平乃制禮作樂"(《白虎通·禮樂》)相左,也消隱了今文《禮》家"推士禮"的核心地位與意義。具體到歷史實踐,服虔、應劭言"漢家郡縣饗射祭祀,皆假士禮而行之。樂縣笙磬籩俎,皆如士制"(《後漢書志·禮儀志》李賢注引),也不妨視作"推士禮"的一個註腳。"推致"之法的具體過程當無甚玄妙,主要依據可能就是禮的結構化特徵,如等級、數列等。② 但"推致"所關涉的禮義、依賴的觀念,都顯示出今文禮學在政治與學術之間飽含張力。後世學者其實不甚關心爲何、如何推而致,更不會刻意將之與今文《禮經》次第相合("禮是鄭學"以及瀰漫經史領域的鄭王之爭、《周禮》《儀禮》的經曲之辨成爲新的典範與問題),然而從等級角度對禮儀進行分類乃至説解,仍是一個重要的方法與傳統,尤其是宋代《儀禮》學再次興起。

---

① 何氏此舉未必是删削不盡,也可能展現出一種猶疑,或者保留體系内部開放性的目的。李先生的觀察揭示了儒學在漢代的觀念轉型(同時帶有現代世界的投影),在權力制約下,"尊尊"變成了"尊卑"。曲利麗亦觀察到兩漢之際,儒學話語中"聖王"到"王聖"("王命")的變化。李若暉:《久曠大儀:漢代儒學政制研究》,北京:商務印書館,2018年,第 196—235 頁;《不喪斯文:周秦之變德性政治論微》,上海:上海人民出版社,2019年。曲利麗:《兩漢之際文化精神的演變》,北京:中華書局,2017年。另參朱騰:《滲入皇帝政治的經典之學:漢代儒家法思想的形態與實踐》,北京:中國政法大學出版社,2013年;《早期中國禮的演變:以春秋三傳爲中心》,北京:商務印書館,2018年。有關"士"階層的文化意義與現實作用,研究衆多,參閲余英時:《士與中國文化》,上海:上海人民出版社,2003年;閻步克:《士大夫政治演生史稿》,北京:北京大學出版社,2015年。

② 如《左傳》莊公十八年傳言"名位不同,禮亦異數",《禮記·禮器》有多少、大小、高下、文素等標準的不同。參閲沈文倬:《從漢初今文經的形成説到兩漢今文《禮》的傳授》,《菿闇文存——宗周禮樂文明與中國文化考論》,第 528—529 頁。閻步克:《論中國禮制的"數字化"》,王守常、余瑾編:《龐樸教授八十壽辰紀念文集》,北京:中華書局,2008年,第 234—246 頁;《中國古代官階制度引論》,北京:北京大學出版社,2010年,第 257—267 頁。楊華:《中國古代禮儀制度的幾個特徵》,《武漢大學學報(人文科學版)》2015年第 1 期,第 16—22 頁。

《禮經》十七篇"士禮"的判定，首先與其在漢代的稱名有一定矛盾，如"於今獨有《士禮》，高堂生能言之"（《史記·儒林列傳》）、"漢興，魯高堂生傳《士禮》十七篇"（《漢書·藝文志》《儒林傳》），南宋張淳便提出質疑"今《儀禮》中所謂士禮，有冠、昏、相見、喪、既夕、虞、特牲饋食七篇，他皆天子、諸侯、卿大夫禮，必非高堂生所傳者"。① 此事聚訟，涉及諸多異説，或篇數不一，王充言"今《禮經》十六"（《論衡·謝短》，另有河内女子得"佚禮"一篇）、荀悅言高堂生"傳《士禮》十八篇"（《前漢紀·成帝紀》）；或天子禮存佚難定，劉歆言"天子之禮無一傳者"（劉歆《與揚雄書》，甚可疑）、王充言"今《禮經》不見六典"且"又不見天子"。② 朱子則言"特略舉首篇以名之"③，大致可從。

具體到等級禮制的内部，前引諸如劉歆、張淳説，皆言士禮七篇。但劉歆之言頗爲可疑，首見於晁説之《嵩山文集》，又爲王應麟《漢藝文志考證》《玉海》等書引用：

> 然足下謂後之書多於古則不然，劉歆告揚雄云"三代之書藴藏於家，直不計耳"，顧弗多耶。今有一《周易》，而無《連山》《歸藏》。有一《春秋》，而無千二百國寶書及不修《春秋》。有**卿禮二、士禮七、大夫禮二、諸侯禮四、諸公禮一**，而天子之禮無一傳者，不知其傳孰多於其亡耶？④

姚振宗以"三代之書藴藏於家，直不計耳"之後的文字皆是劉歆《與揚雄書》佚文，不確。晁説之另作《揚雄别傳》，同引劉歆《與揚雄書》並無所謂佚

---

① 〔宋〕張淳：《儀禮識誤》，《叢書集成初編》第126册影印《得月簃叢書》本，北京：商務印書館，1936年，第2頁。
② 相關争論，可參洪業：《儀禮引得序》《禮記引得序》，劉夢溪主編《中國現代學術經典·洪業卷》，石家莊：河北教育出版社，1996年，第82—94、95—104頁。
③ 朱子言："此則不深考於劉説所訂之誤，又不察其所謂《士禮》者，特略舉首篇以名之。其曰推而致於天子者，蓋專指冠、昏、喪、祭而言，若燕、射、朝、聘，則士豈有是禮而可推耶？"〔宋〕朱熹：《儀禮經傳通解》，王貽樑校點，呂友仁審讀，朱傑人、嚴佐之、劉永翔主編：《朱子全書》第2册，上海：上海古籍出版社、合肥：安徽教育出版社，2010年，第29頁。
④ 〔宋〕晁説之：《嵩山文集》卷15，《四部叢刊續編》景舊鈔本第8册，北京：商務印書館，1934年。"卿禮"之"卿"，《四庫全書》本同，他書引證多作"鄉禮"，蓋"卿""鄉"字近互訛。當以"鄉"字爲是。王氏《玉海》言《儀禮》其他各禮"必非高堂生所傳者"，則源自張淳。〔宋〕王應麟：《漢藝文志考證》卷2、卷10，張三夕、楊毅點校，北京：中華書局，2011年，第156、305—306頁。〔宋〕王應麟撰，武秀成、趙庶洋校證：《玉海藝文校證》卷5、卷18，南京：鳳凰出版社，2013年，第884頁。

文文字。《方言》現存最早宋本及今傳本《方言》,亦無。① 因而此文更可能是晁氏自己的觀點。從晁説之到張淳,再到王應麟,士禮七篇代表了宋人的基本共識。② 其中,鄉禮二篇較爲特殊,跨越多個等級,清儒汪紱甚至將鄉禮二篇視作通禮。③ 在鄭學體系中,《鄉飲酒禮》與諸侯之鄉大夫有關,《鄉射禮》與州長有關(鄉大夫或在焉)。據《周禮·地官》,鄉大夫爲卿,州長爲中大夫。但諸侯之鄉大夫、州長,鄭注《鄉飲酒義》以州長爲士,且鄉禮二篇與選賢貢士有關,等級禮制即介於大夫與士之間。熹平石經《鄉飲酒禮》記文"磬,階間縮霤,北面鼓之"(鄭注"大夫而特縣,方賓鄉人之賢者,從士禮也")位置與今本有異,今本位於"其笙,則獻諸西階上"之後,與經文"笙入,堂下磬南,北面立"相應,屬於禮儀的中段;石經則置於"尊,綌冪,賓至,徹之"之後,在記文前段,屬於禮儀初期的陳設環節,但經文無論樂縣之事,《鄉射禮》經文陳設節卻有"縣于洗東北,西面"。大戴解《鄉飲酒禮》與鄭玄牽合《周禮》肯定有差異,但正如馬濤所言,"漢石經本移易此節卻深化了以鄭玄爲代表的《鄉飲酒》'樂縣即磬'的説法"。馬濤進而推測"按大戴之篇次,兩鄉禮當屬於諸侯之卿大夫禮",而鄭玄以諸侯之州長爲士"與此編排不類",因此大戴"對兩鄉禮縣制之解雖與鄭玄相近,但其對兩鄉禮性質之認識卻未必相同"。④

今觀小戴、聞人通漢、韋玄成有關鄉射、大射合樂的爭論,皆以大射爲諸侯禮(人君之禮),論鄉射言"質也""人禮也""鄉人本無樂"者,⑤似皆以鄉射

---

① 〔清〕姚振宗:《漢書藝文志拾補》卷5、《漢書藝文志條理》卷1、《隋書經籍志考證》卷1,項永琴整理,王承略、劉心明主編:《二十五史藝文經籍志考補萃編》第2、3、15卷,北京:清華大學出版社,2011年,第382—383、65—66、31頁。武秀成等亦將此當作劉歆之言,誤。現存《方言》最早刻本,爲中國國家圖書館藏宋慶元六年(1200)潯陽郡齋刻本,書末並無劉歆、揚雄往還書。即後世疏證、整理各本,亦可證姚氏之誤。〔漢〕揚雄:《方言》,北京:國家圖書館出版社影印宋刻本,2017年。〔清〕戴震:《方言疏證》,鮑善淳整理,許威漢審訂,楊應芹、諸偉奇主編:《戴震全書(修訂本)》第3册,合肥:黃山書社,2009年,第241頁。華學誠:《揚雄方言校釋匯證》,王智群、謝榮娥、王彩琴協編,北京:中華書局,2006年,第1033頁。
② 王應麟《玉海》引崔靈恩説"《儀禮》者,周公所制",備列吉禮三篇、凶禮四篇、賓禮三篇、軍禮亡失、嘉禮七篇,此是鄭玄義法。崔氏於等級只"臣禮",如"吉禮惟得臣禮三篇",凶禮除"喪服""上自天子,下至庶人,其禮同等"外"餘三篇,皆臣禮"。〔宋〕王應麟撰,武秀成、趙庶洋校證:《玉海藝文校證》卷5,第190頁。
③ 汪紱以十七篇有士禮七篇、大夫禮二篇(少牢、有司徹)、通禮三篇(鄉飲酒、鄉射、大射)、君國禮三篇(聘、燕、公食大夫)、邦君見天子禮一(覲禮)以及《喪服》。〔清〕汪紱:《理學逢源》卷6,《續修四庫全書》第947册影印清道光十八年俞氏敬業堂刻本,上海:上海古籍出版社,2002年,第425頁。
④ 馬濤:《漢石經〈儀禮·鄉飲酒〉記文探微》,虞萬里主編《七朝石經研究新論》,第64頁。
⑤ 〔唐〕杜佑:《通典》卷77,王文錦、王永興、劉俊文、徐庭雲、謝方點校,第2105頁。

禮等級不高。參諸漢簡本，若其亦有推致之義，則顯然以鄉禮二篇爲士禮。因此，大戴論鄉禮二篇未必就是卿大夫禮。以小戴等說觀之，西漢時或多以鄉禮乃更大群體的會聚之禮。大戴篇次更像表達了行禮場所以及群體範圍的不斷擴大，有"家國天下"的意味，更符合朱子《儀禮》體系家（大夫祭禮亦是祭於家）、鄉、邦國、王朝的層級。清儒黄以周以大戴說鄉禮二篇爲士禮（又言亦兼大夫禮），並復原大戴《禮經》次第的"推致"之法：

> 大、小戴同受業于后倉，傳高堂生之學，所定《禮經》篇次不同，**以大戴爲最當**。《禮經》十七篇以《冠》《昏》《相見》《士喪》《既夕》《士虞》《特牲》《鄉飲》《鄉射》**九篇士禮居首**。后倉傳其學，作《曲臺記》九篇，即說此《士禮》九篇，以推天子諸侯之制。大戴以此九篇列首，以明授受所自，而《少牢》《有司徹》二篇與《特牲》類，故併入之。且鄉飲、鄉射亦兼**大夫禮**也。《燕》《大射》以下爲**諸侯天子禮**。《喪服》，**通禮**，終之。其次秩然。①

黄氏非常巧妙地將《漢書·藝文志》"《曲臺后倉》九篇"落實爲士禮九篇，只是大戴次第中二鄉禮已是第十、十一篇，其以《少牢饋食禮》《有司徹》以類從於《特牲饋食禮》之後，實際上與"九篇士禮居首"矛盾。如果黄氏能夠睹見漢簡本，或當以之爲更符合推士禮而致於天子之說（漢簡本又將《喪服》置於《既夕》與《士虞禮》之間，似有士禮十篇）。② 因此，黄氏此說並未得其後學發皇。如曹元弼分梳《禮經》有"篇以類次""類以吉凶次"之別，並基於宗鄭的立場，以爲"鄭君從《別錄》至當"：

> 《禮經》篇以類次，類以吉凶次。……此四文（《王制》《禮運》《昏義》）或先喪祭，或先冠昏，或先射鄉，或先朝聘，要皆兩事類舉。以考十七篇，則《士冠》《士昏》《士相見》，冠昏相見也；《鄉飲酒》《鄉射》《燕》《大射》四篇，大分言之，射鄉也；《聘禮》《公食》《覲》三篇，朝聘也；《喪服》《士喪》《既夕》《士虞》《特牲》《少牢》《有司徹》七篇，喪祭也。凡十七篇，

---

① 〔清〕黄以周：《禮書通故》卷1《禮書通故》，王文錦點校，北京：中華書局，2007年，第5—6頁。
② 漢簡本《喪服》之次，當與喪禮中成服有關。另曾運乾《禮經喪服釋例》例一言"凡爲五服不稱其人者皆士也，非士則顯其名位"，可見《喪服》的主體仍是基於士階層。曾運乾：《禮經喪服釋例》，《國立中山大學文學院專刊》1933年第1期，第19—23頁。

爲四類，此**篇以類次**也。《冠義》以下七篇，皆説經之義，其次先《冠義》《昏義》，冠昏類也；次《鄉飲酒義》《射義》《燕義》，射鄉類也；次《聘義》，朝聘類也；次《喪服四制》，喪祭類也。《喪服四制》曰："夫禮，吉凶異道，不得相干。"此喪祭所以在後。《記》次本《經》次，《孝經·喪親章》居末，蓋取法《禮經》，此**類以吉凶次**也。《别録》篇次類次皆與《記》合，大戴篇次合、類次未合，小戴篇、類次皆未合，鄭君從《别録》至當，邵懿辰謂當從大戴非也。①

曹氏言"邵懿辰謂當從大戴非也"，即"大戴篇次合、類次未合"。觀曹氏所定篇次、類次，最大的問題在於，如果《禮記·冠義》諸篇本《禮經》之次，爲何"小戴篇、類次皆未合"，反而劉向《别録》"篇次類次皆與《記》合"。沈文倬先生則在黄氏基礎上，又有新説。沈先生不僅對黄氏以"别其家法"而證"其本各異"提出了質疑，即"家法之不同取决於解説經文之義而不在經本文字之有異"，説甚精審；又部分還原了"推致"的具體過程（《鄉飲酒禮》與《燕禮》、《鄉射禮》與《大射儀》、《士虞禮》《特牲饋食禮》與《少牢饋食禮》《有司徹》、饋食禮與《公食大夫禮》、《聘禮》禮賓節與《士冠禮》醴冠者節等），且以大戴"士禮七篇排在前面，保持了'獨有士禮'的原目"，與黄説不同，而篇次卻是推致之法的反映，又與黄氏義近。但沈先生進而推論"大戴之本即用后倉篇次，也是高堂生遞傳下來的原編次第"，戴聖則與后倉、戴德立異之説（《漢書·藝文志》"《禮經》十七篇，后氏、戴氏"表示后氏與小戴不同），②似難信從。小戴次第無倫，古今未有贊詞，實難想象立異之説反而毫無統緒。筆者頗疑后氏、小戴本才是原編，大戴、漢簡本則與之立異，而《禮記·冠義》諸篇次或是小戴新説，只是未改師承所傳經次，也有可能是劉向《别録》分類所

---

① 〔清〕曹元弼：《復禮堂文集》卷4《禮經名目篇次辨》，王有立主編：《中華文史叢書》第46册影印民國六年（1917）刊本，臺北：華文書局股份有限公司，1974年，第477—481頁。另如黄氏後學唐文治雖稱述《禮書通故》，言"蓋《禮經》著述，至此觀歎止矣"，於《儀禮》篇次仍以賈疏所言爲是，並未興發乃師之旨，但論《儀禮》"精意"則以人心世道爲説，切於人倫。唐文治：《十三經提綱》，鄧國光輯釋，歐陽艷華、何潔瑩輯校：《唐文治經學論著集》第1册，上海：上海古籍出版社，2019年，第111—121頁。

② 沈先生認爲高堂生"從民間取得七篇士禮、兩篇'鄉禮'和一篇'喪服'的漢隸書本，又創立了'推士禮以致天子之法'，默誦記録了《燕》《大射》《覲》《聘》《公食》《少牢》《有司》七篇天子諸侯大夫禮，匯輯、寫定《禮經》今文十七篇"。沈文倬：《從漢初今文經的形成説到兩漢今文〈禮〉的傳授》，《菿闇文存——宗周禮樂文明與中國文化考論》，第528—530、555頁。

定次第,並爲小戴後學接受。

　　黃以周"以大戴爲最當""以大戴所傳最得其真"當是受到邵懿辰的啓發。但邵懿辰並無解推士禮之言,且黃氏在論證過程中也不取邵氏説五倫之義,只説冠昏、喪祭、射鄉、朝聘之類次。曹元弼則較爲反感當世今文學,對邵氏的今文色彩可能也有不滿。如黄氏以邵懿辰言十七篇爲完書"所見亦卓",但邵氏以《逸禮》三十九篇爲姦言則殊不足信。曹元弼亦以邵氏"謂五十六篇爲劉歆作僞,則誣妄甚矣",但十七篇爲完書"尚近理",實則未確。① 以"推致"説大戴篇次,黃氏言士禮九篇(《曲臺后倉》九篇),沈氏言士禮七篇("獨有士禮"),差異在鄉禮二篇的等級屬性。邵懿辰則跳出了等級禮制的討論,也不關心今文禮學如何推而致,反而是藉助宋儒的義理結構,實現了大戴《禮經》人倫體系的全新建構。

第三節　禮類與人倫

　　賈公彦以"尊卑""吉凶"論《禮經》次第,曹元弼則以"篇以類次""類以吉凶次"爲論,皆以劉向、鄭玄次第爲最佳,亦可見劉向《別録》篇次特别凸顯"吉凶"的意義。"尊卑"之説應是導源於漢代今文禮學推致之法,黃以周、沈文倬皆以大戴次第與推致説最相應。邵懿辰亦重視大戴《禮經》次第,並啓發了黃以周還原大戴推致家法,曹元弼"篇以類次"亦是針對邵氏人倫之説。邵氏以大戴《禮經》篇次與五性、五倫相合,亦與朱子《儀禮經傳通解》家、鄉、邦國、王朝之禮相合:

　　　　觀《昏義》曰:"夫禮始於冠,本於昏,重於喪祭,尊於朝聘,和於鄉射。"故有《冠義》以釋《士冠》,……有《四制》以釋《喪服》,而無一篇之義出乎十七篇之外者,是冠、昏、喪、祭、朝、聘、鄉、射八者,約十七篇而言之也。……冠、昏、喪、祭、射、鄉、朝、聘八者,禮之經也。冠以明成人,昏以合男女,喪以仁父子,祭以嚴鬼神,鄉飲以洽鄉里,燕射以成賓主,

---

① 曹元弼以爲《禮經》古當有二本,一全經,一約編"五十六篇固非全編,即十七篇以經記考之,亦非完本",只不過"冠昏、喪祭、朝聘、射鄉諸禮具在,則所缺當無幾耳"。〔清〕曹元弼:《復禮堂文集》卷4《禮經名目篇次辨》,王有立主編《中華文史叢書》第46册影印民國六年(1917)刊本,第477—481頁。

聘食以睦邦交,朝覲以辨上下,天下之人盡於此矣,天下之事亦盡於此矣。**而其證之尤爲明確而可指者,適合於《大戴》十七篇之次序。**……是一、二、三篇冠昏也,四、五、六、七、八、九篇喪祭也,十、十一、十二、十三篇射鄉也,十四、十五、十六篇朝聘也,而《喪服》之通乎上下者附焉。《小戴》次序最爲襍亂:……今鄭、賈注疏所用劉向《別録》次序,則以喪祭六篇居末,而《喪服》一篇移在《士喪》之前,**似依吉凶人神爲次**。……較《小戴》稍有條理,**而要不若《大戴》之次合乎《禮運》**。疑自高堂生、后蒼以來,而聖門相傳篇序固已如此也。……今以《大戴》之次、安溪之説,合之《禮運》仲尼所撮舉之言、《昏義》孔門所特標之目,**推於五性、五倫無不合者**,則冠、昏、喪、祭,家禮也;射、鄉,鄉禮也;朝、聘,邦國、王朝之禮也;而士相見則學禮亦寓焉,**於朱子之例亦無不合**。自一身、一家推而一鄉、一國以達於天下,小大、微著、近遠、卑高之序固當如此。①

邵氏之説並不複雜,主要依據是朱子《儀禮經傳通解》與李光地"四際八篇"論,並對《禮記》《大戴禮記》中以類説禮者作出全新的解讀。其中,邵懿辰巧妙地轉換了朱子《儀禮》學所宗的劉向、鄭玄篇次,將大戴《禮經》次第與五性、五倫更加精密地綰合在一起。朱子《儀禮經傳通解》家禮(士冠禮、士昏禮)、鄉禮(士相見禮、鄉飲酒禮、鄉射禮)、邦國禮(燕禮、大射儀、聘禮、公食大夫禮)、王朝禮(覲禮)、喪禮(士喪禮、既夕、士虞禮)、祭禮(特牲饋食禮、少牢饋食禮、有司徹)的結構,與劉向、鄭玄《儀禮》篇次一一對應,唯有鄉禮與邦國禮之間的學禮與《儀禮》無關,且雜收三禮經典無法歸入他禮者。其中,朱子以《士相見禮》入鄉禮,與《鄉飲酒禮》《鄉射禮》爲類,小戴、劉向、漢簡《禮經》篇次皆前後相連,唯大戴有異。

李光地之説,見於《禮學四際約言序》,其説直接啓發了邵氏對大戴、朱子禮學體系的融合,贅引全文如下:

> 古禮湮廢不可盡知,又多不行于今世,故其追而攷之也難。蓋《儀禮》缺而不完,《禮記》亂而無序,自朱子欲以經傳相從成爲禮書,然猶苦於體大,未究厥業。然則後之欲爲斯學者,不益難哉。余姑擇其大者要

---

① 〔清〕邵懿辰:《禮經通論卷上》,黄銘、秦婷點校,丁耘主編:《五四運動與現代中國(思想史研究 第七輯)》,第 377—379 頁。

者,畧依經傳之體,別爲四際八篇,以記禮之綱焉,其詳且小則未暇也。又采小學儀節於首,附王政大法於後,而通爲之序曰:四際八編者何?冠昏也,喪祭也,鄉射也,朝聘也。《易》曰:"有天地萬物而後有男女夫婦,有男女夫婦而後有父子,有父子然後有上下君臣,而禮義有所措也。"三代之學,皆所以明人倫也。有冠昏而夫婦別矣,有喪祭而父子親矣,有鄉射而長幼序矣,有朝聘而君臣嚴矣。夫婦別而後父子親,父子親而後長幼序,長幼序而後君臣嚴。**由閨門而鄉黨,由鄉黨而邦國、朝廷**,蓋不可以一日廢也。是故先王之制禮也,綱維五典,根極五性,通四時,合五行,本於陰陽,而順乎天命。**有冠昏而夫婦別,夫婦別然後智可求也。有喪祭而父子親,父子親而後仁可守也。有鄉射而長幼序,長幼序而後禮可行也。有朝聘而君臣嚴,君臣嚴而後義可正也。**先王之禮,哀樂之情無不中,慘舒之節無不得,故紀綱人道之始終,而天地和平,四靈畢至。學者,學此者也。灑掃進退而非粗也,盡性至命而非遠也。小學以始之,大學以終之,皆所以明人倫也。是書也,雖未能該先王之典,庶幾求禮之門戶者得其端焉。①

李氏《禮學四際約言》一書未成,四際八篇論與其所言"又采小學儀節於首,附王政大法於後"又體現在《禮記纂編》的編排上。《禮記纂編》亦未見成書,《榕村集》錄有《禮記纂編序》,其言曰:

夫古者**小學之教**,成人之始,故先之《曲禮》《少儀》《內則》三篇。人道莫首於**冠昏**,故《冠義》《昏義》次之。慎終追遠,民行之大,故**喪祭**又次之。言喪者凡八篇,而《檀弓》《曾子問》《雜記》附焉。言祭者凡三篇,而《郊特牲》附焉。由是而達於**鄉黨州閭**,則《鄉飲酒》《投壺》《射義》次之。由是而達於**朝廷邦國**,則《大傳》《明堂位》《燕義》《聘義》次之。由是而周於**衣冠冕珮之制**,與夫**行禮之容儀**,則《深衣》《玉藻》又次之。自《曲禮》至此爲**《禮記》內篇**。《禮運》《禮器》以下,《學記》《樂記》以上,或通論禮意,或泛設雜文,或言君子成德之方,或陳王者政教之務,要於修

---

① 〔清〕李光地:《榕村集》卷10,《景印文淵閣四庫全書》第1324冊,臺北:臺灣商務印書館,1983年,第678-679頁。

身及家平均天下之道靡所不講,爲《禮記》外篇。①

《四庫全書》雜禮類又收李氏《朱子禮纂》,是書旨在發揮朱子《家禮》學,與《儀禮》關係不甚大。但總體上,李光地建構的禮學體系明顯受惠於朱子《儀禮經傳通解》,如其重纂《禮記》以及"禮學四際"由閨門而鄉黨而邦國朝廷之旨皆是如此。邵懿辰以朱子"割裂經傳,創立子目,不能盡厭學者之心而垂爲定論",但朱子所從劉向、鄭玄《儀禮》篇次"四時五行之序別有義,亦可通焉";而李光地之説"略本《小戴》之《經解》、《大戴》之《盛德》,而其編未成,引而不發,待後人疏通證明焉"。邵氏亦對二戴《記》有重纂之意,其言"徒觀十七篇四際八類之間猶未能周密而詳盡也,必以分記、總記、分義、通義如大小戴《記》各篇坿附於其中,彌縫於其隙",與李氏分《禮記》內外篇義同;《禮經通論》上卷又有"論漢初經記分而不分""論記、傳、義、問四例",下卷存目可見亦有"論《禮記》分附經後""論《曲禮》《玉藻》《內則》《少儀》等篇爲總記與經切附""論《冠義》等十一篇宜分附於經""論《禮運》等七篇爲禮通論宜總附經曲之後"諸説(《禮經通論》下卷存目,見於高均儒《録伯平與銘齋書》,惜今無傳本)。②邵氏分記、總記、分義、通義之論,後得到曾運乾先生的認同與闡發。③

具體到五倫與《禮經》篇目的搭配,只有朋友一倫難以對應。邵懿辰則以《士相見禮》"爲在下之朋友",《公食大夫禮》《燕禮》"爲在上之朋友",並以十七篇無不具賓主之義而"朋友之交横貫乎達道之中"。④邵氏進而推出《禮記·大傳》所謂"得與民變革者"即《周官》,《禮經》因內蘊四際八類而與親親、尊尊、長長、男女有別相合,故不得與民變革;其中《喪服》一篇"兼親親、尊尊、長長、男女有別,賅上治、下治、旁治,并及族黨異姓之親,而人治之大無不舉矣",可見大戴《禮經》篇次以之居末的深意。總之,邵懿辰在朱子、李光地的基礎上,實現了大戴《禮經》篇次的意義轉化(參表2)。

---

① 〔清〕李光地:《榕村集》卷10,《景印文淵閣四庫全書》第1324册,第677頁。
② 〔清〕邵懿辰:《禮經通論卷上》,黄銘、秦婷點校,丁耘主編:《五四運動與現代中國(思想史研究第七輯)》,第377—381、396—399頁。
③ 曾運乾:《三禮通論》,中國國家圖書館藏民國國立湖南大學講義,第45—47頁。
④ 〔清〕邵懿辰:《禮經通論卷上》,黄銘、秦婷點校,丁耘主編:《五四運動與現代中國(思想史研究第七輯)》,第380頁。另參張德付:《論賓主與五倫》,楊朝明主編《孔子學刊》第10輯,青島:青島出版社,2019年,第46—97頁。

表 2　大戴《禮經》篇次四際八篇表

劉向、鄭玄	朱子	大戴	邵懿辰					禮
			八篇	四際				禮
士冠禮 士昏禮	春 家禮	士冠禮 士昏禮 士相見禮	冠昏	夫婦	智	冬	別男女	家禮 紀人倫
		士喪禮 士虞禮 特牲饋食禮 少牢饋食禮	喪祭	父子	仁	春	親親	家禮
士相見禮	夏·秋	鄉飲酒禮 鄉射禮 燕禮 大射	鄉射	長幼	禮	夏	長長	鄉禮
鄉飲酒禮 鄉射禮	鄉禮							
	學禮							
燕禮 大射儀	邦國禮	聘禮 公食大夫禮 覲禮	朝聘	君臣	義	秋	尊尊	邦國禮 王朝禮
聘禮 公食大夫禮								
覲禮	王朝禮							
喪服 士喪禮 士虞禮	冬 喪禮	喪服	兼親親、尊尊、長長、男女有別					經人倫
特牲饋食禮 少牢饋食禮	祭禮							

通觀邵氏之論，其所建構的大戴《禮經》篇次之旨，恰恰因爲過於整飭而顯得可疑。禮書中以類說禮者常見，如：

六禮：冠、昏、喪、祭、鄉、相見。(《禮記·王制》"司徒修六禮以節民性，明七教以興民德""七教：父子、兄弟、夫婦、君臣、長幼、朋友、賓客")

是故夫禮，必本於天，殽於地，列於鬼神，達於喪祭、射御、冠昏、朝聘。故聖人以禮示之，故天下國家可得而正也。(《禮記·禮運》，邵氏以"御"爲"鄉"，黃以周、曹元弼皆從之。《禮運》又有"十義"，"父慈、子孝、兄良、弟弟、夫義、婦聽、長惠、幼順、君仁、臣忠十者，謂之人義"。)

夫禮必本於天，動而之地，列而之事，變而從時，協於分藝，其居人也曰養，其行之以貨力、辭讓、飲食、冠昏、喪祭、射御、朝聘。(《禮記·禮運》，邵氏以貨、力、辭、讓、飲、食六者"禮之緯"，並以"御"當爲"鄉"，而八者爲"禮之經"。)

郊社之義，所以仁鬼神也。嘗禘之禮，所以仁昭穆也。饋奠之禮，所以仁死喪也。射鄉之禮，所以仁鄉黨也。食饗之禮，所以仁賓客也。(《禮記·仲尼燕居》)

夫禮始於冠，本於昏，重於喪、祭，尊於朝、聘，和於射、鄉，此禮之大體也。(《禮記·昏義》)

禮義者，恩之主也。冠、昏、朝、聘、喪、祭、賓主、鄉飲酒、軍旅，此之謂九禮也。(《大戴禮記·本命》)

邵懿辰特重《禮記·禮運》之說，以"御"爲"鄉"字之誤，自言"竊自幸爲天牖其衷，是乃二千年儒先未發之覆也"，並以聖門子游傳《禮》(子游特受《禮運》精微之說，《仲尼燕居》亦其所記，其門人後學又爲《檀弓》《禮器》《郊特牲》《曲禮》《玉藻》等篇傳之；因諸篇皆爲小戴所取，子游便爲禮學之正傳，與子夏兼通五經相比，又爲禮學之專門，此說與《荀子·非十二子》所論"子游氏之賤儒"難以相合)、《禮運》等七篇爲《禮》通論。但正如曹元弼所說，諸禮或先或後，並無一定之規，《禮運》中即有兩種不同次序。邵氏必以冠昏、喪祭、射鄉、朝聘爲正序，實無甚堅實依據，只是此序恰與大戴《禮經》若合符契。

禮書中以人倫說禮者亦常見，如通論禮與人倫：

民之所由生，禮爲大。非禮，無以節事天地之神也。非禮，無以辨君臣、上下、長幼之位也。非禮，無以別男女、父子、兄弟之親，昏姻疏數之交也。(《禮記·哀公問》)

凡人之所以爲人者，禮義也。禮義之始，在於正容體、齊顏色、順辭令。容體正，顏色齊，辭令順，而後禮義備。以正君臣、親父子、和長幼。君臣正，父子親，長幼和，而後禮義立。(《禮記·冠義》)

禮有三本：天地者，性之本也；先祖者，類之本也；君師者，治之本也。無天地焉生？無先祖焉出？無君師焉治？三者偏亡，無安之人。故禮上事天，下事地，宗事先祖而寵君師，是禮之三本也。(《大戴禮記·禮三本》)

如分論各禮與人倫：

是故先王之制禮樂，人爲之節；衰麻哭泣，所以節喪紀也；鐘鼓干戚，所以和安樂也；昏姻冠笄，所以別男女也；射鄉食饗，所以正交接也。(《禮記·樂記》)

故朝覲之禮，所以明君臣之義也。聘問之禮，所以使諸侯相尊敬也。**喪祭之禮，所以明臣子之恩也。**鄉飲酒之禮，所以明長幼之序也。昏姻之禮，所以明男女之別也。……故昏姻之禮廢，則夫婦之道苦，而淫辟之罪多矣。鄉飲酒之禮廢，則長幼之序失，而爭鬥之獄繁矣。**喪祭之禮廢，則臣子之恩薄，而倍死忘生者眾矣。**聘覲之禮廢，則君臣之位失，諸侯之行惡，而倍畔侵陵之敗起矣。(《禮記·經解》，《大戴禮記·禮察》作"聘射之禮"，且"喪祭之禮"居末。《漢書·禮樂志》以"喪祭之禮"對應"骨肉之恩"。)

君子之所謂孝者，非家至而日見之也；合諸鄉射，教之鄉飲酒之禮，而孝弟之行立矣。……貴賤明，隆殺辨，和樂而不流，弟長而無遺，安燕而不亂，此五行者，足以正身安國矣。(《禮記·鄉飲酒義》)

故燕禮者，所以明君臣之義也；鄉飲酒之禮者，所以明長幼之序也。(《禮記·射義》，《禮記·燕義》"燕禮者，所以明君臣之義也")

凡不孝生於不仁愛也，不仁愛生於喪祭之禮不明，**喪祭之禮所以教仁愛也。**……故曰喪祭之禮明，則民孝矣。故有不孝之獄，則飭喪祭之禮。凡獄上生於義不明，義者所以等貴賤、明尊卑；貴賤有序，民尊上敬長矣。……朝聘之禮，所以明義也。故有弒獄，則飭朝聘之禮也。凡鬪辨生於相侵陵也，相侵陵生於長幼無序，而教以敬讓也。故有鬪辨之獄,則飾鄉飲酒之禮也。凡淫亂生於男女無別、夫婦無義;昏禮享聘者,所以別男女、明夫婦之義也。故有淫亂之獄,則飾昏禮享聘也。(《大戴禮記·盛德》)

冠昏、鄉射、朝聘之禮對應夫婦(男女)、長幼、君臣無甚異説,只有喪祭之禮是否對應父子存在不同觀點,《禮記·經解》《大戴禮記·禮察》以喪祭之禮對應臣子之恩,而《漢書·禮樂志》對應骨肉之恩,似更爲妥帖。① 不論如何,諸禮確實與倫常有相對固定的義理搭配。而朋友一倫,如邵懿辰所説,實則横貫於諸禮之中。吴承仕先生另考察早期的五倫説,有從"三至親"(《左傳》文公十年史克言"五教"即"父義,母慈,兄友,弟共,子孝",《喪服傳》以夫妻、父子、兄弟"一體"),到《孟子》所云"父子有親,君臣有義,夫婦有別,長幼有敘,朋友有信"(次第與《喪服》相合)的完成與轉變,其中又有先父子與先君臣(《禮記·中庸》"天下之達道"即君臣、父子、夫婦、昆弟、朋友)兩種次第。② 若以邵懿辰所論大戴《禮經》次第而言,五倫之義在君臣、父子之外,別有夫婦居首一種次序(《序卦》以男女、夫婦居父子、君臣、上下之先),而君臣、父子、夫婦即漢人所謂"三綱"。而邵氏所配仁、義、禮、智之性,也與《白虎通義·性情》相合,因而其説大戴《禮經》篇次之義旨似確可爲一家之法。

以人倫説禮,自始即貫穿於經典之中。但將人倫與大戴《禮經》次第關聯到一起,則始於邵懿辰。邵氏有關《禮經》義理的發揮,王汎森先生已注意到其《禮經》十七篇無缺之説,影響了廖平、康有爲等人今文學的創構與發展(秦焚書而五經未嘗亡缺之説),但核心在群經辨僞上。③ 除此之外,另有傳其禮學義理之説者(雖然未必全部符合),如前述黄以周雖然以推致解大戴《禮經》篇次,悄然轉換了邵氏的人倫轉進之旨,但黄氏《禮書通故》的整體結

---

① 凌廷堪《復禮》言聘覲君臣之義,昏禮夫婦之別、鄉飲酒禮長幼之序、士相見禮朋友之信與邵氏説略同,但以冠禮屬父子之親尤可異見。〔清〕凌廷堪:《禮經釋例》,紀健生校點,《凌廷堪全集》第 1 册,合肥:黄山書社,2009 年,第 14—15 頁。
② 吴承仕:《五倫説之歷史觀》,吴承仕:《吴承仕文録》,北京:北京師範大學出版社,1984 年,第 1—10 頁。
③ 王汎森:《清季的社會政治與經典詮釋——邵懿辰與〈禮經通論〉》,《中國近代思想與學術的系譜(增訂版)》,上海:上海三聯書店,2018 年,第 38—54 頁。邵氏《禮經通論》以十七篇爲完書,便以《逸禮》三十九篇不可信。丁晏撰《禮經通論敘》與書中附記,尚以《逸禮》可存,但丁氏撰《禮經通論跋》則將《逸禮》視作僞書,與其早年撰著《佚禮扶微》之義截然相反。可見,邵懿辰《禮經通論》刊刻之初即已影響到同時學人。有關丁氏《佚禮扶微》前後演變之跡,筆者另有文詳説之,此不贅述。

構仍可見李光地、邵懿辰所説"八篇""八類"之序。該書以禮書、宫室、衣服、卜筮通論者居首,冠禮、昏禮、見子禮、宗法次之,即繫於"冠昏";喪服、喪禮、喪祭禮與郊禮、社禮、群祀禮、明堂禮、宗廟禮、肆獻祼饋食禮、時享禮、改正告朔禮、籍田躬桑禮,便是"喪祭"之屬;相見禮、食禮、飲禮、燕饗禮、射禮、投壺禮等"鄉射"之禮又次之,朝禮、聘禮、覲禮、會盟禮、即位改元號謚禮等"朝聘"之禮則居後。雖然學校、選舉禮、職官、井田、田賦、職役、錢幣市糴、封國、軍禮、田禮、御禮、六書、樂律、刑法、車制、名物等與大戴《禮經》篇次無甚關聯(而與《周禮》《文獻通考》聯繫更大),但具體禮儀的前後次第顯然就是邵懿辰所謂"八類",而其中實則較少黃氏所謂大戴"推致"家法的意味。

曹元弼則基於宗鄭的立場,對邵懿辰之説進行了改造與涵化。曹氏所言"篇以類次"即邵氏所言大戴之序,而"類以吉凶次"即劉向、鄭玄之序。曹氏同樣根據《禮記・大傳》所謂"不可得與民變革者"(親親、尊尊、長長、男女有別),另加入"賢賢",構成"禮之大體",兼重鄭玄對《儀禮》十七篇的五禮分類,重構了另一種形式較爲複雜的禮學五倫説,只不過與《禮經》篇次已經無甚關聯,其説具於《禮經學》:

> 然則禮之大體曰親親、曰尊尊、曰長長、曰賢賢、曰男女有別。此五者五倫之道,而統之以三綱:曰君爲臣綱,父爲子綱,夫爲妻綱。長長統於親親,賢賢統於尊尊。三者以爲之經,五者以爲之緯;五者以爲之經,冠、昏、喪、祭、聘、覲、射、鄉以爲之緯;冠、昏、喪、祭、聘、覲、射、鄉以爲之經,服物、采章、節文、等殺以爲之緯。本末終始,同條共貫,須臾不可離也,一物不可繆也。①

曹氏對《禮經》十七篇做了具體分類,所謂親親之禮八、尊尊之禮五、長長之禮二、賢賢之禮三、男女有別之禮一、五者皆備之禮一,其中《士昏禮》兼親親、男女有別之禮(以親迎爲斷),《鄉飲酒禮》《鄉射禮》兼長長、賢賢之禮(參表3)。諸禮内部又有經緯之分,如冠禮以親親爲經,尊尊、長長、賢賢緯

---

① 〔清〕曹元弼:《禮經學》,周洪校點,北京:北京大學出版社,2012年,第1頁。曹氏《復禮堂述學詩》卷五《禮經》第一、二、三首皆言五教、五倫之義,詩曰"聖人制禮立人倫,大本兩端尊與親。長長賢賢男女别,敬敷五教朗星陳""先王殊世不同禮,文質隨時有變更。惟此人倫五大義,與天無極奠民生""五義爲經五禮緯,節文等殺自然生。冠昏喪祭鄉相見,曲達斯人愛敬情"。曹氏另有《禮經大義》亦詳説此義。

之;昏禮以親親、男女有別爲經,而尊尊、賢賢緯之等等。曹氏如此分類,顯然有辨正邵懿辰及其師黃以周重大戴《禮經》次第的目的,同時也可證邵氏之説的影響。

表 3　曹元弼《禮經》人倫表

	賓禮	嘉禮	凶禮	吉禮
親親之禮八 嘉禮二、凶禮三、吉禮三		士冠禮 冠禮明父子之親 **士昏禮** 昏禮自親迎以下明夫婦之義	士喪禮 既夕禮 士虞禮	特牲饋食禮 少牢饋食禮 有司徹
			喪祭皆明父子之恩	
尊尊之禮五 嘉禮三、賓禮二	聘禮 覲禮	燕禮 大射儀 公食大夫禮		
	皆所以明君臣之義			
長長之禮二 統於親親,皆嘉禮		鄉飲酒禮 鄉射禮 皆明長幼之序		
賢賢之禮三 統於尊尊 賓禮一、嘉禮二	士相見禮	鄉飲酒禮 鄉射禮		
	明朋友之道	飲、射立賓、介,皆賢賢		
男女有別之禮一		士昏禮 自親迎以前明男女之別		
五者皆備之禮一			喪服	

今文學者除康有爲等人外,另如皮錫瑞亦特重邵氏之説,《經學通論·三禮》有數條徵引邵氏之言,皆以《禮經》十七篇內容具足、義理完備。① 而相

---

① 三禮類第八條"論禮所以復性節情,經十七篇于人心世道大有關係"、第九條"論《禮》十七篇爲孔子所定,邵懿辰之説最通,訂正《禮運》'射御'之誤當作'射鄉'尤爲精確"、第十條"論邵懿辰以《逸禮》爲僞,與僞古文《書》同,十七篇並非殘闕不完,能發前人之所未發"、第四十八條"論《禮記》義之精者本可單行,《王制》與《禮運》亦可分篇別出"、第五十二條"論《禮經》止於十七篇,並及群經當求簡明有用,不當繁雜無用"等,皆以邵説爲是。〔清〕皮錫瑞:《經學通論》,吳仰湘編:《皮錫瑞全集》第 6 冊,第 385－392、479－481、489－490 頁。

對完整接續邵懿辰禮學思考的曾運乾,亦"少治今文之學",①又是湘學後勁(明顯受皮錫瑞影響),其在《三禮通論》(其中《周禮》説甚少)中便特重《儀禮》,開篇即論禮制起源及其與人倫的關係,並廣引邵氏之説,且以大戴《禮經》篇次爲勝。再如其對《禮記》的分類,分義、通義、分記、通記之别(通義、通記又各分甲乙兩類)就是邵懿辰分記、總記、分義、通義分類的延續與深化。② 曾氏另有《人道篇》,以《禮記·喪服小記》《大傳》親親、尊尊、長長、男女有别四者爲論,言"人道擬親親、尊尊、長長之意而建立宗法""由親親、尊尊、長長之意而爲喪禮,亦人類存愛之大端也""祭禮亦緣親親、尊尊之意以致其愛敬者也"等等,③又與曹元弼之説相似。

以人倫説禮是一個歷史悠久的傳統,邵懿辰巧妙地將之與大戴《禮經》次第結合,重新挖掘和建構了大戴《禮經》篇次的歷史價值與現實意義。黄以周在邵懿辰基礎上,又將禮類、人倫次第轉换成漢代今文禮學的等級"推致"之法,還原了大戴篇次的歷史背景。曹元弼則綜合改造邵懿辰以類説禮之法,與邵氏轉化朱子《儀禮經傳通解》劉向、鄭玄篇次不同,又重新回到劉、鄭"尊卑吉凶次第倫敘"的結構。曾運乾完全接受了邵懿辰的觀點,只是其以邵氏推原《禮運》而有"以尊卑爲倫次"之意,並不十分貼合邵氏原意。曾氏亦以邵氏所定大戴篇次"皆人倫之大順",方是邵氏本意,進而與十七章本無關佚之説相合。再言之,邵懿辰論《禮經》篇次其實更符合朱子家、鄉、邦國、王朝之禮的轉進次第,而曾氏所論大戴"冠昏至鄉射凡十一篇,皆天下之通禮""皆禮之切於民用者",又有"禮下庶人"之意,或與晚清民國時勢變轉有關。

---

① 李肖聃:《益陽陳曾羅戴著述考》,《李肖聃集》,長沙:嶽麓書社,2008 年,第 313—314 頁。蔡長林先生注意到晚清民初之間,諸多學人都受到今文學影響,但主流的學術史論述卻只集中在龔自珍、魏源、康有爲、梁啓超一系論述上,"衆多《公羊》學者的努力,幾乎被排除在思想學術史的視綫之外"。參閲蔡長林:《"六藝由史而經"——張爾田對經史關係之論述及其學術歸趨》,《從文士到經生——考據學風潮下的常州學派》,臺北:臺灣"中央研究院"中國文哲研究所,2010 年,第 463—467 頁。

② 曾氏以《經解》爲禮經總序(承邵氏之説),記言禮制,義言禮意,分義九種(喪義《問喪》、喪服義《大傳》《間傳》《三年問》《喪服四制》、祭義《郊特牲》《祭義》《祭統》、冠義、昏義、鄉飲酒義、射義、燕義、聘義)、分記三種(喪記《檀弓》《曾子問》《雜記》《喪大記》《奔喪》、喪服記《喪服小記》《服問》、祭記《祭法》)共二十四篇附《禮經》以解經,通義(甲類《禮運》《禮器》《哀公問》《仲尼燕居》《孔子閒居》《坊記》《表記》《緇衣》《儒行》,乙類《學記》《大學》《中庸》《樂記》)、通記(甲類《曲禮》《内則》《少儀》《玉藻》《深衣》《投壺》,乙類《文王世子》《明堂位》《月令》《王制》)共二十四篇總附於《禮經》之後。曾運乾:《三禮通論》,中國國家圖書館藏民國國立湖南大學講義,第 36—48 頁。

③ 曾運乾:《人道篇》,《新民月刊》1935 年第 1 卷第 4—5 期,第 1—16 頁。

第四節　篇次與家法

《禮經》篇次傳世及出土漢簡所見者,有大戴、小戴、劉向《別録》以及《禮記》末七篇諸義、武威漢簡五種。諸家評判標準,主要有尊卑、吉凶、人倫三種。鄭玄注三禮,形成"禮是鄭學"的典範,其所取劉向篇次也成爲主流觀點。劉向篇次最突出的特徵是"吉凶"諸禮的凸顯,如賈公彦以爲"尊卑吉凶次第倫敘",曹元弼特別標舉"類以吉凶次",曾運乾更是徑直將之視爲"以吉凶爲倫次"。賈公彦所言"尊卑",更易體現於大戴篇次,曾運乾即言爲"以尊卑爲倫次",漢世稱爲"推士禮而致於天子之説"。① 黄以周以大戴最合今文禮家推致之法,但《禮書通故》諸禮目符合邵懿辰所言大戴之"篇以類次",卻較少提及邵氏闡發《禮經》類次的人倫大義。曹元弼以《禮記》末七篇定類次,因此劉向次第反而與《禮記》相合,小戴次第卻與《禮記》相違。邵氏承李光地四際八篇之説,較少言及十七篇的等級色彩,更加突出《禮經》十七篇在文獻與義理上的整全與自洽,②使得朱子家國天下的禮學結構從符合劉向篇次變爲與大戴貼合。

表4　《禮經》十七篇類次表

	八類				備注
大戴	冠昏 冠、昏、相見	喪祭 喪服居篇次之末,少牢	鄉射 鄉飲十、鄉射十一	聘覲 燕、大射	推士禮而致於天子
邵懿辰	家 夫婦、父子		鄉 長幼	邦國王朝 君臣	
黃以周	士禮九篇少牢附特牲後				
漢簡	冠昏 冠、昏、相見	鄉射 鄉飲、鄉射	喪祭 喪服居士虞前	聘覲 燕、大射	
小戴	冠昏 冠、昏、相見	鄉射 鄉飲、鄉射、燕、大射	喪祭 士虞、喪服居首,士喪居末	聘覲	

---

① 鄭玄亦曾利用"推致"之法,但不僅僅是"推士禮",今文禮家當亦如此。羅健蔚:《從鄭玄〈三禮注〉論"推致"之法》,《漢學研究》2019年第37卷第2期,第57—93頁。

② 反對意見,可參葉國良:《駁〈儀禮〉爲孔子手定完書説及其延伸之新道統説》,《禮學研究的諸面向》,新竹:臺灣清華大學出版社,2010年,第16—43頁。

續表

	八類				備注
禮記	冠昏 冠義、昏義	鄉射 鄉飲酒義、射義、燕義	聘覲 聘義	喪祭 喪服四制	劉向以《冠義》至《聘義》六篇屬吉事。
劉向	冠昏 冠、昏、相見	鄉射 鄉飲、鄉射、燕、大射	聘覲	喪祭 喪服居首	《昏義》以冠昏、喪祭、朝聘、射鄉爲序。
	尊卑			吉凶	
朱子	家 冠、昏	鄉 士相見、鄉飲、鄉射	邦國 王朝	喪祭	雜禮書《家禮》重冠、昏、喪、祭"四禮"

　　這裏還要指出，清儒重新思考大戴《禮經》篇次的合理性與意義，並不始於邵懿辰，清初姜兆錫《儀禮經傳內外編》已有申論：

　　　　愚按大戴篇目之序，蓋以冠昏喪祭爲次，而遞及于飲射、聘覲也。其以《喪服》居後者，上各篇皆言禮儀之節，而此篇乃因禮儀而及其喪服之制，以見凡行喪禮之儀所相依以爲用者，故後之與？由是以推，劉向篇目之次固勝于小戴，而其視大戴則有不及者，鄭氏蓋未免失所從違也。①

　　姜氏説雖早出，卻無甚影響，且思路局限於大戴爲何以《喪服》居末而論（由喪禮之儀而喪服之制）。姜氏書同樣受朱子《儀禮經傳通解》影響，只是其主要以《周禮》五禮三十六目爲綱，頗有雜糅之病，且《四庫全書總目》言其"類多因襲前人，發明最少"，並言"蓋欲補正《儀禮經傳通解》，然不及原書遠矣"。② 姜氏略晚於李光地，但對朱子禮書的思考有較大差別。段熙仲先生嘗引姜氏之言，只是爲了佐證"篇第當從大戴"，最爲根本的理據除熹平石經外，仍是邵懿辰之説。③

---

① 〔清〕姜兆錫：《儀禮經傳內外編·儀禮序論六則》，《四庫全書存目叢書·經部》第112册影印清雍正乾隆間刻《九經補註》本，濟南：齊魯書社，1997年，第4頁。
② 郭超穎、王域鋮：《四庫經部禮類提要彙輯校訂》，揚州：廣陵書社，2020年，第475頁。
③ 段先生之説有明顯的今文學傾向，其學緣待考。段先生曾求學柳詒徵先生，但柳先生著述所見，今文學之影響似較小（其族祖柳興恩攻《穀梁》之學，爲其父業師，或有傳承），然確實較爲重視"禮"的作用。段熙仲：《禮經十論》《文史》第1輯，北京：中華書局，1962年，第3—4頁。參閲許超傑：《曹元弼〈覆段熙仲書〉考釋》，《南京師範大學文學院學報》2014年第4期，第182—188頁。任慧峰：《柳詒徵的以禮釋史及其現代意義——以〈國史要義〉爲中心》，《孔子研究》2022年第2期，第34—43頁。

當然,邵懿辰對大戴篇次的重視,與特定的時代變化有關,其間不僅有考據學、理學與人心世道關係的辯證,也有江南動亂的現實衝擊與壓力,更有禮學經世觀念的發動與推進。師説早已無聞的大戴《禮經》篇次,其時則成爲了一種可供描摹、建構並以之爲據的"思想資源",進而建立起以《禮經》十七篇圓融一體爲中心的義理言説。《禮經》十七篇以禮儀展示爲主,較少禮義言説,説義諸篇則廣見於《禮記》《大戴禮記》。近代傳統經學、禮學式微,十七篇之文與學科體制更難相融。今存二戴《禮經》專説絶少,所存《儀禮》次第,便提供了觀察《禮經》義理整全系統幾乎唯一的視角。雖然不同標準背後的義理表達,其推導過程並不複雜,卻能大大加深我們對傳統禮儀深刻內涵的認識。

總體而言,《禮經》十七篇次第,鄭玄、賈公彦、朱子、曹元弼等皆從劉向《別録》所示,邵懿辰、黄以周、沈文倬等則以大戴最佳而説各不同,邵氏論以人倫"四際",黄氏論以士禮推致(沈先生推廣其説)。王文錦先生又有以武威漢簡篇次最優之説:

> 戴德、戴聖、慶普他們是一師之徒,而他們各自傳習《儀禮》的篇次,既和劉向《別録》所定篇次不同,彼此之間也不一樣;不僅篇次不同,其篇題乃至正文字句也有歧異之處:真可謂"儒者一師而禮異"了。以前有些學者認爲,比較起來,戴德傳本的篇次更爲合理。……今天仔細比較上列四種篇次,**我以爲系統性最強的,當推慶普傳本的篇次**。不過,鄭玄採用的劉向所編定的篇次,也不能説雜亂不合理,這個篇次是用三條綫貫穿着的,從成人、成婚到社交活動,從低級貴族到高級貴族,從生到死。排法儘管與大戴、小戴、慶普不同,系統性也是很鮮明的。①

王先生以漢簡本爲慶普之傳,未必準確;並以漢簡篇次"系統性最強",卻未言因由。觀先生所言"有些學者"以戴德傳本更合理,因先生後曾整理黄以周《禮書通故》,其"系統性"之言似是在黄以周基礎上進行的推論,即漢簡本由士禮而至於天子禮的"推致"體系更爲一目了然。由此可見,今文"推致"之説更符合《禮經》篇次的歷史背景。而小戴次第錯雜,古今鮮有論説,

---

① 王文錦:《〈儀禮〉》,《文史知識》編輯部編:《經書淺談》,第56頁。

可能代表了漢代《禮經》文本流傳的最初面貌。大戴次第則不僅暗合漢人説法,也可與人倫、家國天下之序相通。曾運乾所謂"禮之切於民用者"更是彰顯出禮儀新變的可能。大戴《禮經》的宏觀結構與大義,雖出自清人、近人重構,但篇次作爲一種思考《禮經》系統性的視角,並非毫無理據可言。至於深藏在周旋揖讓之間的禮意(曹元弼《禮經學》《禮經大義》多有論説),①以及基於多學科互動的現代《儀禮》研究,也可在其中找尋必要的參照與支持。

覃力維,湖北宜昌人,武漢大學哲學學院暨國學院哲學博士,主要研究方向爲中國古代經學史、禮制史。

---

① 另參郭超穎:《〈儀禮〉鄭注禮義發微》,山東大學博士學位論文,2018年;《〈儀禮〉文獻探研録》,北京:人民出版社,2020年。

從《禮記·儒行》看先秦儒、士關係

王　鍔

《禮記》是儒家《五經》之一,在中國傳統文化中,始終處於核心位置。《禮記·大學》《中庸》在宋代與《論語》《孟子》合編爲《四書》,《四書》《五經》是儒家文化的基本經典,人們一提到儒家文化,談到中華文明,必然會想到《四書》《五經》,可見《禮記》之重要性。其實,除《大學》《中庸》之外,《禮記》中的其他篇章,對中華文化的影響也不可小覷,如第十二篇《内則》、第十八篇《學記》、第十九篇《樂記》、第四十一篇《儒行》等,皆是《禮記》中之名篇,中國人常説的"士可殺而不可辱"之名言,即出自《儒行》篇。《儒行》主要講什麽内容?《儒行》所言之儒與先秦之"士"有何關係?《儒行》對中華文化有何影響?就以上問題,略作述論。①

一　《儒行》的内容

自魯定公十三年至魯哀公十一年(前497—前484),孔子離開魯國在外流亡十四年,希望實現仁政德治的理想,到處碰壁以後,結束流浪生涯,回到魯國,時年六十八歲。《孔子家語·儒行解》曰:

> 孔子在衛,冉求言於季孫曰:"國有聖人而不能用,欲以求治,是猶却步而欲求及前人,不可得已。今孔子在衛,衛將用之。已有才而以資鄰國,難以言智也。請以重幣迎之。"季孫以告哀公,公從之。孔子既至,舍哀公館焉。公自阼階,孔子賓階,升堂立侍。②

---

① 筆者《春秋末期儒者德行和〈儒行〉的成篇年代》(《中國典籍與文化》2006年第4期)一文和《〈禮記〉成書考》(北京:中華書局,2007年,第45—52頁)對以上問題略有涉及,可參看。
② 高尚舉、張濱鄭、張燕校注:《孔子家語校注》,北京:中華書局,2021年9月,第42—43頁。

魯哀公三年（前492），魯國季桓子病死，懊悔未能重用孔子，臨死前，囑咐兒子季康子召回孔子相魯，季康子改用孔子弟子冉求。魯哀公十一年（前484）春天，齊國攻打魯國，冉求率領左師與齊軍戰於魯郊，大獲全勝。當季康子問冉求為何能帶兵打仗時，冉求說是老師孔子所教，並推薦孔子於季康子說："國家有聖人不能重用，想要治理好國家，就好像是退縮不前而求助於前人，是辦不到的。老師孔子在衛國，將被重用，魯國有賢才不被重用，不是智慧之舉，請以重幣厚禮迎接孔子回到魯國。"季康子請示魯哀公，魯哀公同意，故以重幣迎孔子回到魯國。

孔子回到魯國後，魯哀公設館，以禮相待。兩人見面後，魯哀公問孔子："夫子您穿的衣服是'儒服'嗎？"孔子回答說："我孔丘少年時居住在魯國，穿着袖子寬大的衣服；成年時期居住在宋國，戴着章甫之冠。我聽說，君子學問廣博，穿衣入鄉隨俗，不知道儒服是什麼樣子。"魯哀公又問："請問儒者的行為如何？"孔子回答說："急忙回答說不清楚，仔細講述需要一些時間，更換相禮之僕人也可能講不完。"魯哀公一聽，命令為孔子鋪席，恭聽孔子談論儒者之行。孔子說儒者有十六種品行：

（一）儒者能夠講述堯舜美善之道等待諸侯聘用，早晚努力學習等待別人請教，心懷忠信等待別人舉薦，身體力行等待別人重用，儒者自立有如此者。

（二）儒者衣冠適中，做事謹慎，在讓國等大事情上謙讓，讓人覺得有些傲慢，在揖讓行禮等小事情上謙讓，讓人覺得有些虛偽，處理大事如履薄冰，處理小事慚愧慎重，做事難進易退，柔弱謙恭，好像無能，儒者容貌有如此者。

（三）儒者齋莊防備，坐起恭敬，以信為先，行為中正，道路行走，不爭難易，寒冬酷暑，不爭暖涼，愛惜生命，等待時機，保養身體，待機而動，儒者防患未然有如此者。

（四）儒者輕視金玉，寶貝忠信，不求土地，追求道義，不積財富，博學多識，非時不見，難得易祿，非義不合，難以蓄養，儒者接人待物有如此者。

（五）儒者用錢財賄賂，聲色犬馬引誘，不見利害義，眾人脅迫，兵器恐嚇，臨死不變操守，遭到鷙鳥猛獸攻擊，挺身搏鬥，不稱武勇，牽引重鼎，不量體力，已做之事，從不後悔，未做之事，也不豫備，錯話不說，流言不問，保持威儀,遇事則謀,不先籌劃,儒者特立有如此者。

（六）儒者可親而不可威脅,可近而不可強迫,可殺而不可侮辱,居處不華麗,飲食不豐厚,有過失可委婉勸諫但不可當面指責,儒者剛毅有如此者。

（七）儒者以忠信為鎧甲頭盔,以禮義為盾牌,遵行仁道,義不離身,面對暴政,不更其所,儒者自立有如此者。

（八）儒者居住一畝見方宅院,有四面一堵高居室,圭形柴門,蓬戶瓦牖,家人之間,更衣而出,二三日分吃一日之食,君王重用,仕官盡忠,君王不用,絕不諂媚,儒者仕宦有如此者。

（九）儒者言行效法前代君子,行為做事,後世奉為楷模,生不逢時,上不重用,下不推薦,讒諂之人結黨陷害,如此可殘害身體,不能剝奪志向,身處險境,起居不忘志向,掛念百姓疾苦,儒者憂患民生有如此者。

（十）儒者廣博學習而不停止,專心力行而不倦怠,隱居獨處而不放縱,仕宦於君而不困窮,行禮以和為貴,褒美忠信,效法和柔,見賢思齊,泛愛眾人,毀屈方正,親近眾人,儒者德行寬裕有如此者。

（十一）儒者舉薦人才,內不避親,外不避讎,程效其功,積累其事,能力超群,推薦上達,不求回報,輔助國君,得其志意,於國有利,不求富貴,儒者舉薦賢能有如此者。

（十二）儒者於賢能之士,聞善相告,見善相示,爵位相先,患難相死,朋友久居下位,待機推選,朋友遠不得意,招致共仕,儒者任舉人才有如此者。

（十三）儒者潔身自好,修養品行,陳述己言,伏聽君命,進退守正,國君不知,微言勸諫,不操之過急,不故為高貴,不加少為多,治世不自輕,亂世不沮喪,政見相同,不結黨營私,政見相異,不誹謗詆毀,儒者特立獨行有如此者。

（十四）儒者上不臣天子,下不事諸侯,謹慎安詳,崇尚寬和,剛強堅毅,善與人交,廣博學問,服膺前賢,讀聖賢書,磨練品格,封國為侯,輕如錙銖,不輕為人臣,不貪求仕官,儒者規範行為有如此者。

（十五）儒者交友,志意相合,方法一致,經營道藝,學術相同,聚處並立,敬業樂群,遞相卑下,互不厭賤,久不相見,不信流言,同則相交,異則遠離,儒者交友有如此者。

（十六）溫良是仁的根本,敬慎是仁的大地,寬裕是仁的發揚,遜接是仁的功能,禮節是仁的外表,言談是仁的文采,歌樂是仁的和諧,分散是仁的施行,儒者兼具以上美德,不敢自謂合仁,其謙讓有如此者。

孔子從自立、容貌、備豫、近人、特立、剛毅、又自立、仕、憂思、寬裕、舉賢援能、任舉、特立獨行、規爲、交友、尊讓等方面,講述了儒者的十六種品行。

孔子所講儒者品行,可概括爲六大特點:一是澡身浴德,二是仁義忠信,三是博學篤行,四是特立獨行,五是舉賢援能,六是可殺不可辱。儒者重德,修養身性,心懷仁義,夙夜強學,篤行不倦,特立獨行,矢志不渝,程功積事,唯才是舉,温良寬裕,可親可敬,富貴不淫,貧賤不移,威武不屈,可殺而不可辱,孟子所謂"大丈夫",有儒者之部分品行。故鄭玄説:《儒行》"以其記有道德之所行"。①

《儒行》是孔子的著作,成篇於春秋末期戰國前期。②

二 儒與士之關係

什麽是"儒"? 先秦文獻如何評價"儒"? "儒"與"士"有何關係?《説文解字》:"儒,柔也,術士之偁,从人,需聲。"段玉裁注曰:"術,邑中也,因以爲道之偁。《周禮》'儒以道得民'注曰:'儒有六藝以教民者。'《大司徒》'以本俗六安萬民,四曰聯師儒'注云:'師儒,鄉里教以道藝者。'按:六藝者,禮、樂、射、御、書、數也。《周禮》謂六德、六行、六藝曰德行道藝。自真儒不見,而以儒相詬病矣。"③

鄭玄曰:"儒之言優也,和也,言能安人、能服人也。""儒者濡也,以先王之道能濡其身。"④

許慎、鄭玄謂儒有優、柔、濡、和之義,優、柔、濡皆有弱義。

---

① 〔漢〕鄭玄注,王鍔點校:《禮記注》,北京:中華書局,2021年,下册第774頁。
② 王鍔:《〈禮記〉成書考》,第48頁。鄭玄曰:"《儒行》之作,蓋孔子自衛初返魯之時也。"〔漢〕鄭玄注,王鍔點校:《禮記注》,下册第774頁。
③ 〔漢〕許慎撰,〔清〕段玉裁注,許惟賢整理:《説文解字注》,南京:鳳凰出版社,2007年,上册第642頁。
④ 〔漢〕鄭玄注,〔唐〕孔穎達正義,吕友仁整理:《禮記正義》,上海:上海古籍出版社,2008年,下册第2215頁。

濡者,漬也,潤也,浸漬也。《集韻》曰:"濡,柔忍也。""濡,柔也。"①柔忍,或謂之濡忍,即隱忍、克制。《史記·刺客列傳》曰:"非獨政能也,乃其姊亦烈女也。鄉使政誠知其姊無濡忍之志,不重暴骸之難,必絕險千里以列其名,姊弟俱僇於韓市者,亦未必敢以身許嚴仲子也。嚴仲子亦可謂知人能得士矣!"司馬貞《索隱》曰:"濡,潤也。人性溼潤則能含忍,故云'濡忍'也。若勇躁則必輕死也。"②此言聶政之姊有"濡忍之志"。濡通軟,《莊子·天下》"以濡弱謙下爲表,以空虛不毀萬物爲實"③之"濡弱",即柔弱之義。

鄭玄注《周禮·春官·大司樂》"以樂德教國子,中、和、祗、庸、孝、友"曰:"和,剛柔適也。"④楊樹達《論語疏證》"和爲貴"按曰:"事之中節者皆謂之和,不獨喜怒哀樂之發一事也。……樂調謂之龢,味調謂之盉,事之調適者謂之和,其義一也。和今言適合,言恰當,言恰到好處。"⑤

儒之本義爲柔,秉性柔和,故許慎謂"儒"爲"術士之偁"。章太炎《〈儒行〉大意》謂"柔"是馴擾之義,周初未必與此同義,"儒"是有道術之通稱。⑥楊向奎在章太炎《原儒》、胡適《說儒》基礎上指出,原始的儒是術士,從事巫祝活動,起源於殷商,擅長相禮。章太炎談到儒家起源,謂儒有達名、類名、私名三科,達名之儒,即術士也,天文曆法、地形占候、譜牒詩文,無不通曉;類名爲儒,指以六藝教民者;私名爲儒,蓋儒家者流。儒者由達名儒走向類名儒、私名儒,逐漸放棄巫術工作,小人儒變成君子儒了。胡適謂從"需"之字,皆有柔弱、濡滯之義。最古之儒,逢衣、博帶、高冠、搢笏,表現出文弱迂緩的神氣,雖名"儒",實際是指迂闊之儒,即爲"求衣食"之俗儒、小人儒。所以,當魯哀公問孔子所穿是不是"儒服"之時,孔子謂是故國殷商民族的"鄉服",不是儒者特有的"儒服"。⑦

---

① 〔宋〕丁度等編:《宋刻集韻》,北京:中華書局,2005年,第77頁上欄、第111頁上欄。
② 〔漢〕司馬遷撰,顧頡剛等點校,趙生群等修訂:《史記》,北京:中華書局,2014年,第8冊第3065—3066頁。
③ 曹礎基:《莊子淺注》,北京:中華書局,2002年,第499頁。
④ 〔清〕阮元校刻,方向東點校:《十三經注疏》,北京:中華書局,2021年,第8冊第943頁。
⑤ 楊樹達:《論語疏證》,上海:上海古籍出版社,2007年,第28頁。
⑥ 章太炎講演,諸祖耿、王謇、王乘六等記錄:《章太炎國學講演錄》,北京:中華書局,2013年,第22頁。
⑦ 楊向奎:《宗周社會與禮樂文明(修訂本)》,北京:人民出版社,1997年,第442—448頁。

《論語·雍也》篇孔子對子夏説："女爲君子儒，無爲小人儒。"①何晏《論語集解》引馬融曰："君子爲儒，將以明其道；小人爲儒，則矜其名也。"梁皇侃《論語義疏》曰："儒者，濡也。夫習學事久，則濡潤身中，故謂久習者爲儒也。但君子所習者道，道是君子儒也。小人所習者矜誇，矜誇是小人儒也。孔子語子夏曰：'當爲君子儒，不得習爲小人儒也。'"②賈公彦《周禮疏》曰："儒亦有道德之稱也。"③朱熹《論語集注》曰："儒，學者之稱。"④劉寶楠《論語正義》曰："儒爲教民者之稱。"⑤君子儒是明道者，即孔子《儒行》所言之儒者，鄭玄謂"能安人、能服人者"。"小人儒"是矜誇其名之人，即《荀子》所謂之"俗儒""賤儒"，"偷儒憚事，無廉恥而嗜飲食"者。楊向奎説：

  在春秋戰國之間，已有這種俗儒，大概就是孔子説的"小人儒"。從這種描寫上，可以看出他們的生活有幾個要點：第一，他們很貧窮，往往"陷於饑寒，危於凍餒"；這是因爲他們不務農，不作務，是一種不耕而食的人。第二，他們受人們的輕視和嘲笑，因爲他們的衣食靠貴族供給，而且他們還有一種倨傲的作風。第三，他們的職業是一種宗教職業；他們熟悉禮樂，人家喪葬大事，都得他們相禮。這些話都是實情，我們還可以做一些補充。荀子之所謂"俗儒"，是聯繫"雅儒"和"大儒"言，主要區别在思想體系之不同，不完全是在職業上的區别，孔子也從事相禮。結合到《荀子·非十二子篇》，"俗儒"是指思、孟一派的儒家，而這一派早已不從事相禮的職業了。《非十二子篇》有云：他們是"略法先王而不知其統"的人，這"略法先王"和"法先王"是有根本區别的，"法先王"是大儒，"略法先王"是俗儒，因爲他們並不真正瞭解"先王"，而只是"略法"。

  "剛柔相濟，才是君子儒的作風"⑥。

---

 ① 孫欽善：《論語新注》，北京：中華書局，2018年，第117頁。
 ② 〔三國魏〕何晏集解，〔梁〕皇侃義疏：《論語集解義疏》卷三，臺北：臺灣商務印書館影印文淵閣《四庫全書》本，第195册第389頁下欄。
 ③ 〔清〕阮元校刻，方向東點校：《十三經注疏》第7册第79頁。
 ④ 〔宋〕朱熹：《四書章句集注》，北京：中華書局，1983年，第88頁。
 ⑤ 〔清〕劉寶楠撰，高流水點校：《論語正義》，北京：中華書局，1990年，上册第228頁。吕友仁：《〈禮記〉講讀》，上海：華東師範大學出版社，2009年，第214—215頁。
 ⑥ 楊向奎：《宗周社會與禮樂文明（修訂本）》，第440、448頁。

楊向奎進一步指出,孔子提倡君子儒,君子儒屬於君子,君子"尊德性而道問學",其極至是"至聖",追求中庸之道。中庸即"中正"或"正中"之義,發揮"中庸"之道,以廣君子儒之德。"後來的君子儒成爲王者師,而小人儒奔走於衣食。不過儒與巫祝分開後,進入戰國,百家爭鳴,儒雖大家,不是一尊,秦統一以後,轉爲經師,再爲人師。儒在中古時代雖不如佛道之顯赫,但爲人師,有肥沃的土壤,有廣大的群衆,中國傳統的禮樂文明之所以不絕如綫者,賴有此耳。"①

　　《儒行》中孔子所講之儒者,顯然是君子儒,即《荀子·儒效》所謂之"大儒",大儒是"法先王,統禮義,一制度,以淺持博,以古持今,以一持萬,苟仁義之類也"②,所以,孔子説:"儒者不因貧賤而隕穫失志,不因富貴而歡喜失節,不因君王侮辱而違道,不因卿大夫掣肘而失志,不因同僚困迫而失常,所以才叫儒。當今衆人所言之'儒',有名無實,同於常人,因此人們常用'儒'相互辱駡。"魯哀公聽完説:"聽先生一席話,我會相信儒者,尊敬儒者,今生再也不敢和儒者開玩笑了。"

　　儒又稱儒士、儒生。《墨子·非儒下》曰:"今孔某之行如此,儒士則可以疑矣。"③《史記·劉敬叔孫通列傳》:"叔孫通之降漢,從儒生弟子百餘人。"④王充《論衡·超奇》:"若夫能説一經者爲儒生,博覽古今者爲通人。"⑤

　　士本指主斷刑獄之官。《周禮·地官·大司徒》:"凡萬民之不服教而有獄訟者,與有地治者聽而斷之,其附於刑者歸於士。"鄭玄注:"士,司寇、士師之屬。鄭司農云:'士,謂主斷刑之官。'"⑥士又指在朝廷從事各種職事之人,位在卿大夫以下,有上士、中士、下士之別,是貴族之最低層,也是卿大夫之通稱,《禮記·曲禮上》:"地廣大,荒而不治,此亦士之辱也。"鄭玄曰:"辱其親民不能安。"⑦周代教育以禮、樂、射、御、書、數六藝爲主,擅長六藝者稱爲儒、術士、士,他們可以出任官職,出仕相禮,做更多"事",故《説文解字》曰:

---

① 楊向奎:《宗周社會與禮樂文明(修訂本)》,第449頁。
② 〔清〕王先謙撰,沈嘯寰、王星賢點校:《荀子集解》,北京:中華書局,1992年,上册第140頁。
③ 孫以楷、甄長松譯注:《墨子全譯》,成都:巴蜀書社,2000年,第380頁。
④ 〔漢〕司馬遷撰,顧頡剛等點校,趙生群等修訂:《史記》,第8册第3295頁。
⑤ 劉盼遂:《論衡集解》,北京:古籍出版社,1957年,第280頁。
⑥ 〔清〕阮元校刻,方向東點校:《十三經注疏》,第7册第456頁。
⑦ 〔漢〕鄭玄注,王鍔點校:《禮記注》,上册第33頁。

"士,事也。"①《禮記·王制》曰:"命鄉論秀士,升之司徒,曰選士。司徒論選士之秀者而升之學,曰俊士。升於司徒者不征於鄉,升於學者不征於司徒,曰造士。樂正崇四術,立四教,順先王《詩》《書》《禮》《樂》以造士。大樂正論造士之秀者以告於王,而升諸司馬,曰進士。"鄭玄曰:"秀士,鄉大夫所考有德行道藝者。可使習禮者。造,成也。能習禮則爲成士。順此四術而教,以成是士也。"②士雖有秀士、選士、俊士、造士、進士之別,然有"德行道藝""能習禮"是其優點,進士可"進受爵禄",出仕爲官。

先秦時期,士的身份在不斷變化,成爲"四民"之首,故《穀梁傳·成公元年》曰:"古者有四民:有士民,有商民,有農民,有工民。"范甯注:"學習道藝者。"楊士勛疏曰:"何休云:'德能居位曰士。'"③劉向《説苑·修文》曰:"辨然否,通古今之道,謂之士。"④可見,漢晉學者認爲士有三個特點:一是學習道藝者,二是德能居位者,三是通古今之道者。

《論語》中,孔子及其弟子,多次討論士。孔子及其弟子心目中的士是什麽樣的人?《論語·子路》:"子貢問曰:'何如斯可謂之士矣?'子曰:'行己有恥,使于四方,不辱君命,可謂士矣。'曰:'敢問其次。'曰:'宗族稱孝焉,鄉黨稱弟焉。'曰:'敢問其次。'曰:'言必信,行必果,硜硜然小人哉!抑亦可以爲次矣。'曰:'今之從政者何如?'子曰:'噫!斗筲之人,何足算也?'"子貢請教孔子如何做才能叫士?孔子回答說:士有三等,第一等的士有羞恥之心,出使外國,不辱使命者;第二等的士是宗族稱讚他孝順,鄉黨表揚他尊敬兄長者;第三等的士是言必行,行必果,淺薄固執者。當時執政者多數是氣量狹小之人。子路問曰:"何如斯可謂之士矣?"子曰:"切切偲偲,怡怡如也,可謂士矣。"子路請教何爲士?孔子回答說:相互監督、和睦相處就是士。《顔淵》:"子張問:'士何如斯可謂之達矣?'子曰:'何哉,爾所謂達者?'子張對曰:'在邦必聞,在家必聞。'子曰:'是聞也,非達也。夫達也者,質直而好義,察言而觀色,慮以下人。在邦必達,在家必達。夫聞也者,色取仁而行違,居

---

① 余英時:《士與中國文化》,上海:上海人民出版社,2006年,第599頁。
② 〔漢〕鄭玄注,王鍔點校:《禮記注》,上册第172—173頁。
③ 〔清〕阮元校刻,方向東點校:《十三經注疏》,第22册第341頁。
④ 〔漢〕劉向撰,向宗魯校證:《説苑校證》,北京:中華書局,2000年,第479頁。

之不疑。在邦必聞,在家必聞。'"①子張請教士怎樣做就能通達?孔子説:品質正直,喜好道義,察言觀色,考慮他人,定能通達。

《里仁》:"子曰:'士志於道,而恥惡衣惡食者,未足與議也。'"《憲問》:"子曰:'士而懷居,不足以爲士矣。'"《衛靈公》:"子曰:'志士仁人,無求生以害仁,有殺身以成仁。'""子貢問爲仁。子曰:'工欲善其事,必先利其器。居是邦也,事其大夫之賢者,友其士之仁者。'"孔子認爲,士當立志求道,如果嫌棄惡衣粗食,難與共謀大事!士整日想着居住寬敞,生活安逸,就不能叫士了!有志之士,不爲求生損害仁義,可殺身成仁。要與仁義之士交友。《微子》篇列出周初八士:伯達、伯適、仲突、仲忽、叔夜、叔夏、季隨、季騧(guā)。②

《泰伯》:"曾子曰:'士不可以不弘毅,任重而道遠。仁以爲己任,不亦重乎?死而後已,不亦遠乎?'"《子張》:"子張曰:'士見危致命,見得思義,祭思敬,喪思哀,其可已矣。'"③曾子認爲,士志向遠大,意志剛毅,任重道遠,踐行仁德,死而後已。子張認爲,士見危授命,見得思義,祭祀以敬,喪事主哀。

魯哀公問孔子曰:"何如則可謂之士矣?"孔子曰:"所謂士者,雖不能盡道術,必有所由焉。雖不能盡善盡美,必有所處焉。是故知不務多,而務審其所知;行不務多,而務審其所由;言不務多,而務審其所謂。知既知之,行既由之,言既順之,若夫性命肌膚之不可易也。富貴不足以益,貧賤不足以損,若此,則可謂士矣。"④士爲人處世,有所由、有所處、有所知,若非正道,不合仁義,絕不爲之,富貴不淫,貧賤不移,與《論語·爲政》孔子所言"視其所以,觀其所由,察其所安"相似。

孔子及其弟子曾子、子張所言之士,與《儒行》所言之"儒",即"君子儒""大儒",何其相似乃爾!墨子稱孔子及其弟子爲"儒士",是有一定道理的。可見,在孔子所處的時代,儒、君子、士在很大程度上是指同一類型之人,注重品德修養,學習六藝,通古今之道,是其共性。戰國以降,或曰儒,或曰士,或謂之儒士、儒生。有爲官者多稱"士",或稱儒士,儒士主仕;有教授者多謂

---

① 孫欽善:《論語新注》,第299、306、281頁。
② 同上書,第70、309、351頁。
③ 同上書,第169、426頁。
④ 方向東:《大戴禮記彙校集解》,北京:中華書局,2008年7月,上册第52—53頁。

"儒",或稱儒生,儒生主教。今人統稱"知識分子","知識分子"與孔子等人所言之"士""儒"不完全相同,相同者是都有知識,不同者是士不僅有知識,還有文化,有理想,追求道,"士依於德,游於藝"①,"士先志"②,"士志於道"。

那麽,"士志於道"之"道"指什麽?《禮記·中庸》云:"道也者,不可須臾離也,可離非道也。"朱熹曰:"道者,日用事物當行之理,皆性之德而具於心,無物不有,無時不然,所以不可須臾離也。若其可離,則爲外物而非道矣。"道是"日用事物當行之理,皆性之德而具於心",道不離人,故孔子曰:"道不遠人。人之爲道而遠人,不可以爲道。"《孟子》曰:"道在邇而求諸遠。"③余英時認爲求道者必先正心修身,修身的關鍵是静心、虚心,只有這樣,才能得"道",保證"道"的莊嚴和純一。④

"士志於道"之"道",即"大學之道"。《禮記·大學》曰:"大學之道,在明明德,在親民,在止於至善。"⑤求道步驟有三:一是明德,二是親民,三是止於至善。通過明德、親民、止於至善,知曉事物本末,萬事萬物先後,就接近"道"了。明德是修身養性,親民是善與人交,爲人以禮。明德親民,要做到什麽程度?没有最好,祇有更好,止於至善。這樣的目標,正是士或君子儒之志,也是他們追求之道。孟子云:"故士窮不失義,達不離道。窮不失義,故士得己焉;達不離道,故民不失望焉。古之人得志,澤加於民;不得志,修身見於世。窮則獨善其身,達則兼善天下。"⑥士無論貧窮富貴,一不離道,二不失義,窮則獨善其身,達則兼善天下。

三 《儒行》的影響

在《禮記》四十六篇之中,對中國讀書人思想影響最大者,除《大學》《中庸》之外,就算《儒行》了。

先秦時期,諸子百家重要篇章,有學者專門解讀,《韓非子·解老》《喻

---

① 〔漢〕鄭玄注,王鍔點校:《禮記注》,上册第458頁。
② 同上書,下册第474頁。
③ 〔宋〕朱熹:《四書章句集注》,第17、23、281頁。
④ 余英時:《士與中國文化》,第613—619頁。
⑤ 〔漢〕鄭玄注,王鍔點校:《禮記注》,下册第783頁。
⑥ 〔宋〕朱熹:《四書章句集注》,第351頁。

老》專門解釋《老子》,《孔子家語·本命解》解讀《大戴禮記·本命》,《儒行解》解說《禮記·儒行》,皆屬於此類。

宋代,皇帝、學術界看重《儒行》。宋呂大臨云:

> 儒者之行,一出於義理,皆吾性分之所當爲,非以自多求勝於天下也。此篇之説,有矜大勝人之氣,少雍容深厚之風,似與不知者力爭於一旦,竊意末世儒者將以自尊其教,有道者不爲也。雖然,其言儒者之行,不合於義理者殊寡,學者果踐其言,亦不愧於爲儒矣,此先儒所以存於篇,今日講解所以不敢廢也①。

呂大臨雖然懷疑《儒行》非孔子之言,但謂"其言儒者之行,不合於義理者殊寡,學者果踐其言,亦不愧於爲儒矣","今日講解所以不敢廢也"。

從宋太宗開始,政府刻印《儒行》,賞賜新及第進士、舉人、近臣和地方官員。《宋史·選舉一》曰:"淳化三年,諸道貢士凡萬七千餘人。既廷試,帝諭多士曰:'爾等各負志業,效官之外,更勵精文采,無墜前功也。'詔刻《禮記·儒行》篇賜之。"②《宋會要輯稿·選舉二》云:"淳化三年三月初九日,賜新及第進士御製詩、《儒行箴》各一首。十五日,詔新及第進士及諸科貢舉人《儒行》篇各一軸,令至所著於壁,以代座右之戒。"③宋太宗不僅賞賜新及第進士、舉人《儒行》篇一軸,且要求掛於家壁,作爲座右銘。《宋史·張洎傳》:"時,上令以《儒行》篇刻於版,印賜近臣及新第舉人。洎得之,上表稱謝,上覽而嘉之。"宋太宗因張洎上表"援引古今,甚不可得"④,擢拜中書舍人,充翰林學士。《宋史·職官八》:"大中祥符元年,真宗又以《禮記·儒行》賜親民釐務文臣。其幕職州縣官使臣賜敕戒礪,令崇文院刻板模印,送閤門,辭日,分給之。"宋真宗敕戒文官要清心、奉公、修德、責實、明察、勸課、革弊,武官要修身、守職、公平、訓習、簡閱、存恤、威嚴⑤,同時命令崇文院刻板印刷《儒行》,分送地方官員,其心可鑒! 此後,《儒行》與《大學》《中庸》交替送及第進

---

① 〔宋〕衛湜:《禮記集説》卷一百四十七,《中華再造善本》影印宋嘉熙四年(1240)新定郡齋刻本,北京:北京圖書館出版社,2003年。
② 〔元〕脱脱等:《宋史》,北京:中華書局,1997年,第11册第3608頁。
③ 〔清〕徐松:《宋會要輯稿》,北京:中華書局,1957年,第4册第4246頁。
④ 〔元〕脱脱等:《宋史》,第26册第9213頁。
⑤ 同上書,第12册第4008頁。

士。《宋史·高閌傳》：" 高閌，紹興元年，以上舍選賜進士第。執政薦之，召爲秘書省正字。時將賜新進士《儒行》《中庸》篇，閌奏《儒行》詞説不醇，請止賜《中庸》，庶幾學者得知聖學淵源而不惑於他説。從之。"①南宋高宗年間，因高閌奏《儒行》不醇，惟賜《中庸》。

除注解《禮記》著作之外，有專門將《儒行》析出而注釋者，宋李覯《讀儒行》一篇，南宋蘇總龜《儒行解》一卷，明黄道周《儒行集傳》二卷，黄道周曰：

> 古未有稱儒者，魯之稱儒，有道藝之臣，伏而未仕者也。其首行曰待聘、待問、待舉、待取，待者，需也，故儒之爲言需也。《易》曰："雲上於天，需。"天下所待，其膏雨也。而失者以爲柔濡，故天下無知儒者也。天下無儒臣，則道義不光，禮樂不作，亂賊恒有。天下無儒學，則驕慢上陳，貪鄙下行，寇攘穿窬，據於高位，而賢人之德業皆熄矣。仲尼故舉十七種以明之②，先於學問，衷於忠信，而歸之於仁。故仁者，儒者之實也。天子既知儒之實，不疑於名，因而求之，得其數種，皆足以爲治。其無當於是，雖習章句，被文繡，皆小人之儒也。……仲尼恐後世不學，不知先王之道存於儒者，儒者之學存於德行，故備舉以明之，使後之天子，循名考實，知人善任，爲天下得人，不以爵禄爲宵小僥倖，不以黼黻驕於士大夫，故其懸鑒甚定，取舍甚辨，則備取諸此也。③

黄道周謂儒者學問忠信，身懷仁德，傳先王之道，光大道義，故孔子備舉明之，希望後之王者"循名考實，知人善任，爲天下得人"。黄氏將《大戴禮記·哀公問五義》討論"吾國之士"之文附於《儒行》篇，可見孔子所言之士與儒具有相似品行。

章太炎《〈儒行〉大意》曰：

> 《儒行》所説十五儒，大氐堅苦卓絕、奮厲慷慨之士，與"儒柔"之訓正反。"儒專守柔"，即生許多弊病。然此非孔子意也。奇節偉行之提倡，

---

① 〔元〕脱脱等：《宋史》，第 37 册第 12857 頁。
② 黄道周將《儒行》分爲十八章，第一章爲"儒服"，第十八章爲"命儒"，下附《大戴禮記·哀公問五義》(又見《荀子·哀公》《孔子家語·五儀解》《新序·雜事》)魯哀公與孔子討論庸人、士人、君子、賢人、聖人五義之行的文字，前十六品行加"命儒"則爲"十七種"。
③ 〔明〕黄道周《儒行集傳》，文淵閣《四庫全書》本，第 122 册第 1121 頁上欄。

《儒行》一篇，觸處皆是。是則有學問而無志節者，亦未得襲取"儒"名也。

人性本剛，一經教化，便爾馴擾。竊以爲與其提倡墨子，不如提倡《儒行》。《儒行》講解明白，養成慣習，六國任俠之風，兩漢高尚之操，不難見之於今。

宋人多反對《儒行》，前所云高閌，其代表也。宋人柔退，與《儒行》本非同道。至於近人，以文字上之關係，斥《儒行》爲僞，謂非孔子之言。其理由：謂魯昭公諱"宋"，凡"宋"皆代以"商"，《儒行》孔子對哀公："丘少居魯，長居宋。"孔子不應在哀公前稱"宋"。殊不知《儒行》一篇，非孔子自著，由於弟子筆錄。當時孔子言"宋"言"商"，無蓄音機留以爲證，筆記之人，容有出入，安可據以爲非？常人讀《論語》子路初見孔子，孔子有"君子有勇無義爲亂，小人有勇無義爲盜"一語，以爲孔子不尚武力，以此致疑《儒行》"鷙蟲攫搏不程勇者，引重鼎不程其力"二語。又不知卞莊子刺虎，孔子亦稱其勇；而弟子中有澹臺滅明者，曾有斬蛟之舉。不過孔子不爲而已。蓋儒者本有此一類人，孔子並未加以輕視。十五儒中，有其一種，即可尊貴，非謂十五儒個個須與孔子相類也。如此，吾人之疑可解，而但舉"宋"字一端，固不足推倒《儒行》矣。

《儒行》十五儒中，亦有以和平爲尚者，然不若堅苦卓絕、奮厲慷慨者之多。有一派表面似有可疑，如云"毀方而瓦合"。紬繹其意，幾與明哲保身、混世和光相同。然太史公傳季布、欒布，二人性質相近，行義亦同，欒布拼命幹去，季布賣身爲奴。太史公稱季布"摧剛爲柔"，"摧剛爲柔"，即"毀方瓦合"之意。

細讀《儒行》一篇，堅苦慷慨之行，不外高隱、任俠二種。"上不臣天子，下不臣諸侯"，當孔子時，即有子臧、季札一流人物。及漢，更有嚴子陵、梁伯鸞等。漢人多讓爵，此高隱一流也。至於任俠，在昔與儒似不相容，太史公《游俠列傳》有"儒墨皆排擯不載"之語。然《周禮》"六行"孝、友、睦、姻、任、恤，"任"即任俠之任。可知任俠本不爲儒家所非。《儒行》"合志同方，營道同術，久不相見，聞流言不信"，此即任俠之本。近世毀譽無常，一入政界，更爲混殽。報紙所載，類皆不根之談，於此輕加信從，小則朋友破裂，大則團體分散。人人敦任俠之行，庶朋友團體，均可保全。此今日之要務也。又有要者，《儒行》所謂"讒諂之民，有比黨而危之者,身可危也,而志不可奪也"。又謂"劫之以衆,臨之以兵,見死不更其守"。此種守道不阿、強毅不屈之精神,今日急須提倡。諸君試思! 當今之世,情況何似? 何者爲"讒諂之民"? 何方欲"比黨危之"? 吾人鑒於今日情況,更覺《儒行》之言爲有味矣!

　　試取《論語》與《儒行》相較,《論語》載"子路問成人。子曰:若臧武仲之知,公綽之不欲,卞莊子之勇,冉求之藝,文之以禮樂,亦可以爲成人矣"。繼而曰:"今之成人者何必然? 見利思義,見危授命,久要不忘平生之言,亦可以爲成人矣。"以今日通行之語言之,所謂"成人",即人格完善之意。所謂"儒"者,亦即人格完善之謂。"聞流言不信",非即"久要不忘平生之言"乎? "見死不更其守"、"身可危也而志不可奪也",非即"見危授命"乎? 《論語》《儒行》,本相符合,惟《論語》簡約,《儒行》鋪張,文字上稍有異趣,烏可以文害辭,謂爲僞造? 吾誠不知宋人何以排斥之也?

　　東漢人之行爲,與《儒行》甚近,宋人去之便遠。大概《儒行》一篇,無高深玄妙之語,其精華漢人均能做到,於今亦非提倡不可也。

　　前日講《孝經》,昨日講《大學》,諸君均已聽過。鄙意若缺少剛氣,即《孝經》《大學》所説,全然做到,猶不足以自立。諸君於此諸書,皆曾讀過,竊願作一深長之思也①。

太炎先生之意,"儒"者,《周禮》"以道得民"之"儒",有學問有志節之謂。《儒行》一篇,是孔子之言,弟子筆錄者,不容懷疑。《儒行》所言,"大抵艱苦卓絕、奮厲慷慨之士","奇節偉行之提倡,《儒行》一篇,觸處皆是"。儒者也崇尚武力,"毀方瓦合"者,推剛爲柔之義。《儒行》"身可危也,而志不可奪也"之"守道不阿、強毅不屈"之精神,尤需提倡! 《論語》子路問"成人","成人"即"人格完善"之義,"儒者,亦人格完善之謂"。不讀《儒行》,缺少剛氣,難以自立。所言有理,值得弘揚。

《儒行》文辭茂美,寓意深厚,一些新詞、成語皆源於此。吕友仁先生《〈禮記〉講讀》提煉出逢掖、篳門、隕獲、充詘、訕病、更僕難數、環堵之室、蓬户甕牖、澡身浴德、特立獨行、砥礪廉隅等②,還有强學、粥粥、鷙蟲、攫搏、剛

---

① 章太炎講演,諸祖耿、王謇、王乘六等記録:《章太炎國學講演録》,第 22—26 頁。
② 吕友仁:《〈禮記〉講讀》,第 215—217 頁。

毅、讒諂、博學、篤行、幽居、優游、慕賢、舉賢、營道、流言、歌樂、貧賤、富貴、長上、毁方瓦合、程功積事、可殺而不可辱等,亦皆源自《儒行》篇。

《儒行》"可殺而不可辱也",後來演變爲"士可殺而不可辱",可見中華文化崇尚品行氣節,儒、士之"可親而不可劫、可近而不可迫、可殺而不可辱"之精神,早已滲入中國人之血液,無人不知! 林則徐"苟利國家生死以,豈因禍福避趨之"的愛國情懷,蓋亦源自於《儒行》篇。①

社會進步,人才難得! 《儒行》"内稱不辟親,外舉不辟怨,程功積事,推賢而進達之,不望其報,君得其志,苟利國家,不求富貴"之舉賢援能的思想,必須繼承! 澡身浴德、博學篤行、踐行仁義、高尚節操、苟利國家、不求富貴者,即先秦之儒者、士,也是中華文化崇尚的賢能之人。

四　結語

《儒行》是《禮記》第四十一篇,是孔子與魯哀公討論儒者之品行的名篇。孔子所言之儒,包括君子儒和士,即《周禮》"以道得民"者。"小人儒"矜誇其名,《荀子》稱之爲"俗儒""賤儒",無廉恥,嗜飲食,見利忘義,爲人不齒。秦漢以降之"士大夫",今之"文人""讀書人""知識分子",與孔子所言之儒、士有相似之處,但不完全相同。儒、士正心明德,博學篤行,志於道義,崇尚氣節,有學問無志節者,不可稱爲儒、士。儒以道得民,以傳中道、授學業、解疑惑爲主,重在教學;士以德居位,以辨然否、通古今、踐仁德爲志,要在爲政。有學問、無志節者,即使博通古今,也是小人儒,實爲小人,如若得勢,抑或爲政,即爲禍國殃民之大賊。"讀書志在聖賢,非徒科第",讀書人效法聖賢,正心修身是第一要務,強學屬行,追求道義,止於至善,是終極目標。《儒行》所倡導的澡身浴德、博學篤行、守道不阿、剛毅不屈的君子儒、士之精神,今日值得發揚光大。

王鍔,1965年生,南京師範大學教授、博士生導師,中國歷史文獻研究會秘書長,《歷史文獻研究》執行主編、《古文獻研究》主編,《江蘇文庫·文獻

---

① 吕友仁:《〈禮記〉講讀》,第218—220頁。

編》副主編。主要從事中國經學、禮學和古文獻學教學與研究工作,出版《三禮研究論著提要》《〈禮記〉成書考》《禮記版本研究》《禮記鄭注彙校》等,編纂《曲禮注疏長編》,整理《禮記注》《五禮通考》(合作)等古籍,主編《禮記注疏長編》《學禮堂訪談錄》等。

論禮容與漢儀應當歸復漢代禮經傳習脈絡

張　濤

漢代禮學存在偏重古禮研究和偏重當代禮制建設的兩端,這一觀點可概括爲"漢代禮學二分説"。既往學界的漢代禮學二分説,大都注重説明其間的差異所在,甚者認爲漢代禮學的二分狀況,表現爲學者群體的對立,即將漢代禮學經師劃分爲禮經學者與漢儀學者(包括禮容)兩派。這一論斷不僅事關有漢一代禮學傳習的歷史,還牽涉到秦漢時期種種禮制問題,更顯複雜而重大。漢儒是否如此區分爲涇渭分明的兩大陣營,不容混淆? 漢代禮學的二分實況,是否全爲對立而没有融合,毫無交織影響? 這些問題還需回歸漢代語境之中予以觀察。

需要預先説明的是,漢代的禮學主要是指《禮經》學,即專門研究《儀禮》的學問,包括《儀禮》本經,以及當時尚未升格爲經的二戴《禮記》等融合了古禮與後師學説的傳記,相對《周禮》爲古學來説,又可稱"今文《禮》"。由於《周禮》在兩漢的大多數時期没有在官學中取得重要地位,漢代《周禮》學僅在私家流傳,故本文專門圍繞《禮經》學展開,並逕稱之爲禮學。

一　二分:沈文倬的漢代禮學發展觀

前輩禮學名家沈文倬的《從漢初今文經的形成説到兩漢今文〈禮〉的傳授》一文,是現代禮學研究領域具有突破性的成果。[①] 而認爲漢代禮學分爲兩大系統,是此文的重要論點。

[①]　沈文倬:《從漢初今文經的形成説到兩漢今文〈禮〉的傳授》,氏著《菿闇文存:宗周禮樂文明與中國文化考論》,北京:商務印書館,2006年,第503—558頁。原載《紀念顧頡剛學術論文集》,成都:巴蜀書社,1990年。

沈氏此文的一大目標是：

> 由於兩漢學者對"禮"的認識很模糊，既沒有分辨齊、魯所傳古禮與以秦儀爲藍本的新制漢儀有何不同，又與漢儀實行中派生的"容禮"混淆起來，以致史家對今文《禮》的傳授，記事頗多失實，家法系統的糾葛亦未一一明辨；而後代禮家又踵誤襲謬，罕有提出異議。對這些問題，自應鈎沉索隱，切實探討，力求回復它的本來面目。①

沈氏根據漢代禮學前後期的不同特點，將其發展過程劃分爲三個階段：第一階段是漢初禮制草創和禮學在民間傳授的時期，第二階段是后蒼傳習今文《禮》並在征和年間（前 92—前 89）立爲博士的全盛期，②第三階段是慶氏禮學的興起和衰落。沈氏認爲：

> 今文《禮》傳授的第一階段最爲複雜，祇有弄明白它和"漢儀"、"容禮"的區別和聯繫，才能確定高堂生的傳授系統。③

在第一階段，沈氏力辟叔孫通所代表的"漢儀"和徐生等代表的"容禮"，認爲前者與禮學絶無關聯，後者雖"與《禮經》傳授頗多瓜葛"④，但卻分屬兩個系統。以後者爲例，沈氏本來意識到，"從原來的意義上理解，不應該也不可能把禮與容截然分割開來"，因爲容貌威儀本爲禮典、禮學的重要組成部分；但是，沈氏堅持認爲"秦、漢以來，古禮典不再舉行，殘存的《禮經》書本在漢初祇當作經書供學者們講說研討之用；而新創的漢儀尚未具有完備的規模，所用容貌威儀往往從古禮典裏移植，善容成了個人的特長，可以不知經而在朝廷任禮官大夫、在郡國任容史。這樣，《禮經》書本的傳授者和漢儀的善容者分離開來，成爲二個並列的系統"。⑤

在第三階段，沈氏從后蒼弟子中割裂出慶普及其後學，認爲慶氏一系只

---

① 沈文倬：《從漢初今文經的形成說到兩漢今文〈禮〉的傳授》，第 531 頁。
② 案后蒼之名，《漢書》卷 19《百官公卿表》、卷 30《藝文志》作倉，《後漢書》《經典釋文·敘錄》作蒼，《漢書》卷 88《儒林傳》則蒼、倉兼用；稽考兩漢人名，多蒼字，前漢如丞相張蒼、後漢如東平憲王劉蒼皆是。本文用蒼，但引文輒仍其舊，不輕改易。
③ 沈文倬：《從漢初今文經的形成說到兩漢今文〈禮〉的傳授》，第 531 頁。
④ 同上書，第 534 頁。
⑤ 同上書，第 535 頁。

是從事漢儀的學者，"本來不應屬於今文《禮》範疇"①，與聞人通漢、大小戴及其後學徐氏、橋氏、楊氏等不同。章帝、和帝時代的曹褒習慶氏禮，《後漢書》本傳說他"慕叔孫通漢禮儀，晝夜研精，沈吟專思"，沈氏遂謂此人"完全繼承了叔孫通的遺法"，進而推論其父曹充和同習慶氏禮的董鈞，"三人是一脈相傳，都是叔孫通定漢儀的繼承者。他們都不是今文《禮》的學者"，甚至說連慶普在內，"也屬於叔孫通一流人物……都不是今文《禮》經師"。② 沈氏認為，歷代禮家於此過於含混，沒有能夠認清慶氏禮學的真相。他聲稱：

> 班固、范曄等分辨不清漢代禮學同時並存齊、魯所傳《禮經》和當時創制"漢儀"兩個部分，又不明白今文官學不應容納漢儀博士，在他們的書裏作了含糊籠統、自相矛盾的記述，以致懸疑千載，一直得不到解決。其實祇要辨別兩種禮制的對立，這個疑案就渙然冰釋了。③

這樣，沈文倬實際將漢代禮學劃分為兩個系統，一是高堂生所創，后蒼、大小戴等傳承的今文《禮》經學博士，以古禮經傳授為主業，學術性強；一是叔孫通和慶氏後學這樣的漢儀博士，以及擅長容禮而未立博士的徐生等人，他們服務於當時朝廷，與古禮的關係並不密切。沈氏認為兩者必須嚴加分別。

其實，沈氏在1982年分兩次連載於《文史》的《略論禮典的實行和〈儀禮〉書本的撰作》一文，已表露出禮學二分思想的遠源。④ 在這篇文章中，沈氏將平常籠統所稱的禮或禮學劃分為"禮典"（包括禮器、禮儀）與"禮書"兩個層次，實踐性的禮典記錄下來，便成為禮書。

由於文章重在論述先秦禮典的實際情況和考證禮書文本的形成年代，並非為禮學分類而發，又由於所涉時代在漢朝以前，故所說與漢代禮學類別的用辭指向不一。但將禮學分為禮典與禮書，這一理念可謂給漢代禮學二分說提供了一個學術基點。

---

① 沈文倬：《從漢初今文經的形成説到兩漢今文〈禮〉的傳授》，第548頁。
② 同上書，第551、552頁。
③ 同上書，第554—555頁。
④ 沈文倬：《略論禮典的實行和〈儀禮〉書本的撰作》，氏著《菿闇文存：宗周禮樂文明與中國文化考論》，第1—59頁。此文上篇原載《文史》第15輯，下篇原載《文史》第16輯。

二　溯源：漢代禮學二分説的學術簡史

沈氏點明漢代禮學存在不同風格的兩端，頗具慧眼。在沈氏之前，也有學者提出過類似的漢代禮學二分説。

司馬遷言及漢代禮學發展時，有如下一些文字（着重號爲筆者所加，下同）：

> 漢興，然後諸儒始得修其經藝，講習大射鄉飲之禮。叔孫通作漢禮儀，因爲太常，諸生弟子共定者，咸爲選首，於是喟然歎興於學。……諸學者多言《禮》，而魯高堂生最本。禮固自孔子時而其經不具，及至秦焚書，書散亡益多，於今獨有《士禮》，高堂生能言之。而魯徐生善爲容。孝文帝時，徐生以容爲禮官大夫。傳子至孫徐延、徐襄。襄，其天姿善爲容，不能通《禮經》；延頗能，未善也。襄以容爲漢禮官大夫，至廣陵内史。延及徐氏弟子公户滿意、桓生、單次，皆嘗爲漢禮官大夫。而瑕丘蕭奮以《禮》爲淮陽太守。是後能言《禮》爲容者，由徐氏焉。①

《漢書》字句略同（惟"容"作"頌"，字通，《史記索隱》云音"容"），並補叙了蕭奮以後的禮學傳習情況：

> 孟卿，東海人也。事蕭奮，以授后倉、魯閭丘卿。倉説《禮》數萬言，號曰《后氏曲臺記》，授沛聞人通漢子方、梁戴德延君、戴聖次君、沛慶普孝公。孝公爲東平太傅。德號大戴，爲信都太傅；聖號小戴，以博士論石渠，至九江太守。由是《禮》有大戴、小戴、慶氏之學。通漢以太子舍人論石渠，至中山中尉。普授魯夏侯敬，又傳族子咸，爲豫章太守。大戴授琅邪徐良斿卿，爲博士、州牧、郡守，家世傳業。小戴授梁人橋仁季卿、楊榮子孫。仁爲大鴻臚，家世傳業，榮琅邪太守。由是大戴有徐氏，小戴有橋、楊氏之學。②

包括沈文倬在内，歷來研討漢代禮學的學者無不重視《史》《漢》的記述，主要

---

① 《史記》卷121《儒林傳》，北京：中華書局，2013年修訂本，第3761—3771頁。
② 《漢書》卷88《儒林傳》，北京：中華書局，1962年，第3615頁。

觀點也都是由這兩條資料生發出來。

現代學者中較早系統論述漢代禮學史者是洪業。1932年,洪氏爲其主編的《〈儀禮〉引得》作序,根據《史記·儒林傳》的記載對漢代禮學進行了分類:

> （司馬遷）敍述漢初禮學狀況,至可致信。細玩《儒林傳》文,禮學蓋有三途。一曰,有漢朝廷之儀節;此叔孫通參雜古禮與秦儀之論著也。一曰,魯人頌貌威儀之禮容;此徐氏父子門徒之所以爲禮官大夫者也。一曰在孔子時已不具,迨秦火而益殘之《禮經》;此高堂生之所能言,徐襄之所不能通,徐延之所頗能而未善之《士禮》也。①

洪業言漢初禮學"蓋有三途",分別是朝廷儀節之學、禮容之學和《禮經》之學。至於後來的禮學發展,洪業並未再作區分。自此之後,少有探討漢代禮學分類的文章,不過學者一般將之分爲兩類。

1944年,錢穆發表《兩漢博士家法考》,其中第十節"宣元以下博士之增設與家法興起"對漢代中期的禮學有所論述。在引錄《漢書》中與前引《史記》大致相同的一段文字後,錢氏指出:"后蒼以前,治《禮》者多善爲容而不通經,其人率爲大夫,不爲博士。大夫與博士同爲禮官,同屬太常,而自有別。"②儘管此處沒有專論禮學分類,但觀其文意,可以斷言錢氏採用的是大夫、博士二分法,他所説的"大夫"對應注重實際操作的禮學學者,而"博士"則對應以傳習《禮經》爲業的學者。錢氏此處所論可能是受了清儒沈欽韓、王先謙的啓發,沈著《漢書疏證》一書曾提出"博士、大夫皆禮官"。王先謙《漢書補注》流傳頗廣,該書引據沈説,還先于錢穆確認博士一職屬於太常。③

1964年《武威漢簡》出版,陳夢家所撰敍論談及漢初禮學情況,也提到"當時只有講究當世朝廷儀節的和行禮時善爲儀容的禮官,少有專治《禮經》如博士伏生之于《尚書》者"。④ 語意和錢穆相似,且已明確將洪業所分的前兩項——朝廷儀節之學與禮容之學合併,並統稱他們爲"禮官"。

洪業將叔孫通與徐氏區別開來,其實這兩者之間頗有共通之處。所謂

---

① 洪業:《〈儀禮〉引得序》,收入《中國現代學術經典·洪業楊聯陞卷》,石家莊:河北教育出版社,1996年,第78頁。
② 錢穆:《兩漢博士家法考》,氏著《兩漢經學今古文平議》,北京:商務印書館,2001年,第209頁。
③ 王先謙:《漢書補注》卷88,北京:中華書局,1983年,第1523頁。
④ 甘肅省博物館、中國科學院考古研究所:《武威漢簡·敍論》,北京:文物出版社,1964年,第13頁。

"魯人頌貌威儀之禮容"應屬"朝廷之儀節"的一部分,不可能離開禮儀的操作執行而單獨實現,如果將禮容分離出來與"朝廷之儀節"並列,反倒破壞了禮學分類的層次,模糊了分類的標準。而且,合併禮容與朝儀,也可在史籍中找到依據。西漢成帝時劉向上書言"宜興辟雍,設庠序,成禮樂,隆雅頌之聲,盛揖攘之容,以風化天下"①,即把講究"揖攘"的禮容納入朝廷藉以風化天下的禮儀來講。范曄作《曹褒傳論》追述叔孫通定制漢儀,有"先王之容典蓋多闕矣"之語,其中"容""典"聯文,"容"爲容禮,"典"是指儀式進行時的禮節法則。② 范曄同書《儒林劉昆傳》記劉昆在王莽時"每春秋鄉射,常備列典儀……王莽以昆多聚徒衆,私行大禮"云云,又説昆"少習容禮",李賢注曰:"容,儀也。"兩廂比照可知此處所謂"容禮"是以禮容來代指全部禮儀,非限於端正容貌之學。③ 此外,叔孫通是薛縣人,《索隱》云屬魯國,爲漢廷制禮時嘗"使徵魯諸生三十餘人"(詳下文),更表明叔孫通的禮學和徐氏"魯人頌貌威儀之禮容"本爲同源。他們和高堂生等以《儀禮》文本研究爲主要學術內容的學者的區別在於,前者更側重把禮學應用於實際操作,文本研究則非所長,至有徐襄甚且"不能通《禮經》"的情況出現。因此,錢穆和陳夢家在論述中將叔孫通、高堂生時代的禮學分爲兩類的作法於分類原則更相適宜,也更爲通行,沈文倬即採納了二分法並將之推向極致。

但較之前人,沈文倬之説有兩點不同。其一,前人論述多局限於漢初,沈氏將禮學二分説下延至東漢。其二,前人僅認爲漢代禮學存在二分的狀況,而沈氏則鮮明提出漢代禮學的兩個系統之間互不相容。前人之所以對兩漢中後期禮學二分語焉不詳,可能主要是因爲《史》《漢》記載寡少,故不易詳論,而沈氏則給予大量補正,坐實了禮學二分終兩漢之世一直存在的觀點,對於漢代禮學二分説是一個重要發展。至於第二點,則應加以細緻檢討。

三 訂沈:叔孫通與后蒼—慶普一系的學統分析

漢代禮學二分法貫穿於沈文倬對整個漢代禮學史的整體論述當中。不

---

① 《漢書》卷22《禮樂志》,第1033頁。
② 《後漢書》卷35《張曹鄭列傳》,北京:中華書局,1965年,第1205頁。
③ 《後漢書》卷79《儒林列傳》,第2549—2550頁。

過,仔細檢核其論證過程則會發現,沈氏之所以強調漢代禮學的兩大系統互不相容,必須嚴加分別,是建立在對漢初叔孫通及徐生、西漢后蒼和東漢的慶氏後學的個案研究之上。以下聚焦於這些個案,重新檢驗一下沈氏的結論。

1. 關於叔孫通

關於叔孫通制定漢儀,沈氏一則云"這位漢儀博士所略定的是秦儀而不是《五經》的《禮》","就其所定朝歲儀來檢驗,卻絲毫沒有古禮的痕跡;相反,採用秦儀則確鑿有據",再則云"既與齊、魯所傳古禮沒有因襲關係,就不應該把叔孫通當作傳《禮》的學者"。① 沈文倬將叔孫通從禮學經師傳承譜系中排除出去,或是有為而發。歷來頗有一些學者對叔孫通持正面評價,漢以後,如魏張揖《上廣雅表》云:"爰暨帝劉,魯人叔孫通撰置《禮記》,文不違古。"②"文不違古"即是肯定其符合古禮。清陳壽祺《左海經辨》引申其說,認為這是叔孫通撰集《禮記》的明證,"(百三十一篇之)《禮記》乃先秦舊書,聖人及七十子微言大義賴(叔孫)通以不墜"。③ 皮錫瑞《論〈禮記〉始撰于叔孫通》亦因之附會說,今本《禮記》為叔孫通所撰。④ 斯則不免穿鑿,現代學者多不之信,如王國維、洪業、劉起釪諸人對此都有所辯證,兹不具引。⑤ 至沈文倬《略論禮典的實行和〈儀禮〉書本的撰作》一文出,考定《禮記》成書年代,又為否定張、皮的說法提供了新的證據。但是沈氏對叔孫通的論述尚有兩點需要澄清。

首先,禮制方面,沈氏再三提到,秦朝是"別創禮儀"⑥,叔孫通利用現成的秦制制定漢儀,與古禮即《五經》之《禮》沒有任何關係,並且用大量例證證

---

① 沈文倬:《從漢初今文經的形成說到兩漢今文〈禮〉的傳授》,第507、533—534頁。
② 轉引自嚴可均:《全三國文》卷40,《全上古三代秦漢三國六朝文》,北京:中華書局,1958年,第1276頁。
③ 陳壽祺:《左海經辨》卷1《大小戴禮記考》,《清經解》卷1251,《清經解》第7冊,上海:上海書店,1988年,第205頁。
④ 皮錫瑞:《經學通論》,北京:中華書局,1954年,第64—65頁。
⑤ 參見王國維《漢魏博士題名考・六不知何經博士・叔孫通》,上海:上海古籍書店,1983年影印本,第23頁B;洪業:《〈儀禮〉引得序》;劉起釪:《〈儀禮〉與二戴〈禮記〉》,《古史續辨》,北京:中國社會科學出版社,1991年,第654—670頁。另參王鍔:《〈禮記〉成書考》,北京:中華書局,2007年,第284—299頁。
⑥ 沈文倬:《從漢初今文經的形成說到兩漢今文〈禮〉的傳授》,第525、531頁。

明叔孫通自稱"頗采古禮與秦儀雜就之"之不可靠。案叔孫通採用秦儀,事實俱在,本爲學界共識。但僅憑此推論漢儀完全與古禮無關,如魯兩生所譏"公所爲不合古"一般,恐嫌片面。秦代禮制的創建有很深刻的社會歷史文化背景,在此無法詳論,但可以肯定秦代禮制決不能憑空撰作。雖然在許多地方秦儀"不合聖制",可是卻必定像漢代一樣對前朝有所因襲,《史記·禮書》就承認秦代禮制"尊君抑臣,朝廷濟濟,依古以來"。① 非但禮如此,樂也如此,《漢書·禮樂志》記載説:"周有房中樂,至秦,名曰'壽人'。……五行舞者,本周舞也,秦始皇二十六年更名曰'五行'也。"② 據《通典》,秦人所謂"五行舞",即西周《大武》。③ 採用秦儀絶不意味着必然與古禮古樂對立。而且沈氏引用許多叔孫通採用秦儀的記載,卻忽略了《史記》本傳中言:"(叔孫通説上曰)'臣願徵魯諸生,與臣弟子共起朝儀。'……於是叔孫通使徵魯諸生三十餘人。"④ 可知制定漢儀時應有魯地儒生贊畫於其間(自然,魯兩生不在其列)。加之如前文所言,西漢建立後朝廷中尚存魯地禮容之學,由此不難發現,所謂"與齊、魯所傳古禮没有因襲關係"的論斷難以證實。事實上,"漢興,撥亂反正,日不暇給,猶命叔孫通制禮儀,以正君臣之位"⑤,"正君臣之位"與《史記》所言的"尊君抑臣"相比,雖然立場與態度有别而所指卻是同一歷史事實。

其次,從禮學系統言,沈氏指出,不應將叔孫通算作傳《禮》的經師,此語或許不無道理,但就此認定"評述《五經》禮學的傳授,絶不容許對他有任何的牽扯"⑥,則或有過當。其實,叔孫通本爲儒生,初見劉邦時曾着儒服,而且還是孔子八世孫孔鮒的弟子,叔孫通的知識構成中無疑存在着經學尤其是《禮經》的成分。叔孫通著作早佚,但從後人所輯的條文中我們還可以瞭解到他的禮學修養。如其《漢禮器制度》一書,唐人早有定評,《周禮·天官·凌人》疏稱:"叔孫通前漢時作《漢禮器制度》,多得古之周制,故鄭君依而用

---

① 《史記》卷23《禮書》,第1368頁。
② 《漢書》卷22《禮樂志》,第1043—1044頁。
③ 杜佑著,王文錦、王永興、劉俊文、徐庭雲、謝方點校:《通典》卷141《樂一》,北京:中華書局,1988年,第3592頁。
④ 《史記》卷99《劉敬叔孫通列傳》,第3278—3279頁。
⑤ 《漢書》卷22《禮樂志》,第1030頁。
⑥ 沈文倬:《從漢初今文經的形成説到兩漢今文〈禮〉的傳授》,第534頁。

之也。"在三禮注疏中,引《漢禮器制度》來解釋經文者尚多有之。①《説文解字》引漢律有"見姝變不得侍祠"一條,清末沈家本推測其或屬叔孫通另一著作《傍章》,即是效仿《禮記·内則》所謂"夫齋則不入側室之門",沈家本認爲此即"漢法之本于周禮者",並稱"説者謂漢禮全襲秦制,亦未考耳"。② 章太炎亦稱:"漢律非專刑書,蓋與《周官》、《禮經》相鄰。"③《史記》叔孫通本傳載孝惠帝春出游離宫,叔孫通曰:"古者有春嘗果,方今櫻桃孰,可獻,願陛下出。因取櫻桃獻宗廟。"④《會注考證》引《正義》曰:《禮記》云"仲夏之月,以含桃先薦寢廟"⑤。語出《月令》,雖有"春""夏"字異,然叔孫通所説當即本於此。不論著作還是言行,都顯示出叔孫通系統研習過儒家經典。前文曾説叔孫通撰輯今本《禮記》的不可靠,但他見過其中某些單行的篇章則事屬可能。雖然叔孫通後來熱衷於政治,多從事於禮制建設,而少做傳經工作,但從後人的一些評價中可以看出,叔孫通應在禮學譜系中占據特殊位置。如劉向即稱讚他"爲漢儒宗"⑥;漢以後,魏張揖《上廣雅表》云:"爰暨帝劉,魯人叔孫通撰置《禮記》,文不違古。"⑦"文不違古"即是肯定其符合古禮。清陳壽

---

① 《周禮注疏》卷5,《十三經注疏》,上海:上海古籍出版社,1997年,第671頁,另參王仁俊:《玉函山房輯佚書續編·經編·通禮類》,氏著《玉函山房輯佚書續編三種》,上海:上海古籍出版社,1989年,第39—40頁。

② 參見沈家本著,鄧經元、駢宇騫點校:《歷代刑法考·漢律摭拾卷十六·傍章》,北京:中華書局,1985年,第1660—1661頁。標點與原本有異。關於《傍章》,今人有謂非叔孫通所作者,見張建國:《叔孫通定〈傍章〉質疑——兼析張家山漢簡所載律篇名》,《北京大學學報(哲學社會科學版)》1997年第6期。張氏認爲叔孫通僅制定禮儀,與漢初法律之書《傍章》無關。但不少學者均不認同此説。徐世虹推測《傍章》涉及儀禮儀法,故能"益律所不及",不能輕率否定漢儀屬於漢律令體系的可能性,見氏著:《漢代法律載體考述》,楊一凡總主編:《中國法制史考證》甲編第3卷《歷代法制考·兩漢魏晉南北朝法制考》,北京:中國社會科學出版社,2003年,第135頁。楊振紅指出:"'律'與'儀'是兩個有交叉的概念","在漢人眼中,'禮儀'與'律令'具有某種同一性",見氏著:《秦漢律篇二級分類説——論〈二年律令〉二十七種律均屬九章》,《歷史研究》2005年第6期,第89—90頁。邢義田指出,"漢人的法律概念和今人頗不相同,不宜從今天禮、法二分的觀點看古代",是故張建國"認爲叔孫通制定的只是禮儀,不是法律性的傍章,仍須商榷",參見氏著:《秦或西漢初和奸案中所見的親屬倫理關係——江陵張家山二四七號墓〈奏讞書〉簡180—196考論》,《天下一家:皇帝、官僚與社會》,北京:中華書局,2011年,第497頁。

③ 章太炎:《檢論》卷3《原法·附漢律考》,《章太炎全集(三)》,上海:上海人民出版社,1984年,第438頁。

④ 《史記》卷99《劉敬叔孫通列傳》,第3283頁。

⑤ [日]瀧川資言、[日]水澤利忠:《史記會注考證附校補》,上海:上海古籍出版社,1986年,第1686—1689頁。《漢書·叔孫通傳》顏師古注亦云,唯引《禮記》"仲夏"作"仲春"。

⑥ 《漢書》卷22《禮樂志》,第1034頁。

⑦ 嚴可均輯:《全上古三代秦漢三國六朝文》,北京:中華書局,1958年,第1276頁。

祺《左海經辨》甚至認為叔孫通撰集了《禮記》,"(百三十一篇之)《禮記》乃先秦舊書,聖人及七十子微言大義賴(叔孫)通以不墜"①。皮錫瑞《論〈禮記〉始撰于叔孫通》亦因之附會説,今本《禮記》為叔孫通所撰。② 清人所論不免穿鑿,現代學者多不之信,如王國維、洪業、劉起釪諸人對此都有所辯證,兹不具引,但叔孫通禮學從古儒而來,其學術性不容抹殺。若將他排除在"經學傳授者"之外,卻有將複雜問題簡單化之嫌,既無法復原秦漢之際經學傳習的真實情況,也難以理解後人稱讚他"為漢儒宗"的歷史背景。

2. 關於后蒼的師承和慶氏及其後學

慶氏禮學是兩漢禮學中較為特殊的一支。沈文倬認為慶氏禮學"以修訂漢儀為内容",雖然其師承與《禮經》學者有關,議論漢儀亦將古禮作緣飾,但沈氏主張辨明真相、嚴加分別,對這些"既傳授《禮經》又參加漢儀修訂的學者,應該嚴肅對待,要依據具體情況,弄清楚究竟是《禮經》學者還是漢儀學者"③。

筆者在研讀文獻時也注意到東漢慶氏學經師與其他禮學學者相比,表現出了較重實用的風貌,然僅此尚不足冠之以一個於史無徵的"漢儀博士(學者)"的名稱,推斷慶氏禮與后氏、二戴在禮學上有"本質差別"④,從而將他們從今文《禮》學者中排除出去。

慶普資料較少,沈氏通過考察其後學來推論其學術風格,他説:"董鈞的'習慶氏《禮》',曹充的'持慶氏《禮》',其實都是表明異於后、戴之《禮》的意思,歷代禮家忽視這一點,還以為慶普不過是后氏系統的一個家法,真是差之毫釐、謬以千里了"⑤。此處強調慶氏學與后氏學的差異,似不盡然。兩漢《儒林傳》中多有如"某氏學"之類的用辭,無非是表明其學已對前代學者有所突破、自建家法,變附庸為大國的意思。史傳中明確講到董鈞、曹充等人"習慶氏《禮》""持慶氏《禮》""於是遂有慶氏學"⑥,皆是指慶氏禮學具有自己

---

① 阮元編:《清經解》第七册,上海:上海書店,1988年,第205頁。
② 皮錫瑞:《經學通論》,第64—65頁。
③ 沈文倬:《從漢初今文經的形成説到兩漢今文〈禮〉的傳授》,第548、534頁。
④ 同上書,第553頁。
⑤ 沈文倬:《從漢初今文經的形成説到兩漢今文〈禮〉的傳授》,第550頁。
⑥ 《後漢書》卷35《張曹鄭列傳》,第1201—1205頁;卷79《儒林列傳》,第2576頁。

師弟相傳的一套《禮經》家法而已。與"慶氏《禮》"類似,"大、小戴《禮》"的稱呼也不過是爲了表示他們與其師后蒼的不同,别無深意。對於慶氏後學,史傳多記其禮制建設功績,但也提及其在經學方面的成就。① 如曹充"作章句辨難",明顯涉及經學博士師法、家法的争鬥。曹襃著作甚富,其《通義》十二篇,沈氏認爲是對叔孫通《漢儀》的逐條闡發,或許是因其篇數相合遂有此言,但直稱其"不見得對《禮經》十七篇有所參考",卻也不見得;認爲《演經雜論》百二十篇"可能援引《禮經》的一些威儀章服作緣飾","又傳《禮記》四十九篇","顯然從小戴所輯《禮記》中擷取郊天社地明堂月令養老等禮的殘文剩義,做自己創制新禮的依據"②,斯則近乎鑿空,只能看作是爲了牽合漢儀博士之説故爾。曹襃教授千餘弟子,"爲儒者宗",驟謂其與經學博士無關,恐怕是説不過去的。换句話説,不能因爲這些學者參與過漢朝的禮制建設,就一口否定其今文《禮》經師的身份資格。否則,在石渠閣、白虎觀争論禮制的諸君,豈非悉屬"漢儀博士"?

　　求索慶氏禮學的學統,就必須追到后蒼。沈氏指出,"在西漢今文《禮》的發展中,后蒼是個中心人物,只要弄明白他從政、治學的活動,其他問題都迎刃而解了"③。沈氏爲了釐清今文《禮》和漢儀之間的分野,不惜聲稱"慶普雖是后蒼弟子,他的禮學與其師完全相反","慶普的禮學……與其師后蒼和同門聞人通漢、戴德、戴聖大有徑庭"。④ 然而史傳恰恰證明后蒼禮學不是純粹的經師或博士禮學。所謂"推士禮而至於天子之説"⑤,正説明了后蒼禮學從學術出發,以實用爲指歸的特點。《漢書·儒林傳》載"(后)倉説《禮》數萬言,號曰《后氏曲臺記》",服虔注:"在曲臺校書著記,因以爲名。"⑥《后氏曲臺記》,《漢志》作"《曲臺后倉》九篇"。顔注引如淳曰:"行禮射于曲臺,后倉爲

---

① 關於慶氏禮學脈絡,可參看楊華:《慶氏禮學述論》,載於《古禮再研》,北京:商務印書館,2021年,第 196—222 頁。
② 沈文倬:《從漢初今文經的形成説到兩漢今文〈禮〉的傳授》,第 551—552 頁。
③ 同上書,第 537 頁。
④ 同上書,第 552 頁。
⑤ 《漢書》卷 30《藝文志》,第 1710 頁。
⑥ 《漢書》卷 88《儒林傳》,第 3615 頁。

記,故名《曲臺記》。《漢官》曰:大射于曲臺。"①南朝任昉《齊竟陵文宣王行狀》"至若曲臺之禮,九師之易"句,李善注云:"《七略》曰:'宣皇帝時行射禮,博士后倉爲之辭,至今記之,曰《曲臺記》。'"②劉歆、如淳都點明《曲臺記》與漢代射禮有關,與服虔"校書"之説有别。沈文倬雖采服虔説,也不能不承認此書與"從事習射"有關③。《后氏曲臺記》應該是結合《儀禮·大射》等經文對漢代禮典所作的傳記。後來曹充所立禮儀中有"大射"一項④,應當説絶非偶然。作爲后氏後學的曹充議立"大射"禮儀是十分正常的事,如果將其與后蒼歸屬爲兩類不同的博士,將如何解釋此種前後呼應的現象呢?而且,章帝章和元年(87)正月命曹充之子曹褒修禮,敕曰:"此制(引者案,指班固所上叔孫通《漢儀》)散略,多不合經,今宜依《禮》條正,使可施行。"就是讓曹褒"依准舊典"來"次序禮事"以合於經,其不備者,則"雜以《五經》讖記之文,撰次天子至於庶人冠婚吉凶終始制度"⑤。這確爲實用性的漢儀,卻又顯然與《禮經》有所關聯。在融合今文《禮》與漢儀這一點上,慶氏禮學正可謂是淵源於后蒼。事實上,《漢志》"經十七篇"句下班固自注云"后氏、戴氏"⑥,分列后氏、戴氏,顯係分家之後,而不數慶氏,可能就是將慶氏視爲后氏今文《禮》的傳經人;《經典釋文序錄》有"今慶氏《曲臺》久亡"之句⑦,將《曲臺記》歸於慶氏,當亦此意。

慶氏禮學出於后蒼,后蒼出於孟卿,而孟卿又出於蕭奮。從鄭玄起,學者便多認爲蕭奮乃是高堂生的弟子,典型的説法如《禮記正義》大題下疏引

---

① 《漢書》卷30《藝文志》,第1709—1710頁。王念孫謂《漢志》原文"'后倉'下脱'記'字",當據如淳説補,見王念孫著,徐煒君、樊波成、虞思徵、張靖偉點校:《讀書雜誌·漢書第七藝文志下》,上海:上海古籍出版社,2014年,第698頁。
② 《文選》卷60《齊竟陵文宣王行狀》,北京:中華書局,1977年,第826頁。六臣注本"士"訛"上"。
③ 沈文倬:《從漢初今文經的形成説到兩漢今文〈禮〉的傳授》,第542頁。
④ 《後漢書》卷35《張曹鄭列傳》,第1201頁。
⑤ 同上書,第1203頁。
⑥ 《漢書》卷30《藝文志》,第1709頁。
⑦ 吳承仕:《經典釋文序錄疏證》,秦青點校,北京:中華書局,1984年,第107頁。吳承仕疏證曰:"此云'慶氏《曲臺》'蓋專以后《記》屬之,恐爲微誤。"似未達此意。陳夢家云"慶氏之學可能是直接承受后氏禮而少所更易的","慶氏學應該視作后氏學的嫡傳",見《武威漢簡·叙論》,第14—15頁。沈文倬解《漢志》此文,則謂戴德《禮經》篇次同於后蒼,承后氏之名,"后氏、戴氏"乃后氏與小戴不同之意,見氏著《從漢初今文經的形成説到兩漢今文〈禮〉的傳授》,第530頁。兩説各有理致,今據《釋文敘錄》判陳氏於意爲長。

"鄭君《六藝論》云：'案《漢書·藝文志》《儒林傳》云：傳禮者十三家，唯高堂生及五傳弟子戴德、戴聖名在也……'《六藝論》云'五傳弟子'者，熊氏云：'則高堂生、蕭奮、孟卿、后倉及戴德戴聖爲五也。'此所傳皆《儀禮》也。"①賈公彥《序周禮廢興》亦謂"鄭云'五傳弟子'，則高堂生、蕭奮、孟卿、后倉、戴德戴聖是爲五也"②。但覆按《史記》原文可見，其實太史公把蕭奮放在了言禮爲容的徐氏弟子之間來敘述。洪業最先發現這一問題，在《〈儀禮〉引得序》中就認爲鄭玄等人的看法是"未細讀《史記》之過也"③。四年後又作《〈禮記〉引得序——兩漢禮學源流考》重申此說。洪氏論據爲：

《史記》言："奮以禮爲淮陽太守。"句前，敘徐氏弟子也。句後又云："是後，能言《禮》爲容者由徐氏焉。"

故而推論說，"依《史記》文氣觀之"，"是（蕭）奮亦徐氏門徒，所傳經亦徐氏之經也"。④ 此後一些論著如《西漢經學與政治》等，都延續了這個論點。⑤ 沈文倬則提出三條依據來反駁洪業：一是徐氏一系皆言"以容"，蕭奮言"以禮"，二者不應混爲一談；一是蕭奮再傳弟子后蒼是《禮經》大師，"容與禮既屬不同系統，蕭奮就不可能屬於徐氏弟子"；一是洪業從《史記》文氣作出的判斷，沈氏給出了相反的解讀。⑥ 謹案，《史記》明言"（徐）延頗能（通《禮經》）"，又說"是後能言禮爲容者，由徐氏焉"，表明徐氏學統中確實存在《禮經》學的成分。設若認定蕭奮是徐氏弟子，兼傳禮、容，亦不悖於史文敘事，並能很好地解釋蕭氏後學既體現出學術性又體現出實用性的原因。沈氏從自身的學術觀念出發，以漢儀及禮容是有別於禮經學的別一系統，否定這一可能性，理由亦嫌不足。至於其所說《史記》此段之中"禮"字含義前後有變，司馬遷文情詭譎，衡之文氣，實未必勝過洪業的解釋。

沈氏又說大、小戴和慶普"三家都以選輯古'記'作解說《禮經》的著作文

---

① 《禮記正義》卷前，《十三經注疏》，第 1226 頁。
② 《周禮注疏》卷前，《十三經注疏》，第 635 頁。
③ 洪業：《〈儀禮〉引得序》，第 81—82 頁。
④ 洪業：《〈禮記〉引得序——兩漢禮學源流考》，收入《中國現代學術經典·洪業楊聯陞卷》，石家莊：河北教育出版社，1996 年，第 96 頁。
⑤ 湯志鈞、華友根、承載等：《西漢經學與政治》，上海：上海古籍出版社，1994 年，第 101 頁。
⑥ 沈文倬：《從漢初今文經的形成說到兩漢今文〈禮〉的傳授》，第 536 頁。

式"①。這不但與其慶氏禮學非《禮經》學之説自相矛盾,而且源出清儒陳壽祺,證據並不確鑿。沈氏此解建立在《後漢書·曹褒傳》"(曹褒)又傳《禮記》四十九篇"一語之上,但吕思勉指出:"慶氏之學與二戴同出后倉。十七篇三家所同,而《禮記》爲二戴所獨,四十九篇又小戴所獨,故《後漢書·曹褒傳》)加'又'字以别之。陳氏(壽祺)謂褒所傳四十九篇亦出慶氏,誤矣。"②吕説切合文氣,近於漢代《禮經》傳習的一般情況,顯得更勝一籌。

四 申論:禮學特質與禮經、禮容、漢儀三者間的關係

上節考察叔孫通、慶氏後學等所謂"漢儀學者"具有的《禮經》學要素,重在在那些被認爲是傾向於實用的學者身上尋繹出若干學術性的特徵,同時兼及后蒼等人,指出他們不可能完全脱離禮制建設,與叔孫通所作所爲並無實質不同,兩漢《儒林傳》中那些以經義傳習爲主業的經師,也不乏實用色彩。

在此,筆者必須鄭重對前人的漢代禮學二分説作出補充,即從本質上講,漢代禮學的二分狀況,實在難以被認作是截然相反的兩種類型(classification)之間的衝突對立,而應看作是在漢代禮學學者身上所顯示出的各具特色的兩種趨向(orientation)。筆者已經證明,"實用性"與"學術性"常會共同體現在某一個漢代禮學學者身上,儘管其人可能偏主一端;所謂的大夫與經師,並不是可以排號入座、截然區隔的兩個群體,而通常是兼具兩種身份,至少能够具備兩種學養。就此而言,將漢代禮學學者劃分爲"《禮經》博士"和"漢儀學者"兩個系統,遠不如將漢代禮學學風概括爲實用性與學術性兩種趨向更爲妥帖。某種程度上説,這是由禮學特質所決定的。楊華總括中國禮學發展的概貌時指出,"歷代禮學家都試圖根據儒家經典來復原上古時代的禮制,同時又試圖制定出符合當時社會生活内容的禮制,所以禮學在每一個朝代都十分重要,它與當時的政治生活緊密相關,禮學家也不單純是一個學問家,而是當時政治生活中的活躍成員"③。中國禮學的這種特性,在早期尤爲明顯。

---

① 沈文倬:《從漢初今文經的形成説到兩漢今文〈禮〉的傳授》,第547頁。
② 吕思勉:《吕思勉讀史劄記·乙帙·論二戴記上》,上海:上海古籍出版社,1982年,第733頁。
③ 楊華:《禮樂制度與中國傳統文明》,《古禮新研》,北京:商務印書館,2012年,第4頁。

在古代中國，所謂學術多半可稱爲"治術"。諸子百家之學，《漢志》謂其源出王官，而儒家尤得前代詩書禮樂以傳教。王官之學主於實用，《禮記·王制》云："樂正崇四術，立四教，順先王《詩》《書》《禮》《樂》以造士。"①就是要培育可以經濟邦國的人才。諸經之中，"禮"的性質尤爲特殊。禮與《詩》《書》等經典不同，本無意義自足的文本可供憑藉，流傳下來的《儀禮》一書所載皆爲現實指向的禮典儀節，難以與實際操作脱鉤。《左傳》隱公十一年云："禮，經國家，定社稷，序民人，利後嗣者也。"桓公二年："禮以體政。"杜注："政以禮成。"襄公二十一年："禮，政之輿。"杜注："政須禮而行。"②這些説法都明確顯示了禮學與政事的密切關係。而許慎《説文》以"履"訓"禮"③，更點明禮學的實踐意義。《漢書·禮樂志》："六經之道同歸，而禮樂之用爲急。"④也還是突出了禮學的實用性。現代學者對此也有深刻認識，錢玄就曾以"經國濟世，實踐致用"八個字來概括古代禮學思想⑤。而正是禮，在古代士大夫階層形態混溶—分化—融合的過程中發揮了重要作用，閻步克對此有深入研究。倘若借用閻氏的話語體系，叔孫通與高堂生的不同，便不是文吏與儒生的差距，而僅僅是儒生内部現實主義和理想主義的分别。"在兩漢四百年的漫長歷程之中，儒生與文吏之間既充滿了矛盾、衝突，然而對立之中這二者又在日益接近，彼此交融"⑥，文吏與儒生尚且如此，更遑論同以禮學爲宗旨的諸多漢儒。

漢代儒家經學立爲官學，官學的精神並不在於研誦書本、計較文字，而側重在實際政治事務中發揮作用，禮容與漢儀就是禮學在不同層面的政治活動中的展示。漢武帝的"獨尊儒術"，使經術與吏治的扭結大爲強化，其本質上成爲一種劃定知識標準基礎之上的官方養士行爲，標誌著漢代在政治推動下學術整合的完成。⑦儘管漢代確立了專門傳授經學的博士制度，體現

---

① 《禮記正義》卷 13，《十三經注疏》，第 1342 頁。
② 《左傳正義》卷 4，《十三經注疏》，第 1736 頁；卷 6，第 1743 頁；卷 34，第 1972 頁。
③ 許慎：《説文解字》卷 1 上，北京：中華書局，1963 年，第 7 頁。《禮記·祭義》有"禮者，履此者也"之説，見《禮記正義》卷 48，《十三經注疏》，第 1598 頁。
④ 《漢書》卷 22《禮樂志》，第 1027 頁。
⑤ 錢玄：《三禮通論》前言，南京：南京師範大學出版社，1996 年，第 1 頁。
⑥ 閻步克：《士大夫政治演生史稿》，北京：北京大學出版社，1996 年，第 451 頁。
⑦ 王剛：《學與政：漢代知識與政治互動關係之考察》，哈爾濱：黑龍江人民出版社，2012 年，第 365－366 頁。

出一定程度的學術自覺,但當時的學術仍然不可能擺脱注重實用的傾向。漢廷一方面促使儒學、經學不斷發展壯大;另一方面,又每每"以經術緣飾吏治",任官多選"通於世務,明習文法"的儒者。① 其實質即是將經術與吏治二者相結合,確立統治的正當性。漢代經學、禮學自不能獨立於漢代的禮制之外而存在。

漢代經學在此氛圍之下,一開始就帶有若干實用的特色,並必然染上濃厚的政治色彩,以致有學者認爲以禮治國的傳統肇始西漢。② 演化到極致,就如同皮錫瑞所説:"其學極精而有用,以《禹貢》治河,以《洪範》察變,以《春秋》決獄,以三百五篇當諫書。"③徐復觀曾經指出,"(漢廷)設置博士的原來目的,在使其以知識參與政治,而不在發展學術"④,後來博士制度日趨完善,經學傳習的作用逐漸加強,但仍未偏離漢廷設置博士的初衷;博士參與朝中禮制的討論、建設本爲份内之事,原無需别立所謂"漢儀博士"。所以,就連被沈文倬認作《禮》學博士正宗的小戴一脈經師也不能局限於《儀禮》的研究與傳授,必須對實際政治有所顧及。漢文帝使博士諸生刺取六經作《王制》,"謀議巡狩封禪事"⑤,已不純爲古禮,更非《禮經》十七篇的内容,實在難以看出與所謂"漢儀博士"有何分别。倘若洪業對蕭奮師承的看法得以成立,那麽學術性與實用性兩種趨向相互交織的情況,在漢初禮學興起之際便已出現。無論如何,實用性與學術性兩種傾向相互交織影響的禮學風貌,正是植根於漢代這一特殊的社會政治文化土壤中。

前輩學者的漢代禮學二分説,爲理解漢代禮學發展建立起一個可行的分析框架,但簡單的分類不應掩蓋複雜的歷史實情,靜態的分類不應困囿變動的歷史過程。採納漢代禮學二分説,並不意味着必然將漢代禮學經師嚴格劃分爲兩個系統。班固、范曄被批評爲"含糊籠統",殊不知這正是因爲史家客觀如實地反映了漢代禮學發展中,禮容、漢儀本即處在漢代禮經傳習脈

---

① 《漢書》卷 89《循吏列傳》,第 3623—3624 頁。
② 參考承載:《西漢經學的"致用"之功》,《史林》1989 年第 3 期,第 8—14、72 頁;華友根:《西漢禮學新論》,上海:上海社會科學院出版社,1998 年,第 402—416 頁。
③ 皮錫瑞著,周予同注釋:《經學歷史》,北京:中華書局,1959 年,第 90 頁。
④ 徐復觀:《中國經學史的基礎·西漢經學史·博士性格的演變》,《徐復觀論經學史二種》,上海:上海書店,2002 年,第 58—65 頁。
⑤ 《史記》卷 28《封禪書》,第 1654 頁。

絡之內的狀況。

附記：此文主體部分完成於 2004 年春，作爲本科畢業論文通過答辯，2015 年秋，經修改後以《論漢代禮學兩種趨勢的分別與融合》爲題發表，篇章結構按照審查意見作了大幅調整。筆者近年對此一問題繼有思考，並於 2022 年 12 月 10 日在"禮學文本的成立、經典化與詮釋"研討會上口頭報告，惜尚未最終成文。因將調整以前的論文版本提交論集編委會，改用今題，以突出主旨。

張濤，清華大學人文學院、經學研究院副研究員，主要從事三禮學、學術史相關研究。代表論著有《乾隆三禮館史論》《小校經閣遺芬》等。

"禮者天理之節文"平議
——從文質論的角度看

吴 飛

一 由清儒的争論説起

宋代理學家朱子對禮有個著名的定義："禮者，天理之節文也。"其中，禮、天理、節文等幾個概念，都是非常值得辨析的。以往對朱子學的研究中，核心是理氣關係，這無疑是理解朱子哲學一個極爲關鍵的入手點。但理、禮關係，在朱子學術中同樣居於非常核心的位置。殷慧教授的新著《禮理雙彰》指出，宋代理學有"天即理""性即理""禮即理"三個層面，對第三個層面以往的研究中是比較忽略的。此説甚是。禮、理關係不僅是溝通宋代理學哲學思考與現實關懷的重要入手點，而且無論對於研究禮學還是理學，都有非常重要的理論意義。我們可以通過對此一問題的討論，重新理解"理學"的核心關切。①

清儒戴震對宋明理學的批評，曾經引起學術界的軒然大波，帶來了對禮、理關係的重新檢討。戴震説："古人所謂理，未有如後儒之所謂理者矣。"②他對宋儒之"理"的主要批評是："如有物焉，得於天而具於心。"③而戴震重新理解"理"是："理者，察之而幾微必區以别之名也，是故謂之分理；在物之質，曰肌理，曰腠理，曰文理，得其分則有條而不紊，謂之條理。"④"理也

---

① 殷慧：《禮理雙彰：朱熹禮學思想探微》，北京：中華書局，2019年，第237—238頁。
② 戴震：《孟子字義疏證》上，"理"字條，何文光整理，北京：中華書局，1961年，第1頁。
③ 同上書，第3頁。
④ 同上書，第1頁。

者,情之不爽失也;未有情不得而理得者也。"①"心之所同然始謂之理,謂之義;則未至於同然,存乎其人之意見,非理也,非義也。"②戴震所強調的,是理並非一個獨立存在的實體,而是與文類似,是内在於事物之質的文理,因而人之天理即内在於其情與心,是人心之所同然,情之不爽失。當戴震定義禮的時候,他又説:"禮者,天地之條理也,言乎條理之極,非知天不足以盡之。即儀文度數,亦聖人見於天地之條理,定之以爲天下萬世法。禮之設,所以治天下之情,或裁其過,或勉其不及,俾知天地之中而已矣。"③既然理是條理,禮又是天地之條理,則禮與理豈不就是相同的。

對於天地之條理,戴震有進一步的描述:"自人道溯之天道,自人之德性溯之天德,則氣化流行,生生不息,仁也。由其生生,有自然之條理,觀於條理之秩然有序,可以知禮矣;觀於條理之截然不可亂,可以知義矣。"④由此,戴震重構了天地之理與禮的關係,他特別強調禮來自天地生生之條理,而没有一個實體性的"天理",然後再對它節文。戴震的思想也可以概括爲"禮者,理也",以此反對朱子"禮也者,天理之節文"的著名定義。既然禮就是理,談禮就可以了,又何必另外談理呢?

正是沿着這條思路,凌廷堪乾脆把理的概念抛棄了,對理學提出更全面的批判。在《復禮》三篇中,凌廷堪非常直接地指出,宋儒性理之學乃是出自佛學,認爲"理"根本就是一個不必要的概念:"後儒置子思之言不問,乃別求所謂仁義道德者,於禮則視爲末務,而臨時以一理衡量之,則所言所行不失其中者鮮矣。"⑤因此他才會説:"聖學禮也,不云理也。"⑥他對禮的理解,仍然是從節文的角度講的:"其所以節心者,禮焉爾,不遠尋夫天地之先也;其所以節性者,亦禮焉爾,不侈談夫理氣之辨也。"⑦凌廷堪的思路是,不再辨析理作爲文理、條理的本義,而是直接批評理學中作爲實體的理概念,如果理是這樣一個實體,禮就是完全次要的東西,需要以理爲更根本的衡量標準。但

---

① 戴震:《孟子字義疏證》上,"理"字條,第 1 頁。
② 同上書,第 3 頁。
③ 戴震:《孟子字義疏證》下,"仁義禮智"條,第 49 頁。
④ 同上書,第 48 頁。
⑤ 凌廷堪:《復禮》中,《校禮堂文集》卷四,王文錦點校,北京:中華書局,1998 年,第 30 頁。
⑥ 凌廷堪:《復禮》下,同上書,第 32 頁。
⑦ 凌廷堪:《復禮》下,同上書,第 31 頁。

凌氏認爲，憑空來談天地之先的天理是無意義的，禮是直接針對心性的節文，而與這個先天之理無關。

在對漢學派的反駁中，方東樹、夏炘等人都準確地抓住了"天理之節文"的說法。如方東樹說：

> 不知禮是四端五常之一，理則萬事萬物咸在。所謂禮者，理也，官於天也。禮者，天理之節文，天敘天秩云云，皆是就禮一端，言其出於天理，非謂天理盡於禮之一德，而萬事萬物之理，舉不必窮也。周子言理曰禮者，是就四德分布者言，非以一禮盡四德之理也。蓋分言之，則理屬禮；合論之，仁義知信皆是理⋯⋯且子夏曰禮後，則是禮者爲跡，在外居後，理是禮之所以然，在內居先，而凡事凡物之所以然處皆有理，不盡屬禮也。⋯⋯夫謂理附於禮而行，是也；謂但當讀禮，不當窮理，非也。理斡是非，禮是節文，若不窮理，何以能隆禮？由禮而識禮之意也，夫言禮而理在是，就禮言理，言理不盡於禮，禮外尚有衆理也。①

在方氏的理解中，禮爲天理之節文，指的是，理是更根本的道理，而作爲仁義禮智四端之一的禮，和作爲仁義禮智信五常之一的禮，都只是理的一個方面。他雖然也承認，不能虛空地談理，理必然附麗在具體的禮文之上，但理是內在的，禮是外在的，理是在先的，禮是在後的。通過窮理，把握了更普遍的道理，才能夠在具體的事情上以禮行之。方氏之說，應當是時人對"禮者，天理之節文"比較標準的理解。他雖然強調了理的普遍性、在先性與內在性，卻並未證明理是實體，因而就給進一步的辯難留下了諸多空間。

後有定海黃式三先生再次討論這個問題。他在《申戴氏理說》中分析出了戴震批評朱子理說的七個方面，其核心即在於："指人心中天然之分理，非陰陽而上別有所謂天理。"②但他列舉了程朱及其後學的諸多言論，指出，戴震這些看似與程朱不同的說法，程朱自己其實都是說過的："程、朱、陳、薛、羅、張之言如此，合戴氏言參之，則理也者，在物當然之則，是聖人所條分縷

---

① 方東樹：《漢學商兌》，卷中之上。
② 黃式三：《申戴氏理說》，見於《儆居集一·經說三》，收入《黃式三黃以周合集》第五冊，葉永錫、閔澤平點校，上海：上海古籍出版社，第60頁。

析而君子所不敢紊也。"①"是即所謂理也,初非别有一物依於氣而立,附於氣而行也。"②

而在其《約禮説》《復禮説》和《崇禮説》中,黄氏進一步分析了禮與文、理的關係。他批評王陽明:"夫明心見性之學,以心爲理,自以爲是者也。"③他引用《禮器》與《樂記》之文,重新辨析了禮、理關係:"且古之所謂理者,何邪?《禮器》曰:'義理,禮之文也。'《樂記》曰:'禮也者,理之不可易者也。'然則,禮之三百、三千,先王所條分縷析,粲然顯著,别仁義,明是非,君子不敢紊而畔之者,此理也。"④此説堅持了戴氏從文質論角度以條理解理的原則,而批評王學以心之顯微難見者爲理,因而得出結論:"以心之意見爲理而理已誣,以本心之天理言禮而禮又誣。"⑤但黄氏之説並非對戴氏、淩氏之説的簡單重複,他認爲自己是在修正淩氏《復禮》三篇,是有道理的。他不會像淩氏那樣完全否定普遍性,而歸入具體瑣碎的日用之禮。因而在《復禮説》中,他又強調:"禮也者,制之聖人而秩之自天。"⑥又云:"古今之禮雖異,而由質而文,其本則一。"⑦因此,他批評了蘇洵《禮論》中以禮爲完全人爲的觀點。這種普遍的天秩天敘如果不是抽象的天理,那應該是什麽呢?在《崇禮説》中,他又重新解釋了"禮儀三百,威儀三千"之語,認爲"禮儀"當爲"禮義",是作爲仁義禮智信五德之一的禮;而威儀三千才是具體的禮文。於是,禮義三百與禮文三千之間,構成了一對新的内與外、本與末的關係。"後世君子外禮而内德性,所尊或入於虚無;去禮而濫問學,所道或流於支離。此未知崇禮之爲要也。"⑧黄氏在漢宋兼采上,確實有相當實質的推進。他不僅指出,戴氏之説並非空穴來風,而是理學傳統中就有的舊説,甚至程朱自己都有類似的言論,而且,當他以禮義、禮文區分内外,在一定程度上也能消化方東樹的批評。他所謂的禮義,就是天秩天敘,難道不就是戴震所説的天地之條理,甚

---

① 黄式三:《申戴氏理説》,見於《儆居集一·經説三》,收入《黄式三黄以周合集》第五册,葉永錫、閔澤平點校,上海:上海古籍出版社,第 63 頁。
② 同上書,第 65 頁。
③ 黄式三:《約禮説》,見於《儆居集一·經説一》,收入《黄式三黄以周合集》第五册,第 23 頁。
④ 同上書,第 23 頁。
⑤ 同上書,第 24 頁。
⑥ 黄式三:《復禮説》,見於《儆居集一·經説一》,收入《黄式三黄以周合集》第五册,第 24 頁。
⑦ 同上書,第 25 頁。
⑧ 黄式三:《崇禮説》,見於《儆居集一·經説一》,收入《黄式三黄以周合集》第五册,第 26 頁。

至就是方東樹所説的普遍原則？只要不承認天理是一形而上學實體，則清代漢宋兩派越來越趨同了。但現在一個不得不回答的問題是，朱子所説的天理，到底是不是一個實體？其所謂"天理之節文"，雖然用的是文質論的語言，卻似乎將理、禮關係當作質、文關係。那麼，究竟應該如何來理解他的這個界定？

用現代學術的概念説，漢宋之爭的實質是，理究竟是否一個形而上學的實體？在戴震、淩廷堪等人看來，理學將理當作一個獨立存在的物，是受到了佛學的影響，因而要極力批駁這一傾向。爲理學辯護的宋學派雖承認理的普遍性，卻否認理學所受的佛學影響，因而也並不會直承其爲實體。漢宋兼采派也基本持類似的態度。但到了現代學術當中，由於哲學界試圖從西方哲學的角度重審宋明理學，學者們則會傾向於更正面地將"天理"實體化。① 此處，我們姑且不作是非判斷，但嘗試澄清這一問題，而其中最關鍵的一點，就是理解"節文"。漢、宋兩派都以節文來理解禮，但節文什麼，如何節文，卻需要仔細辨析。

二　文質論語境下的禮理關係

在禮學傳統中，"節文"是一個使用非常頻繁的概念，它的理論背景乃是文質論。《説文》："文，錯畫也，象交文。""質"字稍微複雜些。《説文》："以物相贅，从貝从所。"此從貝之字與財富有關，如"策名委質""交質"之"質"，而與"質地""文質"相去甚遠。段注以爲："曰物相贅，質、贅雙聲。以物相贅，如春秋交質子是也。引伸其義爲樸也、地也。如'有質有文'是。""質"又多解爲"實"字。《論語》"文質彬彬"章，皇侃《義疏》："質，實也。"《説文》："實，富也。从宀从貫。貫，貨貝也。神質切。"文就是質地上的紋路。孔子説："質勝文則野，文勝質則史，文質彬彬，然後君子。"在素樸自然的質地上加以文飾，便是文明。僅有質，過於樸拙；僅有文，又難免失於做作。這是對文質關係最標準的表述，構成了理解禮制的理論背景。②

---

① 在晚近著作中，這一傾向體現最明顯的是楊立華：《一本與生生》，北京：生活・讀書・新知三聯書店，2018年。
② 梅珍生：《晚周禮的文質論》，武漢：湖北人民出版社，2004年。

節文的概念來自文，文更多強調文飾，節則更多強調限制，但皆就質地而言，在禮學中，這個質地多指人情，節文人情，即緣情制禮。《禮記·檀弓》："辟踊，哀之至也；有算，爲之節文也。"孔疏："孝子喪親，哀慕至懣，男踊女辟，是哀痛之至極也。若不裁限，恐傷其性，故辟踊有算，爲準節文章。"孝子的哀慕之情就是質，辟踊是對哀情的表達，如果沒有限制，則辟踊無數，就是質勝文；但爲之裁限，規定數目，則是節文，即孔穎達所謂"準節文章"。《坊記》："禮者，因人之情而爲之節文，以爲民坊者也。"明確講禮是對人情的節文。

　　"文"之本義爲質地上的文理，於"節文"一詞中用爲動詞，"理"與之類似。《説文》："理，治玉也，从玉，里聲。"徐曰："物之脈理，惟玉最密，故從玉。"先秦文獻中的"理"字，多爲動詞義。《戰國策·秦策三》："鄭人謂玉未理者璞。"《韓非子·和氏》："王乃使玉人理其璞而得寶焉。"理之本義，是治玉，即根據玉之細密紋理整治之。由此義衍生出不少在動詞意義上用的"理"字；如《詩經》中多處將"疆"與"理"連用，《信南山》"我疆我理"，《緜》"乃疆乃理"，《江漢》"于疆于理"，《左傳》成公二年，有"先王疆理天下""吾子疆理諸侯"之言。再如《繫辭上》："理財正辭，禁民爲非曰義。"《內則》："三十而有室，始理男事。"《昏義》："故天下內和而家理。"《吕氏春秋·勸學》："聖人之所在，而天下理焉。"由"理"字的紋理、脈理之義，又衍生出作爲名詞的條理、道理、理則之義，如《繫辭上》："俯以察於地理。"《説卦》："窮理盡性以至於命。"《莊子·養生主》："依乎天理。"《中庸》："文理密察。"《孟子·萬章上》："金聲也者，始條理也；玉振之也者，終條理也。始條理者，智之事也；終條理者，聖之事也。"

　　在這個背景下，我們再來看禮、理關係。今所見傳世文獻中最早以"理"來理解"禮"的，應該是《管子·心術上》和《禮記》諸篇。《心術上》云："禮者，因人之情，緣義之理，而爲之節文者也。故禮者，謂有理也。理也者，明分以諭義之意也。故禮出乎義，義出乎理，理因乎宜者也。"此語中，被當做禮之根據的理，並非一個獨立的存在，而是"明分以諭義"。義者，宜也。而文中謂義出乎理，理因乎宜，幾乎等於義、理互訓，應該正是"明分以諭義"之意，即通過區分來表明最合宜之事。文中謂禮"因人之情，緣義之理，而爲之節文"，情是節文的對象，義理是節文的根據。"禮者，謂有理也"指的是，按照理來節文了，就是禮。

在《禮記》中，對禮、理關係最直接的表述見於《仲尼燕居》："禮也者，理也；樂也者，節也。君子無理不動，無節不作。不能詩，於禮繆；不能樂，於禮素。薄於德，於禮虛。"鄭注："繆，誤也。素，猶質也。歌詩，所以通禮意也；作樂，所以同成禮文也。崇德，所以實理行也。"孔疏："理，謂道理，言禮者，使萬事合於道理也。""節，制也。言樂者，使萬物得其節制。"孔疏雖是進一步疏通鄭注，但可能會產生一些歧義，蓋"理也"與"節也"相對而言，應皆爲動詞，所以"無理不動，無節不作"才能説得通，未得理順，不能有所動作，未得節制，不能行事。所以孔疏將理直接解爲名詞性的"道理"，並不很精確。筆者以爲，將理與節分開而又並列，理的含義與文非常類似。以詩言理，因詩正是人情之文飾。

言"禮也者，理也"，《禮記》中還有一處，即《禮器》："禮也者，合于天時，設於地材，順於鬼神，合於人心，理萬物者也。"禮只有與天時、地材、鬼神、人心都匹配順應了，才能理萬物。後文言禮以多爲貴者云："大理物博。"孔疏："言王者大，領理萬物之事廣博。"以"領理"釋"理"，應是比較恰當的。因而，《禮器》與《仲尼燕居》兩處談禮、理的關係，"理"字都是動詞，其含義亦相近。

但就在此語之前，《禮器》又説："先王之立禮也，有本有文。忠信，禮之本也；義理，禮之文也。無本不立，無文不行。"鄭注："言必外内具也。"忠信爲内，義理爲外。孔疏："禮雖用忠信爲本，而又須義理爲文飾也。得理合宜，是其文也。"此處明確在文質論的架構中，將文與理聯繫起來講。忠信之德是禮之本，本即質，即實，而其理義只是禮之文。《仲尼燕居》中説的"薄於德，於禮虛"亦是此義。蓋理與節都是在文的意義上講的，若無忠信之德，終是虛文，只有德才是真正的實質。《禮器》"禮也者，合于天時"條之孔疏云："前云忠信爲本，易見；而義理爲文，難睹。故此以下廣説義理爲文之事也。"因而，"義理"雖爲名詞，"理萬物"雖爲動詞，兩個"理"字同條共貫，仍是在同一意義上講的。所以，當動詞"理"名詞化後，"義理"和"道理"便是領理萬物出來的那個意義與結果，或者説，是對萬物之本質的描述，雖然非常貼合於忠信之本，但畢竟不是忠信之本自身，而仍然是對其本質的文飾。

《禮記》中討論理的問題最豐富的一篇，是《樂記》。篇中言："大樂與天地同和，大禮與天地同節。"這與《仲尼燕居》等處頗爲不同。《仲尼燕居》中以禮爲理，樂爲節，但《樂記》通篇的基本論調，是以禮爲節，以樂爲和，並由此而以樂爲內，以禮爲外："樂由中出，禮自外作。樂由中出，故靜；禮自外作，故文。"以情爲質，由樂表達，禮則節文人情，是《樂記》中的基本方向。《樂記》中言"理"亦甚多，並且是宋儒"天理""人欲"之說的直接源頭，因而其中的禮、理關係需要詳細考辨。

《樂記》云："凡音者，生於人心者也；樂者，通倫理者也。是故知聲而不知音者，禽獸是也；知音而不知樂者，衆庶是也；唯君子爲能知樂。是故審聲以知音，審音以知樂，審樂以知政，而治道備矣。"鄭注："倫，猶類也；理，分也。"音、聲、樂三者之間，是一個非常微妙的關係，也是理解"倫理"之義的關鍵，《樂記》中再三闡釋，但文字間或有脫訛，而易生誤解，請略爲辨析。"凡音之起，由人心生也。人心之動，物使之然也。感於物而動，故形於聲；聲相應，故生變，變成方，謂之音；比音而樂之，及干、戚、羽、旄，謂之樂。"這是對三者關係最標準的描述：第一步成聲，第二步成音，第三步成樂。後文又云："凡音者，生人心者也。情動於中，故形於聲；聲成文，謂之音。"正是對前文的進一步闡釋，故此語中的"生人心者也"，與前一句"由人心生也"和後一句"生於人心者也"皆同義，指的並不是音生出人心，而應爲音由人心而生，但從人心之動到音，還需要經過聲的階段，人心有所感發出聲，但聲有所文飾後才成爲音，音經過進一步加工演奏出來，才成爲樂。"樂者，音之所由生也，其本在人心之感於物也。"此語也容易引起誤解。綜合前後文的論述，其義並非是指樂生出音，孔疏謂"合音乃成樂，是樂由此音而生"，是其正解。

我們由此辨明，《樂記》中聲、音、樂三者之間，是逐漸由質而文的關係。聲是人心情感最直接的表達，略加文飾而成音，音再經過進一步整理而成樂，所以，如果只知聲而不知音，則僅能最直接地表達情感，沒有任何文飾，"禽獸是也"；只知音而不知樂，雖有一些文化，但還不夠文雅，只是一般的衆庶；只有對樂有相當深入的瞭解，才能算君子，君子的文明素養最高，可以政治治理人民，所以說"樂通倫理"，即樂雖來自人心所發之聲與音，卻已經可以對人心有相當細密的整飭領理。《樂記》隨後總結說："是故不知聲者不可與言音，不知音者不可與言樂，知樂則幾於禮矣。"雖云"樂由中出，禮自外作"，但《樂記》中並沒有重樂輕禮的意思，樂與禮都有溝通內外的意義。樂通倫理，所以近於禮，無論禮、樂，都一方面必須基於人心之情實，另一方面必須有相當程度的文飾。精通禮、樂的君子，首先必須知人心、知聲、知音。禮與樂都是對人心的文飾，只是樂與人心之情有更直接的關係，以和爲目的，禮則以節爲目的，因而更強調外在的規範與秩序。隨後所說"是故樂之隆，非極音也；食饗之禮，非致味也。……先王之制禮樂也，非以極口腹耳目之欲也，將以教民平好惡而反人道之正也。"此語的核心思想在於，禮、樂不是對人欲望的滿足，而是一種規範，使人心之好惡返於人道之正。"人道之正"，正是前文所說的"倫理"，也就是"天理"。

正是在充分討論了聲、音、樂的關係以及禮樂之用以後，《樂記》作出了天理、人欲的著名區分："人生而靜，天之性也；感於物而動，性之欲也。物至知知，然後好惡形焉；好惡無節於內，知誘於外，不能反躬，天理滅矣。夫物之感人無窮，而人之好惡無節，則是物至而人化物也。人化物也者，滅天理而窮人欲者也。"鄭注："理，猶性也。"此注的用意，不在於此處"理"與"倫理"中的"理"詞義不同，而是指出，"天理"就是前文的"天之性"，因而滅天理就是滅天性，但既以性訓理，理就具有了更多的內在性。《樂記》中無論禮、樂，都意在溝通內外，節文人情，但樂更重內在之和，禮更重外在之節，而樂相較於音，是能通倫理的；但相較於禮，樂更具內在性。故而，使人心性情有條理，是"倫理"和"天理"兩個詞共有的本來之義，之所以會窮人欲滅天理，是因爲"好惡無節於內，知誘於外，不能反躬"，錯的並非"性之欲"，而是欲望沒有節制，導致人無法回到人道之正，即"不能反躬"。爲了防範窮人欲滅天理的後果，"是故先王之制禮樂，人爲之節"，"禮節民心，樂和民聲，政以行之，刑以防之"。雖以節言禮，以和言樂，但二者針對民心之情的作用，又皆可以"節"來概括，節文便是要避免過度的欲望，回歸於人性之正，即天理。

後文又云："樂也者，情之不可變者也；禮也者，理之不可易者也。"鄭注："理，猶事也。"鄭注隨文解義，此處之"事"與前注之"分""性"雖不同，但也並無矛盾。孔疏："禮見於貌，行之則恭敬。理，事也，言事之不可改易也。樂出於心，故云'情'；禮在於貌，故云'理'也。變、易，換文也。"事，並非對"理"的定義，因而"理"字並不可替換爲"事"字。以"事"解"理"，其義在於節文之事，體現於恭敬之貌，以與情相對。在《樂記》中尚有數處與此相呼應："合情飾貌者，禮樂之事也。"孔疏："合情，謂樂也，樂和其內，是合情也。飾貌，謂禮也，禮以檢跡於外，是飾貌也。""樂由中出，故靜；禮自外作，故文。"鄭注：

"文,猶動也。"禮、樂並言之時,往往由内在之情言樂,由外在之文之貌言禮。但僅僅有内在之情尚不構成樂,同樣,外在之文也必須歸於人情,因而,並言禮樂之時,兩方面的概念也會交錯使用。前文以倫理言樂,正是因此。後文更有:"禮者,殊事合敬者也;樂者,異文合愛者也。禮樂之情同,故明王以相沿也。""故知禮樂之情者能作,識禮樂之文者能述。"

《樂記》中也談到了萬物之理:"倡和有應,回邪曲直各歸其分,萬物之理,各以類相動也。"但此"理"卻與倫理、天理等概念迥乎不同,反而更接近性之欲,可以是善,可以是惡。孔疏釋之爲"情理":"萬物之情理,各以類自相感動也。"《樂記》接着説:"是故君子反情以和其志,比類以成其行,姦聲亂色不留聰明,淫樂慝禮不接心術,墮慢邪辟之氣不設於身體,使耳目、鼻口、心知、百體皆由順正以行其義,然後發以聲音,而文以琴瑟,動以干戚,飾以羽旄,從以簫管,奮至德之光,動四氣之和,以著萬物之理。"鄭注:"著,猶成也。""反情以和其志"是通過樂,"比類以成其行"是通過禮,這些做到之後,能著"萬物之理",孔疏謂:"樂既和平,故能著成萬物之道理。"被成就的萬物之理,才是前文所説的"天理",是情理之正。

《樂記》中如此廣泛和深入地討論禮樂關係,理成爲其中最重要的幾個概念之一。較之《禮器》,此篇確實相當强調理之内在性,甚至已隱然有"性即理"的思想傾向,但此"理"絶不是一種實體,而只是人之性情的内在傾向。在絶大多數時候,理和文含義相近。

三 《荀子·禮論》中的文與理

《樂記》與《荀子·樂論》等篇都有相似的文字,此篇或與荀子學派有關。在《荀子》全書中,"理"的使用非常多,既有動詞意義上的,如《天論》"思物而物之,孰與理物而勿失之也",《修身》"少而理曰治",《不苟》"喜則和而理,憂則静而理""誠心行義則理,理則明",《儒效》"井井兮其有理也"之語;也有名詞意義上的,如《非十二子》説各家皆"言之成理",《勸學》"道之理",《儒效》"言必當理,事必當務"。《儒效》下文釋之曰:"凡事行,有益於理者,立之;無益於理者,廢之。夫是之謂中事。凡知説,有益於理者,爲之;無益於理者,舍之。夫是之謂中説。"《王制》先從動詞意義上説"君子理天地",隨後説:

"君臣、父子、兄弟、夫婦，始則終，終則始，與天地同理，與萬世同久，夫是之謂大本。"此處對天地之理的強調，已經非常接近宋儒。再如《議兵》"仁者愛人，義者循理"，《正論》"天下之大理"之說，《大略》"義，理也，故行""推恩而不理，不成仁；遂理而不敢，不成義"。《禮論》中甚至有"禮之理"的說法。這些地方講的都是常道天理。《解蔽》篇論理頗多，開篇即云："凡人之患，蔽於一曲，而闇於大理。"又云："凡以知，人之性也；可以知，物之理也。以可以知人之性，求可以知物之理，而無所疑止之，則沒世窮年不能遍也。""心也者，道之工宰也。道也者，治之經理也。""心之所可中理，則欲雖多，奚傷於治？欲不及而動過之，心使之也。心之所可失理，則欲雖寡，奚止於亂？"此處對理、欲的辨析，與《樂記》天理、人欲之說相呼應。篇中不僅並言心、理等概念，亦論及後來宋儒常用的性、情、欲，云："性者，天之就也；情者，性之質也；欲者，情之應也。"心、理、性、情、欲，幾乎已構成一組性理概念。不過，這種看似獨立的概念，仍與其本義有密切關係。其中的樞紐問題仍然是，文、理之間究竟是什麼關係。

　　荀子言理，最頻繁使用的概念是"文理"。《王制》《富國》《王霸》三篇均以"綦文理"爲治國的重要目的。而對"文理"最密集的使用，則是在《禮論》中，成爲他理解禮之功用的核心概念。在此篇的絕大部分，荀子將"文理"合爲一個詞，惟有一處，對兩個字做了區分，雖爲孤證，卻爲我們理解"理"的獨特性提供了一個絕佳的機會：

　　　　大饗，尚玄尊，俎生魚，先大羹，貴食飲之本也。饗，尚玄尊而用酒醴，先黍稷而飯稻粱。祭，齊大羹而飽庶羞，貴本而親用也。貴本之謂文，親用之謂理，兩者合而成文，以歸大一，夫是之謂大隆。故尊之尚玄酒也，俎之尚生魚也，豆之先大羹也，一也。利爵之不醮也，成事之俎不嘗也，三臭之不食也，一也。大昏之未發齊也，太廟之未入尸也，始卒之未小斂也，一也。大路之素未集也，郊之麻絻也，喪服之先散麻也，一也。三年之喪，哭之不文也，《清廟》之歌，一唱而三歎也，縣一鐘，尚拊膈，朱弦而通越也，一也。

　　謂文與理合而成文，可見荀子首先有一個廣義的"文"的概念，但在這一概念下，又區分了狹義的文和理，全篇中所說的"文理"，可以看作綜合了狹義的文、理兩個概念,基本就等同於廣義的"文"。狹義的文、理差別何在?文中分別以"貴本"和"親用"來解釋,究爲何意?這段話的整個語境,是在討論極高等級的禮究竟應該如何安排,由此窺見禮的本質。大饗,是極高等級的祭祀,楊倞謂即祫祭。在如此高等級的祭祀中,所用的卻是最粗樸的水、生魚和没有任何調料的肉湯(楊倞注:"玄酒,水也;大羹,肉汁無鹽梅之味也。"),這就是貴飲食之本。楊倞注:"本,謂造飲食之初。"《樂記》中所説,很可能就是同一段話的另一版本:"食饗之禮,非致味也。……大饗之禮,尚玄酒而俎腥魚,大羹不和,有遺味者矣。"在等級最高的祭禮中追溯到飲食之始,就是貴本。但對於文明人而言,這種飲食過於粗樸,是不適於實用的。所以後面又説到了饗與祭,楊倞注:"饗與享同,四時享廟也。"而四時享廟之禮,同樣尚玄酒,但真正獻上的卻是甘美的酒醴,食物所尚也是粗樸的黍稷,但真正獻上的卻是可口的稻粱。祭,楊倞以爲月祭,則"齊大羹而飽庶羞"。對"齊"字的理解,楊倞、盧文弨、俞樾等有爭議,此不具論,但其含義是類似的,即尸先要將那種無味的大羹拿到嘴邊,但並不真正食用,食用的還是美味的"庶羞"。這就是兼顧了"貴本"與"親用",即一方面仍然要對飲食之本報以敬意,另一方面真正享用時,卻不能真的享用這粗樸的飲食,而必須考慮到味道。能夠同時做到貴本和親用,便是真正做到了最恰當的文,以歸大一,爲禮之大隆。荀子隨後列舉了若干種禮中體現這一原則的地方,其中首先舉出的仍然是玄酒、生魚、大羹,隨後是祭禮禮畢之後,仍然回到尚太始粗樸之本,此後所列諸禮當中的開端,亦皆以粗樸爲尚,最後講到了樂,也是極爲質樸:"是故樂之隆,非極音也。……《清廟》之瑟,朱弦而疏越,一倡而三歎,有遺音者矣。"

"貴本之謂文",無論禮樂,所謂貴本,尚其"遺音""遺味"之説,其實恰恰是粗樸不文。《禮論》後文論三年之喪,謂之爲"人道之至文",然而斬衰衰裳以枲麻爲之,不緝邊、杖、絰、帶、屨,卻是喪服中最粗惡的材質,而最輕的緦麻反而最精細,接近於吉服。[1] 上引段落亦以三年喪哭之不文而論其文,豈非自相矛盾?楊倞注:"文謂修飾。"其實在饗、祭這樣隆重的禮典之上,陳設

---

[1] 參見吳飛:《人道至文——〈三年問〉釋義》,收入《禮以義起——傳統禮學的義理探詢》,北京:生活・讀書・新知三聯書店,2023 年,第 232 頁。

最粗樸的禮器，正是以不文爲文，因爲這些粗樸之物已經没有任何實用價值，陳列在此，只是爲了提醒此禮的來源與用意，純粹是出於文飾功能，所以這些不文之禮器，其作用恰恰是"文"。相較而言，三年之喪的"哭之不文"，卻與其他絶大部分禮有所不同，至親初喪，孝子自當以最自然的方式表達其哀情，而不需要任何"文飾"，所以是因最自然的質而成爲最恰當的文飾，而爲"人道至文"。

"親用之謂理"，楊倞注："理謂合宜。"相較而言，於諸禮當中，理强調的是已經過人工加工，因而更能爲文明人所用的器物儀節。較之貴本之文，親用之理顯然文飾更多。兩者合而成文，既有完全爲了强調禮義而有的貴本之文，又有極盡文飾精巧的親用之理。清人郝懿行釋之云："文、理一耳。貴本則溯追上古，禮至備矣，兼備之謂文。親用則曲盡人情，禮至察矣，密察之謂理。理統於文，故兩者通謂之文也。"①《禮論》又言："文理繁，情用省，是禮之隆也。文理省，情用繁，是禮之殺也。文理情用相爲内外表裏，並行而雜，是禮之中流也。故君子上致其隆，下盡其殺，而中處其中。"因文中包理，故此可與"至備情文俱盡，其次情文代勝，其下復情，以歸於大一也"對觀，"情用"亦與"情"相當。兩段話所説並非一一對應，然而都在講文理與情用（即文與質）的關係，不同的禮典，不同的人倫關係，對於文質關係的要求不同，故有隆有殺有中流之别，而非一味以隆爲尚。

文、理既統於文，荀子還是非常强調二者的統一性。《禮論》後文云："性者，本始材樸也；僞者，文理隆盛也。無性則僞之無所加，無僞則性不能自美。性僞合，然後成聖人之名一，天下之功於是就也。故曰：天地合而萬物生，陰陽接而變化起，性僞合而天下治。"此語與《性惡》開篇之言相呼應：

> 人之性惡，其善者僞也。今人之性，生而有好利焉，順是，故爭奪生而辭讓亡焉；生而有疾惡焉，順是，故殘賊生而忠信亡焉；生而有耳目之欲，有好聲色焉，順是，故淫亂生而禮義文理亡焉。然則從人之性，順人之情，必出於爭奪，合於犯分亂理，而歸於暴。故必將有師法之化，禮義之道，然後出於辭讓，合於文理，而歸於治。用此觀之，人之性惡明矣，其善者僞也。

---

① 郝懿行：《荀子補注》，卷下，清齊魯先喆遺書本，第8a頁。

《禮論》中言性樸，《性惡》中言性惡，導致後人關於荀子性論聚訟紛紜，此並非本篇主旨所在。我們此處關心的是，兩處皆性、僞對稱，以性爲自然性情，以僞爲人爲禮樂，而其核心都是"文理"。《性惡》中論自然生性有三點：好利而爭奪，疾惡而殘賊，有欲而淫亂，分別導致辭讓亡、忠信亡、禮義文理亡，似乎禮義文理僅爲淫亂所亡，然細究文義，辭讓、忠信皆包於禮義文理當中，故師法之禮義之道，將人引導至辭讓與文理，而歸於治。比較兩處，《禮論》平和，《性惡》激憤，然而其道理是一致的，所講都是生性自然與禮義文理之間的文質關係。《性惡》雖批評人性，但並不會徹底否定乃至拋棄人性，而仍然要引導人性以化之於文理。故後文又云："凡古今天下之所謂善者，正理平治也。"

這幾處所說的文理，便是施加于質樸人性之上的僞。僞的意思是人爲，但並不是完全憑空或外在強加的人爲。《禮論》釋三年喪云："故先王聖人安爲之立中制節，一使足以成文理。"立中制節，即"稱情立文"，導致文理（即禮樂）的形成。"上取象於天，下取象於地，中取則於人，人所以群居和一之理盡矣。故三年之喪，人道之至文者也，夫是之謂至隆。是百王之所同也，古今之所一也。"因爲有了喪服制度的等差，"群居和一之理盡矣"。所謂"性僞合"，並不是將性和僞兩種東西合在一起，而是以文理之僞節文人性之質，並沒有獨立於性之外的僞，而必須依據人情（稱情），節文人情（制節、文），文理，仍然是人性中的文理，因而，所謂僞，仍然是通過人爲的方式，使人性達到其最恰當的程度。《禮論》中又說："禮者，斷長續短，損有餘，益不足，達愛敬之文，而滋成行義之美也。"雖無"節文"之言，但說的正是禮以節文人情的道理。

《賦篇》對禮有一段非常精彩的贊辭：

> 爰有大物，非絲非帛，文理成章；非日非月，爲天下明。生者以壽，死者以葬，城郭以固，三軍以強。粹而王，駁而伯，無一焉而亡。臣愚不識，敢請之王？王曰：此夫文而不采者歟？簡然易知，而致有理者歟？君子所敬，而小人所不者歟？性不得則若禽獸，性得之則甚雅似者歟？匹夫隆之則爲聖人，諸侯隆之則一四海者歟？致明而約，甚順而體，請歸之禮。

文而不采、簡然易知而致有理,講的正是三年喪這樣的人道至文。不得若禽獸,得之雅似,講的仍然是性僞相合之義。由此可見,理或文理,已經成爲荀子思想體系中極爲重要的一個概念,其思想源頭是孔子講的文質關係,而荀子論理,必即性而言,因禮而成,我們由此也可以理解《禮器》中"義理,禮之文也"的含義,義理即理,即文理。

所以,在《荀子》當中,雖然文理、理的概念被強調得很多,但它始終來自文質關係,理是包含於廣義的文的。如果一定要區分文和理的話,則文更具有外在的人爲性,理因其"親用"之義而有較多內在性,這在《管子》和《禮記》各篇中也時有體現。郝懿行以"密察"爲"理"的特點,而密察之説出自《中庸》。雖然《中庸》所講也是"文理密察",而非僅就理而言,但大致説來,相較于文,理更加強調內在的細密,更強調條理的井然有序。

總之,文質論之下討論節文與文理,有幾個最基本的特點:一、質實是最根本的,節文、條理都必須附着於質實、作用於質實;二、質實雖根本,但質實也是粗樸易變,需要引導的,因而才有節文的必要,在文質論中,質實絶大多數情況指的是人情,人情就是需要指導的;三、是節文或文理,導致了秩序和文明的產生。

四　宋學中的禮、理關係

在梳理了先秦經、子傳統中文、理、禮等概念的關係後,我們可以確定,文質關係始終是一個基本的思考框架,理是更細密的文,內在於質,因而清人的追溯是很有道理的。朱子"禮也者,天理之節文也"一説,來自朱子的獨創。不過,在宋代學術的傳統中,朱子這樣界定禮、理關係的用意究竟是什麽,還需要我們進一步討論。

北宋李覯、王安石等人都非常重視禮學,李覯有言:"夫禮之初,順人之性、欲,而爲之節文者也。"[①]承自先秦經子以節文言禮的傳統。人性與情欲,是人性之實,爲之節文,是通過人爲的努力,將之導入一個秩序當中。李覯尚未引入天理的概念,而其文質論結構非常明顯,即以情性爲質,禮制爲文,

---

① 李覯:《禮論一》,《李直講集》卷二,四部叢刊景明成化刻本。

質既是根本性的,也是需要被修正和文飾的。

周子《通書·禮樂第十三》則以理釋禮:"禮理也,樂和也,陰陽理而後和,君君,臣臣,父父,子子,兄兄,弟弟,夫夫,婦婦,萬物各得其理而後和,故禮先而樂後。"①所謂萬物各得其理,各自按照天然的秩序來理順,就是禮,此說與《禮記》各篇中,從天敘天秩來理解禮的起源,是一脈相承的,不過,此語已顯現出對理之內在性的強調,已有理學的傾向。

在北宋五子中,張子是最重視禮學的,也是最關注天地秩序的,因而對禮與天道的關係有大量論述,與周子的說法大同小異。但其《語錄》中有一條,特別講到了禮、理關係:

> 蓋禮者理也,須是學窮理,禮則所以行其義,知理則能制禮,然則禮出於理之後。今在上者未能窮,則在後者烏能盡! 今禮文殘缺,須是先求得禮之意然後觀禮,合此理者即是聖人之制,不合者即是諸儒添入,可以去取。今學者所以宜觀禮者類聚一處,他日得理,以意參校。②

在這一條中,理學的色彩已經相當明顯,即,認爲理是本,比禮更根本,禮在理之後,需要先窮理才能知禮,先知理才能制禮。在最後一句話中,他將理解釋爲禮之意,而通常所說的禮乃是禮文。古禮不全,要恢復和理解古禮,先要識得禮意。張子還有一處論節文:

> 禮本於天,天無形,固有無體之禮;禮有形,則明於地,明於地,則有山川宗廟五祀百神,以至達於喪、祭、射、御、冠、昏、朝、聘,是見於跡也。蓋禮無不在,天所自有,人以節文之耳。③

此語中說了天地無形之禮與人類有形之禮,認爲後者乃是前者的節文。此語對"節文"的使用顯然不同於先秦的用法,而不再針對人情,是朱子"天

---

① 周敦頤:《通書·禮樂第十三》,《周敦頤集》,陳克明點校,北京:中華書局,1990年,第25頁。
② 張載:《張子語錄下》,《張載集》,章錫琛點校,北京:中華書局,1978年,第326—327頁。在《禮記說》中對《樂記》"禮也者,理之不可易者也"一語的解釋與此非常類似:"禮者,理也。欲知禮,必先學窮理。禮所以行其義,知理乃能制禮,然則禮出於理之後。今夫立本者未能窮,則在後者烏能盡? 禮文殘闕,唯是先求禮之意,然後可以觀理。"對比《語錄》,可知最後一個字"理"當爲"禮"字之訛。
③ 張載:《禮記說·禮運》,《張子全書》,西安:西北大學出版社,2015年,第338頁。自衛湜《禮記集說》輯出。

理節文"說的先聲。

二程對禮、理關係也都有深入討論，仍然承續了文質論語言："質必有文，自然之理也。理必有對，生生之本也。有上則有下，有此則有彼，有質則有文。一不獨立，二必爲文。非知道者，孰能識之？"①大程子較張子更明確地以文質論框架重新理解禮、理的關係："禮者，理也，文也。理者，實也，本也；文者，華也，末也。理是一物，文是一物。文過則奢，實過則儉。奢自文所生，儉自實所出。故林放問禮之本，子曰：'禮，與其奢也寧儉。'言儉近本也。"②第一句話"禮者，理也，文也"，並非定義，而是指出，禮包括了理和文兩個方面。隨後再分別講理和文是什麽：將理界定爲實和本，將文界定爲華與末，並明確將理和文説成是兩物。程子以天理爲形而上之道，而此處的説法是以理爲形而上之道，更根本，以文是形而下之器，爲末事；並且以奢、儉來談禮、理、本、末關係。其語言雖然仍然來自文質論，思想卻已不是先秦那種傳統文質論，因爲理不是需要被調整和文飾的粗樸之質，而是決定性的形而上之道，文只是次要的文飾，而談不上節文。用程子自己的概念説，這更像華實論或本末論，而非文質論。

小程子也是以類似的思想討論禮理關係："視聽言動，非理不爲，即是禮，禮即是理也。不是天理，便是私欲。人雖有意爲善，亦是非禮。無人欲即皆天理。"③從大程子對禮理、文質關係的辨析來理解小程子的這番言論，其用意就很清楚了。他説"禮即是理"，其含義是，只有真正按照天理去行禮，才算是禮，因而《論語》中所謂"視聽言動"的禮，也被他替換成了"理"。如果僅有禮文，而無天理，也算是非禮。

張子與二程確立了理學傳統中理、禮關係的基本模式。二程後學沿着程子的路向，更加强調理的獨立實體地位，甚至有以理易禮的傾向。④ 至朱子，"禮者，天理之節文"頻繁出現在他的各種著作和《語類》中，既是對二程模式的一個總結，也是矯正。通過對這一命題的考察，我們不僅可以深入理解朱子所理解的禮是什麽，更可以看他如何理解理和文質論傳統。《語類》

---

① 《河南程氏粹言》，卷一，《二程集》，王孝魚點校，北京：中華書局，2004 年，第 1171 頁。
② 《河南程氏遺書》，卷十一，《二程集》，第 125 頁。
③ 《河南程氏遺書》，卷十五，《二程集》，第 144 頁。
④ 殷慧：《禮理雙彰：朱熹禮學思想探微》，第 261 頁。

中收入了很多對理的描述,而其核心皆不脱離紋理之本義。如:

> 理者有條理。
>
> 理是有條理,有文路子。
>
> 理如一把綫相似,有條理,如這竹籃子相似。①

這些以理爲文理、條理的言論,實與戴震的理解非常相似。此外,朱子也將道、太極歸併到理之下:

> 道便是路,理是那文理。
>
> 理是有條瓣逐一路子。以各有條,謂之理;人所共由,謂之道。②
>
> 事事物物皆有個極,是道理之極至。……總天地萬物之理,便是太極。
>
> 太極者,如屋之有極,天之有極,到這裏更没去處,理之極至者也。③

道是路,理是紋理,太極是理之總會與極至,這便是朱子對此三個概念的大致界定。顯然,"理"是核心概念,道和太極都是"理"的近義詞。

但朱子對理的討論,也確實有不少"如有物焉"式的説法,如:

> 所謂理與氣,此决是二物。④
>
> 有此理後,方有此氣,既有此氣,然後此理有安頓處。大而天地,細而螻蟻,其生皆是如此。……理之一字,不可以有無論,未有天地時便已如此了也。⑤
>
> 太極只是天地萬物之理。在天地言,則天地之中有太極;在萬物言,則萬物中各有太極。未有天地之先,畢竟是先有此理。
>
> 未有天地之先,畢竟也只是理。有此理便有此天地。若無此理,便亦無天地,無人無物,都無該載了。有理便有氣,流行發育萬物。⑥

---

① 以上三條均見《朱子語類》,卷六,《朱子全書》,第十四册,上海:上海古籍出版社,合肥:安徽教育出版社,2010年,第237頁。
② 以上二條均見《朱子語類》,卷六,《朱子全書》,第十四册,第236頁。
③ 以上二條均見《朱子語類》,卷九十四,《朱子全書》,第十七册,第3126—3128頁。
④ 朱熹:《答劉叔文》,《晦庵集》,卷四十六,《朱子全書》,第二十二册,第2146頁。
⑤ 朱熹:《答楊志仁》,《晦庵集》,卷五十八,《朱子全書》,第二十三册,第2764頁。
⑥ 以上二條均見《朱子語類》,卷一,《朱子全書》,第十四册,第113—114頁。

如何理解朱子的這兩類言論？陳來先生將朱子的理理解爲規律①，是非常準確的。朱子雖然有時將理稱爲物，但他其實並未認真地闡釋這是怎樣一種"物"，或者説，他所説的"物"，既非物體，亦非實體，更非某種性命體。雖然朱子亦有"萬一山河大地都陷了，畢竟理卻只在這裏"②這樣的言論，"而在實際上他並不認爲物質會徹底消滅"③。對朱子之理的恰當界定莫過於：萬物的内在之理。正是因爲宋明理學對文質論的真正推進，而有其對形而上學的發現。

先秦經子著作中的文質論出現内在之文理的説法時，已經藴含着一個兩分的傾向，即内在之理與外在節文的區分。如拿治玉之事來比喻，治玉是要整治、修飾粗朴的玉石，但整治過程中不是要依循玉質的内在文理嗎？庖丁解牛所依賴的，正是内在的"天理"。依據内在文理，節文人情，以歸於人道之正，這是文質論的原初邏輯，只是許多著作中未能明言。到了宋學，從周子開始就非常強調内在之理。大程子將理説成本與實，將文説成末，但此説實大有含混處，若嚴格從文質論傳統看，將理等同於質實是有問題的，理應是質實的内在之理。朱子則更嚴謹，他所討論的理氣關係問題，是内在之理與質實的關係問題。理氣先後問題的核心，就是内在之理是否決定了質實。由此反觀，先秦的禮理關係論述，因多未區分内在之理與外在之文，而將禮、理均當做文理。我們把握某一事物時，若把握了其内在文理，就把握了關鍵。按照内在文理來做外在修飾，是最恰當的。因而，内在文理是決定了外在修飾的。《管子》《荀子》中多少都有這層意思。但這未必就意味着，内在文理比質實還要重要，因而決定了其質實。

在這樣的語境下，我們再來看朱子對"天理之節文"的使用。朱子對禮的標準界定是："禮者，天理之節文，人事之儀則。"他在解釋《論語》中"禮之用，和爲貴"時説："禮者，天理之節文，人事之儀則也。和者，從容不迫之意。蓋禮之爲體雖嚴，而皆出於自然之理，故其爲用，必從容而不迫乃爲可貴。

---

① 見於陳來：《朱子哲學研究》（上海：華東師範大學出版社，2000年）全書各處。如第94頁："'理在物先'，這表明了規律具有一般性。"在其英文目録和摘要中，理被譯爲 principle，也是因爲其被理解爲規律。

② 《朱子語類》，卷一，《朱子全書》，第十四册，第116頁。

③ 陳來：《朱子哲學研究》，第96頁。

先王之道，此其所以爲美，而小事、大事無不由之也。"①禮之所以和爲貴，是因爲禮出於自然之理，所以行禮時必須從容不迫，不可過嚴而毫無人情。外在之禮文決定於内在之天理。所以他又説："學者學夫人事，形而下者也；而其事之理，則固天之理也，形而上者也。"②理、禮之間，便是形而上與形而下的差别。

再如："問：'禮者，天理之節文；樂者，天理之和樂；仁者，人心之天理。人心若存得這天理，便與禮樂湊合得著，若無這天理，便與禮樂湊合不著。'曰：'固是，若人而不仁，空有那周旋百拜，鏗鏘鼓舞，許多勞攘，當不得那禮樂。'"③這一條的基本思想與小程子所論非常接近，但朱子與弟子對答的用語，非常明顯地透露出内在之理與外在之禮樂的關係：人心中内在地識得天理，便與作爲節文的禮樂相湊合。

朱子言禮者天理之節文，很多地方是就《論語》"克己復禮爲仁"而言的。如：

> 夫仁者，本心之全德也；己者，一身之私欲也；禮者，天理之節文也。蓋人心之全德，莫非天理之所爲，然既有是身，則亦不能無人欲之私以害焉。故爲仁者必有以勝其私欲而復於禮，則事皆天理，而本心之德復全於我也。心德既全，則雖以天下之大，而無一人不歸吾之仁者。然其機則固在我，而不在人也。日日克之，不以爲難，則私欲浄盡，天理流行，而仁不可勝用矣。④

> 仁者，本心之全德；克，勝也；己，謂身之私欲也；復，反也；禮者，天理之節文也。爲仁者所以全其心之德也，蓋心之全德莫非天理，而亦不能不壞於人欲，故爲仁者必有以勝私欲，而復於禮，則事皆天理，而本心之德復全於我矣。⑤

這兩條都來自對《論語》"克己復禮爲仁"條的解釋，此條本有己、禮、仁三個概念的關係，朱子將己解爲人欲，又加入一個理，從而分解有仁與理、禮

---

① 朱熹：《論語集注・學而》，《朱子全書》，第六册，第72頁。
② 朱熹：《論語或問》，卷十四，《朱子全書》，第六册，第839頁。
③ 《朱子語類》，卷二十五，《朱子全書》，第十四册，第880頁。
④ 朱熹：《戊申封事》，《晦庵集》卷十一，《朱子全書》，第二十册，第591頁。
⑤ 朱熹：《論語集注・顔淵》，《朱子全書》，第六册，第167頁。

與理、理與欲、己與禮四對關係。首先,他將仁理解爲本心之全德,而人心之德皆來自天理,這是仁與理的關係。但由於人欲之私爲害於天理,所以要克勝人欲歸於天理,這是朱子哲學中相當實質的理、欲關係。但對天理的回歸要通過復禮來完成,因爲禮是天理之節文,即外在之禮文是内在天理的表現。因而,字面上的己與禮的關係,表達了朱子更實質的欲與理的關係。

由上面的梳理可以看到,當朱子說"禮也者,天理之節文也"的時候,其語言雖然是文質論的,他其實並未以傳統的文質關係來理解理和禮之間的關係。在下面三條,朱子對節文關係有更實質的詮釋:

> 博我以文,約我以禮,聖人教人,只此兩事。博文工夫固多,約禮只是這些子。如此是天理,如此是人欲,不入人欲,則是天理。禮者,天理之節文。節謂等差,文謂文采,等差不同,必有文以行之。《鄉黨》一篇,乃聖人動容周旋皆中禮處,與上大夫言自然誾誾,與下大夫言自然侃侃,若與上大夫言卻侃侃,與下大夫言卻誾誾,便不是聖人,在這地位,知這則樣,莫不中節。今人應事,此心不熟,便解忘了。又云:聖賢于節文處,描畫出這樣子,令人依本子去學。譬如小兒學書,其始如何便寫得好?須是一筆一畫都依他底,久久自然好去。又云:天理、人欲,只要認得分明,便吃一盞茶時,亦要知其孰爲天理,孰爲人欲。①

此條顯示,朱子所謂"節文",並不僅僅來自《禮記》中的"節文",而是受《論語》"博文約禮"和《中庸》"發而皆中節"兩處影響很大,或者說,是將對這兩處的理解嫁接到了文質論中"節文"的修辭上來,因而大大削弱了大程子言論中重理輕文的思路,而是將節文當做實現天理的必由之路。②"節謂等差,文謂文采,等差不同,必有文以行之",與《禮記》諸篇中解爲節制與文飾的思路略有差別。在朱子的理解中,節是等差之不同,文是根據此等差不同而有的相應之儀則。不過,朱子的用法除去是對張、程的繼承之外,在先秦也並非無據。《孟子》:"仁之實,事親是也;義之實,從兄是也;……禮之實,

---

① 《朱子語類》,卷三十六,《朱子全書》,第十五册,第1340頁。
② 殷慧《禮理雙彰:朱熹禮學思想探微》中強調朱子糾正程子後學和陸氏心學以理易禮的傾向,回到張子和程子的思路上,非常精彩。但筆者以爲,這也是對程子本人的糾正。程子雖不似其後學所説那麼極端,但以理爲實、以禮爲華的思路,正是其後學極端化傾向的理論根據。

節文斯二者是也。"孟子這段話裏,並未將節文理解爲對人情的節文,而是認爲是針對仁義的節文,那麼這裏理解的"節文",當然也就不是損益之義,而正是文飾、實現之義。朱子或由其對《四書》的長期深入研究中悟出了這一理解方式,反而與先秦多數文本中的"節文"非常不同了。

所以,他舉《鄉黨》中孔子與人言的例子,指出,上大夫與下大夫不同,這就是節,因爲這種差等,而有不同的言説方式,這就是文。能夠以恰當的方式與不同的人交往,能夠以恰當的儀則面對不同的處境,就是"莫不中節",人不能憑空去學天理,而要在一件一件事上做,每件都做好了,發而皆中節,也就真能體認天理了。顯然,由節文而達致的次序,正是朱子所理解的"格物窮理""格物致知"的思路。

> 所以禮謂之天理之節文者,蓋天下皆有當然之理,今復禮便是天理,但此理無形無影,故作此禮文,畫出一個天理與人看,教有規矩可以憑據,故謂之天理之節文。有君臣便有事君底節文,有父子便有事父底節文,夫婦、長幼、朋友,莫不皆然,其實皆天理也。天理、人欲,其間甚微。於其發處,子細認取,那個是天理,那個是人欲,知其爲天理,便知其爲人欲。既知其爲人欲,則人欲便不行。譬如路然,一條上去,一條下去,一條上下之間,知上底是路便行,下底差了便不行,此其所操豈不甚約,言之豈不甚易,卻是行之甚難。學者且恁地做將去,久久自然安泰。人既不隨私意,則此理是本來自有底物,但爲後來添得人欲一段,如孩提之童無不知愛其親,及長,無不知敬其兄,豈不是本來底,卻是後來人欲肆時,孝敬之心便失了。然而豈真失了?于靜處一思念,道:我今日於父兄面上,孝敬之心頗虧。則此本來底心,便復了也。只於此處牢把定,其功積久,便不可及。①

這一條更詳細闡明復禮即是天理的説法。所謂天理,是一個無形無影的形而上概念,必須落實在具體的禮文和規矩當中,通過這些禮文實現天理。而隨後舉的例子中顯示,節文其實非常重要,絶非可有可無的修飾。君臣、父子、夫婦、長幼、朋友,其間行禮相處的節文就是天理。只有知道在每

---

① 《朱子語類》,卷四十二,《朱子全書》,第十五册,第1494—1495頁。

件事上該怎麼做,才有可能知道什麼是天理。文中做的比喻也非常重要,理者道也,一條路一條路該怎麼走,講的就是理是怎樣的。分辨出正確和錯誤的路綫,知道哪條路該走,哪條路不該走,就是由外在禮文體認内在天理。

  又問:"若以禮與己對看,當從禮説去。禮者,天理之節文,起居動作,莫非天理,起居動作之間,莫不渾全,是禮則是仁,若皆不合節文,便都是私意,不可謂仁。"曰:"不必皆不合節文,但才有一處不合節文,便是欠闕。若克去己私而安頓不着,便是不入他腔窠。且如父子自是父子之禮,君臣自是君臣之禮,若把君臣做父子,父子做君臣,便不是禮。"①

  朱子與弟子的此條對話,正是對上兩條所講道理的進一步闡釋。弟子根據朱子所謂通過節文體認天理的思路,認爲,若是舉手投足之間完全不合節文,就没有體認天理,即未能做到克己,私欲仍然在起主要作用。朱子糾正他説,不必説完全不合節文,只要有一處不合節文,就没有達致天理,因爲那就没有達到"義精仁熟""豁然貫通"的程度,算不得真正達到了格物致知、體認天理的境界。

  我們由此也就清楚了"禮者天理之節文"一語中包含的哲學意義。"理"字,並未脱離文質論的傳統,只是更强調内在之理。"節文"一詞容易引起誤解,但其實質關係並非文理與質實的關係,而是内在之理與外在之文的關係,而隱藏了質實、人情的層次。筆者認爲,朱子之所以經常有將理當做實體的傾向,並不是因爲他將天理作實體性理解,而是因爲他經常將作爲質實的形和作爲質實之内在文理不加區分,正如當他講"禮者,天理之節文",其實質是:理是生生之理,禮是此理之節文,而其中的根本乃是人情之質實。所謂道不離器,器不離道,但道與器皆要依賴於人情才能成立。

  經過這番梳理,清儒與宋儒的實質區別也就更清晰了。當戴震將理解釋爲天地之條理,其言論卻與朱子論内在天理非常接近;黄式三所講的"禮義",也可看作天理的另一説法。但這並不意味着清儒的批評完全是無的放矢。雙方真正的差别在於,究竟如何看待内在之理、外在之文與人情質實三者之間的關係。程朱學説的真正要害在於,他們在將天理形而上化之後,認

---

① 《朱子語類》,卷四十一,《朱子全書》,第十五册,第 1452—1453 頁。

爲天理決定了人情質實，所以在講理、禮關係時，內在之理與外在之禮的關係，常常被等同於質與文的關係，甚至被化約爲本與末、實與華的關係。朱子在肯定理對人情和禮文的決定關係的前提下，又一再强調禮與理之間的一致性，不可捨去禮文而空言天理。朱子對程子後學和心學的糾正，已反映出理學的一個内在張力。清儒戴震、凌廷堪、黄式三等的立場是，人情質實是最根本的，無論内在之理還是外在之文，皆爲文理。雖然有着諸多表面言辭上的相同，這一基本立場的區别，決定了宋代理學與清代禮學不可忽視的重大不同。

吴飛，北京大學哲學系教授，北京大學禮學研究中心主任。

重審《三禮注》與《毛詩》之關係：
以《鄭志・答炅模》爲中心*

李 霖

一 成爲"萬能藥"的三家《詩》

東漢鄭玄貫通群經，建構恢宏且圓融的學説體系。鄭氏的著作，僅有《三禮注》和《毛詩箋》完整傳存。惟《三禮注》引《詩》文字、説解《詩》義，卻與《毛詩》及鄭箋紛紛歧異，可謂鄭學體系之異調，遂爲治鄭學者不容忽視的問題。

與此相關，唐人義疏强調《毛詩傳》在注《禮》時的缺席，在一定程度上維護了鄭學體系的自洽。孔疏屢稱"《禮注》在前，《詩箋》在後，故《詩》有與《禮注》不同"①，"注《禮》在先，未得《毛詩傳》"②，"凡《注》與《詩》不同，皆倣此"云云③。對於《禮注》與《毛詩》的另一些差異，孔穎達又歸因於三家《詩》，謂"所引《詩》者，《齊》《魯》《韓詩》也"④，"蓋鄭所見《齊》《魯》《韓詩》本不同也"⑤。與孔疏類似，賈公彦亦稱"彼《詩》鄭注又與此不同者，鄭君注《禮》之時未見《毛傳》"⑥，又謂"鄭先通《韓詩》，此據《韓詩》"⑦，"鄭從三家

---

* 本文爲教育部人文社會科學重點研究基地重大項目"鄭玄與漢唐經學傳統研究"（22JJD770007）部分研究成果。

① 《禮記・大傳》疏，見《影印南宋越刊八行本禮記正義》卷四十四，北京：北京大學出版社，2014年，第961頁。
② 《禮記・孔子閒居》疏，見《影印南宋越刊八行本禮記正義》卷五十八，第1380—1381頁。
③ 《禮記・坊記》疏，見《影印南宋越刊八行本禮記正義》卷五十九，第1390頁。
④ 《禮記・郊特牲》疏，見《影印南宋越刊八行本禮記正義》卷三十五，第805頁。
⑤ 《禮記・樂記》疏，見《影印南宋越刊八行本禮記正義》卷四十九，第1092頁。
⑥ 《儀禮・鄉飲酒禮》疏，見《儀禮注疏》卷九，《十三經注疏》第4册，臺北：藝文印書館，2007年，第93頁。
⑦ 《周禮・地官・稍人》疏，見《景宋八行本周禮疏》卷十七，《師顧堂叢書》，貴陽：貴州教育出版社，2020年，第859頁。

《詩》,故不同"云云①。同樣用《毛詩傳》的缺席或鄭從三家《詩》,來解釋《禮注》與《毛詩》的差異。

孔、賈義疏的做法,可能爲三家《詩》的輯佚工作打開了思路。治三家者,自南宋王應麟②,至清人范家相③、臧庸④、陳壽祺⑤、陳喬樅⑥、王先謙等⑦,莫不認爲"鄭玄注《禮》時未見《毛詩》,用三家《詩》注《禮》"⑧。各家衆口一詞,竟成爲治經者之"常識",僅有李雲光、楊天宇、谷麗偉、羅健蔚先生等寥寥數人提出異議。⑨

不容否認,鄭玄注《禮》時曾用三家《詩》,例如《儀禮》注明引《魯詩》一處⑩、

---

① 《周禮·秋官·蜡氏》疏,見《景宋八行本周禮疏》卷四十三,第1998頁。
② 見王應麟《詩考》,詳參本文第八節。
③ 范家相《三家詩拾遺》卷三云:"鄭注《三禮》時未見《毛詩》,所説皆《魯詩》。"《叢書集成初編》,北京:中華書局,1985年,第50頁。
④ 臧庸《拜經日記》卷二《洒灑也》條云:"鄭注《周官》引《論語》而不引《毛詩》者,注《禮》時未見《毛詩》,彼三家經皆作'灑'也。"又,同書卷五《玭兮玭兮》條云:"康成注《禮》未見《毛詩》,此(引者案指《周禮》注)所引《詩》蓋出魯、韓之經,不同毛氏。"《續修四庫全書》第1158册,上海:上海古籍出版社,2002年,第67、90頁。
⑤ 陳壽祺《左海文集》卷四下《與王伯申詹事論古韻書》自注:"鄭君《三禮注》引《詩》皆出三家,時未見《毛詩》也。見《鄭志》。"《續修四庫全書》第1496册,第165頁。
⑥ 陳喬樅《齊詩遺説考·自敘》云:"鄭君本治《小戴禮》,注《禮》在箋《詩》之前,未得《毛傳》;《禮》家師説均用《齊詩》,鄭君據以爲解,知其所述多本《齊詩》之義。"《齊詩遺説考》,《續修四庫全書》第76册,第325頁。案此處雖謂"未得《毛傳》",《遺説考》實際是依據"未得《毛傳》"來處理鄭注的。
⑦ 王先謙《詩三家義集疏》卷三下《淇奥》云:"鄭注《禮》時未見《毛詩》,所引《詩》作'會',是《齊》與《毛》同。"卷二十二《民勞》云:"鄭注《禮》時未見《毛詩》,讀如'謹嘵',自據三家文。"卷二十三《桑柔》云:"鄭注《禮》時未見《毛詩》,故徵引不及。"北京:中華書局,1987年,第271、911、942頁。
⑧ 明確如此表述的,如俞正燮《癸巳類稿》卷二《詩騶虞義》云"鄭君注《禮》,未得《毛詩》,用三家説云"云云。《續修四庫全書》第1159册,第288頁。
⑨ 李雲光先生認爲鄭玄注《周禮》《儀禮》時已得見《毛傳》,見氏著《三禮鄭氏學發凡》,上海:華東師範大學出版社,2012年,第12—13頁。楊天宇先生在李氏基礎上,進一步認爲"《禮記注》完成之前曾見《毛傳》,並據以修改《記注》",見氏著《鄭玄〈注〉〈箋〉中詩説矛盾原因析考》,《河南大學學報(社會科學版)》1985年第4期,第66頁。梁錫鋒先生贊同楊氏之説,見氏著《鄭玄以禮箋〈詩〉研究》第七章第一節,北京:學苑出版社,2005年,第178—192頁。谷麗偉先生認爲鄭玄注《禮記》時已得見《毛傳》,但尚未治《毛詩》之學,見氏著《鄭玄注三〈禮〉與始見〈毛詩〉之先後考》,《殷都學刊》2012年第2期,第37—41頁。羅健蔚先生認爲鄭玄注《三禮》時已經得見《毛詩》經文及詩序,注《禮記》時未得《毛傳》;至於注《周禮》《儀禮》時是否得見《毛傳》,尚未能斷言。見氏著《鄭玄〈三禮注〉説〈詩〉與引〈詩〉之研究》第六章第一節,《中國學術思想研究輯刊》二六編第1册,新北:花木蘭文化事業有限公司,2017年,第169—182頁。筆者的主要觀點與羅健蔚先生接近。
⑩ 《士昏禮》注云:"'宵'讀爲《詩》'素衣朱綃'之'綃',《魯詩》以綃爲綺屬也。"其中《魯詩》云云一句,賈疏未予解釋,然孔穎達《毛詩·唐風·揚之水》疏及《禮記·郊特牲》疏均引及,因而可以確信爲鄭注文字。王應麟《詩考》引《儀禮》注同今本。

《周禮》及禮記注明引《韓詩》兩處①。然而陳喬樅等輯佚家，以鄭玄未見《毛詩》爲前提，徑將《禮》注全然劃歸三家，其穿鑿傅會之處往往而是②。更要警惕的是，三家《詩》之於鄭玄，儼然成爲修補鄭學體系的"萬能藥"③，不僅可以解釋《禮》注乃至群經鄭注與《毛詩》之差別，亦時時用來搪塞《詩》箋對毛傳的改易④。實際上，萬能藥之於鄭學，並未消解體系内部的潛在衝突，只能當作體系所以前後不一的託辭。更何況萬能藥的濫用，是將鄭玄定位爲舊説的復述者，反而意味着對鄭學體系的解構。因此，我們應當擺脱對三家《詩》這一萬能藥的過度依賴，立足於鄭學本身，重新認識《禮注》何以異於《毛詩》。爲此，必須重審《三禮注》與《毛詩》之關係。

二　"萬能藥"的根本依據：《鄭志·答炅模》

回到問題的起點，三家《詩》所以有機會充當萬能藥，除了鄭玄確實曾習《韓詩》外⑤，其根本原因是《毛詩》被認爲在注《禮》時缺席。那麼問題的關鍵即在於，鄭注《三禮》時真的未見《毛詩》嗎？

此説實本自《鄭志》。《鄭志》是鄭玄答弟子問《五經》的語録⑥，其書大約在北宋初年亡佚⑦。孔穎達《禮記》《毛詩正義》爲解釋《禮記》《禮記注》《儀禮注》與《毛詩》經注的差異，直接或間接引用《鄭志·答炅模》凡六次，依經書

---

①　《禮記·經解》鄭注明引《韓詩内傳》，此其一。《周禮·玉府》鄭注引《詩傳》，賈疏云"'《詩傳》曰'謂是《韓詩》"，並指出毛傳與此不同，此其二。

②　關於陳喬樅等輯佚家之穿鑿傅會，參李霖《論陳喬樅與王先謙三家詩學之體系》，吳飛主編《南菁書院與近世學術》，北京：生活·讀書·新知三聯書店，2019年；馬昕《三家〈詩〉輯佚史》第九章，北京：中華書局，2022年。

③　楊天宇先生引"凡《注》與《詩》不同，皆倣此"，謂"孔穎達此論，對後世影響甚大，似乎成了解釋鄭玄《注》《箋》中詩説矛盾的一把萬能鑰匙"，見氏著《鄭玄〈注〉〈箋〉中詩説矛盾原因考析》，第63頁。

④　例如馬瑞辰《毛詩傳箋通釋》卷一《鄭箋多本韓詩考》云："鄭君箋《詩》，自云'宗毛爲主'。其間有與毛不同者，多本三家《詩》。"（北京：中華書局，1989年，第20頁）黃焯《毛詩鄭箋平議》卷一謂："大凡鄭易毛之處，多本三家。"（上海：上海古籍出版社，1985年，第3頁）

⑤　《後漢書》本傳載鄭玄從張恭祖習《韓詩》。

⑥　《後漢書》本傳載："門人相與撰玄答諸弟子問《五經》，依《論語》作《鄭志》八篇。"篇名爲唐人義疏引用者，有《易志》《尚書鄭志》《周禮志》《春秋志》《雜問志》，據此可推知八篇當包括五經、二禮及《雜問》。可參清孔廣林《通德遺書所見録》、袁鈞《鄭氏佚書》中的《鄭志》輯本。

⑦　《隋書·經籍志》著録《鄭志》十一卷，兩《唐志》著録《鄭志》九卷，至《崇文總目》不復著録。然南宋羅泌《路史》卷十七高陽紀引鄭答趙商一條，未見於其他文獻。

篇次排序如下：

《禮記·禮器》疏："鄭答炅模云：爲《記注》之時，依循舊本，此文是也。後得《毛詩傳》而爲《詩注》，更從毛本，故與《記》不同。"①

《禮記·大傳》疏："《禮注》在前，《詩箋》在後，故《詩》有與《禮注》不同，故鄭答炅模云然也。"②

《禮記·孔子閒居》疏："案《鄭志》注《禮》在先，未得《毛詩傳》。（中略）在後箋《詩》，乃得《毛傳》。"③

《禮記·坊記》疏："《鄭志》答炅模云：注《記》時就盧君，後得《毛傳》，乃改之。"④

《毛詩·邶風·燕燕》疏："《鄭志》答炅摸云：爲《記注》時就盧君，先師亦然。後乃得毛公傳記古書，義又且然，《記注》已行，不復改之。"⑤

《毛詩·小雅·南陔》等三篇序疏："《鄭志》答炅摸云：爲《記注》時就盧君耳，先師亦然。後乃得毛公《傳》，既古書，義又當，然《記注》已行，不復改之。"⑥

炅模⑦，鄭氏門人，其人僅見於《鄭志》。儘管還有其他材料表明鄭玄注《禮》早於箋《詩》⑧，但多數學者視爲"常識"的注《禮》時未見《毛詩》之說，其**惟一史源**正是《鄭志》。

與"常識"有所不同，上述六條《鄭志》引文並未明言鄭注《三禮》時未見《毛詩》，引文本身傳達的信息乃是注《禮記》時未得《毛傳》（其中《大傳》和《孔子閒居》疏所謂《禮》，就《正義》語境而言，應優先理解爲《禮記》，而非《三禮》）。至於鄭注《周禮》《儀禮》時之情形，以及其時是否得見《毛詩》經文或

---

① 《影印南宋越刊八行本禮記正義》卷三十二，第749頁。
② 《影印南宋越刊八行本禮記正義》卷四十四，第961頁。
③ 《影印南宋越刊八行本禮記正義》卷五十八，第1380—1381頁。
④ 《影印南宋越刊八行本禮記正義》卷五十九，第1390頁。"炅"字，原誤作"晁"。
⑤ 宋刻十行本《毛詩注疏》卷二之一，東京：汲古書院，1973年影印，第238頁。案此本文句不通，諸本及宋本《毛詩要義》卷二上（《續修四庫全書》第56册，第357頁）同，當據《毛詩·南陔》等三篇序疏引文校改，詳見本文第四節。
⑥ 《南宋刊單疏本毛詩正義》卷十六，北京：人民文學出版社，2012年，第165頁。宋本《毛詩要義》同。
⑦ 《詩正義》作炅摸，蓋模之俗字，例如《南宋刊單疏本毛詩正義》"模範"作"摸範"（第295頁）。
⑧ 《唐會要》卷七七、《文苑英華》卷七六六引鄭玄《自序》云："遭黨錮之事，逃難注《禮》，黨錮事解，注《古文尚書》《毛詩》《論語》。"

詩序，無法從《鄭志》引文推知。爲檢驗"注《禮》時未見《毛詩》"之説是否成立，即重審《三禮注》與《毛詩》之關係，須先澄清其惟一史源鄭答炅模之原意。對此，恢復《鄭志》原文，鈎沉炅模之問，就尤爲切要了。①

三　復原《鄭志·答炅模》的方法

（一）《鄭志》引文的表述

前述六條《鄭志》引文，從表述來看，大體可分爲兩種類型。後三條《坊記》《燕燕》《南陔》疏（本文簡稱《南陔》等三篇序疏爲《南陔》疏）所引《鄭志》，顯係同一史源，接近《鄭志》原文的可能性最大。這是第一種類型。同時，首條《禮器》疏存在有别於各條的獨立表述，這是另一種類型。至於《大傳》和《孔子閒居》疏引文，源自何種類型，則不能單純通過表述來判定。

兩種類型的《鄭志》引文均透露出，**鄭玄所答當是針對特定的問題，而非泛論《禮記注》全書**。筆者的主要依據是，末二條《燕燕》《南陔》疏所引《鄭志》，討論的是在某一個特定的問題上，鄭玄的意見受到盧君的影響，某位"先師"亦持此見，而該意見與毛傳不同。之所以認爲是特定的問題，是因爲"先師"的經説不會總是同於盧君而異於毛公②，《禮記注》也不可能全盤尊信盧君。

同時可以作爲佐證的是，首條《禮器》疏引文中的"此文"，玩其詞氣，當指炅模所問的某一具體文本，而非泛指全書。如果是泛指《禮記》或《禮記注》全書，則"此文是也"一句宜删去。

---

① 《鄭志》輯本主要有三卷本、八卷本兩個系統。《四庫全書》收録佚名所輯三卷本，附入館臣案語，又收入武英殿聚珍版叢書。清嘉慶二年（1797）武億校本以聚珍本爲底本，收入《問經堂叢書》，後收入《古經解彙函》。（據《中國叢書綜録》，該版本系統另有《清芬堂叢書》本、《食舊堂叢書》本。）清嘉慶三年（1798）錢東垣、錢繹、錢侗校本以聚珍本爲底本，收入《汗筠齋叢書》，有日本文政三年（1820）覆刻本。《粤雅堂叢書》《後知不足齋叢書》皆收録錢東垣校本，而《粤雅堂叢書》本又加校勘。以上三卷本。八卷本有清孔廣林《通德遺書所見録》、袁鈞《鄭氏佚書》本，準《後漢書》所記八篇之數重加採輯。另有成蓉鏡《鄭志考證》一卷，以四庫本系統爲據。皮錫瑞據袁鈞輯本，吸收諸家之考訂，著《鄭志疏證》八卷。

② "先師"的涵義詳見第四節末尾。

兩種類型《鄭志》引文中的"先師亦然"和"此文是也"不同程度地表明，鄭玄所論很可能是針對《禮記注》中的具體問題，而非概括全書的整體情況。實際上，今存《鄭志》條目中凡是可以明確甄別其所問內容的，均係針對具體的經注文問題，而未見針對全書的提問。

可以類比鄭答炅模的是，趙商問《周禮·膳夫》與《禮記·玉藻》言天子之食何以不同，鄭答云：

> 《禮記》後人所集，據時而言。或以諸侯同天子，或以天子與諸侯等禮數不同，難以據也。《王制》之法與《禮》違者多，當以經爲正。①

答語雖論及《禮記》全書之性質，弟子問實僅就《膳夫》與《玉藻》的具體分歧而發。《周禮》《禮記》《毛詩》三疏對此條《鄭志》的引用，亦皆限定於討論這一特定問題（未載弟子問的《毛詩正義》亦然），而未曾移用於《周禮》《禮記》的其他差異。

當然，這並不意味着鄭玄的回答僅僅適用於炅模或趙商的特定問題，而不容帶有任何普遍意義。要評判答語是否如孔穎達、賈公彥以來的學者普遍理解的那樣，廣泛適用於各處《禮注》與《詩箋》之差異，必須知道炅模之問的大致內容：炅模所問是哪一篇、哪一句《禮記注》與哪一處《毛詩》的差異，即**炅模"所問經注"**（提問涵蓋的所有經注）是什麼。

（二）撰疏人是否得見炅模之問

勾稽炅模之問，是解讀《鄭志》原意的重要環節。僅憑鄭玄的回答，無法還原炅模所問經注。幸好《正義》作者及見未亡之《鄭志》。**撰疏人所據《鄭志》版本，是否具備炅模之問呢**？檢唐人義疏所引《鄭志》條目②，不錄提問、只保留答語的亦非少數。但這些不錄提問的條目，絕大多數可據鄭玄答語

---

① 《周禮·膳夫》疏引，見《景宋八行本周禮疏》卷四，第180頁。《禮記·玉藻》疏、《毛詩·鴛鴦》疏引文均與此相近。"與禮違"，《玉藻》及《鴛鴦》疏作"與周違"。

② 由於本文聚焦於《鄭志》中的答炅模一條，因而主要分析《毛詩》《禮記正義》對《鄭志》的引述和利用。其他義疏及著述對《鄭志》的引用情況比較複雜，不在本文討論之列。

推知弟子所問經注的大致範圍①,難以猜測的,僅有鄭答炅模等數條而已②。唐人義疏之所以不載其問,很可能是出於避免冗贅等理由,而非不知所問何事③。由此,**筆者傾向於認爲撰疏人所據《鄭志》各條本來具備弟子問**④。但事實是否必定如此,仍缺乏堅實的證據。

由於無法確定撰疏人得見炅模之問,儘管筆者認爲可能性不大,但爲求審慎,不妨先假設相反的情形:設若《正義》所據《鄭志·答炅模》已失其問。若然,則意味着撰疏人在不明炅模之問的情況下,一知半解地利用了鄭玄對特定問題的回答。那麼《禮記》《毛詩正義》對《鄭志》的六處引述,勢必存在以偏概全、斷章取義之處。《正義》所總結的"凡《注》與《詩》不同,皆倣此",也就不足憑信了。撰疏人在解釋《南陔》等笙詩的注、箋差異時,將《鄭志》所謂注《禮記》時未得《毛傳》,拓展至注《儀禮》時未見《毛詩》序⑤,這樣的推演亦缺乏依據。至於後學在唐人義疏的基礎上提出注《禮》時未見《毛詩》,進而發明"萬能藥",則更屬空中樓閣矣。

論述至此,關於"《正義》所據《鄭志》已失炅模之問"的假設可以告一段落,因爲在該假設之下,本文目的已然達到:"萬能藥"的基礎將不復存在,對《鄭志》的理解,理應重返注《禮記》時未得《毛傳》這一起點,其時可能得見《毛詩》經文及詩序,《三禮注》與《毛詩箋》之關係有望獲得重建。

---

① 例如《毛詩·魏風·園有桃》疏引《鄭志》答張逸云:"税法有常,不得薄。今魏君不取於民,唯食園桃而已,非徒薄於十一(引者案宋刊農疏本有"一"字,是),故刺之。"僅從答語即可判斷其針對《園有桃》箋"魏君薄公税"云云。不太明顯的,如《毛詩·王風·大車》疏及《唐風·無衣》疏引《鄭志》答趙商云:"諸侯入爲卿大夫,與在朝仕者異,各依本國,如其命數。"熟悉内容的讀者可以判斷出弟子所問乃《王風·大車》及《唐風·無衣》相關傳箋涉及的"出封加等"問題。

② 除鄭答炅模外,還有《毛詩·周南·關雎》序疏引鄭答劉炎云"《論語註》人間行久,義或宜然,故不復定,以遭焚説",《毛詩·小雅·常棣》序疏引鄭答趙商云"凡賦詩者,或造篇,或誦古",《鄭譜》疏引鄭答趙商云"詩本無文字,後人不能盡得其第,録者直録其義而已"等。

③ 撰疏人並非不知其問的例證,如上文鄭答趙商問《膳夫》《玉藻》之異,《周禮》《禮記》二疏引文具備趙商之問,《毛詩正義》未載其問,但仍然是在討論《膳夫》《玉藻》之異時引用,説明《詩》疏作者並非不知其問。此類可於唐人義疏中互見的例證甚多,不煩贅述。再舉一例具有義疏以外證據的,如《禮記·曲禮》"已孤暴貴,不爲父作謚"疏云"或舉武王爲難,鄭答趙商曰"云云,《禮記正義》節略趙商之問爲"舉武王爲難"。《通典》卷一百四《凶禮》備載趙商之問"《曲禮》云'已孤暴貴,不爲父作謚',而武王即位,追王太王、王季、文王,改謚爵,何也",與《正義》所繫之經注及歸納的提問一致。《通典》成書晚於《正義》,趙商之問必定爲撰疏人所見。《正義》所以不備録趙商之問,當因《正義》此處討論的經文"已孤暴貴,不爲父作謚"和鄭玄的回答已然提示了趙商所問的經文内容,故而將其提問節略,以避免冗贅。

④ 可以作爲旁證的是,袁鈞等《鄭志》輯本能够將《雜問志》之外的條目都繫屬於相應的經注文。

⑤ 見孔穎達《毛詩·南陔》等三篇序疏、賈公彦《儀禮·鄉飲酒禮》疏,説詳本文第四、六節。

需着重考慮的是另一種可能：《正義》所據《鄭志》具備炅模之問。**本節下文至第六節將以此爲前提**，嘗試恢復炅模之問及《鄭志》原文、原意，並檢討撰疏人對《鄭志》的使用與《鄭志》原意之差距。

(三)《鄭志》所問經注與《正義》所繫經注

假設《正義》得見炅模之問，則《禮記》《毛詩》二疏引述《答炅模》時的語境，將爲復原炅模之問提供新的綫索。

在從事復原之前，有必要考察《禮記》及《毛詩正義》引用《鄭志》的位置是否存在一定之規，以便後文更恰當地對待《正義》語境。對於今存《鄭志》中可以明確甄別弟子"所問經注"的條目（或者本來具備弟子問，或者可由答語推知弟子問），對比該條《鄭志》"所問經注"與《禮記》或《毛詩正義》引用該條《鄭志》時所疏釋之經注（简稱《正義》"所繫經注"）二者之同異①，可以發現：該條《鄭志》所問經注（若與《禮記》或《毛詩》存在交集②），總是與《禮記正義》或《毛詩正義》所繫經注存在交集③。

兹舉數例説明。最單純的情況是《鄭志》所問經注與《正義》所繫經注均只有一處，則二者等同。例如張逸問"何詩近於比賦興"，所問經注顯係《毛詩·關雎》序之"六義"，《毛詩正義》所繫經注與此相同。此類例證最多。第二種情況是弟子所問經注不止一處。例如前引趙商問《膳夫》《玉藻》之異，所問經注爲《周禮·膳夫》及《禮記·玉藻》的相應經文，《禮記正義》所繫經注爲《玉藻》經文，二者有交集。（由於《毛詩》與《膳夫》《玉藻》無交集，故而《毛詩正義》所繫經注不在討論之列。）④第三種情況是《正義》所繫經注不止一處。例如趙商問《禮記·祭法》《喪服小記》《大傳》之注與《毛詩·長發》序箋之異，所問經注爲《祭法》《喪服小記》《大傳》注文及《長發》序箋，《毛詩正

---

① 該條《鄭志》倘若未見《禮記正義》引用，即不存在《禮記正義》所繫經注，則不納入討論之列。未見《毛詩正義》引用者亦然。

② 倘若《鄭志》所問經注與《禮記》無關，則《禮記正義》所繫經注當然不可能與《鄭志》所問經注存在交集，故不在本文討論之列。與《毛詩》無關者亦然。

③ 較爲特殊的是，《鄭志》所問經注是某詩，而《毛詩正義》有時繫於該詩所在之《譜》。考慮到《詩譜》與詩密切相關，本文在判斷《正義》所繫經注位置時，視《譜》等同於原詩。

④ 此外，《周禮疏》繫於《膳夫》，亦與趙商所問經注存在交集。但《周禮疏》的繫屬，不在本文討論之列。

義》繫於《長發》序箋及《難》①,《長發》序箋係二者之交集。

這些例證意味着,對於可以明確弟子所問經注的條目,《禮記》及《毛詩正義》的引述即便存在移用,也不會遺漏《鄭志》的原初語境。這一規則是否適用於《答炅模》等無從猜知弟子所問經注的條目,尚缺乏堅實的依據。然而,當我們假設《正義》所據《鄭志》具備炅模之問時,這一慣例便可對《答炅模》發揮效力:鄭答炅模被《禮記正義》所繫四處經注之中,應包含炅模所問經注,《毛詩正義》所繫兩處經注亦然。意即《禮記》《毛詩》二疏引述鄭答炅模時所針對的經注文問題,都至少應有一處逼近炅模之問。這一推論,切實地增強了《正義》語境對於復原工作的意義。

(四)《正義》引述《鄭志》時的語境

如果撰疏人得見炅模之問,則除了《鄭志》引文本身,被引時的《正義》語境也成為了復原工作的珍貴材料。儘管《正義》的各處引述勢必存在移用,但炅模之問亦應隱藏在《正義》的語境中。

查六處《正義》之語境,《禮器》疏繫於經文"《詩》云'匪革其猶,聿追來孝'",表面上是針對《禮記》引《詩》與《毛詩·文王有聲》"匪棘其欲,遹追來孝"的文本差異。

《大傳》疏繫於經文"《詩》云'不顯不承,無斁於人斯'",針對《禮記》注與《毛詩·清廟》箋解詩之差異。

《孔子閒居》疏繫於"生甫及申"注"仲山甫及申伯",針對《禮記》注以"甫"爲仲山甫,而《毛詩·崧高》箋以爲甫侯。

《坊記》疏繫於"《詩》云'先君之思,以畜寡人'"注"此衛夫人定姜之詩也"云云,針對《毛詩》箋以《燕燕》爲莊姜詩,與此注不同。

《燕燕》疏繫於"先君之思,以勗寡人"箋"戴媯思先君莊公之故,故將歸猶勸勉寡人以禮義",針對的問題與《坊記》疏相同。

《南陔》疏繫於《南陔》《白華》《華黍》三篇序之箋,針對《儀禮》注與《毛詩》箋對於"笙詩"序是否見在、"笙詩"何時亡佚的分歧。

依據《正義》各處針對的問題,六條引文可分爲兩種類型:獨首條針對

---

① 其中《長發》疏備引趙商問及鄭答,《難》疏節引其答語。

《禮記》經文引《詩》與《毛詩》之間的異文，自爲一類；次條以下皆針對《禮記》注（末條爲《儀禮》注）與《詩》箋經説或文義的分歧，另屬一類。這兩種類型的劃分，正與前文由引文表述作出的分類一致，同時也可以解決《大傳》和《孔子閒居》疏引文的歸屬問題：與後三條歸爲一類。

在兩類引文中，次條以下引文的數量占據絶對優勢，而且如前所述，後三條引文接近《鄭志》原文的可能性最大，所以應優先由此類引文（次條以下引文）復原《答炅模》。然而獨特的首條引文帶來了一個不容迴避的問題：首條引文與《鄭志》原文及次條以下引文存在何種關係？若優先考慮次條以下引文，則首條引文的存在不外乎兩種可能：首條引文或者是撰疏人對《鄭志》原文的拆分或臆改，或者是炅模提了另一個問題，鄭玄對此作答。

下面優先於第四節討論次條以下引文，判斷各條《正義》所繫經注及其所針對的問題，何者最接近炅模之問。然後再於第五節討論首條引文，判斷炅模是否提了另一個問題。相關討論，仍以《正義》本來知悉炅模之問爲前提。

四　《燕燕》等疏所引《鄭志》考原

（一）炅模之問考原

對於次條以下《鄭志》引文，筆者認爲最接近炅模之問的，是《坊記》疏和《燕燕》疏所共同針對的問題。理由有如下五點。

第一，末條《南陔》疏所繫經注，一定不是炅模所問。而根據前述《正義》引《志》慣例，《毛詩正義》所繫兩處經注，至少有一處應是炅模所問。《南陔》疏被排除後，只有《燕燕》疏符合條件。

《南陔》疏被排除的理由是：《南陔》疏針對"笙詩"《儀禮》注與《詩》箋的差異，其所引《鄭志》卻明言《禮記》注，而非《禮》注或《儀禮》注。設若炅模所問是"笙詩"問題，鄭玄絶不可能特言《禮記》注。故而《南陔》疏引《鄭志》，只能是撰疏人的移用，不可能是鄭玄當初回答炅模的問題。

反過來説，《南陔》疏針對的問題與所引《志》文的乖離，足證《鄭志》原文必爲"記注"而非泛稱"禮注"。

第二，孔穎達《五經正義》主要承襲舊疏，《禮記正義》脱胎於皇侃、熊安生舊疏，《毛詩正義》則以劉炫、劉焯舊疏爲本。① 《禮記》《毛詩》舊疏作者不同，卻均針對同一個問題引用同一條《鄭志》，應認爲《鄭志》原文即爲此而發。

表面上與此相似的是，賈公彦雖然未引《鄭志》，在《南陔》等"笙詩"問題上，對於《儀禮》注與《毛詩》的差異，《儀禮疏》亦稱"鄭君注《禮》之時未見《毛傳》"，這與末條《南陔》孔疏對"笙詩"的看法不謀而合。儘管舊疏作者有别的孔、賈二疏在同一問題上見解一致②，卻不應歸因於《鄭志》原文爲此而發，因爲笙詩問題實在令人匪夷所思，孔、賈大概只能用"注《禮》之時未見《毛傳》"搪塞。其實，孔氏的解釋漏洞百出，賈氏亦自相矛盾。③

第三，各條《鄭志》引文，針對鄭玄《禮記注》與後來所撰《詩箋》的差異，無不强調"毛傳"的關鍵作用，説明《鄭志》原文如此。符合這一條件的，除了《坊記》注與《燕燕》箋的差異，只有第三條《孔子閒居》疏。至於《大傳》及《南陔》疏所針對的《詩》箋異於《禮》注之處，均與毛傳沒有直接關係。論如次。

《大傳》疏針對的問題是，《禮記》注以詩句"不顯不承"爲"言文王之德不顯乎，不承成先人之業乎，言其顯且承之"；《毛詩·清廟》箋則以爲"周公祭清廟是不光明文王之德與，言其光明之也，是不承順文王志意與，言其承順之也"，二者存在顯著差别④。案毛傳以爲文王之德"顯於天矣，見承於人矣"，全句側重於文王其人，是對詩義的自然理解，且對"不顯"的解釋反倒與《禮記》注更爲接近；鄭箋則刻意强調祭祀行爲。對鄭箋而言，毛傳的自然理解非但不具有參考價值，反而是鄭箋着力克服的。⑤ 由此可知，鄭答炅模對毛傳的强調，本非針對《清廟》箋與《大傳》注的差異。

《孔子閒居》疏針對的問題是，《禮記》注以詩句"生甫及申"之"甫"爲仲

---

① 見孔穎達《禮記正義》序、《毛詩正義》序。
② 《毛詩》舊疏的作者二劉不疏《儀禮》。又，賈公彦《儀禮疏》能够依據的舊疏較他經爲少，故賈氏自爲之説相對更多，見喬秀岩《義疏學衰亡史論》，北京：生活·讀書·新知三聯書店，2017年，第199頁。
③ 詳見李霖《重審〈三禮注〉與〈毛詩〉之關係：以〈儀禮注〉爲中心》（未刊稿）。
④ 此據《禮記正義》。《毛詩》鄭箋原文的句子主語不是"周公祭清廟"，而是"諸侯與衆士"。筆者認爲《禮記正義》的理解是準確的，二者義涵一致。
⑤ 與拙見不同，《毛詩正義》並不認爲《清廟》傳、箋存在差異。對此處的辨析，詳見李霖《〈風〉〈雅〉〈頌〉首篇鄭箋闡微》，《中華文史論叢》待刊。

山甫，《毛詩·崧高》箋則以爲甫侯。鄭箋所據，正是毛傳"於周則有甫、有申、有齊、有許"。

《坊記》和《燕燕》疏針對的主要問題是，《禮記》注以《燕燕》爲定姜之詩，將詩句"先君之思，以畜寡人"解釋爲"獻公當思先君定公以孝於寡人"，寡人是定姜自稱；《毛詩》序以《燕燕》爲"衛莊姜送歸妾"之詩，鄭從之，箋釋"先君之思，以勖寡人"爲"戴嬀思先君莊公之故，故將歸猶勸勉寡人以禮義"，寡人是莊姜自稱。雖然《燕燕》箋異於《坊記》注的根本原因在於《毛詩》序，但詩序並未明言"歸妾"是誰，毛傳解"仲氏任只"謂"仲，戴嬀字也"，提供了重要信息。

《南陔》疏針對的問題是，對於《南陔》等笙詩，《儀禮·鄉飲酒禮》《燕禮》注皆云"其義未聞"，又以爲笙詩在孔子以前亡佚；而《毛詩》序明著六篇笙詩之義，箋以爲笙詩亡於戰國及秦之世。鄭箋所據，完全是《毛詩》序，與毛傳没有直接關係。①

當然，即便毛傳本身不是鄭箋改易前説的動因，但詩序等內容在鄭玄箋《詩》時，或可視爲《毛詩詁訓傳》的一部分，未必需要嚴格區分。所以在此僅憑這一標準，無法完全排除《大傳》及《南陔》疏。

第四，後兩條疏文引《鄭志》，均言及"不復改之"，《鄭志》原文當如此。鄭玄的言下之意是，倘非《記注》已行，其《詩》説並非不可追改②。符合這一條件的，除了前述《坊記》注與《燕燕》箋的差異，仍然只有《孔子閒居》疏。至於《大傳》及《南陔》涉及的問題，均無法據《毛詩》追改《禮》注。論如次。

《大傳》引《詩》"不顯不承"以顯親親之義，鄭注以"承"爲文王"承成先人之業"，這一解釋對《詩》而言是奇特的，卻契合《禮記》語境③。毛傳以"承"爲文王之德能够"見承於人"，"人"主要指在文王廟中助祭的多士，與"親親"没

---

① 雖然孔穎達、賈公彥皆以笙詩序之"有其義而亡其辭"爲毛公所撰，但是此文是以詩序而非毛傳的形式呈現的，鄭玄不會稱其爲"傳"。不僅刊本如此，諸唐抄本"有其義而亡其辭"亦皆作大字，與詩序不殊，與傳文作小字不同。而且"有其義而亡其辭"是基於笙詩序的自然説明，未能如《崧高》《燕燕》傳一樣增加有效信息，故而不能成爲鄭箋改易前説的依據。

② 李雲光、楊天宇先生皆以《坊記》疏所引"乃改之"的意思是鄭玄得《毛傳》後追改《禮注》，與"不復改之"者有別。此説有誤。考《坊記》疏語境，"乃改之"者，所改並非《記注》，而是鄭玄對《詩》的解釋，《詩箋》即"乃改之"的結果。

③ 詳參李霖《〈風〉〈雅〉〈頌〉首篇鄭箋闡微》。

有直接關係。因而鄭玄不可能據毛傳追改《大傳》注。

《孔子閒居》引《詩》以證"文、武之德",注以"甫"爲仲山甫。然而仲山甫爲宣王之臣,與"文、武之德"不協,故鄭注只得强作辯解:"文、武之時,其德如此,而《詩》無以言之,取類以明之。"若從毛傳以"甫"爲甫侯,雖然甫侯爲穆王之臣,但作爲四嶽之後,甫、申二國歷史悠久,可以追溯至文、武,其實更切合《禮記》語境。

《坊記》引《詩》"先君之思,以畜寡人",並謂"以此坊民,民猶偝死"。意思是君子用此《詩》義來規範人民,使人不要背棄死者,結果還是有人偝死。鄭注云:"畜,孝也。獻公無禮於定姜,定姜作詩,言獻公當思先君定公以孝於寡人。"《燕燕》箋云:"戴嬀思先君莊公之故,(中略)勸勉寡人以禮義。"① 獻公、戴嬀之於先君,雖一偝一順,亦皆符合《坊記》語境。倘依毛説追改《禮》注,是可以成立的。

至於《儀禮》言及《南陔》等六笙詩,鄭注謂"其義未聞",筆者猜測鄭玄不會以詩序追改《禮》注,因爲《毛詩》所載笙詩之義,與《鄉飲酒禮》《燕禮》不協。②

第五,可以作爲佐證的是,《坊記》疏引《鄭志》後又謂"凡注與《詩》不同,皆倣此",以此條發凡起例。就《禮記》篇次而言,《大傳》《孔子閒居》在《坊記》之前,孔疏特於處後之《坊記》發凡,似可説明只有《坊記》堪當此任,《大傳》《孔子閒居》皆非炅模所問。

綜合上述五點,可知在次條以下引文之中,炅模所問應是《禮記·坊記》注與《毛詩·燕燕》箋的差異。尚需辨析的是,二者的差異除了《燕燕》的歸屬問題,還有《禮記》"畜"字與《毛詩》"勖"字之異,炅模之問是否也包括後者呢?考慮到《坊記》及《燕燕》疏引用《鄭志》時,都只是針對《燕燕》的歸屬,而未針對異文問題,《燕燕》疏甚至並未提及異文,那麼次條以下的炅模之問,就不應包括異文問題,而應當是:《坊記》注謂《燕燕》爲衛夫人定姜之詩,《毛詩》箋爲莊姜,其異如何?

若然,《大傳》《孔子閒居》《南陔》疏均係撰疏人對鄭答炅模的移用。

---

① 箋文完全是在《毛詩》經、序、傳的基礎上得出的,並未增添信息。《毛詩》序以《燕燕》爲"衛莊姜送歸妾",毛傳以歸妾爲戴嬀,則先君爲莊公,寡人爲莊姜,是自然的理解。又《毛詩》畜作勖,傳云"勖,勉也"。

② 另參李霖《重審〈三禮注〉與〈毛詩〉之關係:以〈儀禮注〉爲中心》。

(二) 鄭玄答語及其原意

《燕燕》疏所引答語,本應與《鄭志》原文最爲接近。惟其文句不通,當據《南陔》疏引文校正爲:

> 答炅模云:爲《記注》時就盧君,先師亦然。後乃得毛公《傳》,既古書,義又宜,然《記注》已行,不復改之。①

這一復原結果,可以反過來說明前述三、四兩條標準是切合該條《鄭志》原意的:對於注、箋差異的産生,鄭玄强調毛傳發揮了關鍵作用;同時,注文具有追改的可能,意即此處的注、箋差異,在得見《毛傳》這一理想情況下是可能避免的。《志》文原意當如此。

最後,對於此條《鄭志》之原意仍有疑義的,是答語是否言及三家《詩》。學者或謂盧君治《魯詩》②,或謂"先師"治今文《詩》③,最後的落腳點都是鄭玄用三家《詩》注《禮》。盧君,名植,曾請爲《毛詩》立學官④,未見治《魯詩》的記載。盧植曾注《禮記》⑤,《禮記·檀弓》鄭注即引"盧氏云"⑥,故"鄭志""就盧君"無疑應理解爲,受到盧植《禮記》注的影響。

至於《鄭志》所言"先師"何所指,《正義》未作說明。學者或謂授玄《韓詩》之張恭祖⑦;或謂馬融,進而推測馬融治三家⑧;惟陳喬樅以爲《禮》家先師,進而以《禮》家皆用《齊詩》⑨,不一而足⑩。今案以先師爲張恭祖或馬融,是以先師爲我師,並不符合鄭玄乃至漢人的用例。漢人稱先師猶言先儒。

---

① 浦鏜、孔廣林、袁鈞等已作類似校改。
② 例如夏炘《讀詩札記》卷三、陶方琦《漢孳室文鈔》卷三《魯詩故訓纂敘》、蒙文通《經學抉原·古學第五》、王利器《鄭康成年譜》。
③ 詳下。
④ 見《後漢書》本傳。
⑤ 《釋文敘録》載"盧植注《禮記》二十卷",《隋書·經籍志》載"《禮記》十卷,漢北中郎將盧植注",《舊唐書·經籍志》載"《禮記》二十卷,盧植注",《新唐書·藝文志》載"盧植注《小戴禮記》二十卷"。
⑥ 又,《後漢書》李賢注所引"盧植曰""盧植注",多對應《禮記》。
⑦ 見惠棟《九經古義》卷六、胡元儀《北海三考》卷一、夏炘《讀詩札記》卷三等。
⑧ 見范家相《三家詩拾遺》卷四、陶方琦《漢孳室文鈔》卷三《魯詩故訓纂敘》、陳壽祺《左海文集》卷四上《答臧拜經論鄭學書》等。其中范家相、陶方琦以馬融治《魯詩》,陳壽祺謂馬融曾治《韓詩》。
⑨ 見《齊詩遺說考》序、卷一,第325、351頁。
⑩ 又,谷麗偉先生以先師爲三家《詩》學者,見氏著《鄭玄答炅模所稱"先師"釋義》,《中國城市經濟》2012年第3期。

《鄭志》遺文稱先師凡五處，似乎不是先儒的泛稱，而是有更爲狹窄的所指。也許是受到《禮記·文王世子》等經書所載釋奠禮所祭先師的影響，鄭所稱先師或更爲尊隆和悠久。無論如何，鄭玄不會稱其所親炙的張恭祖、馬融等人爲先師。

回到鄭答炅模的語境，由於盧植《禮記》注爲鄭所本，故與"盧君"並稱的"先師"，當優先理解爲《禮》家先師。若然，鄭注以《燕燕》爲定姜詩，乃是遵循了盧植《禮記》注和《禮》家先師的舊說，鄭答炅模原意當如此。至於陳喬樅謂《禮》家先師用《齊詩》，甚至將《三禮》經文劃爲《齊詩》，則屬傅會之談，學者多不以爲然，固無足深辨。

學者所以使盧君、先師指向三家《詩》，其關鍵依據在於《釋文》。《禮記釋文》出《坊記》注"定姜之詩"，云："此是《魯詩》，《毛詩》爲莊姜。"①可知《坊記》鄭注實與《魯詩》一致。然而這無法證明《鄭志》原意亦指向《魯詩》。討論《鄭志》原意，應立足於《鄭志》本文。如前所述，《鄭志》所言盧君、先師本身，均未見與今文《詩》有關。不宜因爲鄭注用《魯詩》這一事實，就認爲鄭玄主觀上承認《魯詩》是此處注、箋差異的依據。反過來考慮，設若三家《詩》是《坊記》此注的重要依據，鄭玄答語乃至《鄭志》全書爲何不明言三家如此呢？倘以盧君或先師是鄭玄明言用三家之證，其實是將清人建構的三家《詩》家法，視作鄭玄師徒默認的事實，這絕非篤論。

總之，對於《禮記》此注與《詩》箋的差異，鄭玄給出的依據應是《禮記》舊說，並未主動提及三家《詩》。

五　《禮器》疏所引《鄭志》考原

（一）鄭答炅模原有幾條

至此，次條以下的復原工作可告一段落，接下來考察首條《禮器》疏的引文，究竟是撰疏人對本來只有一條的《鄭志·答炅模》原文作了拆分或臆改，還是《鄭志》本來就存在兩條，另有一個炅模之問。

---

① 陳喬樅《齊詩遺説考》認爲《釋文》"魯"字爲"齊"字之譌，無據。

首先，不應是對《鄭志》原文的拆分。設若首條引文係從《鄭志》拆出，意味着"舊本""毛本"等信息，也包含在惟一的《鄭志·答炅模》中，用以解答《坊記》注與《燕燕》箋的差異。而實際上，次條以下卻完全看不到這些信息——這一現象是不可理解的——在《南陔》疏中，《正義》並未刪去或改寫不適用於彼處的"記注""毛公傳"等信息，又爲何要處心積慮地刪去各條的"舊本""毛本"等信息呢？這說明首條並非從惟一的《鄭志·答炅模》中拆出。

其次，首條也不應是撰疏人據《鄭志》原文臆改。首條引文存在各條所無的獨立表述，設若改編自惟一的《鄭志·答炅模》原文，這種不自然的改寫，必定出於某種目的。其目的何在呢？《禮器》疏引用《鄭志》表面上是針對《禮記》引《詩》與《毛詩》經文的異文，這樣的異文在《禮記》中無慮數十見，而《正義》引用此條《鄭志》卻僅此一見，也未作"皆倣此"之類的說明——這一現象是不可理解的——設若撰疏人爲了解釋《禮器》引《詩》與《毛詩》的異文，不惜刻意篡改了《鄭志》，又豈會對大量同類案例視而不見呢？我們無法找到撰疏人篡改《鄭志》的動機，應認爲首條《鄭志》並非出自撰疏人的臆改。

排除了上述兩種可能，只能認爲撰疏人所據《鄭志》本來就存在兩條，另有一個炅模之問。

（二）炅模之問考原

若以撰疏人知悉炅模之問爲前提，根據本文第三節所論《正義》慣例，既然此條《鄭志》在《正義》中的引用僅此一次，那麼**此處炅模所問經注，應當就是《禮器》疏所繫經注**，即《禮記》經文"《詩》云'匪革其猶，聿追來孝'"。至於炅模之問，是否就是《正義》語境所顯示的問題，即《禮器》與《毛詩·文王有聲》的異文，則尚存在疑問。

如果炅模此問只針對《禮器》"匪革其猶，聿追來孝"與《毛詩》"匪棘其欲，遹追來孝"之異文，則屬於經書之間的原生差異。奇怪的是，鄭玄似乎**答非所問**。其中"舊本"當指《禮記》版本，"毛本"是《毛詩》經文，"詩注"是鄭箋，"更從毛本"是指鄭玄注《詩》時改爲以毛本"匪棘其欲，遹追來孝"爲箋釋對象。此段答語，一方面說明了兩種文本的來源分別是"舊本"和"毛本"，另一方面着重講述了**鄭玄本人箋注二經的次序和當時對"舊本""毛本"的態**

度。要之,前者只是對經書之間存在差異的復述,沒有對差異的成因作出有效的解釋。儘管如此,也不失爲一種淺表的解釋。疑點主要在於,**後者絶不是《禮記》與《毛詩》文字差異的原因,而只能是其結果**,同時也隱涵了**對相應注、箋差異的辯解**。

對於這一疑問,存在兩種可能。要麽是對於炅模此問,鄭玄未作出切題的回答,顧左右而言他。要麽是《正義》語境沒有完全忠實於《鄭志》,炅模此問不只針對經書之間的異文,也涉及異文帶來的注、箋差異,鄭玄答語側重於後者,《正義》的引述則側重於前者。

筆者認爲鄭玄答非所問的可能性不大,應就《正義》本文尋找問題產生的原因。《禮記正義》這一段的表述是:

> "《詩》云'匪革其猶,聿追來孝'",此《大雅·文王有聲》之篇。革,急也。猶,道也。聿,述也。言文王改作豐邑,非是急行己之**道**,能述追先祖之業,來行孝道於此豐邑。時使之然,不得不爾,釋"時"之義也。今《詩》本革作棘、猶作欲、聿作遹。字不同者,鄭答炅模云:爲《記注》之時,依循舊本,此文是也。後得《毛詩傳》而爲《詩注》,更從毛本,故與《記》不同。革、棘、聿、遹,字異義同。《詩》注"來,勤也",言作豐邑非急成己之**欲**,乃追述王季勤行孝之道也。①

《正義》先用《禮記》注疏通此詩在《禮器》語境中的涵義,疏文"革急也"至"來行孝道於此豐邑"基本出自《記》注。繼而指出《禮記》與《毛詩》存在三處異文,並引鄭答炅模以解釋異文的由來。此後,指出其中兩處異文是字異而義同。其言下之意是,第三處異文猶、欲字異且義異。最後在三處異文之外,指出注、箋對同一"來"字的釋義有別,並用《詩》箋對"來"字和異文"欲"字的釋義重新疏通詩義,疏文"非急成己之欲,乃追述王季勤行孝之道也"基本出自《毛詩》箋②。實際上,《正義》在關注異文的同時,也討論了注、箋釋義的同異,只是沒有明確將《鄭志》繫於後者。

---

① 《影印南宋越刊八行本禮記正義》卷三十二,第748–749頁。
② 《禮記正義》述鄭箋爲"乃追述王季勤行孝之道也","孝之道"究竟屬王季還是屬文王,存在歧義。倘若屬文王,則語句更爲通順,但這種理解與《禮記》注一致,與《毛詩》箋不同。今本鄭箋作"乃述追王季勤孝之行","孝"屬王季。

對此最爲合理的解釋是：《鄭志》乃是針對《禮記》《毛詩》異文，以及由異文帶來的注、箋異義。文同而義異的"來"字，因與"舊本""毛本"之差異無關，恐非炅模此問所及。《正義》對異文和異義的討論皆因《鄭志》而起，只是在表述上爲使《鄭志》遷就《正義》行文，輕率地以"字不同者"引出《鄭志》，客觀上割裂了鄭答炅模的原初語境。之所以不認爲《正義》故意曲解《鄭志》，是因爲《禮記》與《毛詩》之異文甚多，《正義》倘若出於刻意，則不應從未利用此條《鄭志》解釋其他同類異文。

若然，炅模此問當是：《禮器》引《詩》"匪革其猶，聿追來孝"，注云文王"非必欲急行己之道"，然今《詩》本革作棘、猶作欲、聿作遹，箋云文王"非以急成從己之欲"，其異如何？

（三）鄭玄答語及其原意

那麽，答語中的"此文"，既可能指《禮記》經文"匪革其猶，聿追來孝"，也可能指《禮記》注文"猶，道也"云云。而答語結尾的"故與《記》不同"，則不容理解爲"故《毛詩》與《禮記》經文不同"，因爲"後得《毛詩傳》"等答語違背了"故"字提示的因果關係。那麽"故與《記》不同"只能理解爲"故《詩注》與《記》（或《記注》）不同"。實際上，鄭玄答語的重點即在於此。

對"故與《記》不同"文意的辨析，同時可以解決此條《鄭志》引文的斷限問題。從表面上看前引《禮記正義》的表述，《志》文末尾的"故與《記》不同"，與引領《鄭志》的疏語"字不同者"似存在呼應，有出於撰疏人筆的嫌疑。然而如前所述，"故與《記》不同"者，只能是鄭箋，而非《毛詩》文字——無論此句出自《鄭志》還是《正義》——因而"故與《記》不同"與疏語"字不同者"文意迥别，不應出於一筆，當係鄭玄答語。

若然，此條《鄭志》原文當接近《禮器》疏引文，即：

> 鄭答炅模云：爲《記注》之時，依循舊本，此文是也。後得《毛詩傳》而爲《詩注》，更從毛本，故與《記》不同。

根據"此文"一語，此條在《鄭志》當繫於《禮記志》[①]。

[①] 孔廣林、袁鈞輯本如此。另一條答炅模在《鄭志》繫於《禮記》抑或《毛詩》，尚缺乏明確證據。孔廣林、袁鈞輯本繫於《毛詩志》。其他諸輯（三卷本）將兩條答炅模一併排在卷上末尾，相當於《詩志》的位置。

至此,兩條《鄭志·答炅模》的復原工作已告完成。儘管本文對炅模所問經注和鄭玄答語的復原結果,與孔廣林、袁鈞所輯基本一致,看似做了無用功,然而倘若不對前述各種可能性加以辨析,則《答炅模》原有幾條、炅模所問何事、答語原意爲何等疑難,仍然無法得到解答。

　　經過前述辨析,此條《鄭志》答語之原意亦可獲得澄清。此條與另一條的共性有三。第一,《志》文僅提及《禮記注》,未及《周禮》《儀禮》。尤其是《三禮》之中惟有《禮記》引《詩》,《周禮》《儀禮》經文並不涉及《詩》《禮》異文問題,故而此條《鄭志》的適用範圍更不容直接拓展至《三禮》。

　　第二,注《記》時未得者乃是《毛傳》,至於其時是否得見《毛詩》經文及詩序,《志》文並未交代。

　　第三,並未言及三家《詩》。與另一條鄭答炅模中"盧君"和"先師"的指向一致,此條《志》文中的"舊本"也指向《禮記》本身,是指《禮記》舊本,與三家《詩》沒有直接關係。若將"舊本"理解爲與"毛本"相對的"三家本",雖然可以在一定程度上解決前述鄭玄"答非所問"的疑難,但這就意味着鄭玄要用三家《詩》校正《禮記》經文。無論從文本證據、可操作性還是鄭玄的習慣看來,這都是無稽之談。

　　至於此條《鄭志》與另一條的差異,除了回應的問題有別,還在於對《詩箋》與《禮記》(或《記注》)的差異,毛傳並未發揮任何作用①,"毛詩傳"在此只是用來提示箋《詩》的時間晚於注《記》。同時,《禮記》注也不可能據《毛詩》追改,即此處的注、箋差異是不可避免的。

　　綜上所述,炅模當就《禮記》及《毛詩》經注文之間的差異提出了兩個具體問題,鄭玄乃是針對這兩個特定的問題作答;答語所述乃是"注《禮記》時未得《毛傳》",並未言及《周禮》《儀禮》及《毛詩》經、序,亦未論及三家《詩》。那麼,無論是將《鄭志·答炅模》移用於解釋各處《三禮注》與《毛詩箋》的差異,還是將其拓展爲"注《禮》時未見《毛詩》",進而引入三家《詩》,都於《鄭志》本意無據。

　　問題並未就此完全解決。作爲"萬能藥"之根本的"注《禮》時未見《毛詩》"**有違其史源《鄭志》,並不等於此説違背事實**。此説能否成立,尚須從其

---

① 即便將"來"字納入此條《鄭志》討論之列,亦與毛傳無關。

他角度檢討。與此相關的一個疑問是,此説與《鄭志》原意相違之處,究竟從何而來?爲此,需要瞭解《答炅模》被移用、拓展乃至催生"萬能藥"的歷程。在此過程中,撰疏人和輯佚三家《詩》者發揮的作用尤其值得重視。下文六至八節,以撰疏人和輯三家《詩》者爲中心,勾勒"萬能藥"之由來。最後在第九節,從不同角度檢討"注《禮》時未見《毛詩》"之説是否符合事實。

六 撰疏人對《鄭志·答炅模》的使用

"萬能藥"主要由"鄭玄注《禮》時未見《毛詩》"和"用三家《詩》注《禮》"兩部分組成。前者是萬能藥賴以形成的根本,《鄭志·答炅模》是其惟一史源。至於後者,本身並無問題,只是將其與前者形成邏輯上的閉環時,三家《詩》恰好填補了《毛詩》之缺位,始成爲解釋《禮》注與《毛詩》經、序、注之差異的萬能藥。那麽,撰疏人和輯佚三家者如何對待《鄭志·答炅模》,又是否將《鄭志》與"用三家《詩》注《禮》"相聯繫,乃是萬能藥形成史的主綫。本節考察《禮記》《毛詩》《儀禮》三疏對《鄭志·答炅模》的使用,在多大程度上背離了《鄭志》原意,又與作爲萬能藥之根本的"注《禮》時未見《毛詩》"之説存在何種關係。

首條《禮器》疏對《鄭志》的使用,雖然直接來自炅模之問,然而《正義》可能是爲便行文,未充分保留《鄭志》的原初語境,客觀上偏離了《鄭志》的焦點。炅模之問應針對《禮記》與《毛詩》之異文,以及與異文相關的注、箋差異,鄭玄答語側重於後者,《正義》的使用則限定於前者。

次條以下《正義》之中,《坊記》《燕燕》二疏對《鄭志》的使用,直接來自炅模之問,最契《志》文原意。但《坊記》疏的推論"凡《注》與《詩》不同,皆倣此",將《鄭志》所説《記注》及《毛傳》模糊爲《注》及《詩》,又不加界定地徑云"皆倣此",爲鄭玄的特定回答賦予了普遍性,則過於輕率。《正義》各處對此條《鄭志》的移用,更多地遵循了這一寬泛的推論,而非《鄭志》原文。

《大傳》疏引文徑將《鄭志》簡化爲"《禮注》在前,《詩箋》在後",以《禮注》代《記注》,也未特言《毛傳》的作用。《大傳》疏對《鄭志》的移用,雖然限定在了《記注》,卻罔顧《鄭志》強調《毛傳》的作用、注文具有追改的可能這兩點,有違《鄭志》原意。

《南陔》疏引文雖忠實於《鄭志》原文，但在移用《鄭志》時，無疑將適用範圍由《記注》拓展到了《儀禮注》，由《毛傳》拓展到了《毛詩》序。

與《大傳》和《南陔》疏不同，《孔子閒居》疏的移用符合強調《毛傳》的作用、注文具有追改的可能這兩點，更接近《鄭志》原意，只是盧君和先師是否同樣以"甫"爲仲山甫，今天已不得而知。即便是及見盧植《禮記》注的撰疏人，由於無從確定先師之説，這樣的移用是否嚴格遵循了《鄭志》原意，也勢必帶有不確定因素。①

除孔疏對鄭答炅模的上述六處引述之外，賈公彦《儀禮·鄉飲酒》疏針對《南陔》等笙詩的注、箋異義，謂"彼《詩》鄭注又與此不同者，鄭君注《禮》之時未見《毛傳》，以爲此篇孔子前亡；注《詩》之時既見《毛傳》，以爲孔子後失"②，顯係撮述《鄭志》大意③。賈疏雖未主動點出《鄭志》，也應視爲對《鄭志》的移用。如本文第四節所述，對於《南陔》等篇的注、箋異義，鄭箋所據完全是《毛詩》序，毛傳並未發揮作用。對此，孔穎達《南陔》疏即明言"是注《禮》時未見此序，故云'義未聞'也"，"彼注（中略）以爲孔子之前六篇已亡，亦爲不見此序故也"④，承認鄭箋的依據乃是詩序。賈疏此處兩言"毛傳"，不過是因襲《鄭志》成文，實際乃是指稱詩序。由此可見，賈疏在使用《鄭志》時，不僅將《記注》拓展至《儀禮注》，還將《詩序》視爲《毛傳》的一部分。至於《志》文包含的追改等其他要素，賈疏更未予顧及。凡此種種，均與孔穎達《南陔》疏的移用並無二致。更有甚者，對於鄭注"《南陔》《白華》《華黍》，《小雅》篇也"，賈疏釋曰"言'《小雅》篇也'者，今序仍在《魚麗》之下，是《小雅》也"⑤，又以《毛詩》序解《儀禮》注，其自相矛盾如此。

此外，《毛詩》序以《小雅·鼓鐘》爲幽王詩，鄭注《中候·握河紀》以《鼓鐘》爲昭王詩，針對詩序與鄭玄緯注之異，《鼓鐘》疏云：

---

① 需要説明的是，由於《大傳》《孔子閒居》《南陔》的注、箋差異均與《詩》《禮》異文無涉，故而不適用於《禮器》疏所引《鄭志》。其中《大傳》之"無數"，《毛詩》作"無射"，是常見的同義異文，孔疏亦未措意。

② 《儀禮注疏》卷九，第 93 頁。

③ 賈疏"鄭君注《禮》之時未見《毛傳》"與《孔子閒居》疏"案《鄭志》注《禮》在先，未得《毛詩傳》"內容如出一轍。

④ 《南宋刊單疏本毛詩正義》卷十六，第 165 頁。

⑤ 《儀禮注疏》卷九，第 93 頁。

鄭時未見《毛詩》，依三家爲說也。①

"時"指鄭注《中候》之時。據梁劉昭《續漢書·百官志》注"康成淵博，自注《中候》，裁及注《禮》"②，知注《中候》在《禮記》之前③。由此，《詩》疏所以認爲"鄭時未見《毛詩》"，背後的考慮可能是：鄭注《禮記》時未見"毛傳"，而注《中候》在《禮記》之前，故注《中候》時未見《毛詩》。若然，此疏雖未點出《鄭志》，也可以視爲對《鄭志》的移用。

與其他幾處移用極爲不同的是，《鼓鐘》疏針對的問題已超出《禮》書而延伸至緯書。儘管我們可以確認"鄭時未見《毛詩》"之"毛詩"至少包括《詩序》④，然而由此逆推撰疏人對《鄭志》的理解時，如何界定注《記》時未見之"毛傳"的所指，卻存在不確定性：撰疏人不論將其理解爲單純的《毛傳》，還是包括《詩序》，都可能得出鄭注《中候》時未見《毛詩》序這一推論。考慮到在這兩種可能中，後者的邏輯更爲簡單，與此疏"鄭時未見《毛詩》"的簡潔表述相契，姑認爲撰疏人在此將《鄭志》所稱"毛傳"理解爲包括《詩序》。

綜觀《禮記》《毛詩》《儀禮》三疏對鄭答炅模的八處使用，若以撰疏人知悉炅模之問爲前提，《坊記》《燕燕》疏應遵循了《鄭志》的原初語境，但將《鄭志》普遍化爲"凡《注》與《詩》不同，皆倣此"的推論，則出於臆斷。《禮器》疏的使用雖未超出炅模所問經注的範圍，但可能並未充分尊重《鄭志》原意，偏離了《鄭志》的重點。其他五處移用，只有《孔子閒居》疏相對符合《志》文原意。《大傳》《南陔》《鄉飲酒》和《鼓鐘》疏的移用，在不同程度上忽視了鄭答炅模專指《記注》《毛傳》以及注文有可能追改等具體細節，相當於將《鄭志》簡化和拓展爲："鄭玄注《禮記》《儀禮》時未得《毛傳》《詩序》。"較之後來盛行的"注《禮》時未見《毛詩》"之說，撰疏人尚未將《鄭志》的使用拓展至《周禮》和《毛詩》經文。

同時必須強調的是，此處所論對《鄭志》所做的簡化、拓展和普遍化等改變，尚未完全涵蓋撰疏人對《鄭志》的使用。把握撰疏人對《鄭志》的使用，不能脫離相應的場景。除了與《三禮》無涉的《鼓鐘》疏，撰疏人對《鄭志》的使

---

① 《南宋刊單疏本毛詩正義》卷二十一，第 229 頁。
② 《後漢書》，北京：中華書局，1965 年，第 3558 頁。
③ 劉昭此注針對《月令》注與《中候》注之異，因知引文之"禮"指《禮記》。
④ 之所以包括《詩序》，是由於《鼓鐘》疏正針對《詩序》與《中候》注之差異。

用,均局限於《禮》書經文引《詩》(詩句或篇題),且《禮注》與《詩箋》義異的情況——這正與炅模之問的類型相符。這樣的使用方式,有别於後來輯佚三家《詩》者的做法:輯佚者把《鄭志》完全抽象爲"注《禮》時未見《毛詩》"而罔顧其所針對的問題和適用場景,將《禮》書經文不引《詩》、僅《禮注》引《詩》,或《禮注》與《詩箋》義同、甚至字同者,也運用"未見《毛詩》,用三家《詩》"的邏輯鏈條,將《鄭注》不加區别地歸諸三家。

由此可知,儘管撰疏人在一定程度上做了有違《鄭志》原意的簡化和拓展,並宣稱《鄭志》具有某種普遍性,卻不由自主地受到《鄭志》原初語境的制約,主要用《鄭志》處理特定類型的問題。撰疏人對《鄭志》的使用,與更具解釋空間的"注《禮》時未見《毛詩》"之説,無疑存在諸多區别。

七 撰疏人所説《禮》注用三家《詩》者,是否以《鄭志》爲前提

對於《禮記》《儀禮》鄭注與《毛詩》的前述差異,撰疏人利用《鄭志·答炅模》加以解釋。同時,對於《三禮》鄭注(以及一處經文、一處《箴膏肓》)[①],下同)與《毛詩》的另外七處差異,撰疏人解釋爲鄭注用三家《詩》。面對相似的問題,撰疏人的兩種解釋在理論上似乎可以形成閉環。若然,則已接近"萬能藥"的邏輯。然而,撰疏人主觀上是否存在這樣的邏輯鏈條,即其所説鄭玄《禮》注用三家《詩》之處,是否以**其所理解的**《鄭志·答炅模》爲前提[②],對此不宜作當然之想,尚須仔細辨析。

需要特别指出的是,儘管前述《鼓鐘》疏謂鄭玄注《中候》時"依三家爲説也",可能是以《鄭志》爲前提,但撰疏人的這一邏輯能否移用於注《禮》之時,尚不得而知。要回應本節的問題,必須立足於義疏中與《禮》注相關的三家《詩》論述。下面先簡要羅列《禮》注與《毛詩》的七處差異(大體按照差異的類型排序)及義疏解釋爲鄭用三家的相關論述,再檢討撰疏人是否存在這樣

[①] 鄭玄《箴膏肓》與《毛詩》的差異本不在本文論題範圍内,惟賈疏所引《箴膏肓》與彼處《禮》注之經義一致,故在本節一並討論。

[②] 撰疏人推斷爲三家《詩》者是否以《鄭志·答炅模》爲前提,該問題所要討論的《鄭志》,不是《鄭志》原意,而是撰疏人對《鄭志》的理解。

的邏輯。

(一) 撰疏人所說《禮》注用三家《詩》者

《周禮·地官·稍人》"掌令丘乘之政令"，注云："丘乘，四丘爲甸，甸讀與'惟禹陾之'之陾同，其訓曰乘。"《毛詩·小雅·信南山》及《大雅·韓奕》作"維禹甸之"，傳云"甸，治也"，箋義則同於《稍人》注。是《周禮》注"陾"字與《毛詩》"甸"字文異，據毛傳則音異、義異，據鄭箋則音同、義同。《周禮疏》云："按《毛詩》云'惟禹甸之'，不爲'陾'者，鄭先通《韓詩》，此據《韓詩》而言'陾'。"①

《周禮·秋官·蜡氏》"除不蠲"，注云："蠲，讀如'吉圭惟饎'之'圭'，圭，潔也。"《毛詩·小雅·天保》作"吉蠲爲饎"，傳云"蠲，絜也"，箋無異辭，當與傳一致。是《周禮》此注與《毛詩》文異、義同。《周禮疏》云："《毛詩》云'絜蠲爲饎'，無此言。鄭從三家《詩》，故不同。"②又，《周禮·天官·宮人》"除其不蠲"，注云："蠲猶絜也。《詩》云'吉蠲爲饎'。"《宮人》注引《詩》與《毛詩》一致，與《蜡氏》注不同。《周禮疏》云："此云'蠲'，彼注云'圭'，不同者，彼蓋是三家《詩》，故與此不同。"③

《禮記·郊特牲》"郵表畷"，注云："所以督約百姓於井間之處也。《詩》云'爲下國畷郵'。"《毛詩·商頌·長發》作"爲下國綴旒"，箋云："綴猶結也。旒，旌旗之垂者也。"是《禮記》注"郵"字與《毛詩》"旒"字文異、義異，畷、綴則文異、義近。④《禮記正義》云："所引《詩》者，《齊》《魯》《韓詩》也。"⑤

《禮記·樂記》"行其綴兆"，注云："綴，表也，所以表行列也。《詩》云'荷戈與綴'。"《毛詩·曹風·候人》作"何戈與祋"，傳云"祋，殳也"，箋無異辭，當與傳一致。是《禮記》注"綴"字與《毛詩》"祋"字文異、義異。⑥《禮記正義》云："今按《詩》'荷戈與祋'不同者，蓋鄭所見《齊》《魯》《韓詩》本不同也。"⑦

---

① 《景宋八行本周禮疏》卷十七，第 859 頁。
② 《景宋八行本周禮疏》卷四十三，第 1998 頁。
③ 《景宋八行本周禮疏》卷六，第 296 頁。
④ 《長發》傳"綴，表；旒，章也"與箋有別。在此討論《毛詩》文義，以鄭玄爲主體，一般不討論傳、箋差異。
⑤ 《影印南宋越刊八行本禮記正義》卷三十五，第 805 頁。
⑥ 《禮記》注引《詩》是爲了佐證"綴，表"，故此處僅討論綴、祋，不討論荷、何（義同）。
⑦ 《影印南宋越刊八行本禮記正義》卷四十九，第 1092 頁。

《禮記·孔子閒居》"在《詩》曰'帝命不違,至于湯齊'"云云,注云:"《詩》讀'湯齊'爲'湯躋',躋,升也。"《毛詩·長發》"至于湯齊",傳云"至湯與天心齊",箋云"至於湯而當天心"。是《禮記》及注"湯齊"與《毛詩》及箋"湯齊"音異、義異。①《毛詩正義》云:"傳以此爲'湯齊'甚分明矣,而《孔子閒居》注云'《詩》讀湯齊爲湯躋'者,言三家《詩》有讀爲'躋'者也。"②

《禮記·中庸》"《詩》曰'嘉樂君子,憲憲令德'",注云:"憲憲,興盛之貌。"《毛詩·大雅·假樂》作"假樂君子,顯顯令德",箋云:"顯,光也。"是《禮記》及注"憲憲"與《毛詩》"顯顯"文異、義近。《禮記正義》經之疏云:"案《詩》本文'憲憲'爲'顯顯',與此不同者,《齊》《魯》《韓詩》與《毛詩》不同故也。"③

《儀禮·士昏禮》"婦車亦如之"注云"大夫以上嫁女,則自以車送之"④,《儀禮疏》引《箴膏肓》解之,涉及《召南·何彼襛矣》詩義,賈疏云:"《詩》注以爲王姬嫁時,自乘其車。《箴膏肓》以爲齊侯嫁女,乘其母王姬始嫁時車送之。不同者,彼取三家《詩》,故與《毛詩》異也。"⑤

(二)撰疏人是否以《鄭志》爲前提

上述七處《禮》注與《毛詩》的差異(其中《蜡氏》《宮人》二疏所指相同,算作一處),孔、賈義疏均歸因於三家《詩》。筆者認爲,未見確切的證據能夠表明,撰疏人的這些判斷乃以《鄭志·答炅模》爲前提。論如次。

第一,撰疏人歸因於三家《詩》的七處,與引述《鄭志》的六處,其内容不存在交集。撰疏人引述《鄭志》時未提及三家《詩》,討論三家《詩》時也未提及《鄭志》。

第二,上述歸因於三家《詩》者,多未能與撰疏人對《鄭志》的使用相合。如上節所論,撰疏人使用《鄭志》時,主要針對《禮》書經文引《詩》的場景。而

---

① 鄭注引《詩》讀爲"湯躋",究係字作"躋"還是字作"齊"而音義爲"躋",已不得而知。設若鄭所據《詩》文用"躋"字,鄭亦得云"讀爲"。

② 《影印南宋越刊八行本禮記正義》卷四十,第841頁。案此條另有一處異文。《孔子閒居》引《長發》下文"聖敬日齊",注云"齊,莊也";《毛詩》作"聖敬日躋",箋云"其聖敬之德日進",是《禮記》及注"日齊"與《毛詩》及箋"日躋"文異、音異、義異。由於該異文不是《正義》此處所言三家,故不在討論之列。

③ 《影印南宋越刊八行本禮記正義》卷六十,第1423頁。案嘉、假義同,故不在《禮記正義》討論之列。

④ 案此注非釋經文,而是補充《士昏禮》所未及的大夫以上之禮。

⑤ 《儀禮注疏》卷四,第44頁。

七處歸因於三家《詩》者，僅《中庸》《孔子閒居》兩處是經文引《詩》，其餘五處單是鄭注引《詩》。

又，撰疏人使用《鄭志》時，除了《禮器》疏針對**《禮記》經文與《毛詩》存在的異文**之外，其餘各處主要用於解釋**《禮》注與《毛詩》之異義**。反觀撰疏人歸因於三家《詩》的七處，僅《孔子閒居》和《士昏禮》疏可以説是針對**《禮》注與《毛詩》之異義**①，另有《中庸》疏係針對**《禮記》經文與《毛詩》存在的異文**。其餘四處疏文判斷爲三家《詩》者，均基於《禮》**注**與《毛詩》的**異文**，撰疏人的推**斷**未見與**文義**存在直接關係。尤其是《稍人》《蜡氏》二疏（《宫人》疏同《蜡氏》疏），《禮》注與《毛詩》文異而**義同**，完全不在撰疏人對《鄭志》的使用範圍内。

參照撰疏人對《鄭志》的使用方式，可知歸因於三家《詩》的七處之中，除《中庸》《孔子閒居》《士昏禮》之外，均未見與《鄭志》存在相關性。又，《中庸》疏推測《禮記》經文"憲憲"用《齊》《魯》《韓詩》②，顯然與鄭玄何時得見《毛詩》無關，故不容以《鄭志》爲前提。那麼，僅剩《孔子閒居》《士昏禮》二疏存在與《鄭志》相關的可能，不足以成爲確切的證據。更何況《士昏》疏本來針對的是《箋膏肓》，與前述《鼓鐘》疏針對《中候》注的情況相似，不能直接説明《禮》注的情形。

第三，倘若不以撰疏人所理解的《鄭志》爲前提，甚至不以更爲寬泛的"注《禮》時未見《毛詩》"爲前提，並不影響上述各處歸因於三家《詩》。撰疏人可以單純因爲鄭玄引《詩》、説《詩》異於《毛詩》，而推斷鄭取三家《詩》，不必以《毛詩》的缺席爲前提。

其中《稍人》疏謂鄭據《韓詩》，未泛言取三家，蓋撰疏人所見《韓詩》作"赨"字③。如果認爲賈疏所説"鄭先通《韓詩》，此據《韓詩》而言赨"意味着後得《毛詩》這一弦外之音，就無法解釋賈疏於《蜡氏》及《士昏禮》等處謂鄭取

---

① 特殊的是，《士昏禮》疏針對鄭玄《箋膏肓》與《詩箋》經説的差異，賈疏認爲《箋膏肓》取三家《詩》。考慮到《箋膏肓》之説與《士昏》注一致，且據鄭玄本傳記載，《箋膏肓》是黨錮期間所著，與鄭君《自序》所言注《禮》的時間相同，故而賈疏可能亦認爲《士昏》注與三家一致。

② 雖然《中庸》注亦作"憲憲"，但《正義》乃推斷《中庸》經文用三家《詩》。疏文"與此不同"的"此"，指《中庸》經文。倘若認爲"此"指鄭注，則意味着《正義》以爲鄭玄校改經文。同時對本文而言，意味着《中庸》疏針對的是注文用字，則不復與撰疏人使用《鄭志》的場景一致，《中庸》疏仍然會被排除，本文的結論不變。

③ 撰疏人及見《韓詩》之驗，例如《毛詩·小雅·都人士》疏云"今《韓詩》實無此首章"，《周禮·春官·大胥》疏引《韓詩》，《地官·媒氏》疏引《韓詩傳》等。

三家,不謂取《韓詩》。

又,《中庸》疏認爲經文用三家《詩》,不論這一推斷是否合理,亦不容以鄭玄何時得見《毛詩》爲前提。

總之,雖然對於《中候》注與《毛詩》之異,《鼓鐘》疏可能已有將《鄭志》與三家《詩》相關聯之意,但是對於本文關注的《禮》注與《毛詩》之異,綜合上述三點,未見撰疏人所説《禮》注用三家《詩》與其對《鄭志》的理解之間存在明確的關聯。這意味着,利用《鄭志》和歸因於三家,應視爲對《禮》注與《毛詩》差異的不同解釋路徑①,撰疏人尚未形成"萬能藥"的邏輯鏈條。同時,對於《周禮·稍人》注"惟禹敶之"、《蜡氏》注"吉圭惟饎"與《毛詩》經文存在的同義異文,本節的結論(撰疏人將其歸因於三家者,與《鄭志》無關)可以支撐上節的一個判斷:撰疏人雖將《鄭志》的使用由《禮記》拓展至《儀禮》、由《毛傳》拓展至《詩序》,但尚未拓展至《周禮》和《毛詩》經文,與作爲萬能藥之根本的"注《禮》時未見《毛詩》",尚存在諸多區别。

儘管如此,撰疏人對《鄭志》的簡化、拓展和普遍化,以及《鼓鐘》疏使"未見《毛詩》"與"依三家爲説"並見的表述,可能爲後學進一步曲解《鄭志》提供了思路,在客觀上爲萬能藥的形成起到了奠基作用。

八　輯三家《詩》者對《鄭志·答炅模》的使用

作爲輯佚三家《詩》的奠基之作,南宋王應麟《詩考》可能是最早將"鄭玄用三家《詩》注《禮》"與《鄭志》二者建立關聯的著作。《詩考·後序》云:

> 鄭康成注《禮記》以"于嗟乎騶虞"爲嘆仁人,以《燕燕》爲定姜之詩,以"生甫及申"爲仲山甫、申伯,以《商》爲宋詩,"維鵜在梁"以"不濡其翼"爲才,"上天之載"讀曰"栽","至於湯齊"讀爲"躋"。注《周禮》云"甸"讀與"惟禹敶之"之"敶"同。康成從張恭祖受《韓詩》,注《禮》之時,未得《毛傳》,所述蓋《韓詩》也。②

---

① 對此,撰疏人還有"斷章取義"等其他解釋方式。
② 王應麟:《詩考》,王京州、江合友點校,北京:中華書局,2011年,第153頁。案《後序》所舉上述《禮》注異於《毛詩》者,應麟實際只將以《商頌》爲宋詩和《周禮》"惟禹敶之"兩例收入《詩考》所輯《韓詩》,其餘多收入《詩異字異義》,並未強分家派。

又，《詩考·魯詩》收《坊記》鄭注"定姜"云云一條，應麟自注先引《釋文》以證其爲《魯詩》，又引"《正義》：《鄭志》答炅模云'注《記》時就盧君，後得《毛傳》，乃改之'"①。《詩考》兩引《鄭志》作爲《禮》注用三家之證，主動將二者相關聯。

同時，《詩考》引《鄭志》雖稱"毛傳"，但《後序》所舉《周禮》注"惟禹敶之"是與《毛詩》經文文異而義同者，故應麟可能已將《鄭志》所稱"毛傳"拓展至《毛詩》經文，亦將《鄭志》之"記"拓展至《周禮》。《詩考》所輯三家《詩》，即包括大量《周禮》注及與《毛詩》經文義同的異文。這表明應麟可能已初具"注《禮》時未見《毛詩》"之見。

需要解釋的是，筆者何以把《詩考》輯錄衆多與《毛詩》經文義同的異文，作爲應麟將《鄭志》拓展至《毛詩》經文之徵。對於與《毛詩》義異的異文，尚可假設鄭玄注《禮》時得見《毛詩》經文，只是出於文義的考慮，選擇了三家。可是對於與《毛詩》義同的異文，鄭注何以從三家而不取《毛詩》，就主要有兩種可能：一是鄭玄不主一家，可以取毛，也可以取三家，撰疏人的考慮可能如此；另一種可能性是，鄭玄其時未見《毛詩》經文，只得用三家。《詩考》既將《鄭志》與三家相關聯，應麟的考慮很可能是後者。

由此可知，無論是作爲萬能藥之根本的"注《禮》時未見《毛詩》"，還是將其與三家《詩》相繫的邏輯鏈條，在王應麟《詩考》中均已初具雛形。

清代范家相、臧庸等治三家者，延續了王應麟的思路，每以鄭答炅模視爲鄭用三家的證據。學者又以此爲基調，對於撰疏人和王應麟並未道及的"盧君""先師"之所指，紛紛附會其與三家《詩》之關聯。學者對《燕燕》等疏所引《鄭志》的使用較多，而較少提及《禮器》疏所引《鄭志》，蓋由於《志》文中的"舊本"不像"先師"那樣容易附會爲三家②。

需特別指出的是，王應麟及後來輯佚三家《詩》者，往往只留意與《毛詩》相異的《詩》文、《詩》説，對於與《毛詩》文、義皆同者，多棄之弗顧。至陳壽祺

---

① 王應麟：《詩考》，第65頁。
② 《禮器》疏所引《鄭志》較少被提及的原因，可能還在於學者或以《鄭志》原書之答炅模只有一條。三卷本《鄭志》輯本兩條相次，而《禮器》疏所引"炅模"因《禮記注疏》版本而作"靈模"。殿本案語辨析靈模、炅模當是一人。錢侗案語進一步認爲："炅模、靈模答語，文稍異而意悉同。皆述《禮》注、《詩》傳之異，（中略）非別有一條也。"

主張"異者見異,同者見同,緒論所存,悉宜補綴,不宜取此而棄彼"①,凡可判定爲三家《詩》者,不論其與《毛詩》之異同,均予以輯錄。陳喬樅以壽祺舊輯爲基礎,撰成《三家詩遺説考》,即大量採録與《毛詩》相同的文獻。陳氏對於《三禮》鄭注,不問其與《毛詩》之異同,一皆劃歸三家。因襲陳氏書的王先謙《詩三家義集疏》亦如此。

　　陳、王的這類做法,是輯佚學發展的必然結果。單就鄭玄《禮》注而言,與《毛詩》全同者亦輯入三家,意味着輯佚者認爲"用三家《詩》注《禮》"是鄭玄的惟一選項。逆推其邏輯,鄭玄所以只能用三家,當是"注《禮》時未見《毛詩》"所致。因知陳氏已將鄭答炅模的語境徹底剥離,完全抽象爲"注《禮》時未見《毛詩》"這一結論。該結論既宣告了《毛詩》經、序、傳的全部缺席,那麽"用三家《詩》注《禮》"就成爲了鄭玄的必然選擇。萬能藥的邏輯閉環,由此真正確立。

　　王應麟、陳喬樅等三家《詩》輯佚者,所據材料並不比撰疏人更多,其對《鄭志》的使用和理解,卻與撰疏人存在諸多差異。這些變化主要不是實事求是的結果,而是輯佚工作的産物。儘管輯佚者對鄭玄的家派莫衷一是②,"鄭玄注《禮》時未見《毛詩》,用三家《詩》注《禮》"之説已然深入人心,研治《毛詩》者如陳啓源、馬瑞辰等,亦深受其影響③。此説逐漸成爲學界的"常識",並演化爲解釋鄭玄《禮》注與《毛詩》經、序、傳、箋差異的"萬能藥"。至於又用三家《詩》解釋群經鄭注與《毛詩》之差異,以及《毛詩》傳與箋之差異,可能是被萬能藥的思維定勢所波及的結果。

---

　　① 陳壽祺:《三家詩遺説考自序》,見《魯詩遺説考》卷首,《續修四庫全書》第 76 册,上海:上海古籍出版社,2002 年,第 42 頁。

　　② 認爲鄭注多用《韓詩》者,有王應麟、馮登府、魏源等;以鄭注多用《魯詩》者,有阮元、臧庸、陶方琦等;以鄭注多用《齊詩》者,有陳喬樅、王先謙;以爲三家兼採者,有范家相、陳壽祺等。

　　③ 陳啓源《毛詩稽古編》卷二十六《康成他注與箋詩異同》云:"康成箋《詩》與注他典之引《詩》者多有異同,蓋因先通《韓詩》,後見《毛》敘。又他典所引類多斷章,則就文立義故也。"(《皇清經解毛詩類彙編》,臺北:藝文印書館,1986 年,第 254 頁)馬瑞辰《毛詩傳箋通釋》卷一《鄭箋多本韓詩考》云:"蓋鄭君注《禮》多本《韓詩》,是知箋《詩》與《禮》注同者亦《韓詩》也。"(第 22 頁)又,《儀禮注疏校勘記》卷十五"亦當以之也"條圈後文字云:"按'必有以也',《毛詩》作'以'不作'似'。鄭注《禮》時未見《毛詩》,此注引《詩》必作'似',後人妄據《毛詩》改之。"(《十三經注疏校勘記》第 4 册,北京:北京大學出版社,2015 年,第 503—504 頁)

九 "鄭玄注《禮》時未見《毛詩》"獻疑

追溯萬能藥形成的歷史,可知由撰疏人,到王應麟、陳喬樅等輯佚三家《詩》者,其對鄭答炅模的使用,距離《鄭志》原意越來越遠。

究其原因,撰疏人以《三禮》及《毛詩》爲疏釋對象,無論是引述《鄭志》還是提及三家《詩》,都是針對《三禮》與《毛詩》,可能並不真正關注《鄭志》之原意、鄭玄著述之次第,以及三家《詩》本來的情形。故而撰疏人雖有《毛詩》經、傳別行之見①,在笙詩問題上卻誤用《鄭志》,對毛傳、詩序不加分別;撰疏人雖引《鄭志》答炅模、答劉炎以明箋《詩》在注《記》、注《論語》之後②,其目的僅在於爲鄭注之差異找到理由,於此之外幾乎不討論鄭玄著述次第這一重要議題③;撰疏人僅及見《韓詩》,其泛言來自三家者,目的在於給所釋經注異於《毛詩》者一個"說法",並不在意三家《詩》本身。至於王應麟、陳喬樅等輯佚三家《詩》者,其所以利用《鄭志》,意在將鄭注納入三家,從而擴充輯佚規模,更不關心鄭答炅模之原意。

忽視《鄭志》原意,屬於學術史之常事,亦未可厚非。最重要的是本文開頭提出的問題:作爲萬能藥之根本的"鄭玄注《禮》時未見《毛詩》"是否符合事實。上文六至八節既辨明了此說之來歷及其與《鄭志》原意之差距,下面接續第五節末尾的議題,檢討此說是否屬實,重審《三禮注》與《毛詩》之關係。

"鄭玄注《禮》時未見《毛詩》"與《鄭志》最顯著的區別有二,一是將《鄭志》所言《禮記》拓展至《三禮》,一是由《毛傳》拓展至《毛詩》。如果僅由《禮記》拓展至《三禮》,認爲"注《禮》時未得《毛傳》",似仍近得其實。據鄭玄《自序》"遭黨錮之事,逃難注《禮》,黨錮事解,注《古文尚書》《毛詩》《論語》"④,可知注《三禮》當在黨錮期間。可以作爲佐證的是,《周禮疏》引《鄭志》"張逸

---

① 《毛詩》篇題"鄭氏箋"之疏云:"《藝文志》云:'《毛詩經》二十九卷,《毛詩故訓傳》三十卷。'是毛爲詁訓亦與經別也。"
② 《毛詩·關雎》序之疏引鄭答劉炎云:"《論語註》人間行久,義或宜然,故不復定,以遺後說。"
③ 惟《公羊序》之疏云"鄭君先作《六藝論》訖,然後注書",偶涉鄭玄著述次序。
④ 見《唐會要》卷七七、《文苑英華》卷七六六引。

問：'《禮》注曰《書説》。《書説》，何書也？'答曰：'《尚書緯》也。當爲注時，時在文網中，嫌引祕書，故諸所牽圖讖，皆謂之説云。'"①儘管據鄭答炅模"注《記》時就盧君"，似在"因涿郡盧植，事扶風馬融"期間②，則始注《禮記》當早至黨錮以前，或早於注《二禮》③；然而考慮到《三禮》注與毛傳相合之處甚少，且皆無法説明毛傳是鄭注的惟一依據④，那麽"注《禮》時未得《毛傳》"，當與事實相去不遠。此外還存在另一種可能：鄭玄注《禮記》時未得《毛傳》，注《二禮》時已得《毛傳》。⑤ 然而《鄭志》謂"後乃得毛公《傳》"時"《記注》已行"，考慮到鄭玄三部《禮注》之間關係極爲密切，似不宜在《記注》已行之後纔注《二禮》，而應在三書皆成後始行，故而注《二禮》時已得《毛傳》的可能性不大。

　　如果進而將《鄭志》所言《毛傳》拓展至《毛詩》，即學者普遍認可的"鄭玄注《禮》時未見《毛詩》"，則非常困難。既然作爲此説惟一史源的《鄭志》，其原意並非未見《毛詩》，則此説是否符合事實，**理應存疑**。持説者似不宜人云亦云，而**有義務自證其説**。持説者或許會以衆多《禮》注異於《毛詩》者作爲未見《毛詩》之證。實際上，正如前述撰疏人判斷爲鄭用三家《詩》者，不必以未見《毛詩》爲前提，儘管鄭玄的考慮與撰疏人有所不同，這一結論同樣可以成立。在此姑以撰疏人判斷爲三家的七處爲例，以鄭玄注《禮》時得見《毛詩》經、序而未見《毛傳》爲前提，説明各處鄭注爲何不用《毛詩》。

　　《稍人》注引《詩》"甽"字以明《周禮》注文"甸"字之音。鄭玄所以不引《毛詩》與《禮》注一致的"甸"字，當是由於《毛詩》"甸"字根本無法説明《禮》注"甸"字的讀音⑥。

　　與《稍人》注一致，《蜡氏》注引《詩》"圭"字以明《周禮》經文"蠲"字之音。

---

① 《影印南宋越刊八行本禮記正義》卷十四，第316頁。然而，今《三禮》注未見引《書説》者。
② 見《後漢書》本傳。
③ 胡元儀《北海三考》卷一云："據《鄭志》所云鄭君《小戴記注》成于從事馬融之門時也，所謂盧君即盧子幹，先師蓋指張恭祖記也。《三禮注》唯《禮記》先成，《周官》《儀禮》皆成于黨禁時。鄭君《自序》所謂遭黨禁之事，逃難注《禮》是也。"《續修四庫全書》第549冊，上海：上海古籍出版社，2002年，第623頁。
④ 《周禮·春官·小宗伯》注引《詩傳》一處與《小雅·車攻》毛傳合，卻又與《穀梁傳》及《書傳》相似，毛傳並非惟一史源。《儀禮·士冠禮》注"介、景皆大也"與《小雅·小明》毛傳同，然解介、景爲大是常訓，見於《爾雅·釋詁》。《儀禮·聘禮》注引《詩傳》"較，道祭也"與《大雅·生民》毛傳同，但文本太短，無法説明問題，且《周禮·玉府》注引《詩傳》，賈疏謂是《韓詩傳》。此處所用材料，參考了李雲光《三禮鄭氏學發凡》，第12頁；羅健蔚《鄭玄〈三禮注〉説〈詩〉與引〈詩〉之研究》，第174—176頁。
⑤ 李雲光先生持此説，楊天宇先生另有類似的觀點，見本文第一節注。
⑥ 讀《毛詩》"甸"字爲甽，也是鄭箋所爲。毛傳訓"甸"爲治，與鄭異義、異音。

鄭玄所以不引《毛詩》與《周禮》一致的"蠲"字,也是由於後者不便於説明《周禮》"蠲"字的讀音。情況不同的是,《宫人》經文又見"蠲"字,注所以引與《毛詩》一致的"蠲"字,當是由於此注並不釋音,而是釋義之後引《詩》舉證,故須舉與《周禮》一致的"蠲"字而非"圭"字。

《郊特牲》注引《詩》"畷郵"以證《禮記》經文"畷""郵"之義。《毛詩》"綴旐"與《禮記》不同,當然不宜用來解釋《郊特牲》。

與《郊特牲》注一致,《樂記》注引《詩》"綴"字以證《禮記》經文"綴"字之義。《毛詩》"祋"字與《禮記》不同,當然不宜用來解釋《樂記》。情況不同的是,《周禮·候人》注引《詩》用"祋"字,又與《毛詩》一致。這是因爲此注引《曹風·候人》詩句乃是爲了説明《周禮》"候人"之職,"綴""祋"皆可備選①。

《孔子閒居》經文引《詩》"齊"字,注謂《詩》讀"齊"爲"躋"。鄭注所引《詩》可能文作"躋",也可能文作"齊"而該《詩》舊注訓爲"躋"。鄭玄得見《毛詩》"齊"字而未得毛傳,最終參考某家所讀之"躋"字及《孔子閒居》語境解《詩》,遂與毛傳"齊"讀本字不同。

《中庸》經文引《詩》"憲憲"異於《毛詩》"顯顯",鄭注只得就《禮記》經文解之。

《士昏禮》注所持經説與《左傳》一致。鄭玄《箴膏肓》對《左傳》的辯護,以《召南·鵲巢》《何彼襛矣》二詩爲證。其説異於《毛詩》之《何彼襛矣》序所述人物關係②。鄭於黨錮期間著《箴膏肓》及注《禮》時,蓋於四家之中取其所需,並不受《毛詩》約束。

由此可知,即便鄭玄得見《毛詩》,上述七處鄭注亦不得取《毛詩》。反過來説,不能簡單地把《禮》注異於《毛詩》者,視作未見《毛詩》之證。鄭玄注《禮》時可以根據需要選擇《詩》文、《詩》説,未見對何家有明顯偏好。筆者認爲,持説者恐怕很難自證其説。

"注《禮》時未見《毛詩》"之説既難以自證,從鄭玄的經歷來看,又頗爲可疑。在"逃難注《禮》"之前,鄭玄有機會得見馬融(79—166)所注《毛詩》③。

---

① 《周禮·候人》注用"祋"不用"綴",可能有其用意,也可能二者皆可。
② 《箴膏肓》之説並不違背《毛詩》之《鵲巢》序,且與《鵲巢》毛傳及鄭箋合。因知鄭玄箋《詩》之後,並未改易前説,只是《何彼襛矣》不再能夠成爲《箴膏肓》的依據。
③ 《隋書·經籍志》載:"梁有《毛詩》十卷,馬融注,亡。"又曰:"鄭衆、賈逵、馬融,並作《毛詩傳》。"

黨錮之前，鄭玄在馬融門下時，馬融《毛詩傳》已成書多年①。其時馬融爲之慨歎"《詩》《書》《禮》《樂》皆以東矣"②。鄭玄離開當年，馬融卒。數年之後，黨事起，鄭玄逃難注《禮》。若謂鄭玄注《禮》時未見《毛詩》，似有違常理。③

最後，如果《三禮注》中有鄭玄得見《毛詩》之跡，就可以推翻"未見《毛詩》"之說。學者討論較多的《禮記·緇衣》注、《文王世子》注、《射義》注，其實尚不能作爲確證。《禮記·緇衣》引《詩》"彼都人士，狐裘黃黃。其容不改，出言有章。行歸于周，萬民所望"，鄭注云："此詩毛氏有之，三家則亡。"一般認爲這是鄭玄注《禮記》時得見《毛詩》經文之證。然而《左傳》襄十四年引《詩》"行歸于周，萬民所望"，服虔注云："逸詩也，《都人士》首章有之。"④服注所謂逸詩，相當於"三家則亡"，服注所謂《都人士》首章有之，相當於"毛氏有之"。鄭玄《緇衣》注的依據也可能是服虔注，未必是《毛詩》。又，《禮記·文王世子》注所言"《詩》有毛公"，更不必得見《毛詩》之後始知。此外，學者或引《禮記·射義》注"《騶虞》《采蘋》《采繁》，《毛詩》篇名"爲據⑤，案"毛"字實爲阮刻本誤字，諸本作"今"。

真正可能成爲注《禮》時得見《毛詩》之確證的，筆者認爲是《儀禮注》與《毛詩》十數篇詩序的高度吻合。其詳細情形，以及《儀禮》注何以謂笙詩"其義未聞"，與《毛詩》"有其義"迥別，則另待專文論述。如果彼文論證成立，則《三禮注》與《毛詩》之關係可以獲得重建，《三禮注》與三家《詩》之關係亦當重估。對於《禮》注何以異於《詩》箋、《詩》箋何以異於毛傳，均有望走出萬能藥的籠罩，迴歸鄭學本身。

(本文曾發表於《傳統文化研究》2023年第1期)

李霖，北京大學中國古代史研究中心副教授。

---

① 賈公彥《序周禮廢興》引馬融《周官傳》云："至六十爲武都守，郡小少事，乃述平生之志，著《易》《尚書》《詩》《禮傳》皆訖，惟念前業未畢者唯《周官》。年六十有六，目瞑意倦，自力補之，謂之《周官傳》也。"《景宋八行本周禮疏》，第12頁。

② 袁宏《後漢紀》卷二十九，北京：中華書局，2002年，第557頁。《太平廣記》卷二百七十六引《異苑》"以"作"已"。

③ 羅健蔚先生已持類似觀點，見羅健蔚《鄭玄〈三禮注〉說〈詩〉與引〈詩〉之研究》，第173—174頁。

④ 見《毛詩·都人士》孔疏。

⑤ 梁錫鋒《鄭玄以禮箋〈詩〉研究》，第188頁；羅健蔚《鄭玄〈三禮注〉說〈詩〉與引〈詩〉之研究》，第177頁。

《三禮義宗》辨體

朱瑞澤

崔靈恩，清河東武城人，先在北魏仕爲太常博士，天監中入梁，武帝擢爲員外散騎侍郎，歷步兵校尉、長沙内史、國子博士、桂州刺史，卒於官。其著作有《集注毛詩》二十二卷、《集注周禮》四十卷、《三禮義宗》四十七卷（卷數問題記載紛繁，詳下）、《左氏經傳義》二十二卷、《左氏條例》十卷、《公羊穀梁文句義》十卷。史載靈恩"尤精三禮、三傳"[①]，其人也確實匯入南北朝後期《左傳》學論争，接續着"通禮"的禮學傳統。《三禮義宗》（以下簡稱《義宗》）作爲中古時期影響廣泛的禮學著作之一，多見文獻徵引，然其書不存，其體例亦不甚明晰，實則文獻中固有蛛絲馬跡，可供追索《義宗》體例，進而窺見南北朝禮學實態與動向之一斑。

一 《義宗》體例成説辯證

清人王謨、馬國翰皆有體量較大的《義宗》輯本[②]，雖不無漏輯誤輯，而確實已經展現出大部分今日可見的《義宗》佚文及其型態，其佚文安排或附注或也反映出輯佚家對此書體例的認識：王謨《漢魏遺書鈔》經翼第二册輯有《三禮義宗》一卷，大體依據輯佚資料種别及原始文獻引用次序排列佚文，是王氏並未作出對全書體例的明確判斷。輯自《玉海》的"明天有三百六十五

---

① 《儒林》，〔唐〕姚思廉撰，中華書局編輯部點校：《梁書》卷四八列傳第四十二，北京：中華書局，1973年，第676—677頁。
② 黄奭《黄氏逸書考》襲用王謨輯本，而王仁俊《玉函山房輯佚書續編》僅依據《五行大義》引用先後補入馬氏未及的二十五條。參孫啓治、陳建華編撰《中國古佚書輯本目録解題》，上海：上海古籍出版社，2017年，第85—86頁。

度義"條下案語言"凡首題'明某義'者,俱係本書舊目"①,認爲《義宗》本爲條目體。馬國翰《玉函山房輯佚書》卷三十經編通禮類有《三禮義宗》四卷,安排爲"《周禮》一卷,《儀禮》一卷,《禮記》二卷"②,並且按照三禮經傳文句次序混排原始文獻不同的佚文,是馬氏認爲《義宗》是別有三禮科分的循文敷述。

簡博賢認爲"其後遞有散佚,故諸家著錄,篇數不同",又從姚振宗《隋書經籍志考證》説,以爲賈疏《序〈周禮〉廢興》"蓋實本於崔氏三禮興廢義",從而推論賈疏攘襲崔書,特不標識其名,使得今日無從別擇,③質言之,同樣視崔書爲循文敷述之作。焦桂美認爲"(馬輯)《禮記義宗》138條,最能反映崔氏治經之特色",也認爲不同文獻對《義宗》文本單位及其數量的記載歧異反映着"由卷而篇,由篇而條"的"漸亡之跡"。④ 吴麗娱認爲《義宗》"是對基本精神的辯證與申明",在繼承《禮論》傳統的基礎上注重禮義。⑤

歸納前人所論問題,大體不出兩端:不同文獻所載《義宗》篇卷數字的歧異究竟反映什麼信息?《義宗》原本體例,究竟是"注疏""單疏"等已經或能夠附入經傳文句的循文敷述之體,還是以"明某義"或類似格式領起的、獨立的篇目/條目體?

下列出有關《義宗》篇卷數量的實際記載:

1.《三禮義宗》三十卷,崔靈恩撰。(《隋書·經籍志》)

2.《三禮義宗》三十卷,崔靈恩撰。(《舊唐書·經籍志》)

3. 北。《三禮儀宗》三帙。文作帙別十卷。九月十五日大屬宅進椋椅マ。⑥(日本天平二年七月四日《寫書雜用帳》)

4.《三禮義宗》廿卷,崔靈恩撰。(《日本國見在書目録》)

---

① 《三禮義宗》第 20 頁 b,〔清〕王謨輯:《漢魏遺書鈔》經翼第二册,清嘉慶三年金谿王氏刊本。
② 《三禮義宗》序,〔清〕馬國翰輯:《玉函山房輯佚書》卷三十,清光緒九年長沙嬭媤館刊本。
③ 簡博賢:《今存南北朝經學遺籍考》,臺北:黎明文化事業股份有限公司,1975 年,第 176—188 頁。臺灣研究成果尚有柯金虎《魏晉南北朝禮學書考佚》,遺憾未能寓目。
④ 焦桂美:《南北朝經學史》,山東大學博士學位論文,2006 年,第 169 頁。
⑤ 吴麗娱:《〈禮論〉的興起與經學變異——關於中古前期經學發展的思考》,《文史》2021 年第 1 期,第 93—124 頁。
⑥ 東京大學史料編纂所編:《大日本古文書 正倉院編年文書一》,東京:東京大學出版會,1968 年,第 393 頁。

5.《三禮義宗》三十卷。梁明威將軍崔靈恩撰。其書合《周禮》《儀禮》、二戴之學，敷述貫串，該悉其義，合一百五十六篇，推衍閎深，有名前世云。①（《崇文總目》）

6.《三禮義宗》三十卷……一百五十二篇，今此本頗殘缺。（《郡齋讀書志》袁本）

7.《三禮義宗》三十卷……此書在唐一百五十篇，今存者一百二十七篇，凡兩戴、王、鄭異同，皆援引古誼，商略其可否，爲禮學之最。②（《郡齋讀書志》衢本）

8. 梁天監中國子博士崔靈恩撰。三十卷。其書合《周禮》《儀禮》《禮記》諸儒之説，敷繹其義，凡一百五十六篇。《義宗》始於明天地以下歲祭，終於明《周禮》、《儀禮》、《禮記》廢興義。慶曆中，高陽許聞誨爲之序。③（《玉海》引《中興書目》）

9.《三禮義宗》三十卷。梁國子博士清河崔靈恩撰……凡一百四十九條，其説推本三禮，參取諸儒之論，博而覈矣。案本傳四十七卷，《中興書目》一百五十六篇，皆與今卷篇數不同。《書目》又云慶曆中高陽許聞誨爲之序，家本亦無此序也。④（《直齋書録解題》）

《義宗》大約亡於宋末元初。⑤ 各目記載卷帙大略相同，僅《梁書》本傳作四十七篇，《册府元龜》卷六百作四十八卷，或即抄自本傳。若同源文獻，似仍當以三十卷爲是，《日本國見在書目録》作廿卷，孫猛以爲卅卷之誤，或然。5、6、7、8皆並存卷、篇、條等複數文本内容計量單位，一卷雖容有長短差别，但情理推之，不至於百千字數條即可爲一卷。且《崇文》"一百五十六篇"、"唐時"、晁氏"今存"、《中興書目》、陳氏"家本"雖數量不同，但除去"頗殘缺"之本外，篇、條數仍在一百五十上下浮動。陳氏以條計數，但解題中引《中興

---

① 〔宋〕王堯臣等撰，〔清〕錢東垣輯釋：《崇文總目輯釋》五卷，粵雅堂叢書彙印本，卷一 13a。
② 〔宋〕晁公武撰，孫猛校證：《郡齋讀書志校證》，上海：上海古籍出版社，2011年，第74—75頁。
③ 〔宋〕王應麟撰，武秀成、趙庶洋校證：《玉海藝文校證》，南京：鳳凰出版社，2013年，第209頁。
④ 〔宋〕陳振孫撰，徐小蠻、顧美華點校：《直齋書録解題》，上海：上海古籍出版社，2015年，第49—50頁。
⑤ 翁方綱記載自己曾聞某家藏《義宗》之書，恐不可信，事見《經義考》。

目》以篇計數，兩種單位當可相通，①而應當並非如焦桂美氏所言反映"漸亡之跡"。同時，從諸解題措辭與多本篇數皆在百五十左右等事實看來，崔氏原書或約有一百五十篇。

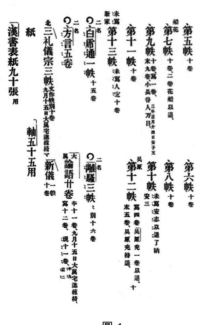

圖 1

這些記載應該都各自對應一種寫本而非刊本：1 爲貞觀中根據《隋大業正御書目錄》點對見存書②，2 則是玄宗時的實藏，很大可能是同一書本。3 下"九月十五日大屬宅進椋椅マ（部）"的注記顯示它與前後《論語》《新儀》爲同一家寫進，如圖 1 所示，《論語》亦爲九月十五日"大屬宅"寫進椋椅部。顯然，這三帙三十卷背後存在一個更早的書寫底本。同時，名題"儀宗"、與《新儀》一同寫進未必是純然的誤字或巧合，而存在著與《義宗》體例相關的可能性。如下文所述，《義宗》一定程度上有禮制設計性質，在這一意義上與"儀"有其共通性。椋椅部即倉橋部，因崇峻天皇倉梯柴垣宮得名，此類"名代""子代"作爲王族私有部民，往往與王族關係密切。在奈良寫進名代的這部《義宗》，其底本未必不可能是 4 中所見書物。

5、8 所載篇卷數相同，不知是書本未喪還是南渡掇拾，得復舊觀。《中興目》解題顯然沿襲《崇文總目》而成，《玉海》所引"《義宗》始於"云云也未必是《中興目》增補的文字，其言"慶曆中高陽許聞誨爲之序"，聞誨官至衛尉寺

---

① 中古的"條"與今日印象中短小精悍的條目不盡相同，雖不宜過長，卻能容納一定量的文本。據徐勉《修五禮表》，梁代修撰的《五禮》嘉禮儀注 116 卷 536 條，賓禮 133 卷 545 條，軍禮 189 卷 240 條，吉禮 224 卷 1005 條，凶禮 514 卷 5693 條。參《徐勉傳》，〔唐〕姚思廉撰，中華書局編輯部點校《梁書》卷二五列傳第十九，北京：中華書局，1973 年，第 382 頁。嘉、賓、吉三禮條一卷比例大約 5∶1，與《義宗》三十卷、一百五十條的大致數據符合。從卷下即條和大約數條、十數條一卷的實際看來，條與篇作爲文本內容計量單位可能在一定程度上可以相通。

② 關於《隋志》性質，從馬楠說，參《〈隋書經籍志〉著錄撰人銜名來源考述》，馬楠《唐宋官私目錄研究》，上海：中西書局，2020 年，第 1—35 頁。

丞,爲許申之孫①,存在《崇文》解題已言此書有許氏序的可能,即不如此,許序被官修解題目錄"點名",這也顯示許序與官方的書籍活動可能有一定關係,或是許序附着在某種官方性質的藏本上,因爲寫本時代若無特殊原因,很難想象某位讀者的序會被載入官修目錄。因此,陳振孫"家本"和《中興目》所載本許序的有無,便有可能反映出趙宋官藏本與民間流傳寫本的差異,如若此書南渡而亡,蒐集闕書所得應當也是《崇文》本的同源寫本。總之,推測5、8所載爲同系統的書本,雖難言證據充足,卻並非徹底的無根游談。同樣處於北宋末年的晁氏,身處當時仍存的一大文化中心,竟只能獲取百二十篇、殘缺特甚的本子,也從另一側面説明百五十篇未亡的可能性。

另外,5題"梁明威將軍",是崔靈恩獲得的最高的品位性官號,8、9題"國子博士",只是崔氏曾任的官職,很有可能前者即爲解題撰者"總結撰人生平歷官"而題的終官故銜,後者則是"據寫本過錄著書時官"。② 總之,後者爲寫本所題著書時官當無問題,8、9屬於兩個不同系統的寫本,但皆題如此。這同南朝國子學與學術著作的密切關係有深刻的關聯。

要之,各種記載中篇卷數目的歧異,或者可能有誤,或者反映不同時代、不同地域寫本實際的傳存狀況,但應該肯定,三十卷、約一百五十篇(條),這應該是《義宗》比較完整的型態,焦氏所謂"漸亡之跡"當是判斷偶失。

既然百五十篇大概是唐本狀貌,自清代以來甚囂塵上的、認爲《義宗》體近消文的觀點也自可再行考量,三禮篇目與百五十之數存在難以彌縫的差距,而如果辯稱百五十是三禮篇目拆分合併以平衡簡册而成,恐怕也難免牽強之譏。可以説,《義宗》絶非循文敷述之體,如馬竹吾甚至爲佚文附經補傳,則更屬無稽。吳麗娛認爲《義宗》和《禮論》類著作有着親緣關係,《義宗》注重説解大義,似也未嘗不可再加考量。

---

① 《許聞誨題名》,黃挺、馬明達:《潮汕金石文徵 宋元卷》,廣州:廣東人民出版社,1999年,第33—35頁。

② 關於兩種形式的區分,參《〈隋書經籍志〉著錄撰人銜名來源考述》,馬楠:《唐宋官私目錄研究》,第1—35頁。

二 "有名前世"的"禮學之最"

《義宗》體例究竟如何？前代文獻實已提供足夠的證據，但要瞭解這一問題，仍需對《義宗》在中古禮學的地位與其體例在中古經學圖景中的坐標作出考察。前揭《崇文總目》説《義宗》"有名前世"，要非虛言，將中古禮議中援及《義宗》的例證略加表列如下（表1）。

表 1　中古禮議援及《義宗》例

序號	出典	時間	事項	提案人	引據方式或具體評價	備注
1	舊唐禮儀一	乾封初	詔依舊祀感帝及神州	司禮少常伯郝處俊等	一般徵引	同引有《禮記》、《左傳》、《大傳》、鄭注。
2	舊唐禮儀二	聖曆元年	每月一日於明堂行告朔之禮	司禮博士辟閭仁諝	臣等謹檢禮論及三禮義宗、江都集禮、貞觀禮、顯慶禮及祠令。	反對。
				鳳閣侍郎王方慶	梁代崔靈恩撰三禮義宗，但捃摭前儒，因循故事而已……（告朔禮闕）各有由緒，不足依據。	支持。
	唐會要饗明堂議			王方慶	崔靈恩三禮義宗廟祭服義，亦載天子視朔之服，不可言無正文也。	
3	舊唐禮儀三	顯慶中	修改舊禮（先祭後焚）	禮部尚書許敬宗	一般徵引	同引有《禮經》、《禮論》説太常賀循上言、《周官》。

續表

序號	出典	時間	事項	提案人	引據方式或具體評價	備注
4	舊唐輿服	顯慶元年	冕服君臣倒置	太尉長孫無忌與修禮官等	據周禮云……所以三禮義宗，並有二釋……求其折衷，俱未通允。	同引有《周禮》。
5	舊唐王起傳	太和九年	創造禮神九玉	禮儀詳定使王起	則靈恩之義，合于禮經。	同引有《周禮》、鄭注、《開元禮》。
6	舊唐儒學下祝欽明傳	景龍三年	親祀南郊，皇后亦合助祭	太常博士唐紹、蔣欽緒、彭景直	一般徵引	反對。同引有《禮經》、鄭注、正經正注義贊等。
7	隋牛弘傳	開皇九年	六律六呂迭相爲宮，各自爲調	太常卿牛弘	一般徵引	
8	舊五代禮下	顯德四年	祭器、祭玉制度	國子祭酒尹拙	一般徵引	同引有《江都集禮》《白虎通》。《宋史·儒林一·聶崇義傳》更有針對此議及新定三禮圖之議。
9	唐會要社稷	神龍五年	詔於東都建置太社	太常少卿韋叔夏等	一般徵引	同引先後分別爲《尚書》、鄭玄、《義宗》、《呂覽》、《後魏書》。

除此之外,《義宗》也是重要的禮學學習資料,陸詡"少習崔靈恩《三禮義宗》"(《陳書·儒林列傳》),孔穎達"闇記《三禮義宗》"(《新唐書·儒學下》),皆是顯證。

對於各例在歷史上産生的論争與糾葛,自有禮制史專門研究擅美於前,此處僅就上揭例證嘗試勾勒《義宗》在中古輝煌的受容圖景:禮議歸根結底是辯論的一種展開方式,論證的展開過程支撑着論點,而論證過程則可分析爲理據與邏輯。一般而言,理據有"經義""故事"兩種。① 從這一視點看,1中"又按《三禮義宗》云'夏正郊天者,王者各祭所出帝於南郊',即《大傳》所謂'王者禘其祖之所自出,以其祖配之'是也",先引《義宗》,再舉傳文,顯然不將崔書視爲傳文附庸,而與《禮記》《左傳》、鄭注同屬"典禮",其性質屬於"經義"。3 中"《禮論》説太常賀循上言"有定性之語曰"此即晉氏故事",而《義宗》則是對"禮經明白,義釋甚詳"一句的拓展,"經義""故事"在此議中清晰分爲兩層,《義宗》仍屬經義。6 同樣分爲"並請明徵禮文,即知攝薦是宗廟之禮明矣"與"按……歷代史籍"兩部分,分别對應經義、故事,經傳、鄭注、《義宗》《義贊》皆屬於前者,加以"明徵禮文"之語,可以説此議中《義宗》等至少是二次文獻,但被視同經傳一次文獻。9 中舉證序列也反映出《義宗》的地位,並同屬於"古有明説"範圍。要之,《義宗》在中古禮議通常扮演着"經義"的角色,其證據力度相當可觀,特定情況下甚至與經傳明文的證據力度接近。禮議中又有一種經常出現的邏輯,即,"三禮經傳文有某義,是以《三禮義宗》有某義",將《義宗》視爲禮書的拓展、延伸,從而從另一方面賦予它近似經傳的特殊地位。

但是,這只是《義宗》形象的一個側面,例 5 與《開元禮》同引,但正如吳麗娱指出,"將本朝禮儀通過《禮記》的形式經典化應當是《開元禮》撰作的初衷"②,對唐人而言,《開元禮》是本朝的"經傳正文"。例 8、例 2 與《白虎通》《江都集禮》《貞觀禮》《顯慶禮》等同引繞真正反映出某種異色:8 中尹拙援引《義宗》《江都集禮》《白虎通》等書,論辯敵方聶崇義援引《周禮》《爾雅》,討論璧的尺寸、內外形狀、肉好等問題,最終結果爲"太常卿田敏以下議,以爲尹

---

① 這一區分參考了范雲飛《唐代東都廟議的經義邏輯》,《文史》2021 年第 1 期,第 125—150 頁。
② 吳麗娱:《營造盛世:〈大唐開元禮〉的撰作緣起》,《中國史研究》2005 年第 3 期,第 73—94 頁。

拙所説雖有所據,而崇義援《周禮》正文,其理稍優,請從之"。《義宗》等書的證據力度只是"稍"弱於經傳正文,仍"有所據",但畢竟與經傳明文不盡相同。例 2 也遵循同一邏輯展開:

> 臣等謹檢《禮論》及《三禮義宗》《江都集禮》《貞觀禮》《顯慶禮》及祠令,並無天子每月告朔之事。若以爲代無明堂,故無告朔之禮,則《江都集禮》《貞觀禮》《顯慶禮》及祠令,著祀五方上帝於明堂,即《孝經》"宗祀文王於明堂"也。此則無明堂而著其享祭,何爲告朔獨闕其文?若以君有明堂即合告朔,則周、秦有明堂,而經典正文,無天子每月告朔之事。(《舊唐書·禮儀二》)①

邏輯上,此議出現的明堂與告朔關係可分爲 a"無明堂有告朔"、b"無明堂則無告朔"、c"有明堂則有告朔"、d"有明堂而無告朔"。"若以爲"云云具有優先性:據《江都集禮》等理論上占有實際歷史時段的禮制設計"無明堂而著其享祀",類推出"無明堂而有告朔",與實際"並無天子每月告朔之事"衝突,因此唯一可能是天子並無每月明堂告朔之禮,事實上否認了 a、b。"若以"云云則排除 c,通過邏輯和理據的交織,議者得出自己的 d。而整個過程與"臣等謹檢"並無關聯,毋寧說此句只是一種補充,直承"經典正文"無文的表述,暗示着《禮論》等書性質相近,屬於對經典正文的拓展。

《唐會要·饗明堂議》亦載此議,所錄王方慶對辟閭仁諝的駁斥差詳,先始於"禮官狀云'經史正文,無天子每月告朔之事'者",經歷四處直據經傳正文的反駁後,反駁"又禮官狀云'漢魏至今,莫之用者'",最後纔指出"又禮官狀云'《禮論》等及祠令,並無天子每月告朔之事'者,謹按《禮論》王珉、范甯等議,有明堂每月告朔之禮者,崔靈恩《三禮義宗》廟祭服義,亦載天子視朔之服,不可言無正文也"②。顯然,在王氏的邏輯中"《禮論》等"是"經義""故事"之外的補充。

在這兩例中,《義宗》呈現出較經傳明文更爲黯淡的色澤,並與《白虎通》《禮論》《江都集禮》等著作展現出親緣性。這些著作的特點已經學者指摘,它們"並不是對經文逐字逐句的訓詁,而是圍繞問題而'論'","已有禮經於

---

① 〔後晉〕劉昫等撰,中華書局編輯部點校:《舊唐書》,北京:中華書局,1975 年,第 869 頁。
② 〔宋〕王溥撰:《唐會要》,北京:中華書局,1960 年,第 286—291 頁。

現實運用的着眼和關照","《禮論》雖涉及禮經——《三禮》義解,嚴格來説卻非單純釋經之作,而是立足現實的實用禮書"。① 結合例2王方慶"梁代崔靈恩撰《三禮義宗》,但捃摭前儒,因循故事而已"的評價,可以推測《義宗》是條目/篇目結構而成的"禮制設計"(這一點可以被佚文有力地證明,詳下)。

但如前述,中古禮議中的《義宗》有作爲强力證據的"經義"的一面,於是其面影逐漸明晰:《義宗》很可能是三十卷、約百五十篇,根本於禮經學而形成的一套"禮制設計",唯其具有禮經、禮制兩種成分、兩個面向,斯可以隨方應物,展現不同的親緣性,在中古禮學中獲得獨特地位。

對比而言,《義宗》獲得的"禮遇"與何承天《禮論》頗有相似之處,《禮論》同樣充作禮學研習的淵藪,就此前揭吴文有所討論。但《禮論》也同樣具有類似經傳的較高地位,周續之"通《毛詩》六義及《禮論》《公羊傳》,皆傳於世"(《宋書·隱逸列傳》),學者也針對《禮論》展開注釋,至少説明它具有一定重要性。② 中古禮議援引《禮論》更屬指不勝屈。但是我們並不容易發現如前所述將《禮論》視爲力度可觀的經義證據的例證,這大約植根於兩書的體例差異:《禮論》只是把前代相傳的八百卷"禮論""删减並合,以類相從",其兩個來源即"議禮和問答的解經之作"與"兩晉之際朝廷已經開始的當世禮法之作"(前揭吴麗娱文),從《禮論》佚文看來,其系統性顯然稍遜。因此,《禮論》只是"故事"彙編,至於《江都集禮》《貞觀禮》等,充其量是一代之禮,其輕重不權,理固宜然。《義宗》則不相同,"合《周禮》《儀禮》、二戴之學,敷述貫串,該悉其義",其書"推衍閎深",顯然不同於一般彙編,根本禮經,也不完全同於一代之禮。③

前人解題與中古禮議對待《義宗》的重層性態度兩造爲證,都顯示《義宗》雖然體例、性質上可能與禮制、禮典、儀注相近,但絕不止步於雜湊議論、以類相從,其原因就在於崔氏作爲"尤精三禮"的學者,能够將禮經學成果與

---

① 吴麗娱:《〈禮論〉的興起與經學變異——關於中古前期經學發展的思考》,《文史》2021年第1期,第93—124頁。

② 給《禮論》及類似體例的叢纂作注釋,似於中古並不鮮見,如賀循《喪服要記》,劉宋庾蔚之有注,另外庾氏自身還有《喪服》作爲《要記》的續書,這則與梁孔子袪"續何承天集《禮論》一百五十卷"(《梁書·儒林列傳》)相似。《隋志》中亦多有《禮論》系列著作,以至於通過"合其近密"形成隱含的三級類目。可見《禮論》之類纂集禮文禮議的著作在中古禮學中具有相對重要的地位。

③ 這一點從其篇目始終與殘存的長篇佚文應當也可以看出,其次第安排顯有考量,長篇佚文雖不乏對諸儒説法的徵引,卻的確經過崔氏本人的咀嚼、組織。

禮制設計結合,形成兼有經義權威性、禮制系統性的這部著作。

這一事實尚可從《義宗》之"義"着眼觀照:樊波成指出中古有"或摘擇片段一一申釋,或序次綱略、部次別條,皆不循章句解釋"的"綱要型義疏",並認爲《義宗》也相從屬,洵爲卓識。① 《義宗》並非孤獨的開拓者,分別具體禮學問題爲條目的嘗試已經潛伏在《禮論》之中,"義宗"之名則與《隋志》記載的《三禮宗略》等書一樣,是"綱要型義疏"的形式,進而顯示着《義宗》與禮經學的密切關係。這部既重視禮經,又通過近似禮典的形式榫合文本與實踐的著作,儘管不無可議,卻仍是不可或缺的禮學藍圖。②

三　蒙塵的"舊目"與體例

文獻中留存了足夠豐富的《義宗》遺文,在以上推論的基礎上反省佚文,往往能夠獲取更加豐富的信息。前揭王謨輯本認爲"凡首題'明某義'者,俱係本書舊目",其説甚是:如前述,《義宗》應當爲篇目/條目體,同時文獻徵引《義宗》又多有"明○""○義""明○義"之語,這種格式化表述應當就是"本書舊目"無疑。但此類舊目未經系統整理,故首先將文獻徵引中"明某義"一類項目開列如下:

1.《義宗》始於明天地以下歲祭,終於明《周禮》《儀禮》《禮記》廢興義。(《玉海》引《中興書目》)

2.《三禮義宗》明天有三百六十五度義……(《玉海》卷二天文)

3.《三禮義宗》明天地歲祭義……(《玉海》卷五十七藝文)

4.《三禮義宗》天子養老義……(《玉海》卷七十四禮儀)

---

① 樊波成:《"講義"與"講疏"——中古"義疏"的名實與源流》,《"中央研究院"歷史語言研究所集刊》2020 年第 91 本第 4 分,第 707—764 頁。至於"綱要型義疏"這一名稱是否合理,是否可以對義疏學做出新的界定,並非本稿所論,今暫且沿用樊氏提出的框架。另外,也可以不將《義宗》視爲義疏,而視爲儀注之類,但考慮到《正義》將其作爲義疏引用,似仍可從舊。

② 如例 8 中與尹拙對立的聶崇義,即以爲"靈恩非周公之才,無周公之位,一朝撰述,便補六玉闕文,尤不合禮",可見填補禮經的空白確是《義宗》的重要内容,負責評議尹、聶爭論的張昭認爲"靈恩議論,理未爲失,所以自《義宗》之出,歷梁、陳、隋、唐垂四百年,言禮者引爲師法,今《五禮精義》《開元禮》《郊祀録》皆引《義宗》爲標準。近代晉、漢兩朝,仍依舊制",亦可見根本禮經與實踐需要的兩極之間,《義宗》處在兼具典範性與系統性的優位。參〔元〕脱脱等撰,中華書局編輯部點校:《宋史》,中華書局,1985 年,第 12795—12797 頁。

5.《三禮義宗》辨章數法象之理……明天子朝燕之服……明《周禮》六服斿章義……(《玉海》卷八十一車服)

6.《三禮義宗》明天子諸侯門數義……(《玉海》卷一百六十九宮室)

7.《三禮義宗》兵賦義曰……(《玉海》卷一百七十九食貨)

8.按《三禮義宗》明王后六服……又《三禮義宗》明后夫人之服云……《三禮義宗》明王后五輅……(《舊唐書·儒學下》祝欽明傳)

9.崔靈恩《三禮義宗》廟祭服義亦載……(《唐會要·饗明堂議》)

10.梁國子博士清河崔靈恩撰《三禮義宗》,其說博覈,其中有后夫人進御之說甚詳,謾摭於此,以助多聞云:凡夫人進御之義……(《齊東野語》卷十九)

1中"明天地以下歲祭義"與3中"明天地歲祭義"或是一篇,只是崔氏原書從"明天地歲祭義"開始,漸次而說差等之祭禮,若然,則上揭"明某義"類記載中可以明確推定爲《義宗》舊目的有13條,唯10中"凡夫人進御之義"頗似某篇冒頭之句,但格式上又同於篇題,則很可能即仿《士冠禮》首句爲"士冠禮"、《士昏禮》首句爲"昏禮"之例,考慮到崔氏《義宗》作爲"義宗""禮制設計"的特殊性質,着意模仿禮書格式是可以設想的。據1記載,《義宗》始於"明天地歲祭義",終於"明《周禮》《儀禮》《禮記》廢興義",其排列當有一定規律和考量,但今日已不可復知,觀其以天地歲祭爲首,豈以"五禮"爲次第歟?

相對於篇題,保存稍好者當是《義宗》正文。衆所周知,九經疏是《三禮義宗》輯佚的重要來源,而如上所述,《義宗》並非循文敷述的"文句義"之體,則舊疏徵引一定與《義宗》本書存在或大或小、或隱或顯的斷裂,從這些縫隙與痕跡中,關於《義宗》體例的推測可以獲得直接的文本證據。以《禮記正義》爲例,其徵引《義宗》,並非純爲解說經傳注文之義,也存在"禮無明文"而崔義可補充、崔氏顯與經注違錯因而遭受批評等情況,但此類情況並非《義宗》徵引的獨有現象,《正義》對皇熊等舊疏有時態度相同。因而此類例證能夠用上揭《義宗》體例推論解釋,而無法用爲推論之證據,但仍有一些章段與其所在《禮記》傳注文本位置間存在深刻的不協調。

具體而言,旁及太廣、有如儀注的《義宗》段落於《正義》中所在多有。《曲禮下》注"朝者謂於內朝而序進"疏引崔氏"諸侯春夏來朝"至"故王當宁以待諸侯次第而進"(第 2740 頁)①的一長段文字,跡近禮注,且崔氏敘述了從諸侯春夏乘車而來到王當宁立的全部過程,《正義》引熊氏則僅言"若熊氏之義,則朝無迎法,唯享有迎諸侯之禮",此義可以設想從禮文經傳中推出②,但崔氏文卻不似循文敷述中的彌縫爲解,而近似比照模擬、自造禮文。《祭義》"祭日於壇"節疏文引崔氏,先後涉及本文、日月分祭合祭祭品不同、二分迎春秋祭日月等議題,疏文於第三項明言"今案諸文,迎春迎秋無祭日月之文"(第 3460－3461 頁),則亦屬文句義未必能容納的内容。從《正義》對《義宗》批評中常見的"無明文"之語,可以想見《義宗》許多内容並不見於既有文獻中,如《王制》疏謂"崔氏云：天子燕畿内諸侯以緇衣,燕畿外諸侯以玄冠,諸侯各以爲朝服。事無明文,不可依也"(第 2915 頁)者是。

《正義》中篇幅最爲長大的《義宗》佚文有三,分别在《禮運》《郊特牲》《喪服小記》疏,此處以前兩處爲例,嘗試展示《義宗》佚文與《正義》循文敷述的微妙斷裂,也試圖探索《義宗》自身學問的性格。

《禮運》"故玄酒在室"至"是謂承天之祜"節,疏通解傳注畢,更端另起,曰"其用酒之法,崔氏云……",以下直至"此皆崔氏之説"(第 3067－3068 頁),除去"今案""崔氏乃云……其義非也""熊氏云"等顯爲後筆插入的異質性文本,實皆崔氏舊文,只是《正義》撰人在其中添加三處"崔氏云",營造出引文隔斷的假象,實則氣義貫通,不可分割。③ 此一長段自五齊三酒及其不同用途、盛各酒凡十八尊、九獻一氣説下,對各種禮器、禮節的使用條件、尊卑升降一一加以推致,涉及大量高度複雜的禮學議題,且其中更有"故《禮運》云'玄酒在室,醴醆在户,粢醍在堂,澄酒在下'"(第 3067 頁)之語,牒出《正義》所繫之文,似乎並非原繫此章《禮記》傳文之下或自傳文中生發,而顯然更類似於一種陳述詳盡的"禮制設計"。

---

① 本稿徵引《十三經注疏》皆據〔清〕阮元校刻《十三經注疏》,北京:中華書局,2009 年,影印清嘉慶二十年(1815)南昌府學刻本。爲便省覽,僅於括號中括注篇名、頁碼,或有脱誤,則以括注補之。

② 事實上《聘禮》疏即有此義:"案《曲禮》注'春夏受摯於朝,受享於廟',《覲禮》'天子不下堂而見諸侯',則秋冬受摯、受享,皆無迎法。無迎法,則無此交擯之義。若春夏受摯於朝,無迎法,受享於廟則迎之。"(p2276)此雖未必是熊疏,但《儀禮疏》仍屬北朝系統(李洛旻、李非凡氏均有研究,筆者亦擬有論,不贅),兩者間具有關聯仍頗有可能。

③ 非謂《正義》文本與崔氏一字不差,相反,《正義》剪裁襲用舊有經學成果時多加删削,例不勝舉,此處僅認爲從文本意義上,長段文字皆可視爲思路貫通的崔氏之説。

《郊特牲》"郊特牲而社稷大牢"一節疏文出現了兩次"其圓丘之祭",從"其圓丘之祭,崔氏云"至"故《鼓人》云'以雷鼓鼓神祀'是也"當皆崔氏之説,只是撰人在其中另插入一"崔氏云"隔斷,因爲引《鼓人》下一句即"其圓丘之祭,皇氏云",下文則有"從上至此,皆皇氏所説"(第 3129—3131 頁),總之此處應當是先後大段徵引崔、皇氏説,爲比較研究提供優越的條件:皇説涉及九獻,而《正義》徵引皇氏乃是皇侃循文敷述的《禮記》義疏學著述①,因而通過對比可看出《義宗》言九獻與文句義言九獻的不同。同時,崔、皇二説被《正義》撰人同繫於此節之下,通過對比也可看出崔氏與文句的鑿枘關係②。以下先後表列此節崔、皇二説對比:

表 2

崔氏	皇氏
圓丘初燔、正祭	圓丘初燔、正祭
夏正及五郊初燔、正祭	
夏正及五郊、圓丘、五時迎氣及雩祭、九月大饗五帝等祭祀的配主	
祖宗之號	
祭天之樂	天地百神用樂委曲
(另文)	祭天七獻
(另文)	祭感生帝、五時迎氣的獻禮

當然,此疏也指出:"皇氏於此經之首,廣解天地百神用樂委曲,及諸雜禮制,繁而不要,非此經所須。又隨事曲解,無所憑據,今皆畧而不載。其必有所須者,皆於本經所須處,各隨而解之,他皆倣此。"(第 3130 頁)其原因在於此處疏文就是皇氏對祭天儀禮的集中疏釋③,觀《正義》文,涉及郊丘、天

---

① 事實上《禮記正義》整體應當有相當部分以皇疏爲藍本,可參郜同麟《禮記舊疏考證》,《國學研究》第 46 卷,北京:中華書局,2021 年,第 39—76 頁。
② 當然,此處崔説也可能是皇疏所引,亦即"舊疏引舊疏",但對本稿考察過程、結果影響不大。
③ 之所以集中於此處則與《禮記》和義疏的體例不無關係,《郊特牲》是《禮記》諸篇第一次系統提及郊、社稷等吉禮大典並以之爲主要論題的篇目,皇於此下自然委曲廣説,近乎中古"發題"之體,不擬展開。

數、歲祭、服、樂、玉、器、祭天之處等,"諸雜禮制"蓋指皇氏在此對這些議題的討論,至於"隨事曲解"則是皇氏的學術風格①。由於《義宗》是專題式的章段長文,一篇只能覆蓋有限的禮制議題,故如表 2 所示,崔氏涉及的議題與皇疏(不僅是標明爲皇氏説的部分,前述"雜禮制"也當計入)存在相當的出入,集中在"祭天"之上,皇氏所及的"獻禮"則當别有他篇。這同樣反映《義宗》體例與文句義的差别:所論禮學議題相同時,《義宗》往往包含更豐富的内容,但文句義在"集中覆蓋大量禮學議題"上,的確有着"以類相從""專題論述"的《義宗》所無法比擬的能力。接下來表列的《禮運》疏所録崔氏九獻説與《郊特牲》疏隨文生義的皇氏七獻之對比同樣可以反映這樣一項原則(表 3):

表 3

崔氏	皇氏
九獻具體儀節(祫)	圓丘祭獻禮(與宗廟祫同)
	祭感生之帝
	五時迎氣與宗廟時祭
后爵、加爵	
禘祫等特殊情況下的獻禮用酒	
侯伯、子男差等	

　　皇氏由於總論天地諸祭,因而論獻禮時備説各禮,但這些内容於《義宗》應當屬於"明天地以下歲祭",崔氏説則只是圍繞禘祫獻禮從具體儀節、行禮權變、内部等級等各個方面不斷展開,而皇氏"文句義"中則缺乏這一部分。

　　前文我們已經推論,崔氏原書很可能即由近似儀注禮典的、相對長大的章段構成,唐疏所引的這些繁複文字無疑爲今人提供了絶好的實例,這一點也可以從其他文獻所引佚文得到旁證,《齊東野語》引"凡夫人進御之義"即

---

① 李洛旻曾指出《禮記正義》有"句解法"特徵,實則由於禮疏襲用皇疏不少,很大程度上當是皇疏方法,參李洛旻:《賈公彦〈儀禮疏〉研究》,臺北:萬卷樓圖書股份有限公司,2017 年,第 264—276 頁。

是。《喪服小記》疏引崔氏云"立義既載五服變除，今要舉變除之旨"一段，並評價云"此皆崔氏準約禮經及記而爲此説"（第3238頁），已明言爲統合經傳，並非循文敷述，另外，也頗疑"立義"有"五服變除"即謂《義宗》小題有"五服變除義"之類，志此存疑。

除此之外，還可更例舉一些顯著的不協調，如《曾子問》疏："《奔喪禮》注云'不見喪不改服'者，崔氏云：'《奔喪》"不見喪不改服"，謂不改素冠而著免，其改吉服著布深衣素冠，聞喪即改之。'"（第3015頁）今本雖並無此注，徵引《義宗》仍牒出《奔喪》云云，已可體現《義宗》並非隨文敷述之體。又《郊特牲》"季春出火爲焚也"節中一句，鄭注指爲仲春禮，疏曰："經云'左之右之'，軍或須左，或須右，'坐之起之'，謂須坐、須起。崔氏云：'謂士卒至前表而坐，將行而起。'崔氏所言是仲冬大閲之禮，未知春時亦然以（否）。"（第3141頁）顯然，如果崔氏循文敷述，此處無論如何不可能是"仲冬大閲之禮"。

當然，《義宗》佚文中自有不少看似緊扣文句乃至循文敷述的部分，例如《樂記》"宮亂則荒，其君驕"疏引崔氏云"宮聲所以散者，由君驕也。若君驕則萬物荒散也"，在分述五音後又引崔氏"前是偏據一亂以爲義，未足以爲滅亡。今此以五者皆亂，故滅亡無日矣"解"五者皆亂"云云（第3312頁）即是。但一方面，《義宗》敘述常引經傳文句爲綱，摘引某句相關論述，自能緊扣文句，《義宗》局部按照經傳文句次序説解、組織也並非全無可能；另一方面，存在切實的反例，例如"某義"的標題、禮議的引用方式、佚文明文的齟齬乃至時人後人的評價，許多因素都説明此書並非循文敷述之體。

總之，儘管上文只是擷取《正義》部分例證進行檢視，並未進行通盤考察，但文獻徵引的《義宗》佚文可以提供《義宗》體非循文敷述這一推測的鐵證，其中部分長篇章段相對於無法分辨性質的斷片徵引，則更能啓發我們認識《義宗》的本真樣態。在文本證據的佐證下，對於前文就《義宗》體例、樣態而生出的推測，筆者稍敢自信，應當不屬全然的荒謬無稽。

四　結語

上文對崔靈恩《義宗》一著的篇卷、體例進行了粗率的推論敘述，又嘗試申論了《義宗》特異的學術性格及其在中古禮學中特殊而重要的地位，可以說，重輯《三禮義宗》的必要性與可行性逐漸浮現出來：既有輯本或以原始文獻爲序，或依據禮書經傳文句次第編排，有必要提供一個依據不同禮學議題、大致做到"以類相從"的新輯本，並且輯本絕不能再重蹈竹吾覆轍，不應附入經傳文句。以往對《義宗》條分篇目的組織形式認識不夠清晰，以至於未能充分利用文獻孑遺的"舊目"，新輯本則應當分爲正續二編，分別載錄有篇題與未知篇題的佚文。新輯本應當充分對比不同文獻徵引的異文，將異書同引通過校記、附注等方式留存，儘可能展現中古文獻流傳、受容中的豐富變態，舊輯本對意義、字面相同、相近的文字往往略而不錄，不得不令人感到惋惜。同時，散見的佚文往往可以依據文句、文義進行繫聯，這對生產一個"以類相從"的輯本而言無疑是莫大便利。另外，舊輯本在文本理解上多少存在問題，因而有誤輯漏輯之處，新輯本也應儘量減少此類疏誤。要之，崔氏《義宗》就其著作本體而言，是禮學大家的心血之作，就其受容而言，也是中古禮學多所仰賴的禮學淵藪，對《義宗》的深入研究，裨益中古禮學、經學乃至禮制史研究之處想不爲尠，在尊重前人成果的基礎上打造更新的輯本，這項工作勢在必行。

朱瑞澤，北京大學中文系博士生，現階段主要關心經學史、經學文獻學、域外漢籍和日本中國學。

《禮記正義》殘鈔本補校

郜同麟

日本東洋文庫《禮記正義》卷五殘卷很早就引起了學者的注意，繆荃孫、吉川幸次郎、阮廷焯、劉玉才等學者都曾做過校勘[1]，但其中還有一些比較有價值的異文未引起學者們的注意。本文即稍陳管見，向方家請教。

1."二名不偏諱"，疏引《五經異義》："《公羊》説，譏二名，謂二字作名，若魏曼多也。"[2]鈔本"曼"作"万"。

按：《廣韻》"曼""万"同在"無販切"小韻，二字同音。《經典釋文》於《詩經·魯頌·閟宮》"孔曼"、《左傳·隱公五年》"曼伯"、《左傳·桓公五年》"曼伯"、《左傳·定公十三年》"曼多"等處皆注"音萬"，於《禮記·檀弓上》"曼父"注"音万"，可見"曼""万"同音。"曼"俗書作"䒣"（見敦煌伯二〇〇八號《佛説大迴向輪經》），即將"万"作爲其聲符[3]。因此，當時"曼"有音訛或形訛作"万"的可能。

但值得注意的是，鈔本《禮記正義》此處作"万"卻未必爲誤字。此處《五經異義》所引《公羊》説見《公羊傳·隱公元年》何休注，彼文云："譏二名，晉魏曼多、仲孫何忌是也。"《公羊傳注疏》述注則作"魏萬多"，《校勘記》："鄂本

---

* 本文爲國家社科基金一般項目"《禮記正義》生成演變研究"（項目編號：22BZW054）階段性成果。

[1] 〔清〕繆荃孫：《禮記正義校勘記》，載《嘉業堂叢書》本《禮記正義》卷末（該文末有劉承幹識語，但其實爲繆荃孫所校）；[日]吉川幸次郎：《禮記注疏曲禮篇校記》，《吉川幸次郎全集》第二十一卷，東京：筑摩書房，昭和四十三年（1968），第598—667頁；阮廷焯：《古鈔本禮記正義殘卷校記》，《孔孟學報》第17期，1969年4月，第101—147頁；劉玉才：《東洋文庫單疏本〈禮記正義〉殘卷斠補》，載《古籍新詮——先秦兩漢文獻論集》，香港：香港中文大學出版社，2020年，第191—196頁。

[2] 本文所用《禮記正義》未作説明者，皆引自《禮記正義》，杭州：浙江大學出版社，2019年。爲省煩冗，不再一一標注頁碼。

[3] 詳參張涌泉師《漢語俗字研究》，北京：商務印書館，2010年，第56頁。

'曼'作'萬',此本疏中標注亦作'萬'。"①頗疑隋唐以前《公羊》何注有作"万(萬)"之本,《五經異義》或本作"万",鈔本《禮記正義》正用古本。今本作"曼",乃據通行本《公羊》校改。

2."二名不偏諱",疏引《五經異義》:"《左氏》説,二名者,楚公子棄疾弒其君,即位之後改爲熊居,是爲二名。"鈔本"二名者"前存一殘字"㦯",當爲"譏"字,"楚"前有"若"字,"改爲熊居"作"改名居"。

按:"譏二名者,若楚公子棄疾……"與前"譏二名……若魏曼多"句式一致,可能更近於《五經異義》本貌。

《左傳·昭公十三年》:"丙辰,棄疾即位,名曰熊居。"今本《禮記正義》作"改爲熊居"似與《左傳》合。然錢綺《左傳札記》云:"楚君之名,《史記·楚世家》自鬻熊以下皆以熊字冠之……可見凡爲君者,必別易一名,而冠以熊字。"②這一冠字"熊"不能算作楚君之"名"。昭公二十六年《春秋》經云"楚子居卒",僅稱"居"。《春秋》經宣公十八年稱"楚子旅卒",襄公十三年稱"楚子審卒",襄公二十八年稱"楚子昭卒",昭公元年稱"楚子麇卒",哀公六年稱"楚子軫卒",均不言"熊"字。可知《春秋》家並不以"熊"爲楚君之名。鈔本作"改名居",以"居"與"棄疾"爲二名,這應該是合於《左氏》舊説的。今本作"改爲熊居",雖似合於《左傳》傳文,但恐去古已遠。

3."不逮事父母,則不諱王父母",疏:"孝子若幼少孤,不及識父母,便得言之,故不諱祖父母。"鈔本無"孝子"二字。

按:前"逮事父母則諱王父母"疏云:"孝子聞名心瞿,祖是父之所諱,則子不敢言。"此句之"孝子"實指後之"父"。因作爲孝子之父,聞祖之名而心瞿,故子不敢言。"孝子"一詞乃就"聞名心瞿"而言,並非"諱王父母"的主語。前揭疏中,"若幼少孤"云云,並不言事父母之事,前"孝子"一詞意義無着落。因此,鈔本無"孝子"二字當是。此句主語涉上而省,即"子不敢言"之"子"。

4."不逮事父母,則不諱王父母",疏引庾氏曰:"諱王父母之恩,正應由

---

① 〔清〕阮元:《十三經注疏校勘記》,北京:北京大學出版社,2014年,第4163頁。
② 〔清〕錢綺:《左傳札記》卷二,《續修四庫全書》第一二八册,上海:上海古籍出版社,2002年,第324頁。

父。所以連言母者,婦事舅姑同事父母,且配夫爲體,諱敬不殊,故幼無父而識母者,則可以諱王父母也。"鈔本首"諱"字作"謂"。

按:此處作"謂"字是,"諱"乃涉上下文而誤。庾氏之意,謂王父母乃父之父母,王父母於己之恩由於父,故稱"王父母之恩正應由父"。義疏釋經,每以"謂"字領起,"謂"之主語即前之經文,如《曲禮上》"禮從宜",孔疏:"'禮從宜'者,謂人臣奉命出使、征伐之禮……"《曲禮上》"父不祭子,夫不祭妻",孔疏引熊氏曰:"謂年老致仕,傳家事於子……"《曲禮上》"刑不上大夫",孔疏引張逸云:"謂所犯之罪不在夏三千、周二千五百之科……"此類之例極多,不煩再舉。今本作"諱王父母之恩","恩"不當諱,"諱"亦不可稱"恩",這一短語讀作動賓結構、偏正結構皆不可通,可知"諱"字當誤。

5. "大夫之所有公諱",疏:"不言士之所諱者,士卑,人不爲之諱故也。或可大夫所有公諱者,君及大夫諱耳,亦無己之私諱。"鈔本無首"諱"字,無"大夫所"三字,"君"作"爲","亦"作"只"。

按:"不言士之所",乃對經文稱"大夫之所"而言,今本多"諱"字則不可通。前云:"人於大夫之所正得避公家之諱,不得避大夫諱。所以然者,尊君諱也。若兼爲大夫諱,則君諱不尊也。"所言也是"公家之諱"與"大夫之諱",並不言"大夫之所諱"。

"或可"以下引出另一説,"大夫所有公諱"復舉經文,鈔本作"有公諱"則從省,二本皆通。

鈔本之"爲"讀作"謂"①,即上條言義疏中領起釋義之"謂"。"謂及大夫諱",指"有公諱"謂公諱及大夫諱。今本作"君及大夫諱",義雖可通,但似不如鈔本更合於義疏體例。

鈔本稱"只無己之私諱",謂大夫之所有公諱及大夫諱,僅無己之私諱而已,與下所引《玉藻》"於大夫所有公諱,無私諱"相合。今本作"亦",蓋以經文前云"君所無私諱"。《禮記正義》於"君所無私諱"無疏,古時經、疏別行,前無鋪墊,此處忽言"亦",似顯突兀。疑今本作"亦"當誤。

6. "廟中不諱",鄭玄注:"爲有事於高祖,則不諱曾祖以下,尊無二也。"

---

① 參拙文《淺談寫本文獻學在傳世文獻校勘中的作用——以〈禮記正義〉爲例》,《中國經學》第 21 輯,桂林:廣西師範大學出版社,2017 年。

疏:"謂有事於高祖廟,祝嘏辭説不爲曾祖已下諱也,爲尊無二上也。於下則諱上也,若有事於禰,則諱祖已上也。"鈔本"曾祖"作"曾","二上"作"二","禰"作"父","祖已上"作"已上"。

阮廷焯云:"古鈔本挩'上'字,注作'尊無二也',亦挩上字。《曾子問》云:'尊無二上。'(又見《坊記》。)則有'上'字是也。"①

按:現存《禮記》版本中,《曲禮》注無作"尊無二上"者。《通典》卷一〇四、《白氏六帖》卷七、衛湜《禮記集説》卷八引鄭注,均無"上"字。"尊無二"本自可通,不必牽合《曾子問》。鈔本無"上"字,正與鄭注呼應。今本有"上",蓋因"尊無二上"爲習語而妄增。

7."婦諱不出門",鄭玄注:"婦親遠,於宫中言辟之。"疏引田瓊答陳鏗:"陳鏗問云:'《雜記》:母之諱,宫中諱。妻之諱,不舉諸其側也。此則與母諱同,何也?'田瓊答曰:'《雜記》方分尊卑,故詳言之。《曲禮》據不出門,大略言之耳。母諱遠,妻諱近,則亦宜言也,但所辟者狹耳。'"鈔本"詳"作"許","大略"作"大"。

按:疑鈔本皆是。田瓊後言"亦宜言",但今本前無"宜言"之事,"亦"無可"亦"。陳鏗問"此則與母諱同",乃就妻之諱而言。田瓊答語亦主要分析妻之諱,"言"之賓語皆指妻諱。鈔本稱"《雜記》方分尊卑,故許言之",謂《雜記》分母、妻之尊卑,母之諱於宫中全不許言,而妻之諱則許言之,唯不得於妻之側言而已。《曲禮》稱"婦諱不出門",陳鏗蓋以"婦"即妻,"不出門"則與"宫中諱"同。田瓊答稱"大言之",蓋謂《曲禮》之"婦"指婦人,而非專指妻。後稱"亦宜言",謂亦許言妻諱,即亦上《雜記》"許言之"。如此則田瓊之答語怡然理順,如今本之貌則不可通。

8."大功、小功不諱",鈔本疏出經文"諱大功,小功不諱"。

按:孔疏首句云"古者期親則爲諱",期親爲諱正與"大功、小功不諱"相對。後引陳鏗、田瓊問答,以爲此"大功、小功"據父而言,田瓊云:"父諱齊衰親也。② 然則大功、小功不諱矣。"亦稱"大功、小功不諱"。如此,則唐臣做疏時所用經本亦無"諱"字。但鈔本有"諱"字似乎並非簡單的衍文。孔疏下引

---

① 阮廷焯:《古鈔本禮記正義殘卷校記》,《孔孟學報》第17期,第105頁。
② 鈔本此句作"是父所諱齊衰親也",似較通。

熊氏曰："大功亦諱,小功不諱。若小功與父同諱,則亦諱之。"鈔本首句作"大功亦云諱",餘同。如此則似熊氏所見經本作"諱大功,小功不諱"。頗疑此處孔疏主要襲自熊疏,唯中間插入《鄭志》之文,故其出文誤用熊氏經本。

9. "內事以柔日",疏:"然則郊天是國外之事,應用剛日,而《郊特牲》云'郊之用辛',非剛也。又社稷是郊內,應用柔日,而《郊特牲》云祀社日用甲,非柔也。所以然者,<u>郊社尊,不敢同外內之義故也</u>。此言外剛內柔,自謂郊社之外他禮則皆隨外內而用之。""郊社尊,不敢同外內之義故也",鈔本作"別隨不敢外內之義故"。

按:《曲禮下》"踐阼、臨祭祀,內事曰'孝王某',外事曰'嗣王某'",鄭玄注:"天地、社稷,祭之郊內,而曰'嗣王',不敢同外內。"孔疏:"今天地、社稷既尊,不敢同外內之例,雖祭之在內,而用外辭。天地是尊,不敢同外內之常例也。"所謂"不敢同外內之義"即謂此。

《禮記正義》之例,釋禮例背後之禮意,多稱"……之義",而"之義"前之文多有經典依據。如《曲禮上》"主人先登",疏:"讓必以三,三竟而客不從,故主人先登,亦肅客之義。""肅客"用前文"主人肅客而入"。《曲禮上》"喪事先遠日",疏:"喪事,謂葬與二祥,是奪哀之義也。"《檀弓上》"父母之喪,哭無時,使,必知其反也",疏:"亦'出必告,反必面'之義也。"此類之例極多,不煩再舉。鈔本稱"別隨不敢外內之義",謂《郊特牲》郊、社用日與《曲禮》所說不同,乃由於郊、社不隨此處"內事""外事"之義,而別隨於《曲禮下》"不敢同外內"之義。"別隨"與下文"皆隨"正相呼應。今本作"郊社尊,不敢同外內之義",句意雖可通,但泯滅了孔疏以"不敢同外內"爲重要禮意的本意,且"之義"二字至爲多餘,恐非孔疏本貌。

10. "凡卜筮日",疏:"凡先聖王之所以立卜筮者,下云'所以使民信時日、敬鬼神、決嫌疑、定猶與也'。"鈔本"凡"作"古"。

按:《曲禮》下文云:"卜筮者,先聖王之所以使民信時日、敬鬼神、畏法令也,所以使民決嫌疑、定猶與也。"即此處疏之所自出。彼文不言"凡"。彼處疏云:"先聖王,伏犧以來聖人爲天子者。"是"先聖王"古來非一。今本謂凡先聖王皆立卜筮,這與古人的認識是有很大差距的。鈔本之"古先"即"先","古先聖王"即經文之"先聖王"。《禮記正義》序稱"是以古先聖王鑒其若此,欲保之以正直,納之於德義"云云,此作"古先聖王",亦與之相合。因此,此處當以鈔本作"古"者爲是,今本作"凡",蓋因引經文"凡"字而誤。

11. "凡卜筮曰",疏:"《說文》云:'蓍,蒿屬也。生千歲,三百莖。《易》以爲數。天子九尺,諸侯七尺,大夫五尺,士三尺。'陸璣《草木疏》云:'似藾蕭,青色,科生。'《洪範五行傳》曰:'蓍生百年,一本生百莖。'《論衡》云:'七十年生一莖,七百年生十莖。神靈之物,故生遲也。'《史記》曰:'滿百莖者,其下必有神龜守之,其上常有雲氣覆之。'《淮南子》云:'上有叢蓍,下有伏龜。'卜筮實問於神。"鈔本無此段疏。

按:今本此段疏有很多可疑之處。首先,經文爲"卜筮",此段疏之前所引的劉向之文也是兼論蓍、龜,但這段疏全釋蓍,而不及龜,下文也沒有關於龜的內容。其次,這段疏之前所引的劉向之文部分見於《初學記》卷三十所引《洪範五行》,是彼段文字本即出自《洪範五行傳》,《禮記正義》不應將一段《洪範五行傳》分引相隔極近的兩處且標兩種出處。復次,《禮記正義》全書僅此處引用《論衡》,另引用一次《淮南子》,但是從《鄭志》轉引,也就是說,短短這一段疏文中引用了兩種全書不引的書。又次,這段疏全爲對原始材料的引用,中間沒有任何串聯,這在《禮記正義》全書中極爲少見。最後,也是最關鍵的一點,這段疏除末句外,與《經典釋文》對《周易·說卦》"幽贊於神明而生蓍"之"蓍"字的解釋①幾乎全同。綜合這些疑點及鈔本的情況來看,這段疏應該不是《禮記正義》的原文。疑此係某《禮記正義》傳習者將與疏相關的《周易釋文》鈔於天頭地腳,後傳鈔者誤闌入正文,經宋人校刻,遂固定爲孔疏的一部分。

12. "凡卜筮曰",疏:"時晉獻公卜娶驪姬,不吉,更欲筮之,故太史史蘇欲止公之意,託云'筮短龜長'耳。"鈔本無"太史"二字。

按:春秋時晉有太史之官,見《左傳·宣公二年》。但史蘇是否爲太史,經無明文。孔疏貿然爲史蘇加"太史"之職,似不合理。疑此處當以鈔本無此二字者爲是。

13. "凡卜筮曰",疏:"象所以長者,以物初生則有象,去初既近,且包羅萬形,故爲長。數短者,數是終末,去初既遠,推尋事數,始能求象,故以爲短也。"鈔本無末"以"字。

---

① 〔唐〕陸德明:《經典釋文》卷二,北京:中華書局,1983年,第33頁。

按:"故爲短也"與上"故爲長"相對,當是。《禮記正義》中常見"某者,……故爲某"的句式。如《檀弓上》"夏后氏尚黑",孔疏:"建丑之月爲地統者,以其物已吐牙,不爲天氣始動,物又未出,不得爲人所施功,唯在地中含養萌牙,故爲地統。"《檀弓下》"戰于郎",孔疏:"案《春秋》直云'戰于郊',知與此'戰于郎'爲一事者,以其俱有童汪踦之事,故爲一也。"今本《曲禮》疏蓋因下行"是鄭及杜預皆以爲龜長筮短"而衍"以"字。阮廷焯以爲前句當作"故以爲長"①,似非。

14."凡卜筮日",疏:"四曰筮目,謂事衆筮其要所當也;五曰筮易,謂民衆不説,筮所改易也……八曰筮參,謂筮御與右也;九曰筮環,謂筮可致師不。"鈔本作:"四曰筮目,謂其要目所當;五曰筮易,謂有所改也……八曰筮參,謂御與事右也;九曰筮環,謂勇力可致師也。"

按:孔疏此處引《周禮·筮人》"九筮"之名。今本疏文與《筮人》鄭注幾乎全同,鈔本則在"筮目""筮易""筮參""筮環"四處與《筮人》注有一定差異。除"御與事右"之"事"當爲"車"字之誤外,鈔本並無明顯的文字錯誤,且部分用語與《周禮》賈疏略似。如賈疏釋"筮目"曰:"此云事衆,故亦筮其要目所當者也。"釋"筮參"曰:"參謂參乘之事,故知是御及車右。"因此,鈔本文字雖與《筮人》鄭注有一定差異,但句意可通,顯然不是無意的文字衍誤。今疑鈔本可能更近於孔疏本貌,今本可能是宋人刻印時校勘過的模樣。孔疏中的引文,鈔本與原文多有差異,或用字不同,或虛詞有別,或詳略稍異,而今本則大多與原文相同,這恐怕都説明今本是宋人校改後的結果。

15."假爾泰龜有常,假爾泰筮有常",疏:"爾,汝也。爾,謂指著龜也。"鈔本作"尓,汝,尓於著龜也"。

按:"爾,汝"爲古書常訓,於此訓後多再寫出具體所指。《詩經》鄭箋中多見,如《詩經·邶風·雄雉》"百爾君子",箋云:"爾,女也,女衆君子。"《詩經·鄘風·載馳》"視爾不臧",箋云:"爾,女,女許人也。"《詩經·小雅·天保》"天保定爾",箋云:"爾,女也,女王也。"例多不舉。這些例子中的第二個"女"應用作動詞,義指稱某爲"女"。故南北朝疏家或於"汝"下加"於"字,如

---

① 阮廷焯:《古鈔本禮記正義殘卷校記》,《孔孟學報》第17期,第110頁。

《論語·堯曰》"咨爾舜",皇侃義疏:"爾,汝也,汝,汝於舜也。"①鈔本作"尔於蓍龜也",亦同此例,謂稱蓍龜爲"爾",今本蓋不知這一用法而妄改。

16."假爾泰龜有常,假爾泰筮有常",鄭注:"大事卜,小事筮。"疏:"此大事者,謂小事之中爲大事,非《周禮》大貞、大封及八事之等,故得用卜而已。"鈔本"得"作"徒"。

按:《周禮·筮人》"凡國之大事,先筮而後卜",《曲禮》鄭注云"大事卜",不言筮,與之不同。故孔疏稱鄭注所謂"大事"乃"小事之中爲大事",故僅用卜而不筮。以《曲禮》鄭注比《周禮》,少了筮,而非多了卜。是鈔本作"徒"義長,今本作"得"非。"徒"字草書作"⿱彳乙"(見孫過庭《書譜》),或有誤爲"得"的可能。

17."卜筮不過三",鄭注:"魯四卜郊,《春秋》譏之。"孔疏:"唯周之三月爲之,不可在四月,雖三卜,亦爲非禮。"鈔本重"四月"二字。

按:此處謂三卜雖合於禮,但不可在四月,下文引《左傳·襄公七年》且云"是用周之三月,不可至四月也",故此處云"四月雖三卜,亦爲非禮"。所謂"四月雖三卜",蓋主要指襄公七年四月三卜郊之非禮,與《公羊傳》稱"三卜禮也"不同。鈔本重"四月"較爲通順,今本蓋脱。

值得注意的是,"雖三卜"三字,陳壽祺云:"考之《左傳正義》,當爲'一卜'。"②《春秋·僖公十一年》:"夏四月,四卜郊,不從,乃免牲。"孔疏:"言'四卜郊'者,蓋三月每旬一卜,至四月上旬更一卜,乃成爲四卜也。此言'四卜郊不從',襄七年'三卜郊不從',《公羊傳》曰:'曷爲或言三卜,或言四卜? 三卜禮也,四卜非禮也。三卜何以禮? 求吉之道三。'今《左傳》以爲禮不卜常祀,則一卜亦非,不云四非而三是,異於《公羊》説。"③此即陳壽祺所本。但《禮記正義》與《左傳正義》所言顯然不同。二者同樣針對《公羊傳》"三卜禮也"之説,《禮記正義》主要論卜郊不可至四月,"四月雖三卜,亦爲非禮"强調的是四月非禮;而《左傳正義》主要據傳謂"禮不卜常祀",只要卜,就已失禮,故云"一卜亦非",並不論及時間問題。另外,襄公七年《左傳正義》更據傳文

---

① 〔南朝梁〕皇侃:《論語義疏》卷三九,北京:中華書局,2013年,第515頁。
② 〔清〕陳壽祺:《五經異義疏證》(與《駁五經異義疏證》合刊)卷上,北京:中華書局,2014年,第26頁。
③ 〔唐〕孔穎達:《春秋左傳正義》卷十七,《十三經注疏》,北京:中華書局,2009年,第3975頁。

"啓蟄而郊,郊而後耕,今既耕而卜郊,宜其不從也",將春分視作卜日是否合禮的界限,而非自然月①,這也與《禮記正義》不同。因此,《左傳正義》對《春秋》經文的解讀與《禮記正義》並不相同,前者恐怕與《五經異義》無關,而是申述杜預《春秋經傳集解》及《春秋釋例》之意,引《左傳正義》來校《禮記正義》並不合適。且《禮記正義》下文云"《左氏》三卜亦非",亦稱"三卜",可知此處當作"三",不當作"一"。陳壽祺之誤校,蓋與今本《禮記正義》脫"四月"二字有一定關係。

18."卜筮不過三",鄭注:"魯四卜郊,《春秋》譏之。"孔疏:"若此三正之內有凶不從,則得卜夏三月,但滿三吉日,則得爲郊。"鈔本無"日"字。

按:郊祀在一日內完成,並不需要"三吉日"。下文云"休以四月、五月卜滿三吉則可郊也",據此則鈔本無"日"字者是。

值得注意是的,"三吉"似與何休之意不合。《禮記正義》前文引《公羊傳·定公十五年》何休注云"復轉卜夏三月,周五月,得二吉,故五月郊",徐彥疏:"知其二吉者,正以僖三十一年傳云:'三卜禮也。三卜何以禮?求吉之道三。'彼注云:'三卜,吉凶必有相奇者,可以決疑,故求吉必三卜也。'是其得二吉乃可爲事之義。"②是依何休及徐彥之意,二吉即可爲郊。十行本系統《禮記正義》引《公羊》何注作"得一吉",陳壽祺據之以爲作"一"者是,且云:"又《公羊·僖三十一年》傳曰'求吉之道三',何氏云……又云:'三卜,吉則用之,不吉則免牲。'是則三卜之中,得一吉即可用。"③但何休所謂"三卜,吉凶必有相奇者",謂一吉二凶則凶,二吉一凶則吉,亦即《尚書·洪範》所謂"三人占,則從二人之言"。若如陳壽祺言作"一吉",則是得凶,不當再郊。今疑《禮記正義》所見《公羊》何休確與今本不同,"二"不當作"一",而應作"三"。蓋以《禮記正義》引《公羊》何注之意,若三正月卜,得二吉即可得郊,若夏三月卜,當得三吉方可郊。此即所謂"滿三吉",謂三卜皆吉。若二吉即得爲郊,則與卜三正無異,則言"吉"即可。正因與一般之卜吉不同,故特言"滿三吉"。如此,則《禮記正義》上下文可讀。鈔本及八行本作"二",蓋據通行本《公羊》何注校改,十行本作"一",則又轉誤。

---

① 〔唐〕孔穎達:《春秋左傳正義》卷三十,《十三經注疏》,第4027頁。
② (舊題唐)徐彥:《春秋公羊傳注疏》卷二六,《十三經注疏》,第5092頁。
③ 〔清〕陳壽祺:《五經異義疏證》卷上,第27頁。

19. "卜筮不相襲",疏引王云:"三筮及三卜不相襲三者,初各專其心也。"鈔本作"三筮乃三卜,不相襲者,初各專其心也"。

按:鈔本是。王肅之意,"各專其心",筮時皆筮,卜時皆卜,三筮完成後方三卜,而非一筮一卜間錯"相襲"。鈔本句意明白,今本則不可通。

20. "所以使民決嫌疑,定猶與也",疏出"定猶與也",鈔本出文"與"作"豫"。

按:《經典釋文》出"猶與",云"本亦作豫"。① 《左傳·莊公二十二年》杜預注,慧琳《一切經音義》卷三、卷六、卷二六、卷六七,《初學記》卷二十,《太平御覽》卷七二七引,均作"定猶豫"。可見《禮記》古本確有作"豫"者。《禮記正義》又云:"《説文》云:'猶,獸名,玃屬。'豫亦是獸名,象屬。""象屬"之獸顯然應是"豫"字,而非"與"。可見唐人作疏之底本即作"豫"。鈔本《禮記正義》此處出文作"豫",前文引此經亦作"豫",均存孔疏本貌。今本均作"與",則已據通行之經本改孔疏。

前引《左傳·莊公二十二年》杜預注引《禮記》作"猶豫",而單疏鈔本、八行本、十行本《左傳正義》皆作"猶與"。注疏演化多趨近於經注,而《左傳正義》與杜注不同,則《左傳正義》所用杜注引《禮記》當本作"猶與",與《禮記正義》所據經本不同。同爲孔穎達領銜編撰,而所用經本不同,亦可證《五經正義》多前有所承,故互有歧異。

21. "疑而筮之,則弗非也",疏:"若有疑而筮之,則人無非之也。"鈔本後半句作"則無非笑之也"。

按:鈔本當是。鄭玄注云:"弗非,無非之者。"如今本之貌則近乎抄録鄭注,孔疏不至如此。孔疏之例,串講經文時多或將被釋字與訓詁字組合爲一個雙音詞。② 此處孔疏串講經文,以"笑"釋"非",故稱"無非笑之"。

22. "則僕執策立於馬前",鄭玄注:"監駕,且爲馬行。"孔疏:"執策,是監駕;立馬前,恐馬行也。"鈔本"執策"前有"鄭云"二字,"恐"前有"是"字。

按:鈔本當是。《禮記正義》中釋經之疏與釋注之疏多分開,但也有少量釋經之疏順便釋鄭注。下文"已駕,僕展軨",孔疏云:"鄭云'展軨具視',謂

---

① 〔唐〕陸德明:《經典釋文》卷十一,第165頁。
② 詳參拙文《從單疏殘抄本看〈禮記正義〉的演變》,《文史》2021年第1輯。

徧視之。"又"效駕",孔疏:"僕監視駕竟,而入白君,道駕畢,故鄭云'白已駕'也。"均在經疏中釋注,此處蓋亦與之同例。而"故鄭云'白已駕'也"句,鈔本無"鄭"字,可見在寫本時期《禮記正義》已多脫落此類"鄭"或"鄭云"字。

23. "已駕,僕展軨",疏引舊解云:"駕竟,僕則從車軨左右四面看視之,上至於欄也。"鈔本"僕則從車軨左右四面看視之"作"僕從在車輪左右四面具看視之"。

按:舊解前已釋"軨"爲"欄",不當言"從車軨……上至於欄"。前代學者已注意到這一問題。臧琳《經義雜記》疑"軨"爲衍文①。孫詒讓則疑"軨"爲"軫"字之誤②,蓋以"軫"正當欄之下。二氏之説並無實據。鈔本作"車輪",車輪亦在車欄之下,似可通③。又鈔本稱"具看視之",正釋鄭注之"具視",亦較今本爲勝。

24. "五步而立",疏:"僕向跪而驅,令馬行之,得五步止,而僕倚立,待君出也。"鈔本"向"作"時","之"作重文符。

按:鈔本是。後文不言"今"如何,今本作"向"則無所指。且"驅之"與"跪乘"是同時的動作,亦不當言"向"。鈔本"令"誤作"今",疑今本祖本或亦有類似錯誤,故改"時"爲"向"。

"令馬行,行得五步止",正釋"五步",語意較通④。文獻轉寫,重文符多或誤作"之"⑤,今本作"之"亦其例。

25. "若僕者降等,則撫僕之手",疏:"僕者雖卑,而受其綏不謙,猶當撫止僕手,若不聽自授,然後乃受也。"鈔本"謙"作"嫌",無"後"字。

按:前經文云"若僕者降等,則受,不然則否",孔疏云:"若御者卑降,則主人不須謙,故受取綏也。"如此則似作"謙"是。但鈔本作"嫌"亦可通。"不嫌",猶言"不妨",乃《禮記正義》允許某種行爲的常用語,如《曲禮上》"兄弟弗與同席而坐",孔疏:"不云姪及父,唯云兄弟者,姪、父尊卑禮殊,不嫌也。"

---

① 〔清〕臧琳:《經義雜記》,《清經解 清經解續編》第 1 册,上海:上海書店,1988 年,第 843 頁。
② 〔清〕孫詒讓:《十三經注疏校記》,濟南:齊魯書社,1983 年,第 461 頁。
③ 吉川幸次郎亦云:"作'輪'恐是。"(〔日〕吉川幸次郎《禮記注疏曲禮篇校記》,《吉川幸次郎全集》第二十一卷,第 634 頁)
④ 吉川幸次郎亦云:"單疏作'行'是也。"(〔日〕吉川幸次郎《禮記注疏曲禮篇校記》,《吉川幸次郎全集》第二十一卷,第 635 頁)
⑤ 詳參張涌泉師《敦煌寫本文獻學》,蘭州:甘肅教育出版社,2013 年,第 386—387 頁。

《曲禮上》"跪乘",孔疏:"然此是暫試,空左不嫌也。"《曲禮下》"不敢與世子同名",鄭玄注:"辟僭儗也。"孔疏:"世子貴,不得同,則與庶子同不嫌。"此類之例極多,不煩再舉。此處言"僕者雖卑,而受其綏不嫌",即言僕者卑,可以受其綏,似更通。

鈔本無"後"字更是。"然"猶"乃",與"乃"近義連文,蔣禮鴻《敦煌變文字義通釋》一書舉例極多①。今本多"後"字,蓋宋人不知"然"字此義而妄補。

26."入國不馳",鄭玄注:"愛人也。馳,善藺人也。"孔疏:"國中人多,若馳車則害人,故不馳。注云'愛人也,馳,善藺人也',善猶好也。藺,雷刺也。若車馳,則好行刺人也。何胤云:'藺,躪也。'"鈔本疏作:"馳,車馳。國中人多,若馳車則害人,故不馳,愛人也。若馳,善好藺人也。善猶好也。藺,雷刺也。若車馳,則行刺人也。何胤云:'藺,躪也。'"

按:二本文字差異較大,最顯著的差別在於今本"注云'愛人也,馳,善藺人也'"直接引鄭注,鈔本則作"愛人也,若馳,善好藺人也",無"注云",且與鄭注有差異。

分析《禮記正義》全書,孔疏釋注有二式,一者引"注"或"注云",後以"正義曰"領疏文;一則在申講經文中隨文作釋,無正式的出文,或不先引鄭注,或引鄭注而稍有改動,前無"注"字,亦不空格,無"正義曰"字樣。其第一式,拙文《從單疏殘抄本看〈禮記正義〉的演變》已舉例,可參。② 第二式中,或不先引鄭注,後以類似"故鄭云"的字樣作結,如《曲禮上》"效駕",鄭玄注:"白已駕。"孔疏:"僕監視駕竟,而入白君,道駕畢,故鄭云'白已駕'也。"

這後一種形式一般不會引發問題,但流傳過程中抄刻者或以經疏中不當釋注而刪改"故鄭云"等字樣,如《曲禮上》"則僕執策立於馬前",鄭玄注:"監駕,且爲馬行。"單疏寫本疏:"別有牽馬駕車,而此僕既知車事,故監駕也。又恐馬奔走,故自執馬枝(杖)倚立當馬前也。鄭云執策是監[駕;立]馬前,是恐馬行也。"今本疏與之異文較多,其最顯著者則是無"鄭云"二字。

有些經疏中的釋注之文則先引鄭注,但不出"注"或"注云"字樣,且會稍

---

① 參蔣禮鴻《敦煌變文字義通釋》,上海:上海古籍出版社,1997年,第446－449頁。又參拙文《淺談寫本文獻學在傳世文獻校勘中的作用——以〈禮記正義〉爲例》,《中國經學》第21輯,第137頁。

② 郜同麟:《從單疏殘抄本看〈禮記正義〉的演變》,《文史》2021年第1期。該文曾討論過此"入國不馳"疏,並認爲今本有"注云"者是,誤。

作改動，如：

《曲禮上》"入國而問俗"，鄭玄注："國，城中也。"孔疏："國，城中。城中，如今國門內也。"此即引鄭注並進一步作釋。

《曲禮上》"婦人不立乘"，鄭玄注："異於男子。"孔疏："婦人質弱，不倚乘。異男子也。男子倚乘，而婦人坐乘，所以異也。""異男子也"以下正引鄭注並作釋。單疏寫本與今本略同，亦無"注云""正義曰"等字。

後世或以此一形式不合全書體例而增入"注""注云"等字樣，本條開頭所舉例即是。該例"愛人也"以下顯然引鄭玄注並作疏釋。如單疏寫本之貌，則非引鄭注原文，而是稍做改動，以求語勢與上文相接。八行本則前加"注云"字樣，並改從鄭注原文，不再存孔疏隨文釋義的原貌。

此外又如《曲禮上》"國中以策彗卹勿驅，塵不出軌"，鄭玄注："入國不馳。彗，竹帚。卹勿，搔摩也。"孔疏："前云'入國不馳'，此爲不馳，故爲遲行法也。策，馬杖。彗，竹帚也。[注]'卹勿，搔摩也'，入國不馳，故不用鞭策，但取竹帚帶葉者爲杖。形如掃帚，故云'策彗'。云'卹勿'者，以策微近馬體，不欲令疾也。但僕搔摩之時，其形狀卹勿然。"單疏寫本"卹勿"上無"注"字。按，此整段疏兼釋經注，"彗，竹帚也；卹勿，搔摩也"均爲鄭注，不當於中間加一"注"字；其後"云'卹勿'者"云云實釋經文，不當在注疏之中。因此，今本有"注"字者顯係後世妄加。

又或有學者不知孔疏此例而誤作校勘，如《曲禮上》"入里必式"，鄭玄注："不誣十室。"孔疏："里必式，則門閭亦式，故門閭必步，不誣十室也。《論語》云：'十室之邑，必有忠信如丘者焉。'是不誣十室也。"吉川幸次郎云："'不誣十室也'，案當作'注不誣十室'五字，注上空一格。"①按，此下確係釋鄭注，但此爲隨文釋義，不必加"注"字。

27. "入里必式"，孔疏："二十五家爲里，里巷首有門，十室不誣，故入里則必式而禮之，爲敬也。里必式，則門閭亦式，故門閭必步。"鈔本"門閭必式"作"閭必式"。

按：鈔本當是。"門閭亦式"與"門閭必步"前後矛盾，《周禮·遂人》："五家爲鄰，五鄰爲里。"是"二十五家爲里"。《周禮·大司徒》："五家爲比，使之

---

① [日]吉川幸次郎《禮記注疏曲禮篇校記》，《吉川幸次郎全集》第二十一卷，第637頁。

相保;五比爲閭,使之相受。"是閭亦二十五家,與里相同,故云"里必式,則閭亦式"。下"故門閭必步"乃呼應前經文"門閭、溝渠必步",頗疑"故"下脫"車右"二字。今本受下"門閭必步"影響而衍"門"字,致語意不明。

28."僕御婦人則進左手,後右手;御國君則進右手,後左手而俯",鄭玄注:"敬也。"孔疏:"'而俯'者,既御,不得恒式,故但俯俛而爲敬也,并兩御也。"鈔本作:"'而俯'者,既御,不得恒式,故但小府俛,爲敬也,并該兩御。"

按:"爲敬也"即解釋"俯俛"這一動作,而非與"俯俛"并列的兩個動作,其前不當有"而"字。"并該兩御",釋鄭注"敬也",謂總括"御婦人""御國君"兩句,皆爲敬也。此亦於經疏中隨文釋注。今本多"而"字,泯滅這一釋注的形式,又刪"該"字,致文意不明。

29."士則提之",孔疏:"上云'大夫綏之',已下於心,今爲士提之,又在綏之下,即上'提者當帶'。然凡常提物尚得當帶,今爲士提物更在帶下者,士臣爲士,卑遠於君,故厭降在下。故禮云'大夫之臣不稽首,以辟君',其義同也。"鈔本無"然凡"至"同也"一段。

按:吉川幸次郎云:"此四十九字單疏無,恐後人坿益之。"①其説是。吴浩《十三經義疑》卷五:"上經云'提者當帶',謂屈臂當深衣之帶而提挈其物也,則提不在帶下矣。孔疏'士則提之'既云'即上提者當帶',何以又云'更在帶下'歟?"②單疏寫本正可答吴氏之疑,"更在帶下"本非孔氏之説。又《郊特牲》"大夫之臣不稽首,非尊家臣,以辟君也",孔疏:"臣於國君已皆稽首,今大夫之臣又稽首於大夫之君,便是一國兩君,故云'以辟君也'。"前云執天子、國君之器爲上衡、平衡,則"士則提之"並不需避,此處引《郊特牲》亦有不當。又,《禮記正義》引《禮記》諸篇均引篇名,無簡稱"禮"者。因此,從文意、體例、引文等看,這四十九字都不應是孔疏原文。

30."執玉,其有藉者則裼,無藉者則襲",鄭玄注:"圭璋特而襲,璧琮加束帛而裼,亦是也。"孔疏:"知者,《聘禮》璧以享君,琮以享夫人,明相朝禮亦當然。"鈔本"聘"上有"約"字。

按:鈔本有"約"字者是。《禮記正義》中對於經無明文,由經文分析、推

---

① 〔日〕吉川幸次郎《禮記注疏曲禮篇校記》,《吉川幸次郎全集》第二十一卷,第642頁。
② 〔清〕吴浩《十三經義疑》卷五,《景印文淵閣四庫全書》第一九一册,臺北:臺灣商務印書館,1986年,第285頁。

理而得出結論稱"約某經",如《曲禮上》"夫爲人子者,三賜不及車馬",鄭玄注:"凡仕者,一命而受爵,再命而受衣服,三命而受車馬。"孔疏:"云'凡仕者,一命受爵,再命受衣服,三命受車馬'者,皆約《周禮・大宗伯》之文。案《大宗伯》'一命受職',職則爵也。又《宗伯》'三命受位',鄭康成云:'始有列位於王朝。'今言'受車馬'者,但'三命受位'即受車馬,以經云'車馬',故以車馬言之。"《大宗伯》原文稱"壹命受職,再命受服,三命受位",《曲禮》鄭注與之不同,但可以推得,故孔疏稱"約《周禮・大宗伯》之文"。又如《昏義》"祖廟既毀,教于宗室",鄭玄注:"君使有司告之宗子之家。"孔疏:"云'君使有司告之'者,約《雜記》釁廟使有司行之,故知此告成之祭亦使有司也。"此處句式與前引《曲禮下》疏"約《聘禮》璧以享君,琮以享夫人,明朝禮亦當然"正相一致。因此,從《禮記正義》全書體例看,此處應有"約"字。

31. "執玉,其有藉者則裼,無藉者則襲",孔疏引熊氏曰:"五采五就者,采別二行爲一就,故五就也。三采三就者,亦采別二行爲一就,故三就也。二采二就者,亦采別二行爲一就,故再就也。二采一就者,以卿大夫卑,二采,采則別唯一行,共爲一就。知然者,《雜記》及《聘禮記》三采六等,則知天子、諸侯采別爲二等也。"單疏寫本"共爲一就"上有"二行"二字。吉川幸次郎:"有'二行'二字是也。"①

按:《周禮・典瑞》"王晉大圭,執鎮圭,繅藉五采五就,以朝日",鄭司農注:"五就,五币也。一币爲一就。"前揭孔疏引熊氏之說則與鄭司農不同。熊氏以爲,《雜記》及《聘禮記》言三采六等,與《典瑞》"三采三就"不同,是一就爲二等。熊氏又以等即行,故於"五采五就""三采三就""二采二就"皆言"亦采別二行爲一就"。"二采一就"中,就亦爲兩行,但不再是"采別二行",而是一采爲一行,二采共爲一就。熊氏文若作"二行共爲一就",確可與前呼應。但"采則別唯一行,共爲一就"與前"采別二行爲一就"句式一致,亦可通。

32. "執玉,其有藉者則裼,無藉者則襲",孔疏:"一玉之上,若垂藻之時,其人則裼,屈藻之時,其人則襲,則裼、襲不相因。《表記》云'裼、襲不相因'者,彼謂各執其物,執龜玉者則襲,受享者則裼,與此同也。"單疏寫本"則裼、

---

① [日]吉川幸次郎《禮記注疏曲禮篇校記》,《吉川幸次郎全集》第二十一卷,第 644 頁。

襲不相因"作"則裼相因"。

浦鏜以爲"與此同"當作"與此不同"。吉川幸次郎："單疏無'不'字是也，'襲'字當有。"①

按：浦説非，吉川氏説是。唯此段疏或用皇氏義，或用熊氏義，致前後不同，語意不明，傳抄易誤。孔疏前文云："非但人有裼、襲，其玉亦有裼、襲之義。此皇氏之説。熊氏以爲上明賓介二人爲裼、襲。"是皇侃以經文之"裼""襲"兼指人、玉之裼襲，熊氏則以爲僅指人之裼襲。

前揭孔疏則用皇氏義。玉垂藻之時，是玉之裼，而人亦裼；屈藻之時，是玉之襲，而人亦襲：故稱"裼、襲相因"。《表記》"裼、襲之不相因也"，孔疏："行禮初盛則襲衣，禮不盛則裼衣。"是彼之"不相因"乃指一段禮前後時段之裼襲不同。《曲禮下》鄭注云"圭璋特而襲，璧琮加束帛而裼"，孔疏云"《聘禮》行聘則襲，受享則裼"，均與《表記》"執龜玉者則襲，受享者則裼"之義相同，故孔疏云"與此同"。是吉川氏據單疏寫本前删"不"者是，浦氏於後補"不"者非。

33."大夫不名世臣、姪娣"，鄭玄注："世臣，父時老臣。"孔疏："然《王制》云'大夫不世爵'，此有世臣者，子賢，謂襲父爵者也。"單疏寫本無"謂"字。

按：無"謂"字者是。"襲父爵"者非指"世臣"，而是指"大夫"。"子賢襲父爵者"指經文之"大夫"爲子賢而襲父爵者。孔疏之意，以"臣"係於位，若不世爵，子無父之官位，則不當有父之臣；若子賢而得襲父爵，則可有父之舊臣。《王制》"外諸侯，嗣也"，孔疏引《五經異義》之古《春秋左氏》説："卿大夫得世禄，不世位，父爲大夫，死，子得食其故采地，如有賢才，則復父故位。"此即"子賢襲父爵"之義。今本多"謂"字，將一完整短語拆開，致文意不明。

34."君大夫之子不敢自稱曰'余小子'"，鄭玄注："辟天子之子未除喪之名。"孔疏："天子未除喪，自稱曰'余小子'。"單疏寫本"天子"作"天子子"。

按："天子子"正對應鄭玄注之"天子之子"，疑當是。

35."不敢與世子同名"，鄭玄注："其先之生，則亦不改。"孔疏："又若其子生在君之世前，已爲名，而君來同之，此是君來同己，不須易也。故《穀梁·昭七年》傳云：'何爲君臣同名？君子不奪人親之所名，重其所由來也。'

---

① [日]吉川幸次郎《禮記注疏曲禮篇校記》，《吉川幸次郎全集》第二十一卷，第645頁。

是臣先名,君後名同之,臣不改也。"單疏寫本無"君後名同之"之"名"。

　　按:無"名"字是。"君後同之"與前"君來同之"句式一致。"君來同之",所同的是子名,而非君名,作"君後名同之"顯然不可通。

　　郜同麟,中國社會科學院文學研究所副研究員,主要從事經學文獻和敦煌文獻研究。

《永樂大典》引《禮記》輯考

——兼議《永樂大典》"三禮"文獻的輯佚參考系

高樹偉

《永樂大典》(以下簡稱《大典》)修成於明初,纂修所據主要爲明初南京文淵閣藏宋元舊槧。文淵閣的這批藏書屢經劫難,許多重要的書、重要的版本,如今頗多亡佚,有些典籍僅存於《大典》,賴其傳世。因此,《大典》輯錄的典籍文本,在版本研究中成爲重要的一環。由於類書體例不一,宗旨略異,又兼纂修過程多有反覆,致使在考察類書輯錄典籍體例、探究其文本流變過程中出現不少問題。以往對《大典》輯錄文獻體例的研究,多先勾稽《大典》輯錄的文本,據其校勘傳世諸版本,析分源流次第,而較少以歷時的眼光,結合《大典》兩次纂修,探究其輯錄文獻來源差異的成因。

一 《大典》"三禮"副總裁高得暘

由於《大典》的兩個纂修階段有較大差異,即明成祖對最初纂修的《文獻大成》不滿,命館臣擴充纂修,既承襲先前韻書、類書、政書,如《太平御覽》《通志》《古今韻會舉要》《韻府群玉》的結構與文本,又在重修過程中將整部典籍拆分,或以篇,或以章,或以全書等不同形式,抄入不同韻目字下,故考察《大典》輯錄典籍,首先要研究其纂修方式、過程以及由此可能造成的文本分際,析分其不同部分輯錄的文本,不應將其輯錄的文本視作同一平面。

近些年,研究者多關注以某一種或某一類書爲例,探討《大典》輯錄文獻的體例。[1] 關於《大典》輯錄"三禮"文獻,在此之前,學界已有對《大典》輯《周

---

[1] 如林鵠:《〈永樂大典〉編纂流程瑣議——以〈宋會要輯稿〉禮類群祀、大禮五使二門爲中心》,《文史》2020年第1輯,第279—288頁。

禮》《儀禮》,以及清乾隆年間"三禮館"利用《大典》輯佚的綜合研究,釐清了許多重要的問題。① 前些年,美國洛杉磯亨廷頓圖書館新發現一册《大典》②,學界對此關注頗多,並以此册爲個案,討論《大典》引《禮記》版本及與《大典》輯録"禮記類"典籍等相關問題。③

《四庫總目》引鄒濟所撰墓誌,叙及高得暘任《大典》副總裁、掌修"三禮"的情形:

> 《志》又稱,得暘與修《永樂大典》,分掌"三禮",編摩有方。今核所纂三禮諸條,於前人經説,去取尚爲精審。蓋亦博識之士。④

高得暘(? —1410),字孟升,號節庵,錢塘縣人。明洪武九年(1376)以文學薦授臨安縣學教諭,升廣東高州府學教授,後調河南懷慶府。山西布政使司曾聘請其考閲試卷。永樂初年,高得暘遷宗人府經歷,轉爲奉議大夫(掌天潢玉牒、親藩政務府、領宗正貴要)。永樂三年(1405),任《大典》副總裁。永樂八年,因解縉私謁皇太子案,連累下獄,死於獄中。著有《節庵集》八卷,《續編》一卷。

曾任《大典》總裁的鄒濟爲高得暘撰墓誌,提及高得暘家世生平,稱其出齊大夫,以王父子高爲氏,自高得暘父輩始遷錢塘,並詳記其履歷:

> 永樂初元,朝廷丕昭文治,求賢良布列朝,著用薦擢爲宗人府經歷,階奉議大夫,所掌天潢玉牒及親藩政務府,領宗正貴要,居百司之右,在朝文武官屬,雅相敬重。永樂四年,選中外儒臣會於文淵閣纂修《永樂大典》,先生掌"三禮",爲總裁,編摩有方,校讎精密,同館之士諮訪唯多。及退於家,求詩文者户滿屨,先生酬應如響,略無難色,故人無不景慕之。七年,選先生進講春宫,敷陳善道,深有裨益,咸以老成稱之。⑤

---

① 韓悦:《〈永樂大典〉引録文獻方法考略——以〈周禮〉爲中心》,《文獻》2022 年第 5 期,第 157—178 頁。杜以恒:《〈永樂大典〉引〈儀禮〉考實——兼論〈大典〉編纂來源的複雜性》,《文史》2023 年第 1 期,第 195—222 頁。張濤:《三禮館〈永樂大典〉輯録稿的發現、定名及其來歷》,《文津學志》(總第 11 輯),2011 年,第 87—95 頁。張濤:《也談〈永樂大典〉禮學文獻殘闕事》,《中國哲學史》2016 年第 4 期,第 117—120 頁。張濤:《三禮館輯録〈永樂大典〉經説考》,《故宫博物院院刊》2011 年第 6 期,第 98—130 頁。
② 卷 10270,上聲二紙子字,輯録内容爲《禮記·文王世子》篇。
③ 瞿林江:《新見〈永樂大典〉殘卷引"禮記類"諸書及版本考》,《文獻》2018 年第 1 期,第 78—86 頁。
④ 〔清〕紀昀等:《四庫全書總目》卷 175,北京:中華書局,1965 年,第 1553 頁。
⑤ 〔明〕鄒濟:《頤庵文集》卷 9,中國臺北"國家圖書館"藏(書號:11313),第 57b、58b 葉。

明永樂二年(1404)十一月《文獻大成》修成進呈，成祖不滿，重新調整、組織人員，下諭重修。這次重修，高得暘由宗人府經歷，被任命爲《大典》副總裁，總掌"三禮"文獻的編纂。① 這是重修《大典》時，以副總裁掌修專門文獻的一個縮影。與此同時，還設有《書經》、《詩經》、醫經方、釋教等副總裁，掌管專門文獻的纂修。關於高得暘主持編纂的具體情形、貢獻，鄒濟所撰墓誌稱"得暘與修《永樂大典》，分掌三禮，編摩有方"，《四庫提要》稱"今核所纂三禮諸條，於前人經説，去取尚爲精審，蓋亦博識之士"。將《永樂大典目録》（以下簡稱《目録》）、副本殘卷與今傳三禮館輯佚稿（唯缺《禮記》）合勘，大致可以窺見《大典》"三禮"經説的編纂方式。

　　此外，高得暘有一首《文淵閣修書奉和壽椿堂韻》：

　　　　泰階星象焕文昌，延閣人才集俊良。聖主無爲臻至治，儒臣有幸近清光。藜燈夜見來天禄，蓮漏時聞出建章。包括古今歸一覽，書成萬載永流芳。②

　　該詩記録了當時纂修《大典》，如進出文淵閣、內容篇幅等諸多具體情況，對考察當時《大典》纂修情形，略資參考。

二　《大典》輯録《禮記》文獻的四個層次

　　《大典》凡例第十四條，對經書纂修體例略有説明：

　　　　《易》《書》《詩》《春秋》《周禮》《儀禮》《禮記》，有序文，有篇目，有諸儒傳授源流及論一經大旨者，今皆會粹於各經之下（如《易經》入易字之類）。其諸篇全文，或以篇名，或從所重字收（如乾字收《乾卦》，禮字收《曲禮》，喪字收《曾子問》之類）。若傳注，則取漢唐宋以來名家爲首（如《易》程《傳》、朱《本義》，《書傳會選》、蔡《傳》，《禮記》古注疏、陳澔《集説》之類），餘依世次各附其後。其間有事於制度名物者，亦分采入韻。《四書》惟《大學》《中庸》難以分載，全篇收入（如《大學》，學字下收之）。

---

① 鄒濟所撰墓誌，稱高得暘永樂四年任《大典》副總裁，與《實録》時間不符，經考察《大典》兩次纂修，實以永樂三年爲界，今從《實録》記載。
② 〔明〕高得暘：《節庵集》卷6，《明別集叢刊》（第2輯），合肥：黃山書社，2015年，第593頁。

《論》《孟》，例同《五經》，諸子書亦仿此。①

綜合凡例與現存副本殘卷，《大典》纂修輯錄"三禮"相關文獻，有如下四個文本層次：其一，彙集有關《禮記》的序文、篇目、諸儒傳授源流、歷代學者等項；其二，鬼神、仁、禮等字/詞下，以"五經言/論某"體例撮集《禮記》相關文本；其三，按篇目分抄於諸字之下；其四，有些零散篇章分抄於總敘與各韻目字之下。這四個文本層次分歸於兩次纂修，經辨析，第一、三個文本層次應是第二次纂修完成的，第四個層次的文本又分總敘與事目兩個層次，與第一次纂修有密切關係。

以《大典》輯錄《禮記》而言，有如下四種編排方式，略作説明：

其一，《目錄》卷 10460—10466 下分別標注"周禮一"至"周禮四"、"儀禮一"至"儀禮二"、"禮記一"至"禮記二"、"大戴禮記"。這些卷册大都亡佚，幸而卷 10460（即《目錄》中的"《周禮》一"）傳世，參照《目錄》，核對此卷，其内容確如上引凡例所述，"禮"字後以墨筆大字書"周禮"二字，下有朱字"賈公彦序"，全錄序文，後接朱字"周禮文物大全圖"，抄錄此書的目次。其後又輯錄"成伯璵《外傳》""俞壽翁《復古編》"。其後"總論"輯錄葉時《禮經會元》、王與之《周禮訂義》、毛應龍《周禮集傳》，後附《周禮》傳授圖，《山堂考索》、毛應龍《周禮集傳》，其後輯錄諸家序文，臚列杜預等五十位學者。據此，《大典》佚失的卷 10466，其所收内容即抄錄歷代有關《禮記》的序文、篇目、諸儒傳授源流、論《禮記》大旨，如卷 10460 一樣，也抄錄了歷代學者名單。

其二，據《目錄》卷 10446—10457 "禮"字下注：經書言禮、諸子言禮、諸儒言禮，此册已佚。這些卷目的性質，近乎以"禮"爲主題抄輯的類書。此外，《目錄》中有"五經、四書、諸子、諸儒言/論某"例，即以編纂類書的方式，圍繞關鍵字撮集的資料彙編。

勾稽《目錄》，有如下 15 個字/詞以此例編排：鬼神（卷 2933、2934，事韻前）、仁（卷 3024，事韻前）、喪（卷 7427，事韻後）、情（卷 8532，事韻前）、五行（卷 8602，事韻前）、心（卷 9400，事韻前）、禮（卷 10446，事韻前）、志（卷 13233，事韻前）、智（卷 13491，事韻前）、義（卷 13908，事韻前）、信（卷 15527，事韻前）、道（卷 17361，事韻後）、敬（卷 18420—18422，事韻前）、性（卷

---

① 〔明〕解縉等：《永樂大典目錄》第 1 册，國家圖書館藏抄本（索書號：02837）。

18799,事韻前)、學(卷22021,事韻後),此十五字/詞,均是明初仍以朱熹學説爲官學所强調的關鍵字,且其所涉篇幅多則一册,少則一卷,相當於另編了一部小型類書。以韻統字,嵌套其中,多數置於各字事韻之前(也有少數在事韻之後),其文本拼接痕迹十分明顯。可惜的是,以上十五字所涉18卷都已亡佚,無從參照考察《大典》卷10446—10457引"三禮"文本的具體情形。

其三,據《目録》可以看到《禮記》單篇抄入《大典》的情形。《目録》各韻目字下有標示《禮記》各篇篇名,如卷208—224"弓"字下輯録《檀弓篇》,切分作十七部分。又如卷1395—1396"衣"字下引《深衣篇》,切分爲兩部分。再如卷10485—10492"禮"字下引《禮運篇》,切分作八個部分。據《目録》反映的輯録《禮記》情况來看,全爲單篇輯録。細檢《目録》,《禮記》49篇全部抄入,散入各卷韻目字下(表1)。《大典》輯録《禮記》單篇,多以各篇末字抄入韻目字下,也偶有取首字入各韻目字下的,如卷14404"記"字下,《目録》注"《學記》篇見學字,《樂記》篇見樂字。《喪大記》篇、《喪服小記》篇、《雜記》篇並見喪字",又如卷15905"問"字下注"《禮記·哀公問》篇、《曾子問》篇見喪字,《三年問》篇見喪字",再如卷15955"運"字下注"《禮記·禮運》篇見禮字"。

《大典》輯録《禮記》各篇,大多殘去,今僅殘存卷10269—10272"子"字抄録《文王世子》、卷7448—7451"喪"字抄録《喪服小記》、卷7453—7458"喪"字抄録《雜記》、卷2258"壺"字抄録《投壺》。瞿林江從《大典》所引疏文與疏文之間作空格、《大典》引文少用簡體字、"恒""慎""貞"避諱、《大典》引文不誤恰與宋十行本同而元十行本誤等特殊文本現象,推考《大典》引《禮記》所據版本應爲宋十行本。① 再以現存卷7448—7451"喪"字《喪服小記》、卷7453—7458"喪"字《雜記》、卷2258"壺"字《投壺》檢驗,以上所舉四端大致合榫,其説可從。

表1 《永樂大典》輯録《禮記》單篇分布表②

篇 目	卷 次	韻目字	篇 目	卷 次	韻目字
曲禮	10468—10484	禮	哀公問	15905	問
檀弓	208—224	弓	仲尼燕居	1684	居

---

① 瞿林江:《新見〈永樂大典〉殘卷引"禮記類"諸書及版本考》,《文獻》2018年第1期,第84—86頁。
② 前注*者,爲現存殘卷。

續表

篇 目	卷 次	韻目字	篇 目	卷 次	韻目字
王制	13542—13564	制	孔子閒居	1683	居
月令	21498—21510	月	坊記	14399—14400	記
曾子問	7442—7447	喪	中庸	594	庸
*文王世子	10269—10272	子	表記	14401—14403	記
禮運	10485—10492	禮	緇衣	1395—1396	衣
禮器	10493—10498	禮	奔喪	7463	喪
郊特牲	8596—8601	牲	問喪	7463	喪
内則	15444—15448	内	服問	7464	喪
玉藻	11604—11610	藻	間傳	7465	喪
明堂位	7280—7283	堂	三年問	7466	喪
*喪服小記	7448—7451	喪	深衣	1397—1398	衣
大傳	7451—7452	喪	*投壺	2258	壺
少儀	1306—1307	儀	儒行	18541—18542	行
學記	22050—22052	學	大學	22124—22127	學
樂記	21757—21769	樂	冠義	16215	冠
*雜記	7453—7458	喪	昏義	3501	昏
喪大記	14404	記	鄉飲酒義	12065—12066	酒
祭法	14064—14065	祭	射義	17833	射
祭義	14066—14069	祭	燕義	16762	燕
祭統	14070—14071	祭	聘義	18798	聘
經解	7734	經	喪服四制	7467	喪

其四，《大典》殘卷輯錄《禮記》文本，另有180餘條零篇散句，據《大典》文本結構，其輯錄文本有如下兩種情形：一是總敘輯錄的文本；二是具體事目下輯錄的文本。

(1)現存《大典》副本殘卷中，總敘下引有13條《禮記》文本。經比勘前代類書的結構、部門、引文，確認其中有 5 條直接引自《太平御覽》。① 《大典》韻目字總敘下引文與《御覽》各部下諸字相合，如《大典》卷 3582 "尊"字總敘下引《禮記》，實雜抄自《太平御覽》卷 761 器物部"樽"、《玉海》卷 89 "器用"下所引《禮記》與鄭玄注，以及《尚書》孔疏，合併於一處。又如，《大典》卷 7506 "倉"字下引《禮記·月令》，實節錄自《太平御覽》卷 190 居處部十八"倉"字下引《禮記》文本，而"發倉廩""修囷"等關涉倉廩的事目，也早已出現在《白氏六帖事類集》。《大典》卷 10309 "死"字總敘引《禮記·曲禮上》及鄭玄注，實引自《太平御覽》卷 548 禮儀部二十七"死"字下錄文。又卷 13194 "種"字下引《禮記·月令》與鄭玄注，實轉引自《太平御覽》卷 823 資産部三"種殖"，其中"曰""人""又"三字，並非《禮記》原文，均爲《大典》承襲。《大典》卷 19636 "目"字下總敘引《禮記》及鄭玄注，實節引自《御覽》卷 366 人事部七"目"字。其中，《大典》卷 913 "屍"字總敘引《禮統》，誤作"禮記"，實出自《太平御覽》卷 549 禮儀部第二十八"屍"字下錄文。

此外，《大典》"總敘"下也有輯自前代韻書、經說者，如《大典》卷 490 螽字"總敘"下輯《禮記·月令》，且有按語引"錢氏曰"，與元趙汸《春秋屬辭》卷 1 "哀十二年冬十二月螽"條下按語全同，《古今韻會舉要》卷 1 "螽"字下輯錄《説文》《爾雅》《詩》，也有錢氏《詩詁》此句。

(2)《大典》諸事目下輯錄的《禮記》零篇散句，有單輯經文，有輯經、注，也有輯經、注、疏。考察這些文本時，不僅應與單篇全錄的文本有所分殊，這部分引文的層次也應注意區隔。事目下輯錄零篇散句有三種現象：其一，輯《禮記》白文，不出注、疏；其二，輯《禮記》白文及注，不出疏文；其三，輯《禮記》白文及疏，不出注文。這三部分文本，是否能在版本上再做細緻區分，還需要通過校勘做進一步研究。

《大典》部分輯錄文本的來源較爲特殊，其所據版本值得深入探求。如《大典》卷 2973 "聖人"事目下，《大典》將《禮記》各篇凡涉"聖人"二字的句子皆作抄錄，且僅錄白文，句末注其篇名。其所據文本來源如何，仍應結合《文淵閣書目》等明內府藏書目錄，及對其他同類體例輯錄典籍做全面系統的校

---

① 其中有一條較爲特殊，《大典》卷 913 "屍"字總敘引《禮統》，訛作"禮記"，實出自《太平御覽》卷 549 禮儀部第二十八"屍"字下引《禮統》文。

勘工作,來進行分析。

三　《大典》輯錄《禮記》文獻的來源

　　整體來看,《大典》事目、事目結構與輯錄文本,有很大部分來自前代的韻書、政書、類書。① 通過比勘類目框架,可以看到,《大典》韻目字下的事目有些直接來自《太平御覽》,如卷 2256 壺字"乘壺"引"《禮記》。其以乘壺酒賜人。亦曰乘壺酒。乘壺四壺",《禮記》原文作"其以乘壺酒、束脩、一犬賜人,若獻人,則陳酒執脩以將命,亦曰乘壺酒、束脩、一犬",下有鄭注"陳重者,執輕者,便也。乘壺,四壺也。酒謂清也,糟也……"《太平御覽》節引作:"《禮》曰:其以乘壺酒賜人。亦曰乘壺酒。乘壺四壺。"《大典》承襲《御覽》,節引全同。此外,通過追溯事目,還可以看到,《大典》輯錄《禮記》的事目,很多早在《白氏六帖事類集》《藝文類聚》《太平御覽》《玉海》等前代類書中就已出現了,《大典》在事目框架上有所因襲,在文本上或作抽換,或做了不同程度的調整。

　　判斷《大典》承用前代類書文本的證據,主要以下三種:其一,《太平御覽》引文書名與《禮記》近似,《大典》引用時誤作"禮記"。如《大典》卷 913 屍字下的"《禮記》。屍之言矢也陳也",轉輯自《太平御覽》卷 549 禮儀部第二十八"屍",實際是《禮統》內容。其二,《太平御覽》引文對《禮記》文本跳錄時,常以"又曰"二字連接,這些仍有不少出現在《大典》輯錄的文本中,是《大典》承襲《太平御覽》的直接證據。如《大典》卷 13194 稑字"總敘"下引《禮記》,《月令》《禮運》引文之間即以"又"字連接,與《太平御覽》引文同。其三,《太平御覽》引文對《禮記》文本以及鄭玄注跳錄截取,《大典》相同事目下輯錄的文本在《太平御覽》跳錄的文本節點範圍之中,或者同樣因襲跳錄節點,如《大典》卷 10309 死字"總敘"下輯錄《禮記》與鄭玄注,文本起訖與《太平御覽》全同。

　　《目錄》諸字下標示"事韻"的部分,多承襲前代類書的傳統,這體現在具

---

①　此前已有研究者指出,《大典》"喪"字下《國恤》輯錄部分《禮記》出於北宋本《通典·喪制》"周制"部分,《國恤》輯錄大部分《禮記》出於元西湖書院本《文獻通考》。杜以恒:《〈永樂大典〉引〈儀禮〉考實——兼論《大典》編纂來源的複雜性》,《文史》2023 年第 1 期,第 195－222 頁。

體事目與引文上,《大典》攀援前代類書事目及其框架的同時,在引文内容上多有擴充。舉例而言,如《大典》卷920師字下輯録《禮記》。追溯其源,白居易《白氏六帖事類集》卷11"太子""教導"條即引《禮記》,而不注出處:

> 教導 附太子門 必以禮樂:禮凡三王教世子,必以禮樂。樂所以修内也,禮所以修外也。禮樂交錯於中,發形於外,是故其成也懌,恭敬而温文。太傅少傅:立太傅、少傅,以養之,欲其知父子君臣之道也。教諭德成:入則有保,出則有師,是故教諭而德成也。師也者:教之以事而諭諸德者也。①

《太平御覽》卷244"職官部"四十二,"太子太師"條引文如下:

> 《禮記·文王世子》曰:教世子必以禮樂,樂所以修内也,禮所以修外也。禮樂交錯於中,發形於外,是故其成也懌。出則有師,是以教喻而德成也。師也者,教之以事而諭諸德也。
>
> 《禮記》曰:三王教太子,立太傅、少傅以養之,太傅在前,少傅在後。②

《大典》卷920師字下,"太子三師"條引文如下:

> 《禮記·文王世子》曰:凡三王教世子,必以禮樂。樂所以修内也,禮所以修外也,禮樂交錯於中,發形於外,故其成也懌,恭敬而温文。又曰:立太傅少傅以養之,欲其知父子君臣之道也。太傅審父子君臣之道以示之。少傅奉世子,以觀太傅之德行,而審喻之。太傅在前,少傅在後。入則有保,出則有師,是以教喻而德成也。師也者,教之以事而喻諸德者也。保也者,慎其身以輔翼之,而歸諸道者也。記曰虞夏商周有師保,有疑丞,設四輔及三公不必備。惟其人,語使能也。③

比勘《白氏六帖事類集》《太平御覽》《大典》三書此處文本,"太子"早在《白氏六帖事類集》中已作爲事類出現,"教導必以禮樂"即在"太子"這一上位事類名目之下,其標目、引文的具體做法,即摘取或抄撮引文中的關鍵字

---

① 〔唐〕白居易:《白氏六帖事類集》第6册,静嘉堂文庫藏宋刻本,第7b、8a葉。
② 〔宋〕李昉等:《太平御覽》卷244,《四部叢刊三編》影印宋刻本,第1a頁。
③ 〔明〕解縉等:《永樂大典》卷920,北京:中華書局,1960年,第1a葉。

標目,後附引文,而未標出處。至《太平御覽》,"職官部"下的"太子太師"則也多次引《禮記》文本,先標書名、篇名,再輯錄具體文本。整體上看,從《白氏六帖事類集》到《大典》,事目、輯錄文本結構變化不大,只是在具體輯錄上,隨時間推移,輯錄文本逐漸完足。

四　小結

縮結而言,《大典》經歷了明永樂元年至三年(1403—1405)的初次纂修,永樂三年到五年(1405—1407)的重修,遞經嘉靖年間的重錄,才成爲我們今天所見的文本樣貌。這兩次纂修的主持人員、纂修方式,都存在較大差異。以《大典》引"三禮"文獻而言,這兩次纂修過程,決定了其輯錄《禮記》相關文獻至少存在四個文本層次:其一,彙集《禮記》序跋、總論、諸儒傳授源流等文獻;其二,鬼神、仁、禮等字/詞下有以"五經言/論某"體例撮集《禮記》相關文本;其三,單篇抄入各韻目字;其四,總敘以及諸事目下多依附前代類書框架,節錄相關文本。這四個層次的《禮記》文獻,與《大典》兩個纂修階段直接相關,尤其與第二階段掌"三禮"的副總裁高得暘的編纂思路密切相關。

總敘、細碎事目下涉及"三禮"的文本,應多是在《大典》第一個階段完成的,而全篇輯錄,彙集《禮記》序跋、總論、諸儒傳授源流,鬼神、仁、禮等字/詞下有以"五經言/論某"體例撮集《禮記》相關文本,這三個層次的引文,應主要是在第二個纂修階段由高得暘主持纂修完成的。造成我們今天所見《大典》引"三禮"文獻的複雜面貌,主要是由兩次纂修所致:《大典》第一階段的纂修,主要是以類書模式修纂,永樂三年(1405)以後重修,纂修模式有所轉變,以專門之學爲統攝,不但以纂修小類書的形式,在鬼神、仁、禮等字/詞下有以"五經言/論某"體例撮集相關文本,甚至將全篇、全章、全書分於各韻字之下。

這四個層次文本的編纂方式、來源多有差異,對《禮記》相關文獻的輯佚,應綜合析分《大典》兩個纂修階段,考察主持纂修者的生平、專長及在《大典》纂修期間的具體職事,充分利用《目錄》、凡例與副本殘卷,細緻析分文本層次,建立《大典》"三禮"文獻的輯佚參考系。厘清《大典》引《禮記》四個文本層次以後，也給具體的輯佚工作提出了要求，在呈現輯佚成果時，須將所輯佚文復原至離析出的四個文本層次，即明確標注每條佚文所在《大典》的卷次，指出所在的文本層次，以及可能的文本來源。

高樹偉，北京大學中國古文獻研究中心、中文系博雅博士後。

《欽定禮記義疏》文本纂修流程與性質再探
——兼論杭世駿《續禮記集説》編纂緣由與實質[*]

侯 婕

關於《欽定禮記義疏》(下簡稱"《義疏》")的性質,自其成書以後,學界探討良多,觀點各異,主要有如昭槤漢學傾向説、[①]章太炎宋學主導説、[②]錢穆漢宋兼采説[③]三種。當今學者如杜澤遜[④]、林存陽[⑤]、張濤[⑥]、瞿林江[⑦]等,從文

---

[*] 本文是2021年度國家社會科學基金青年項目"清代《禮記》文獻研究"(21CZS006)的階段成果。

[①] 昭槤在《嘯亭雜録》中稱:"仁皇夙好程、朱,深談性理,所著《幾暇餘編》,其窮理盡性處,雖夙儒耆學,莫能窺測。所任李文貞光地、湯文正斌等皆理學耆儒。嘗出《理學真僞論》以試詞林,又刊定《性理大全》《朱子全書》等書,特命朱子配祠十哲之列。故當時宋學昌明,世多醇儒耆學,風俗醇厚,非後所能及也。"見〔清〕昭槤撰,何英芳點校:《嘯亭雜録》,北京:中華書局,1980年,第6頁。又稱:"上初即位時,一時儒雅之臣,皆帖括之士,罕有通經術者。上特下詔,命大臣保薦經術之士,輦至都下,課其學之醇疵。特拜顧棟高爲祭酒,陳祖範、吴鼎等皆任司業,又特刊《十三經注疏》頒布學官,命方侍郎苞、任宗丞啓運等裒集《三禮》。故一時耆儒夙學,布列朝班,而漢學始大著,齷齪之儒,自蹜足而退矣。"見〔清〕昭槤撰,何英芳點校:《嘯亭雜録》,第15—16頁。認爲康熙時宋學顯明,至乾隆時學風爲之一變,漢學始大著,三禮館纂修《義疏》即爲其例。

[②] 章太炎在《清儒》一文提出:"若康熙、雍正、乾隆三世,纂修七經,辭義往往鄙倍,雖蔡沈、陳澔爲之臣僕而不敢辭;時援古義,又椎鈍弗能理解,譬如薰蕕雜糅,徒覩其汙點耳。而徇俗賤儒,如朱彝尊、顧棟高、任啓運之徒,瞀學冥行,奮筆無作,所謂鄉曲之學,深可忿疾,譬之斗筲,何足選哉!"見章太炎:《檢論》,《章太炎全集》第1輯,上海:上海人民出版社,2014年,第489頁。認爲包含《義疏》在内的"御纂七經"實爲宋學之末流。

[③] 錢穆在《經學大要》中舉例御纂諸經,稱:"舉出這幾本書來證明順治、康熙、雍正三代那時候的人不分漢學、宋學的,而且比較上看重宋學,不過也兼采漢學。"見錢穆:《經學大要》,臺北:蘭臺出版社,2000年,第571頁。提出當時學者論學不分漢宋,《義疏》呈現出的正是學術漢宋融合的面貌。

[④] 《〈十三經注疏彙校〉緣起及設想》一文在涉及清代康熙至乾隆年間的官修經書成果時,稱:"朝廷組織學者撰定了《御纂七經》,包括《周易折中》《書經傳説彙纂》《詩經傳説彙纂》《春秋傳説彙纂》《周官義疏》《儀禮義疏》《禮記義疏》。其大體思路是不專主宋學,而是漢宋兼取,希望漢、宋合流。乾隆間曾下令各省重刊,清中葉以後也有各地重刊本,傳世量較大,而讀者不一定很多。這條漢宋合流的路子,現在看來没有走通。"杜澤遜:《〈十三經注疏彙校〉緣起及設想》,《微湖山堂叢稿》上册,上海:上海古籍出版社,2014年,第7頁。

[⑤] 對於《義疏》的學術取向,林存陽認爲:"三禮館儒臣間,對注疏和朱子解説的取向,存在一定的分歧。"林存陽:《三禮館:清代學術與政治互動的鏈環》,北京:社會科學文獻出版社,2008年,第129頁。(轉下頁)

獻學、思想史、史學研究角度切入,對《義疏》的編纂與價值有着新的認識,具有啓發性,但猶有未發之覆。

梁啓超在《中國近三百年學術史》中評述清人《禮記》整理與研究成績稱:"清儒於《禮記》,局部解釋之小書單篇不少,但全部箋注,尚未有人從事。其可述者,僅杭大宗(世駿)之《續禮記集説》。其書仿衞湜例,專録前人説,自己不下一字。所録自宋元人迄於清初,別擇頗精審,遺佚之説多賴以存。"①不提《義疏》一字,但其所稱道之杭世駿《續禮記集説》(下簡稱"杭氏《集説》")却與《義疏》有着密切聯繫。以下從三禮館纂修《欽定禮記義疏》的背景、文本加工程式、性質以及杭世駿編纂《集説》的緣由與實質四個方面展開論述。

一 三禮館纂修《欽定禮記義疏》的背景

乾隆元年(1736),乾隆帝下旨纂修《三禮》,命大學士鄂爾泰、張廷玉、朱軾、兵部尚書甘汝來爲三禮館總裁,禮部尚書楊名時、禮部左侍郎徐元夢、内閣學士方苞、王蘭生爲副總裁,負責《三禮義疏》的修訂工作。整體來看,總裁的構成人員皆爲康、雍兩朝成名重臣,或深得乾隆信任,或繼承前朝熊賜履、李光地等廟堂理學耆儒之衣鉢,究心宋學,亦多有《三禮》研究專著傳世。

以方苞爲例,康熙三十年(1691)方氏跟從高裔前往京師,嘗謂"僕少所交,多楚、越遺民,重文藻,喜事功,視宋儒爲腐爛,用此年二十,目未嘗涉宋儒書。及至京師,交言潔與吾兄,勸以講索,始寓目焉"②,又稱"季野獨降齒德而與余交,每曰:'子於古文,信有得矣。然願子勿溺也!唐、宋號爲文家者

(接上頁)

⑥ 於《義疏》的學術取向,張濤提出:"清廷設立三禮館,纂修《義疏》,前後凡一十九年。此一時段剛好處於漢學興起前夜,惠、戴諸君在此期間多已嶄露頭角,聲勢漸隆。民間漢學家剛剛具有自我意識,漢宋畛域尚且模糊,官方《義疏》並無明確主張要專漢宋兼采,更無所謂推高漢學。"張濤:《乾隆三禮館史論》,上海:上海人民出版社,2015年,第285頁。

⑦ 瞿林江從文獻學角度切入,認爲在禮説徵引方面,"宋元學者的言論雖然占據了《禮記義疏》的顯眼位置,但鄭注和孔疏依然是該書的主體,而並非一般讀者所認爲的傾宋學、傾理學的性質"。瞿林江:《〈欽定禮記義疏〉研究》,揚州:廣陵書社,2017年,第88頁。

① 梁啓超著,俞國林校:《中國近三百年學術史》(校訂本),北京:中華書局,2020年,第316—317頁。

② 〔清〕方苞著,劉季高校點:《方苞集》卷六《再與劉拙修書》,上海:上海古籍出版社,2008年,第174—175頁。

八人:其於道粗有明者,韓愈氏而止耳;其餘則資學者以愛玩而已,于世非果有益也。'余輟古文之學而求經義自此始"。① 可知方氏年二十歲以後,始讀宋儒經義之書。又致力於經書的編纂工作,先刪取《五經大全》,後刪定徐乾學《通志堂經解》。② 康熙五十年冬,方氏受戴名世《南山集》案牽連下獄,在獄因篋中唯有陳澔《禮記集説》一部,故悉心是書,稱:"始視之,若皆可通,及切究其義,則多未審者,因就所疑而辨析焉。"③撰爲《禮記析疑》。又稱:"余之爲是學也,義得於《記》之本文者十五六,因辨陳説而審詳焉者十三四,是固陳氏之有以發余也。"④康熙五十二年,方氏出獄,"校以衛正叔《集解》,去其同於舊説者,而他書則未暇徧檢"⑤,將辨析陳氏《集説》所得與衛湜《禮記集説》(下簡稱"衛氏《集説》")比對,去其重複之説。三月,入南書房,秋移蒙養齋,爲徐元夢辨析《周禮》疑義,爲館中後生講《喪服》,出獄中所著《喪禮或問》,⑥又作《周官辨》《周官集注》《周官餘論》三書。雍正元年(1723),方氏五十六歲,赦歸原籍,二年,歸桐城,三年,還京。乾隆元年,方氏再入南書房,擢内閣學士,晋禮部侍郎,後乾隆帝敕修《三禮義疏》,命方氏爲副總裁,張甄陶稱"同局者多宿學巨公,凡疑難處,必推先生裁定"。⑦

在館期間,方氏一方面延徠舉薦後學人才入館纂修,一方面與諸總裁擬定纂修規程、條例,其《與鄂少保論修三禮書》言:

> 《三禮》自注疏而外,群儒解説無多。所難者,辨注之誤,芟疏之繁,抉經記所以云之意,以發前儒未發之覆耳。故僕始議人删三經注疏各一篇;擇其用功深者各一人,主删一經注疏,一人佐之,餘人分採各家之説,交錯以徧;然後衆説無匿美,而去取詳略可通貫於全經。⑧

---

① 〔清〕方苞著,劉季高校點:《方苞集》卷一二《萬季野墓表》,第332頁。
② 〔清〕方苞著,劉季高校點:《方苞集》卷六《與吕宗華書》,第159—161頁。《方苞集集外文補遺》卷一《答梁裕厚書》,第815—816頁,《與梁裕厚書》,第816頁。〔清〕張廷玉撰,江小角、楊懷志點校:《澄懷園文存》卷七《宋元經解删要序》,《張廷玉全集》,合肥:安徽大學出版社,2015年,第147頁。
③ 〔清〕方苞著,劉季高校點:《方苞集》卷四《禮記析疑序》,第81頁。
④ 同上書,第81—82頁。
⑤ 同上書,第82頁。
⑥ 〔清〕顧琮:《周官辨序》,方苞《周官辨》卷首,上海:上海古籍出版社影印《續修四庫全書》第79册,1996年,第416頁上欄。
⑦ 〔清〕梁章鉅著,陳居淵校點:《制藝叢話 試律叢話》,上海:上海書店出版社,2001年,第180頁。
⑧ 〔清〕方苞著,劉季高校點:《方苞集》卷六《與鄂少保論修三禮書》,第154頁。

鄂爾泰以方氏手書示館內諸臣，但響應者甚稀。雖然方氏提出當先於館臣中設專主刪節《三禮》注疏者各一人，且輔助者各一人，餘下館臣負責排纂注疏以下諸儒經說，並加以去取的建議未能付諸實踐，但是其關於《義疏》凡例的擬議基本上為三禮館採用。方氏對纂修三禮條例的設想，與其早年從事編著《周官集注》的工作不無關聯，其於《周官集注·條例》即稱：

> 依朱子《集注》例，凡承用注、疏，及掇取諸儒一二語串合己意者，皆不復識別。全述諸儒及時賢語，則標其姓字。正解本文者居前，總論居後，不分世代為次。
>
> 注、疏及諸儒之說必似是而非者，乃辨正焉。於先鄭及注、疏皆分標之。諸儒舉姓字，若主是說者多則曰"舊說"。
>
> 推極義類，旁見側出者，以圈外別之。或前注通論大體，而中有字句應辨析者，辭義奇零，無可附麗，雖正解本文，亦綴於後，或以圈外別之。①

可知其集注類型有五：一為正解，二為總論，次序上，"正解本文者居前，總論居後，不分世代為次"，經說引據處理上，承襲鄭注、賈疏，采合眾說，直指經文本義者不加標識，全述諸家經說，則著其姓字；三為辨正，對注、疏及諸儒之說似是而非處加以辨正，辨正先鄭、鄭注、賈疏加以標識，諸儒則標姓字，若數人說同，則統稱為"舊說"；四為異說，所謂旁"推極義類，旁見側出者"，加圈間隔；五為辨析，凡是涉及對經文字句辨析者，綴在經文本義解說之後。對集解體的內部結構做出進一步的改造發明，並非按照時代先後依次排纂，而是將歷代諸儒禮說分類歸納，惜區分不詳。再觀其《擬定纂修三禮條例劄子》奏曰：

> 臣等審思詳議，擬分為六類，各注本節、本注之下。一曰正義：乃直詁經義，確然無疑者。二曰辨正：乃後儒駁正舊說，至當不易者。三曰通論：或以本節本句參證他篇，比類以測義；或引他經與此經互相發明。四曰餘論：雖非正解，而依附經義，於事物之理有所發明，如程子《易傳》、胡氏《春秋傳》之類。五曰存疑：各持一說，義皆可通，不宜偏廢。六曰存異：如《易》之取象，《詩》之比興，後儒務為新奇而可欺惑愚眾者，

---

① 〔清〕方苞：《周官集注》，《景印文淵閣四庫全書》第101冊，第5頁，臺北：臺灣商務印書館，1983—1986年。

存而駁之,使學者不迷於所從。庶幾經之大義,開卷了然,而又可旁推交通,以曲盡其義類。①

提出纂修《三禮義疏》,可於經注之下編次歷代禮說,按其內容劃分爲正義、辨正、通論、餘論、存疑、存異六類,進而對所彙集經說分類的名目及意涵加以界定,再觀《欽定周禮義疏》前凡例曰:

> 故特起義例,分爲七類,俾大義分明而後兼綜衆說。一曰正義:乃直詁經義,確然無疑者也。二曰辨正:乃後儒駁正舊說,至當不易者也。三曰通論:或以本節本句參證他篇,比類以測義,或引他經與此經互相發明。四曰餘論:雖非正解,而依附經義於事物之理,有所推闡。五曰存疑:各持一說,義亦可通,又或已經駁論而持此者多,未敢偏廢。六曰存異:名物象數久遠無傳,難得其真,或創立一說,雖未即愜人心,而不得不姑存之以資考辨。七曰總論:本節之義已經訓解,又合數節而論之,合一職而論之。以此七類,敘次排纂,庶幾大指,開卷了然,而旁推交通,義類可曲盡也。案語各以類附七條之後,或辭義連貫,難以分析,則附於最後一條之末。②

進一步完善《擬定纂修三禮條例劄子》所提出的體例規劃,確定《三禮義疏》編纂的七大義例。

然而三禮館開設不久,最初任命的總裁便相繼離世,後又陸續任命李紱、尹繼善、陳大受、周學健、李清植、任啓運、彭維新、汪由敦以繼其事。除任命總裁外,據張濤考察,三禮館先後入館纂修官五十人,其中侍讀三人,編修十九人,檢討五人,庶吉士或編、檢二人,任他職者四人,居官位者凡三十八人。其餘十二人或時賦閒無職,但爲進士、舉人之身份,或候補侍讀,或屬優貢生。③ 在師承學風方面,三禮館總裁及纂修官中,不乏康熙朝名臣李光地門人後學,④李氏一派後學任職三禮館期間,又不斷宣揚師教,提攜後進,

---

① 〔清〕方苞著,劉季高校點:《方苞集集外文》卷二《擬定纂修三禮條例劄子》,第565頁。
② 〔清〕《欽定周禮義疏》,《景印文淵閣四庫全書》第98冊,第6頁上欄、下欄。
③ 張濤:《乾隆三禮館史論》,第129頁。
④ "弘曆汲汲重用的朱軾、楊名時、王蘭生、徐元夢以及李紱、方苞等人,皆受知於李光地,或爲其科舉所取士,或曾受其引薦庇護,爲私淑弟子。"張濤:《乾隆三禮館史論》,第60頁。

如王文震、徐鐸、官獻瑤等即受楊名時、徐元夢之薦，入館修書，亦對李氏師說學風推崇備至。① 由此，館臣詮釋《禮記》、編纂《義疏》之理念，整體上亦承襲康熙朝廟堂理學"尊宋"意識形態。

但館中亦不乏治禮專研之士，如姜兆錫即撰有《禮記章義》一書，雍正朝已刊刻成書。而任啓運、吳廷華、王士讓、杭世駿等人，又相繼在修書期間，纂有《三禮》研究私著數種。以杭氏爲例，其纂有《續禮記集説》一百卷，自言爲續補衛氏《集説》而作，一則補録在衛氏之前散見他書而衛氏未經采及者，一則續補衛氏後元明間除家弦户誦之吳澄《禮記纂言》、陳澔《禮記集説》（下簡稱"陳氏《集説》"）外其他諸儒之説。嘗言："國朝文教覃敷，安溪、高安兩元老潛心《三禮》，高安尤爲傑出，《纂言》中所附解者，非草廬所能頡頏。館中同事編耆者，丹陽姜孝廉上均、宜興任宗丞啓運、仁和吳通守廷華皆有撰述，悉取而備録之，賢于勝國諸儒遠矣。"②又列有國朝姚際恒、陸隴其、汪琬、李光坡、徐乾學、朱軾、陸奎勳、張永祚、姜兆錫、周發、方苞、全祖望、任啓運、齊召南、吳穎芳名録，凡十五家，其中四人皆任職三禮館中，粗略統計，杭氏凡引朱氏經説五百餘次，引姜氏經説一千九百餘次，引方氏經説八百餘次，引任氏經説凡三百餘次。而齊召南嘗在經史館參與武英殿本《禮記注疏》的校刻工作，其後"校正汲古閣《注疏》，間引先儒之説而參以己見"③，纂成《禮記注疏考證》六十三卷，杭氏引其説百八十次。

聚集前朝理學名臣與後學新鋭於一館之中，三禮館所修《義疏》，冠以"欽定"之名，爲清代前期《禮記》官修讀本之代表。參與其中的杭氏，却在纂修工作結束後，即踵以私著讀本，二者有何牽連，就清代前期《禮記》讀本的制定層面來看，當作何評價，亟待討論。

二 《欽定禮記義疏》文本加工程式探析

據杭氏《集説·自序》稱：

---

① 張濤：《乾隆三禮館史論》，第62—63頁。
② 〔清〕杭世駿：《續禮記集説》，影印《續修四庫全書》第101册，第2頁上欄，上海：上海古籍出版社，2002年。
③ 同上書，第8頁上欄。

條例既定，所取資者則衛氏之書也。京師經學之書絕少，從《永樂大典》中有關於三《禮》者悉皆錄出。二《禮》吾不得寓目，《禮記》則肄業及之。《禮記外傳》一書，唐人成伯璵所撰，海宇藏書家未之有也，然止於標列名目，如郊社、封禪之類，開葉文康《禮經會元》之先。較量長樂陳氏《禮書》，則長樂心精而醇綺矣。他無不經見之書，至元人之"經疑"，迂緩庸腐，無一語可以入經解，而《大典》中至有數千篇，益信經窟中可以樹一幟者之難也。

明年奉兩師相命，詣文淵閣搜檢遺書，惟宋刻陳氏《禮書》差爲完善，餘皆殘闕無可取攜，珠林玉府之藏，至是亦稍得其崖略已。①

可知三禮館纂修《禮記》時，至少參考有衛氏《集說》及館臣從《永樂大典》中輯錄《禮記》相關文獻。又搜檢文淵閣藏書，完善可用者，惟有宋刻本陳祥道《禮書》。此外，三禮館還奏請徵書，但徵書工作並不順利。據李紱《答方閣學問三禮書目》②、《與同館論徵取三禮注解書》③可知，一則出於向江浙藏書家徵書之難，二則出於所徵之書，宋、元經說絕少，多爲明人世俗講章，無益纂修。又據三禮館《收到書目檔》的材料反映④，三禮館臣對於纂修《義疏》文獻徵引，最終採取以從《永樂大典》輯書爲主要策略。但從最後的引據情況

---

① 〔清〕杭世駿：《續禮記集說》，影印《續修四庫全書》第 101 册，第 1 頁下欄。
② "右所開《三禮書目》，在《注疏》《經解》之外者共一百一十六種，皆浙江藏書家所有，然購求頗難。有懼當事不行鈔寫而以勢力強取，遂秘而不肯出者；亦有因卷帙浩繁難於鈔寫，恐時遲費重，遂以無可購覓咨覆者。往復行移，徒淹時日，無益於纂修。且其書爲明人所纂者多，而宋、元以前名家之書十纔一二，其中可采者亦不過十之一二耳。"〔清〕李紱：《穆堂初稿》卷四三《答方閣學問三禮書目》，影印《續修四庫全書》第 1422 册，第 86 頁下欄。
③ "從前所開《三禮書目》應行徵閱者共一百一十六種，今查館中止有五種，尚有一百一十一種未到。從前行文，未將書目粘單併發，所以各地方官吏無憑搜求。今開館既久，書當速成，若再行文，緩不及事。查浙江藏書之家，惟故檢討朱諱彝尊藏書最多，某從前與修《春秋》時，請總裁太倉王公將其孫名稻孫者奏令入館纂修，即令將所有《春秋》各家註解帶來，共得一百二十七種，遂不待別有徵求而採集大備。今館中出有纂修官闕，若仍用此法，將朱稻孫奏請入館，即令將所有《三禮》各家註解帶來，則所少之書十得七八矣。"〔清〕李紱：《穆堂別稿》卷三四《與同館論徵取三禮注解書》，《續修四庫全書》第 1422 册，第 519 頁下欄—520 頁上欄。
④ 詳參林存陽：《三禮館：清代學術與政治互動的鏈環》，第 43—46 頁。張濤：《讀〈收到書目檔〉》，陝西省社會科學院古籍研究所編，吳敏霞主編《古文獻整理與研究》第 1 輯，北京：中華書局，2015 年，第 234—246 頁；《乾隆三禮館史論》，第 166—178 頁。

來看，就《禮記》一經而言，《義疏》引成伯璵經説僅十二條，①的確如杭氏所説，《永樂大典》可資取材者不多。

今結合《禮記注疏長編》的編纂工作②，對同一經文下《義疏》與衛氏《集説》的相似段落進行比對分析，我們認爲《義疏》實際上是以衛氏《集説》爲藍本加工而成的。

就注疏而言，以衛氏《集説》引據"鄭氏曰""孔氏曰"爲主。《義疏》所引"鄭氏康成曰"下小字孔疏，參考《禮記注疏》文本文字，據以增改，而單另引據的"孔氏穎達曰"，更接近於衛氏《集説》所删省之孔疏，偶有據注疏本增補之處，這一點在稿本上反映明顯。③ 如《玉藻》曰："天子玉藻，十有二旒，前後

---

① 杭氏《集説》亦引其中十一條，合併兩條爲一條，凡十條。所未引者，爲《王制》"少而無父者謂之孤"經下成氏伯璵曰："四十無妻不爲鰥，三十無夫不爲寡，有室無父不爲孤，壯而無子不爲獨。先王制禮，憂民之極，則以老少年齒爲限也。"衛氏《集説》有引。檢衛氏《集説》，所引中山成氏凡四條。除釋《王制》此條外，《義疏》及杭氏《集説》所引，皆不見於衛氏《集説》，當是從《永樂大典》中輯出者。

② 《禮記注疏長編》由吾師王鍔先生主持編纂，此書依據阮元校刻本《禮記注疏》分段，在每段經注疏下依次彙入宋衛湜《禮記集説》、元吳澄《禮記纂言》、陳澔《禮記集説》、清納蘭性德《陳氏禮記集説補正》、明郝敬《禮記通解》、清方苞《禮記析疑》、江永《禮記訓義擇言》、甘汝來等《欽定禮記義疏》、杭世駿《續禮記集説》、孫希旦《禮記集解》、王引之《經義述聞》、朱彬《禮記訓纂》、郭嵩燾《禮記質疑》等十三部研究著作相關内容，編爲一帙，點校整理。其中《曲禮注疏長編》《檀弓注疏長編》已由廣陵書社於 2019 年、2021 年出版，其餘各篇將陸續出版。

③ 張濤曾對中國國家圖書館藏《三禮義疏》稿本進行過基本分析，據考察，此稿本共 544 册，包含三禮館《永樂大典》輯録稿與《三禮義疏》稿本兩種不同内容書册，《三禮義疏》稿本又混雜草本、清本、副本等三禮館纂修期間不同階段的稿件。參見張濤：《乾隆三禮館史論》，第 187—188 頁。今可見中國國家圖書館藏清稿本《三禮義疏》三部，據張濤判斷，其中 A01969 最早，反映三禮館第一、二階段纂修情況，A01968 次之，有批改稱此爲"清本"，A01967 抄寫比較工整，亦有批校甚多，時稱此爲"膳清稿本"。本文爲反映《義疏》對衛氏《集説》所做加工工作，據〔清〕任啓運、吳紱等纂修：《三禮義疏》，中國國家圖書館藏清稿本（善本書號：A01969）討論。掃描件《三禮》篇次雜亂無序，以《玉藻》第一册/卷四十一爲例《義疏》稿本先分爲一二三册，後排定卷四十一、四十二、四十三，覆檢 544 册中有 ABCD 四類稿本，A 本（掃描件第 207 册）封題"玉藻一"，右下題"纂修官趙青藜""膳録監生朱繼暄""纂修官吴廷華校"。B 本（掃描件第 80 册）封題"玉藻一"下貼簽"草本計三十八頁"，右題"清本 三十六頁"，從右至左，右中題"底本萬育"，右上題"鄂中堂閲過此本共修改十六處""張中堂閲過"，右下題"纂修官趙青藜""膳録監生楊培源"，簽題"陶敬信校完"。C 本（掃描件第 188 册）封題"玉藻卷四十一"下貼簽"計五十頁"，從右至左，右上題"鄂中堂閲過""副總裁任 覆校膳清"，右下題"纂修官趙青藜""膳録監生萬育""纂修官陶敬信校"。D1 本（掃描件第 383 册）封題"玉藻卷四十一""副本 計五十頁"，從右至左，右中題"姜繡"，右下題"原纂修官趙青藜""膳録監生張廷瓚""纂修官姚汝金校"，左下題"潘永季覆校""纂修官王文清、吴廷華重校"，正文稿紙版心題"欽定禮記義疏 卷四十一 玉藻一下同"，並標頁碼。D2 本（掃描件第 386 册）封題"玉藻卷四十一""副本 計四十九頁"，從右至左，右中題"史"，右下題"原纂修官趙青藜""膳録監生姜繡""纂修官方天游校"，左下題"潘永季覆校""纂修官王文清、吴廷華重校"，正文稿紙版心題"欽定禮記義疏 卷四十一 玉藻一"，並標頁碼。與 D1 相比，D2 簽改較少，抄寫較工整，D1 本部分簽改在 D2 得以改正膳清。根據内容簽改膳抄情況可知，A 本最早，B 本次之，C 本又次之，D 本較晚，且 D2 本晚於 D1 本。

邃延,龍卷以祭。"《義疏》正義"鄭氏康成曰"取衛氏《集説》"鄭氏曰",據《禮記注疏》本鄭注補"雜采曰藻"四字。① "鄭氏康成曰"中綴以小字孔疏,如"祭先王之服也"下孔疏小字:"《司服》云:'享先王則袞冕。'"此句衛氏《集説》"孔氏曰"無,則是館臣據《禮記注疏》本孔疏補入相應鄭注之下。整體上來看,就鄭注、孔疏而言,不專主一本,應當是衛氏《集説》本與注疏本兩相參正而成。《曾子問》稿本卷首有簽語即稱:"《三禮》注疏頗緊要,卷内採疏之解注,此似恒有刪節太過,令文意不甚分明之處,恐須酌添。經文應分章。疏應附在注下,此多未寫出。"② 可資爲一證。

對於鄭、孔以下歷代學者禮説,館臣主要做了四項工作:

一是將衛氏《集説》所引各家説法加以歸類分析。按照既定凡例,分置於正義、辨正、通論、餘論、存疑、存異、總論諸類之下,且並非單純將某人説法全歸爲一類,而是將此人解説條分縷析,將"直詁經義,確然無疑者"歸爲正義,"各持一説,義亦可通,又或已經駁論而持此者多,未敢偏廢者也"歸爲存疑。正義不專從鄭、孔,鄭、孔亦見於存疑。後儒經説未必不如鄭、孔,以求實、求是爲指歸。如《曾子問》稿本正文"曾子問第七"解題,纂修官於通論引"應氏鏞曰",簽語即稱:"應氏此條,衛氏《集説》見於《曾子問》下卷末,今移至此篇卷首最當。"③ 又如《玉藻》曰:"玄端而朝日于東門之外,聽朔于南門之外。"纂修官取衛氏《集説》"鄭氏曰"之"朝日"至"反宿路寢亦如之"置於正義,取"端當爲冕"至"冕服之下"置於存疑,取"凡聽朔"至"配以文王武王"置於存異。④ 此外,纂修官取衛氏《集説》引"横渠張氏",改爲"張子曰",歸爲通

---

① 據《玉藻》A本,原無此句,纂修官補於"天子以五采藻爲旒"上,簽曰:"'天子以五采'上似應照原注補入'雜采爲藻'四字。移下孔説'玉藻也'以上附作小注。首'藻'字删。"説明纂修官先據衛氏《集説》纂鈔,後參考注疏本鄭注補闕。B本、C本、D本、定本謄清抄録。

② 〔清〕任啟運、吴紱等纂修:《三禮義疏》,國家圖書館藏清稿本(善本書號:A01969)《曾子問》稿本(掃描件第35册)卷首。

③ 〔清〕任啟運、吴紱等纂修:《三禮義疏》,國家圖書館藏清稿本(善本書號:A01969)《曾子問》稿本(掃描件第35册)第1b葉。

④ 衛氏《集説》:"鄭氏曰:'端,當爲'冕',字之誤也。玄衣而冕,冕服之下。朝日,春分之時也。東門、南門,皆爲國門也。天子廟及路寢,皆如明堂制。明堂在國之陽,每月就其時之堂而聽朔焉。卒事,反宿路寢亦如之。凡聽朔,必以特牲告其帝及神,配以文王、武王。'"〔宋〕衛湜:《禮記集説》卷七三,《中華再造善本》據國家圖書館藏宋嘉熙四年(1240)新定郡齋刻本影印本,第3a葉。《玉藻》A本纂修官趙青藜原編次"端當爲冕"至"反宿路寢亦如之"於正義,取"凡聽朔"至"配以文王武王"置於存異。在纂修官吴廷華校改時,簽改"端當爲冕"至"冕服之下"置於存疑。B本、C本、D本、定本照此謄清。

論，即《凡例》所謂"先儒稱鄭氏康成，稱周、程、張、朱子。及稱姓名，若某氏某曰等，體例亦歸畫一"。① 由此觀之，館臣未顯尊漢意識，而尊稱周、程、張、朱子，反顯尊宋意味。

二是對衛氏《集説》所引各家説法加以删削。如《玉藻》曰："閏月則闔門左扉，立于其中。"②稿本原纂修官趙青藜在此經正義、通論中，對衛氏《集説》所引"嚴陵方氏"③、"延平周氏"④、"馬氏"⑤三家觀點皆加以抄録，而覆校纂修官在校改過程中却删削勾去。

三是對衛氏《集説》未引據宋儒及後儒經説加以增補。如《玉藻》"天子玉藻，十有二旒"一經，新增"馬氏端臨""楊氏復"⑥兩家經説。又如《玉藻》"玄端而朝日于東門之外"一經，纂修官趙青藜原抄入張怡《三禮合纂》之説，後爲纂修官吴廷華在校對過程中全部删去，⑦但覈檢《義疏》定本，引據張氏禮説凡八處，皆爲三禮館臣增補。

四是在對以上衆説歸類分析之下，加以案語。稿本案語與定本案語差異較大，就稿本來看，《玉藻》"玄端而朝日于東門之外"一經案語，纂修官趙

---

① 〔清〕《欽定禮記義疏》，臺灣商務印書館《景印文淵閣四庫全書》第124册，第4頁上欄。
② 《玉藻》A本纂修官此經正義引"鄭氏康成曰"下小字抄録孔疏："疏云：案《太史》云：'閏月詔王居門，終月。'是'還處路寢門'，終月，謂終竟一月所聽之事於一日耳，于尋常則居燕寢也。"A本纂修官吴廷華校改時補入"攻處路寢門中，特聽政時，居食與宿，仍在燕寢，惟齊與喪乃宿于路寢"一句。B本或中堂修改，或纂修官陶敬信校改，簽曰："終月已明終竟一月之事，下'攻路寢門中'一段可删。"C本、D本、定本即謄清B本删去A本所補入一句。
③ 據《玉藻》A本，纂修官趙青藜原引"方氏愨曰"云云，勾去。B本、C本、D本、定本謄清亦删去。
④ 據《玉藻》A本，纂修官趙青藜原引"周氏諝曰"云云，勾去。B本、C本、D本、定本謄清亦删去。
⑤ 據《玉藻》A本，纂修官趙青藜原引"馬氏希曰"云云，勾去。B本、C本、D本、定本謄清亦删去。
⑥ 據《玉藻》A本，纂修官趙青藜於此經辨正"馬氏希孟曰"下，引據"楊氏復曰"云云，"馬氏端臨曰"云云，B本、C本照此謄清，D1本簽改馬氏端臨於楊復前，D2本、定本照此謄清。
⑦ 據《玉藻》A本，纂修官趙青藜原於此經存疑下引"馬氏睎孟曰"云云，後引"張氏怡曰"，簽改標爲正義，然B本、C本、D本、定本全删。張怡（1608—1695），自號白雲山人，明崇禎至清康熙時人。仿朱子《儀禮經傳通解》例，撰有《三禮合纂》二十八卷。《四庫全書總目》列入三禮總義類存目。據方苞《白雲先生傳》載："乾隆三年，詔修《三禮》，求遺書。其從孫某以書詣郡，太守命學官集諸生繕寫，久之未就。先生之書，余心鄉之，而懼其無傳也久矣，幸其家人自出之，而終不得一寓目焉。故於著於篇，俾鄉之後進有所感發，守藏而傳布之，毋使遂沈没也。"〔清〕方苞著，劉季高校點：《方苞集》卷八《白雲先生傳》，第216頁。又據内閣大庫《收到書目檔》著録："安撫趙咨送：《三禮合纂》二套，計十二本，江寧。"參見林存陽：《三禮館：清代學術與政治互動的鍵環》，第45頁。

青黎逐一據所引各家觀點條析評議。① 而纂修官吳廷華在校改過程中,刪去稿本案語對前儒諸說的看法,重擬裁斷,簽改案語於其上。② 副本纂修官在覆校重校過程中,對稿本案語提出異議,又加以辨析,重擬案語簽改其上。③ 據此可窺見纂修官之間的持論差異,值得重視。

館臣的工作中,最值得稱讚的一點是在通論中結合《禮記》全經或他書相關材料所做的增補工作。如《玉藻》"天子玉藻,十有二旒"一經,衛氏《集說》引據有"賈氏曰",即賈氏解《儀禮‧覲禮》"侯氏裨冕,釋幣于禰"之疏,纂修官於此亦引據"賈氏公彥曰",歸入通論。又如"玄端而朝日于東門之外"一經,通論所引"孔氏穎達曰",非釋此節之孔疏,而屬下經"諸侯玄端以祭,裨冕以朝,皮弁以聽朔於大廟,朝服以日視朝",即《凡例》所謂"或以本節本句參證他篇,比類以測義,或引他經與此互相發明"④,歸入通論。

通過對館臣纂修《義疏》所做工作的考察,不難看出,《義疏》的編纂實際上是以衛氏《集說》爲藍本加工而成的,因爲這重加工程序繁瑣,最後定本所

---

① A本案:"方氏'端'讀如字,而取元冕之義,與鄭不害爲同也。張氏怡亦讀'端'如字,而謂承上冕故不言冠,則是朝日以袞冕,與《司服》'四望、山川毳冕'之義異矣,且據下玄端而居,蓋元冠,玄端也,《記》文亦不言冠,若云承上,則上并無玄冠之文,其說尚可通耶? 馬氏亦云朝日服袞,而援《國語》'大采'爲證,然經明曰'玄端',以玄端而推以爲非周禮,果足據乎。孔氏曰天神尚質,於理或然。"
② A本簽曰:"案:鄭改'端'爲'冕',謂此當玄冕玄衣,改玄衣玄裳,原非有二,衣裳之幅無不全者,故謂之端,惟深衣乃裳殺而不得謂之端耳。孔疏朝襲與玄端無異,但玄端服玄裳,朝服素裳耳,是異以裳非異以衣也。《詩傳》'玄袞,玄衣而畫以袞龍',是畫龍即名袞衣,不畫即名玄端。周禮天子祀天主以日,戴冕,璪十有二旒,是祀日常以袞冕袞衣矣。此但朝日,異于祭天,故《魯語》'大采朝日',孔晁云:'大采用袞冕也。'則朝日、聽朔皆袞冕而玄端可知。無緣降日以群小祀之玄冕也。孔疑聽朔大于視朝,不應天子聽朔祇玄冠玄端,日視朝以皮弁服。不知同一玄端也,首玄冠則輕于皮弁服,首玄冕即重于皮弁服,況首袞冕乎? 且聽朔大事,亦無不袞冕之禮。"B本、C本謄清抄錄此簽改案語。
③ D1本對此案語提出異議,簽曰:"《魯語》舊注雖有袞冕說,韋氏已據此注駁之,而以大采爲圭璪之五就,且孔疏亦是韋而非孔,不當據孔以非鄭也。《司服》五冕上加袞、鷩、毳、希、玄等,皆指衣言,謂袞服而加冕,非以袞冕字爲冕名也。此云首袞冕,其將謂冕亦有九章耶,抑誤筆耶? 且據上云不畫即爲玄端,下所謂首袞冕者,又若以此爲畫袞之玄端,不矛盾耶? 要知此本可疑,只宜依注本文而以馬說存疑可也。強爲斷之,未見其妥。"後貼簽其上曰:"案:玄端以方幅爲名,朝祭之服亦然。其別者,不畫則止謂之端。畫則曰袞、曰鷩、曰毳、曰希、曰玄,而無'端'名。此《記》言'玄端',鄭孔(定本作'鄭氏')由下'皮弁視朝'推之而以爲冕。然朝夕(定本作"日")爲中祭,不應服舉群小祀之玄冕,故又疑玄端朝日非周禮,謂鄭不當改'端'爲'冕'。方氏又鄭說而小變之,以爲玄端而加冕,則亦鄭說耳。或又謂玄端即指有畫者言,以爲玄端即袞冕,此與《周禮》言袞、言鷩之例不符。要惟鄭、孔說近似,但朝日玄冕,究未敢安,特並存之,以備考云。"D2本謄清抄錄此簽案語,定本同,見〔清〕《欽定禮記義疏》,臺灣商務印書館《景印文淵閣四庫全書》第125冊,第300頁上欄、下欄。
④ 〔清〕《欽定周禮義疏》,《景印文淵閣四庫全書》第98冊,第6頁上欄。

展現的面貌看似自成一書,實則與明胡廣等排纂《禮記大全》性質相同,祇不過館臣所做工作相對更爲細緻,在材料的增刪、校正方面處理更爲得當,且有意識地進行了歸納、分析、考證工作。在鄭注、孔疏的引據上,雖大體上挪用衛氏《集説》所引,但也參考了注疏本加以補充校改。在承襲衛氏《集説》所引諸家論説的基礎上,一方面逐句加以考辨分析,一方面將衛氏之後諸儒之説可採者加以補録。此外,從稿本形態來看,纂修官所下案語基本上是就事論事,辯説前儒觀點,只不過之後又幾經覆校、重校及總裁審改,遮蔽其本來面貌。

基於以上分析,三禮館集衆人之力,在方苞擬定七大義例的理念指導下,對衛氏《集説》開展了一系列的校補工作。雖然定本體例形式看似新穎,實則在理念上仍保持舊時删蕺注疏、鈔撮排纂歷代經説的纂書習氣,其書性質值得再度分析。

三 《欽定禮記義疏》性質再探

出於《義疏》的欽定官修性質,尤其是承接康熙御纂諸經的文治意義,於凡例,於纂修諸臣,皆不敢明言《義疏》之纂修與衛氏《集説》的實質關聯。清初有數家《禮記》研究專著,甚至多出於館臣之手,但不加以利用,而是沿襲康熙御纂諸經形式,試圖製爲帝王御定讀本。但是乾隆帝在即位之初,不同於中期對《四庫全書》的纂修,並未對三禮館修纂《義疏》的工作有過多干涉。館臣一則要使讀本的制定符合御纂的象徵意義,起到規範經説的作用,二則要揣摩聖意,下以權威性質的案語。

再度揣摩方苞《擬定纂修三禮條例劄子》所言《三禮》之修,視康熙朝《折中》《彙纂》四經尤難之意味,則是《周易》"多裁自聖心","《易》《詩》《書》有周、張、二程以開其先,而朱子實手訂之;《典》《謨》以下,亦抽引端緒,親授其徒。胡氏《春秋傳》雖不免穿鑿,而趙、唊、二陸、劉、孫、胡、程之精言,採録實多,諸經大義,已昭然顯著。故《折衷》《彙纂》但依時代編次先儒之言,而不慮其無所歸宿也"。① 不難看出,康熙朝御纂四經,一則《周易》由康熙帝親自操刀,二則《易》《詩》《書》皆有朱子等所著《周易本義》《詩集傳》《書集傳》三

---

① 〔清〕方苞著,劉季高校點:《方苞集集外文》卷二《擬定纂修三禮條例劄子》,第564頁。

書,胡安國《春秋傳》雖稍牽強,但終究以理學思想爲指歸,故《彙纂》之編定,一主宋學經義即可。而《三禮》之纂修,一則"陳澔《禮記説》,自始出即不厭衆心,訾議紛起",二則"《周官》《儀禮》,周、程、張、朱數子,皆有志而未逮,乃未經墾闢之經",三則"欲從《大全》之例,則無一人之説以爲之宗;欲如《折衷》《彙纂》,但依時代編次群言,則漫無統紀,學者終茫然莫知其指要"。① 言下之意,《義疏》之纂,要想制定出符合宋學思想的讀本,未有既定所宗經説。故經館臣審思詳議,採取的辦法是先對自漢、唐以來歷代諸儒經説加以排纂,在排纂的基礎上歸納分類,實則爲輔助館臣撰寫案語所設,這一點從《義疏》稿本條析諸儒之説而撰寫的案語可明顯看出,後來覆校纂修官、總裁在此基礎上以己意裁斷,擬定代表官方經學的觀點。而《義疏》與康熙御纂《折中》《彙纂》雖然在形式上差異較大,内在理念一脈相承。張濤亦稱:"作爲清代官方經籍之一,《三禮義疏》之纂修本爲統一經説,宣揚本朝政教。館臣廢棄經—注—疏三級體式,創造正義、存疑、通論等七類義例,以此爲標準對前人經説甄別去取,制爲一王新義。但三禮館臣在異説之間左右采獲,態度揺擺不定,雖欲彌縫,時有獨見,但總體而言,並不成功。"②

再觀《義疏》所定凡例,隻字不提排纂諸類經説的材料搜集過程和引據文本,但是根據前文比對,已知取自衛氏《集説》頗夥。然衛氏編纂《集説》兼收新學派臨川王氏(王安石)、山陰陸氏(陸佃)、長樂陳氏(陳祥道)、嚴陵方氏(方愨)、馬氏(馬睎孟)③諸家與程朱理學派經説,三禮館在纂修過程中,將這些非理學家之言大肆删削,統計如表1所示:

表1

引據諸家	王安石	陳祥道	陸佃	方愨	馬睎孟	朱熹
《集説》引據條目	69	603	939	1385	664	201

---

① 〔清〕方苞著,劉季高校點:《方苞集集外文》卷二《擬定纂修三禮條例劄子》,第564—565頁。
② 張濤:《乾隆三禮館史論》,第289頁。
③ 據姜鵬整理王學人物的相關經學著作,《禮》類即有王安石《周禮義》(按,即《周官新義》)二十二卷、《禮記要義》二卷,陸佃《禮記解》四十卷,陳祥道《禮書》一百五十卷、《注解儀禮》三十二卷,王昭禹《周禮詳解》四十卷,方愨《禮記解》二十卷,馬睎孟《禮記解》七十卷,鄭宗顔《考工記注》一卷。見姜鵬:《北宋經筵與宋學的興起》,上海:上海古籍出版社,2013年,第165頁。

續表

引據諸家	王安石	陳祥道	陸佃	方愨	馬睎孟	朱熹
《義疏》引據條目	27	471	407	1095	353	371
增刪條目	−42	−132	−532	−290	−311	+170

可見《義疏》對朱熹禮説不刪反增，所謂"至於義理之指歸，一奉程、朱爲圭臬"①，作爲對比，删去新學派王安石、陸佃之説過半。且據瞿林江《〈欽定禮記義疏〉徵引宋諸家次數》表統計②，《義疏》置陸佃説於存疑、存異中最多，按《義疏》引據諸家置於存疑、存異比例來看，如表 2 所示：

表 2

引據諸家	鄭玄	孔穎達	朱熹	王安石	陳祥道	陸佃	方愨	馬睎孟
引據總條目	2757	2668	371	27	471	407	1095	353
存疑、存異	297+91	275+80	8+1	5+2	36+11	97+48	64+22	18+5
比例	14.07%	13.31%	2.43%	25.93%	9.98%	35.63%	7.85%	6.52%

根據《義疏》設立存疑、存異類目的性質，不難看出，縱向對比，《義疏》對朱子經説的肯定程度最高，遠遠高過各家，甚至超越鄭、孔。置於宋儒諸家横向比較，則《義疏》傾向於對荆公新學諸家經説大加刪削，即使引據，歸入存疑、存異類亦多，可見其尊朱傾向。

在經學文獻的衍生歷程中，自朱熹吸納周、張、二程學説，撰成《四書章句集注》一書，隨着學派宣揚傳播與科舉應試的導向，"四書"在經學文獻史上的地位一度凌駕"五經"之上。《四書》所收《大學》《中庸》爲《五經》中《禮記》兩單篇，鄭、孔原有注疏。朱氏撰《大學章句》移文補傳，撰《中庸章句》亦重爲編次，大行於世。受到"四書學"的衝擊，宋元以降，禮家編纂《禮記》讀本，常只載《大學》《中庸》之目而不列其文。如陳氏《集説》及《禮記集説大全》，僅在《中庸》《大學》篇題下曰"朱子章句"。《四書大全》亦棄用鄭、孔注

---

① 〔清〕《欽定禮記義疏》，《景印文淵閣四庫全書》第 124 册，第 3 頁上欄。
② 引據總條目與存疑、存異數目統計參見瞿林江《〈欽定禮記義疏〉徵引宋諸家次數》，瞿林江：《〈欽定禮記義疏〉研究》，第 395—399 頁。

疏,專以程、朱傳注爲主。① 明末張溥提出:"成祖命諸臣集《四書五經大全》以訓天下,而《十三經注疏》復整櫛懸設。蓋不讀注疏,無以知經學之淵流;不讀《大全》,無以正經義之紕繆。兩者若五官並列,不容偏廢。"② 主張士子讀書當兼采漢、唐古注疏及宋、元儒經說,《十三經注疏》《四書五經大全》並重。因此,張氏致力於改造經學文獻讀本,編纂《五經注疏大全合纂》《四書注疏大全合纂》。《禮記注疏大全》未能成書,《中庸注疏大全合纂》雖編次注疏、朱注,然多有删節。三禮館於《義疏·中庸》篇末案語稱:

> 《小戴禮記》之有《中庸》《大學》也,自朱子《章句》出而陳澔《集説》四十九篇中遂祇列其目而不載其文。夫漢儒長於數,其學得聖人之博。宋儒邃於理,其學得聖人之精。二者得兼,乃見聖人之全經。自宋儒之說盛行,遂庋注疏於高閣,君子未嘗不深惜之。
>
> 明季張氏溥嘗兼輯成書矣,顧録朱注則全,而於注疏從節,未免有闕略之憾,茲用編次注疏與朱注,同其詳備,不厭其文之繁,辭之複,與其義之各出而不相謀,非雜也夫,亦主於脩古,不忘其初而已。存古於後人所不存,尤欲存古於後人所共存,此注疏暨朱注兩相存而不悖也。③

評價張氏所纂《中庸注疏大全合纂》雖在全録朱注的基礎上補入注疏,但所編次注疏大幅度删節,是一大缺憾。故三禮館編纂《義疏》,於凡例稱:

> 《中庸》《大學》二篇自宋大儒編爲《四書》,其後俗本《禮記》遂有止載其目而不列其文者,茲仍曲臺之舊,以尊全經,以存古本,兼輯朱注,以示準繩,而正義等條,概置勿用。④

將《中庸》《大學》納回原書,意圖恢復古本面貌。《四庫全書總目》稱:"其《中庸》《大學》二篇,陳澔《集說》以朱子編入《四書》,遂删除不載,殊爲妄削古經。今仍録全文,以存舊本。惟章句改從朱子,不立異同,以消門户之争。

---

① 何良俊《四友齋叢說》即言:"太祖時,士子經義皆用《注疏》,而參以程、朱傳注。成祖既修《五經四書大全》之後,遂悉去漢儒之説,而專以程、朱注爲主。"〔明〕何良俊著,李劍雄點校:《四友齋叢說》,上海:上海古籍出版社,2012年,第17頁。
② 〔明〕張溥撰,曾肖點校:《七録齋合集》,濟南:齊魯書社,2015年,第257頁。
③ 〔清〕《欽定禮記義疏》,《景印文淵閣四庫全書》第126册,第230頁下欄—231頁上欄。
④ 〔清〕《欽定禮記義疏》,《景印文淵閣四庫全書》第124册,第3頁下欄。

蓋言各有當，義各有取，不拘守於一端，而後見衡鑒之至精也。"①對《義疏》全録《大學》《中庸》兩篇的方式稱讚有加。

在經文的編次上，朱熹對《大學》《中庸》經文章次有所改編，與鄭、孔所本不同。《義疏》在編纂時，據以鄭本分段，經文下依次排纂鄭注、孔疏，如有鄭本經文分兩節、朱本糅合作一節者，《義疏》録朱注於下節經文下，不作割裂。② 鄭本經文作一節，朱本細分爲數節者，《義疏》録朱注各節於鄭本一節經文下，空一字間隔，以體現朱子分節用意。③ 可見，在對《大學》《中庸》編次的處理上，《義疏》在一定程度上還原了漢、唐古注疏面貌。

但是在經文注解層面，《義疏》於《禮記》其餘四十七篇，皆按正義、辨正、通論等義例加以排纂歷代經説，獨於《大學》《中庸》兩篇"全録注疏於前，編次朱注於後"，"一以示不遺古本之源，一以示特尊朱子之義。全録注疏古本，方識鄭、孔羽翼聖籍之功，方見朱子之精心邃密，而注疏之是非得失，讀者自一目瞭然，故不拘諸例"。④ 石立善認爲與《義疏》注解全經體例不同的"這項新設的體例"，"體現了三禮館臣在處理上的謹慎及《大學》《中庸》的特殊性。《禮記義疏》一面不遺古本之源，一面特尊朱子之義，此乃兩全其美之舉——爲了讓《大學》《中庸》重返《禮記》，《義疏》編者在理由説明上確實花費了不少辭墨"。⑤

《義疏》作爲官方《禮記》注本，在陳氏《集説》妄删古經之後，首次使《大學》《中庸》重返《禮記》的學術史價值值得肯定。但是如前文所述，《義疏》以衛氏《集説》爲藍本，館臣於《禮記》各篇皆先對衛氏《集説》所引各家説法加以歸類分析，對衛氏《集説》未引據宋儒及後儒經説加以增補，又在對前儒衆

---

① 〔清〕永瑢等撰《四庫全書總目》，北京：中華書局，1965年，第172頁中欄。
② 如經云："道也者，不可須臾離也，可離非道也。"《義疏》案曰："朱本合下節作一節。篇内大文有鄭本數節，而朱本合作一節者，不使割裂朱注分貼大文，其上節注語同見下節大文之下。《大學》倣此。"〔清〕《欽定禮記義疏》，《景印文淵閣四庫全書》第126册，第166頁上欄。
③ 如經云："仲尼曰：'君子中庸，小人反中庸。君子之中庸也，君子而時中。小人之中庸也，小人而無忌憚也。'"《義疏》案曰："朱本分'小人反中庸'節、'小人而無忌憚也'節，作二節。篇内大文有鄭本一節，而朱子分作二節或數節者，朱本各節注語同見一處，仍於各節注末空一字界斷，以存朱子分節之意。《大學》倣此。"〔清〕《欽定禮記義疏》，《景印文淵閣四庫全書》第126册，第169頁上欄。
④ 〔清〕《欽定禮記義疏》，《景印文淵閣四庫全書》第126册，第164頁下欄—165頁上欄。
⑤ 石立善：《〈大學〉〈中庸〉重返〈禮記〉的歷程及其經典地位的下降》，《國學學刊》2012年第3期，第35頁。

説歸類分析之後,加以案語。唯獨於《大學》《中庸》摒除鄭、孔、朱三家之外唐、宋、元、明諸儒經説,摒棄在其餘篇章所應用的七大義例,亦不設案語,欲以朱注匡正鄭、孔得失。以《中庸》爲例,據衛氏《集説》:

> 案《中庸》一篇,會稽石氏《集解》自濂溪先生而下凡十家,朱文公嘗爲之序,已而自著《章句》。以十家之説删成《輯略》,别著《或問》以開曉後學。今每章首録鄭注、孔疏,次載《輯略》,即繼以朱氏。然十家之説,凡《輯略》所不取者,朱氏《或問》間疏其失,僅指摘三數言,後學或未深解。今以石氏本增入,庶幾覽者可以參繹其旨意,其有續得諸説,則附於朱氏之後。①

宋儒石𡺿編有《中庸集解》,斷自周敦頤、程顥、程頤及張載,益以吕大臨、謝良佐、游酢、楊時、侯仲良、尹焞之説。後朱子爲之作序,又作《中庸章句》,删定石氏《集解》,更名《輯略》。四庫館臣認爲"是編(《輯略》)及《或問》皆當與《中庸章句》合爲一書。其後《章句》孤行,而是編(《輯略》)漸晦"②。衛氏在編纂《集説》時,專門增入石氏此本,引據自周氏至尹氏十家經説,以供讀者參詳。除新安朱氏外,又增引唐、宋經師五十餘家經説。③ 三禮館纂修《義疏》,於《大學》《中庸》雖不循俗本之舊,録以全經,兼輯鄭注、孔疏、朱注,但與《禮記》四十七篇皆以衛氏《集説》爲藍本加以校補的程序不同,《大學》《中庸》兩篇的纂修一奉朱注爲圭臬準繩,擯棄衛氏《集説》所引據唐、宋經師數十餘家經説,其尊朱意味是不容忽略的。

---

① 〔宋〕衛湜:《禮記集説》卷一二三,《中華再造善本》據國家圖書館藏宋嘉熙四年(1240)新定郡齋刻本影印本,第 1a 葉。
② 〔清〕永瑢等撰:《四庫全書總目》,第 295 頁上欄。
③ 覈查衛氏《集説》《中庸》篇各節,又增引有山陰陸氏(陸佃)、象山陸氏(陸九淵)、長樂劉氏(劉彝)、臨川王氏(王安石)、臨邛魏氏(魏了翁)、廣漢張氏(張栻)、范陽張氏(張九成)、延平周氏(周諝)、永嘉周氏(周行己)、柯山周氏(周處約)、廣安游氏(游桂)、東萊吕氏(吕本中)、海陵胡氏(胡瑗)、仁壽李氏(李道傳)、李氏(李格非)、長樂陳氏(陳祥道)、温陵陳氏(陳知柔)、永康陳氏(陳亮)、北溪陳氏(陳淳)、石林葉氏(葉夢得)、龍泉葉氏(葉適)、四明沈氏(沈焕)、吳興沈氏(沈清臣)、延平黄氏(黄裳)、涑水司馬氏(司馬光)、嚴陵方氏(方慤)、馬氏(馬睎孟)、嵩山晁氏(晁以道)、兼山郭氏(郭忠厚)、江陵項氏(項安世)、永嘉薛氏(薛季宣)、高要譚氏(譚惟寅)、宣城奚氏(奚士達)、雪川倪氏(倪思)、四明袁氏(袁甫)、四明宣氏(宣繒)、建安真氏(真德秀)、錢塘于氏(于有成)、新定顧氏(顧元常)、錢塘吳氏(吳如愚)、晉陵喻氏(喻樗)、嚴陵喻氏(喻仲可)、晉[嚴]陵錢氏(錢文子)、新安[定]錢氏(錢時)、莆田[陽]鄭氏(鄭耕老)、莆陽[田]林氏(林光朝)、林氏(林坰)、金華邵氏(邵淵)、新定邵氏(邵甲)、晏氏(晏光)、蔡氏(蔡淵)、施氏、宓氏、三衢周氏、海陵顧氏。

乾隆初年，《義疏》之纂，以繼承康熙朝御纂諸經文治事業爲出發點之一，區別於康熙帝御纂《周易折中》，乾隆帝並未親自按斷，而是由館臣揣摩代纂，以宋學爲指歸。又區別於康熙帝命詞臣纂輯《彙纂》，一尊程、朱手定文本加以排纂，《禮記》未經朱子及其後學整理，可資取材的衛氏《集説》收録宋儒經説不專主理學一派，無法簡單排纂。爲求客觀且符合官方思想的按斷，三禮館不得不先進行長編工作，以衛氏《集説》爲藍本，參考注疏本及後儒禮書，剔除不符合宋學理念的雜説，歸類分析，折衷案斷。實際上《義疏》引用鄭、孔，與宋、元諸儒一視同仁，分列"正義""辨正""通論""餘論""存疑""存異""總論"七類當中，一則於"至當不易"之正義當中，不惟鄭、孔是從，亦有宋元諸説；二則雖引鄭、孔條目居多，但存疑、存異比重不少，從側面亦反映出《義疏》的帝王經學本質，睥睨前儒，統於時王。

四　杭世駿編纂《集説》的緣由與實質

冠以"欽定"之名的《義疏》以衛氏《集説》爲藍本，參考漢、唐古注疏及宋、元儒經説，歸納分析並加以案斷，纂成清前期官修經書的代表性《禮記》讀本。作爲三禮館纂修官中的一員，杭世駿在完成纂修工作後，以續補衛氏《集説》爲名，自撰《續禮記集説》一百卷。《義疏》與杭氏《集説》一官一私，雖杭氏成書刊行略晚，其編纂過程却輔車相依。從表面上看，二者對衛氏《集説》的借鑒角度有異，體例設計與内容構建截然不同，但從本質上看，結合杭氏的三禮館纂修經歷和《義疏》纂修過程中的具體實踐，杭氏《集説》雖冠以續補衛氏《集説》名義，實則發《義疏》之未發，釋《義疏》所未釋，是三禮館修訂《禮記》讀本工作的另一種體現。

亦以上文《玉藻》爲例，《義疏》通論新增"馬氏端臨"①"楊氏復"②兩家經説，二家亦見於杭氏《集説》，杭氏姓氏名單列楊復等宋諸家，稱："已上諸儒，衛氏已列其名氏而其説有采之未備者，今取其有與後儒之説互相發明，重加輯録，間多節取以廣衛氏所遺。"③而元馬端臨在衛氏之後，爲衛氏所不及見，

---

① 據瞿林江統計，《義疏》徵引其説凡10次，參見《〈欽定禮記義疏〉研究》，第399頁。
② 據瞿林江統計，《義疏》徵引其説凡6次，參見《〈欽定禮記義疏〉研究》，第397頁。
③ 〔清〕杭世駿：《續禮記集説》，影印《續修四庫全書》第101册，第3頁下欄。

杭氏稱："元儒吴氏澄、陳氏澔，言禮有專書，家弦户誦。其他諸儒之説，或散見别部，或爲諸書所引用，或有專書而未盛行於世，僅可得之掇拾者，删其重複，節其冗蔓，務取其説不襲衛氏陳言而别具新義者，輯録於編。故徵引雖五十餘家而著録者無多焉。"①經檢，楊、馬二説皆出自馬氏《文獻通考》，此書爲清宫所貯明内府舊藏，康熙十二年康熙帝下令用明嘉靖三年（1524）司禮監刻板修補重印。二説既見於《義疏》，又見於杭氏《集説》，當爲三禮館臣所共用材料。

《玉藻》"天子玉藻，十有二旒"經下，除馬、楊兩家外，杭氏《集説》亦徵引王應麟經説，謂："按注'士以下皆襌，不合而縚積，如今作幓頭爲之也'，後漢向栩'著絳綃頭'，注：'字當作"幓"，古詩云"少年見羅敷，帨巾著幓頭"，《儀禮》注"如今著幓頭，自項中而前額上，卻繞髻也"。'"②王氏之説，見於《困學紀聞》，杭氏謂宋王氏等人："皆衛氏所不及見，悉采而録之，所以續衛書也。"③雖此經王説不見於《義疏》稿本、定本，但覈查《義疏》定本，引據王説凡五則，四則爲直接引據，一則爲案語引用，王説五則亦爲杭氏《集説》引據，《義疏》案語所引的一則見於杭氏引據任啓運説。④ 杭氏全書引據王説凡五十三則，較《義疏》多出四十八則，多見於王氏《困學紀聞》。

此外，杭氏於此經又引據萬斯大、姚際恒、朱軾、姜兆錫四家經説，據杭氏《集説》前列姓氏名單，稱：

> 國朝
> 萬氏斯大，字充宗，鄞人。著《學禮質疑》。

---

① 〔清〕杭世駿：《續禮記集説》，影印《續修四庫全書》第 101 册，第 6 頁上欄。
② 〔清〕杭世駿：《續禮記集説》，影印《續修四庫全書》第 102 册，第 50 頁下欄。
③ 〔清〕杭世駿：《續禮記集説》，影印《續修四庫全書》第 101 册，第 4 頁下欄。
④ 參見〔清〕任啓運、吴紱等纂修：《三禮義疏》，國家圖書館藏清稿本（善本書號：A01969）《曾子問》稿本（掃描件第 35 册），封題"曾子問上卷"，右下題"纂修官任啓運""謄録監生李振祖"，正文篇題"曾子問第七"下案曰："必如曾子所問，纔可當'格物致知'四字，非如此精察，則力行處，總是粗疏，不見聖人權度精切處。王氏伯厚云：'曾子之學，博而約者也。若今人所謂"博"，止是一片荒蕪，愈成悠謬。'"簽改："王伯厚，舉其名，應麟。"定本即改"王伯厚"爲"王應麟"，見〔清〕《欽定禮記義疏》，《景印文淵閣四庫全書》第 124 册，第 717 頁下欄－718 頁上欄。據《曾子問》稿本可知此篇爲任啓運所纂，故王氏此説見於杭氏《集説》引任啓運説："任氏啓運曰：曾子之學，隨事精察，而力行之。此篇便見曾子精察處，唯能精察方能力行。故王伯厚曰：'曾子之學，博而約者也。'"見〔清〕杭世駿《續禮記集説》，影印《續修四庫全書》第 101 册，第 512 頁下欄。

姚氏際恒，字立方，錢塘人。著《九經通論》，中有《禮記通論》，分上中下三帙，立義精嚴，大都爲執周禮以解禮者痛下鍼砭。
　　朱氏軾，字若瞻，高安人。宗吴氏《纂言》而以己説附於後。
　　姜氏兆錫①，字上均，丹陽人。著《禮記章義》。

以及下經所引：

　　方苞，字望溪，桐城人。著《禮記析疑》。
　　任啓運，字翼聖，荆溪人。著《禮記章句》，改定篇目，類例頗析。
　　齊召南，字次風，天台人。校正汲古閣《注疏》，間引先儒之説而參以己見。
　　……②

凡引據本朝經説四十六家，其中來燕雯至馮氏凡二十七家，杭氏稱其皆爲毛奇齡講學蕭山時相與問辨著論者，皆刻入《西河全集》。其餘諸家，杭氏謂："已上諸家，有全書備録者，猶衛氏之於嚴陵方氏、廬陵胡氏之例也。其餘多從節取，有與先儒複者，概從刪削，有别出新義者，雖稍未醇，亦存備一解。又嘗備員詞館，與修《三禮》，日與同館諸公往復商榷，存其説於簏衍。及主講粵秀，諸生亦有執經問難者，録爲《質疑》一編，不忍棄置，悉附於各條之末。衰臺侵尋，舊雨零落，杜門著書。自謂未經論定，秘不示人者，則采録所未到，均有俟諸異日。"③可知杭氏《集説》引據清人禮説，取材有三：

　　一則備録全書。如對姚際恒所著《禮記通論》的引用，仿衛氏徵引胡銓《禮記傳》二十卷、方愨《解義》二十卷之例，④梁啟超即稱杭氏採擷姚書有

---

① 對於姜氏，杭氏又於《質疑》李若珠問："'姑姊妹，女子子'，何以重言'子'，下何以專言兄弟而不及姑姪，又下節'父子不同席'，姜兆錫欲通上節爲一節，其説何如？"解答下注曰："姜兆錫，字上均。曾修《三禮》，其《禮記》説頗精，所著《九經》，《三禮》較餘經更有本。"〔清〕杭世駿：《質疑》，影印《皇清經解》卷三〇九，第2頁，上海：上海書店，2014年。
② 〔清〕杭世駿：《續禮記集説》，影印《續修四庫全書》第101冊，第6頁上欄—8頁上欄。
③ 同上書，第8頁上欄。
④ 衛氏《集説》前列引據名氏，稱："以上解義，唯嚴陵方氏、廬陵胡氏始末全備，餘多不過二十篇，或三數篇，或一二篇……"參見〔宋〕衛湜：《禮記集説》卷一，《中華再造善本》據國家圖書館藏宋嘉熙四年（1240）新定郡齋刻本影印本，第9ab葉。

功。①亦有節錄諸家禮説，删重存新者。將杭氏引據姓氏名單，與《義疏》徵引衛湜以下清人以上諸家禮説的情況比較，統計可得《集説》所列五十五家中，只有五家爲其單獨所有，其餘五十家皆與《義疏》重合。而《義疏》引據的七十六家中，比杭氏多出的二十六家裏有十一家都僅在案語中略有提及。可見二書取材之共通性。

二則存取纂修《義疏》時三禮館諸臣討論商榷之説。根據對《義疏》稿本的考察，原本纂修官在案語中引據本朝禮家經説，但在校改過程中，覆校纂修官提出"本朝人之書未奉命採入者可如此列名否"，經稟告總裁商定，謄録本發寫時即不著録其名，最後定本連其案説也一併删除。如杭氏曾任《雜記》纂修官，本於經文"冒者何也？所以掩形也。自襲以至小斂，不設冒則形，是以襲而後設冒也"〔按〕下引"大學士臣朱軾解云"云云，校對勾去"大學士臣朱軾解云"八字，謄録稿本即根據校對所簽改，僅謄録朱氏案語，不著録姓名，最終定本删去此經案語。杭氏編纂《集説》時，於此經引據朱氏此説。②

三則取自《質疑》一書。乾隆十七年，杭氏受廣東總督阿里衮、巡撫蘇昌之聘，主講廣州粵秀書院，以經史課諸子。其間答馮成章、李光烈、鄔汝龍、李若珠、陬銓、李夔班、楊綸、陳介特、周乾矩、陳璉、程玉章、羅鼎臣諸經之問，間有涉及《三禮》者，亦爲杭氏收入《集説》當中，如陳介特以《王制》經"五年一朝""天子五年一巡守"與《虞書》合，與《周官》不合之事問於杭氏，稱："以東方諸侯來朝之明年西方諸侯來朝推之，今年第一歲侯服來朝，明年第二歲甸服來朝，又明年第三歲男服來朝。通計之豈不是六年一朝，一歲一見，二歲一見，不相合而相合也。"③杭氏據鄭注、孔疏及《鄭志》《六經奧論》解之，即收於《集説》當中，繫於《王制》此經諸儒禮説之後。

對衛氏以後、本朝以前引據説禮諸家和對與修《義疏》時論説徵引方面，杭氏《集説》與《義疏》取材顯現出一定程度的同根同源。此外，杭氏引據本

---

① 梁啟超稱杭書："所録自宋元人迄於清初，別擇取頗精審，遺佚之説多賴以存。例如姚立方的《禮記通論》，我們恐怕沒有法子再得見，幸而要點都採擷在這書裏頭，纔能知立方的奇論和特識。這便是杭書的功德。"見梁啟超著，俞國林校：《中國近三百年學術史》，第316—317頁。
② 參見《雜記》稿本（掃描件第335册、第337册），第335册封題纂修官杭世駿，謄録監生萬育，第337册封題初稿，纂修官杭世駿，謄録貢生嚴吐鳳。〔清〕《欽定禮記義疏》，《景印文淵閣四庫全書》第125册，第689頁上欄。〔清〕杭世駿：《續禮記集説》，影印《續修四庫全書》第102册，第320頁下欄。
③ 〔清〕杭世駿：《續禮記集説》，影印《續修四庫全書》第101册，第307頁下欄—308頁上欄。

朝禮家,與《義疏》纂修亦有密切聯繫,杭氏引據姓氏名單列有萬斯大著《學禮質疑》,據三禮館《收到書目檔》著録,乾隆四年三月,禮部即送到浙江省萬斯大著:《學禮質疑》二卷,一本;《禮記偶箋》一卷,計一本;《周禮辨非》一卷、《儀禮商》二卷,計一本。① 而考察《義疏》稿本《雜記下》卷首簽語兩條,其一曰:"此卷内引有萬斯大、陸隴其、顧炎武諸家,列其姓名,不知本朝人之書未奉命採入者可如此列名否。發寫時須稟清總裁示定,今姑仍原本用之。"其二簽曰:"右已商定不列名矣。"將此本與再次謄録的《雜記下》稿本比對,如經文:"子游曰:'既祥,雖不當縞者,必縞,然後反服。'"其下案語,纂修官杭世駿原本於[按]下引"四明萬氏斯大曰"云云,後校對簽改一則勾畫删去萬説數句,二則簽曰:"萬斯大是本朝人,須加'臣'字,但官書廷代上立言,又恐臣某字於體例不合也,須寫時再請總裁定奪,今姑仍其原本,用其名云。""右今商定不列名。"謄録稿本即根據稿本删改謄録案語,不著録萬氏姓名。而定本於此經案語又加重擬,不據萬氏之説。② 説明纂修官在纂修過程中,曾利用過萬氏禮説,但未在定本反映。而在《義疏》定本中明確引據萬氏之説者,僅見於《王制》經"諸侯之於天子也,比年一小聘,三年一大聘,五年一朝"下案語中③,出自萬氏《禮記偶箋》,杭氏《集説》則未收。但杭書徵引萬氏經説一百四十餘次,均不見於《義疏》定本。

此外,杭氏引據朱軾《校補禮記纂言》、姜兆錫《禮記章義》、方苞《禮記析疑》、任啓運《禮記章句》,皆出於館臣之手。在禮説徵引上,杭氏本於衛氏理念,將各家"説異而理俱通,言詳而意有本,抵排鄭孔,援據明白,則亦併録,以俟觀者之折衷"④。即便杭氏在館期間,與方苞時有争議,如許宗彦稱:"(杭世駿)校勘武英殿《十三經》《二十四史》,纂修《三禮義疏》。國子監嘗有公事,群官皆會,方侍郎苞以經學自負,諸人多所諮決,侍郎每下已意。太史至,徵引經史大義,蠭發泉湧,侍郎無以對,忿然曰:'有大名公在此,何用僕

---

① 參見林存陽:《三禮館:清代學術與政治互動的鏈環》,第45頁。
② 參見《雜記下》稿本(掃描件第335册),再次謄録的《雜記下》稿本(掃描件第337册),及定本〔清〕《欽定禮記義疏》,《景印文淵閣四庫全書》第125册,第686頁上欄、下欄。
③ 〔清〕《欽定禮記義疏》,《景印文淵閣四庫全書》第124册,第465頁下欄。
④ 〔宋〕衛湜:《禮記集説序》,《景印文淵閣四庫全書》第117册,第3頁下欄。

爲?'遽登車去。太史大笑而罷,其盛氣不肯下人如此。"①但杭氏《集説》對方氏《析疑》禮説,亦全篇引録,於《文王世子》可見一斑。方氏《考定文王世子》一篇,刪"文王有疾"至"武王九十三而終",刪"不能涖阼""踐阼而治"諸經文之言論,後來四庫館臣撰寫《提要》以此爲最不可訓者,②杭氏皆客觀保留。

綜上,一方面杭氏《集説》徵引材料與《義疏》參考文獻同出一輒,另一方面,杭氏又將《義疏》未能反映出的本朝儒家禮説面貌加以呈現,不難看出,杭氏私著,名義上是續補衛氏《集説》,實則亦爲補充《義疏》而作。

餘 論

《義疏》以衛氏《集説》爲藍本加以校補,套用七大義例,下以折衷案斷而勒成官學經典,杭氏《集説》名義上繼承衛氏《集説》,實則可視作《義疏》纂修工作的另一重體現。受制於官修定位,具有程限,《義疏》對本朝禮家研究著作的成果缺乏展示,這一層缺失,爲杭氏私著援引併録,客觀呈現,不加抹殺遮蔽,以俟學者自下判斷。

就三禮館纂修《義疏》的具體操作層面而言,其優點體現爲纂修官結合自身學術修養,對衛氏《集説》原有的鄭、孔注疏及宋儒經説文本做了大量的訂正,又從《永樂大典》中輯録禮説,行徵書之事,對衛氏以後至清以前禮家諸説加以補録。最後將以上所引諸家禮説,分類排纂,分析衆説,折衷案斷,相較元、明以來通行的陳澔《禮記集説》、胡廣等纂《禮記大全》來看,無論從取材、編纂,還是注解、闡釋上,都更爲優越。

《義疏》的一大缺點表現在,當總裁所制定的條例應用到具體經文的排纂過程中,大有模棱兩可之處。李紱在館修期間,就意識到問題的嚴重性,一方面體現在總裁校閲環節,已經發現纂修官采録禮説不夠完備;另一方面,在禮説歸類上,存疑、存異兩類界限模糊,辨正一類的内容涵蓋,總論與

---

① 〔清〕杭世駿著,蔡錦芳、唐宸點校:《杭世駿集》第5册,杭州:浙江古籍出版社,2015年,第1372—1373頁。

② "苞在近時,號爲學者,此書亦頗有可採。惟此一節,則不效宋儒之所長,而效其所短,殊病乖方。今録存其書,而附辨其謬於此,爲後來之炯戒焉。"〔清〕永瑢等撰:《四庫全書總目》,第174頁上欄。

通論的設定皆有異議。① 今覈查《義疏》稿本與定本,校閱官、總裁對纂修官底稿上各類禮説挪動、刪汰之處不少,可見七大義例在具體實踐過程中,因個人理解與觀點不同,實難整齊劃一。又據李氏透露,"三禮館送到甘冢宰閲過《禮記》七十五卷,今俱重閲一遍,原批妥者十之七俱仍之,未妥者十之三以意更定之。其有原批雖妥,止作商量語,未斷定者,今亦以意酌定之"②,可知在纂修過程中,總裁以己意變更裁決纂修官案語處頗夥,覈查《義疏》稿本,即可得見。

缺點二則在於受限於欽定御纂定位,三禮館纂修《義疏》雖取於内府藏書,且陸續徵集到不少清初的《禮記》研究專著,本加徵引,卻又在校閱過程中刪去,撰以折衷案語,並不能反映清人對《禮記》的詮釋。整體而言,三禮館纂修《義疏》的成績僅在於對衛氏《集説》的補正,以及對明代官修《大全》和通行讀本陳澔《集説》一定程度上的顛覆。

所幸有杭氏《集説》之纂,在衛湜《集説》編纂理念的指導下,利用三禮館所見資料,開展了區别官修形式的編纂工作,一定程度上還原了纂修官被遮蔽的研究工作。不受官修體例限制,杭氏《集説》收録了大量館臣所見本朝《禮記》研究專著,在學術傾向上,不加偏倚,較爲全面地反映了清初《禮記》研究的學術風貌。因此,對《義疏》的研究與評價,不可僅就《義疏》文本孤立來看,應充分重視杭氏編纂《集説》的動機與理念、内容之展示。對杭氏《集説》的研究與評價,亦不能只將其視作繼承衛氏《集説》理念與體例的産物,應結合杭氏在三禮館纂修《義疏》的經歷,發掘杭氏對《義疏》編纂理念、形式局限性的深層認識,揭示其自纂《集説》的真正意圖。

以往研究,因對方苞擬定《義疏》凡例與前期個人學術活動之間的聯繫未及關注,未曾利用《義疏》稿本復原三禮館臣對《義疏》的加工過程,未曾明晰館臣纂修工作所據藍本及所做删剪校補工作,對《義疏》的性質判斷分歧較大,對《義疏》學術價值評論褒貶兩有。且往往將杭氏《集説》視爲對衛氏《集説》的續補之作,或即便認識到杭氏與三禮館之聯繫,却疏於對杭氏《集

---

① 〔清〕李紱:《穆堂别稿》卷三四《與同館論修三禮凡例書》,影印《續修四庫全書》第 1422 册,第 518 頁下欄—519 頁下欄。
② 〔清〕李紱:《穆堂别稿》卷三四《與同館論徵取三禮注解書》,影印《續修四庫全書》第 1422 册,第 519 頁下欄。

說》取材與《義疏》取材來源之共通性與禮說引據之互補性的揭示。基於以衛氏《集說》爲媒介,利用《三禮義疏》稿本資料,對《義疏》和杭氏《集說》實際操作方式和理念的再分析,使我們對清前期致力於纂修《禮記》讀本工作所取得的功績與暴露的缺陷有了新認識。因此,《義疏》稿本所具備的資料長編性質,應予以關注。杭氏《集說》一則彌補《義疏》資料呈現之不足,二則立足學術傳承,客觀呈現清初《禮記》研究成果,亦值得深入研究。

整體來説,《義疏》雖具有官修經書之局限性,但不得不承認,三禮館纂修官以衛氏《集說》爲藍本,做了大量的校補分析工作,雖不盡善,但值得肯定。杭氏《集說》仿衛氏之例,僅從輯錄衆說的角度而言,已頗可稱讚,再挖掘其與《義疏》的隱藏聯繫,可見《義疏》側重對前代經說的歸納、分析與評判,《集說》致力於搜集、展示當代禮家經說,反映當代《禮記》詮釋理念。二書珠聯璧合,即可視作清前期制定完整的代表性《禮記》讀本成果。

侯婕,南京師範大學文學院講師。

《三禮目録》清人輯本平議

唐田恬

《三禮目録》爲東漢大儒鄭玄所撰《周禮》《儀禮》《禮記》三經的提要目録。是書最早著録於《隋書·經籍志》，並廣泛見徵於陸德明《經典釋文》、孔穎達《禮記正義》、賈公彦《周禮疏》《儀禮疏》等，約於唐中期至宋初間亡佚。清代考據之學興盛，輯古成風，且推崇鄭玄學術。清人對鄭玄著作多有輯佚，其中便包括《三禮目録》。今傳清輯本《三禮目録》計有五種，分別爲孔廣林輯本、臧庸輯本、王謨輯本、袁鈞輯本、黄奭輯本。此外，胡培翬祖父胡匡衷有《鄭氏儀禮目録校證》一卷，不主輯佚，然亦録鄭玄《儀禮目録》之文，並有考校。因胡書本質上不是輯佚著作，且僅録《儀禮目録》一種，故本文略而不談，只就孔、臧、王、袁、黄諸家所著之完整輯本作一討論。以上五家輯本均依《三禮》本經篇目輯《周禮目録》六篇（條）、《儀禮目録》十七篇（條）、《禮記目録》四十九篇（條）。又多於《三禮目録》輯文前復輯鄭玄《禮序》，冠於卷首。由於可供輯佚的文獻材料有限，諸家所輯《三禮目録》篇幅均不長，總勒爲一卷，或收於叢書中，或以單行本傳世。

以往學界對《三禮目録》的清輯本關注較少，論者多以各本大致無出入，唯文字略有不同[①]；未及深入討論各本編次體例、輯佚來源，尤其是各本之間的因襲、承繼關係。本文通過比較《三禮目録》各輯本異同，希望能揭示《三禮目録》各家輯佚的特點、得失，理清各本之間的學術聯繫。

---

① 詳見孫啓治、陳建華編：《古佚書輯本目録（附考證）》，北京：中華書局，1997年，第53頁。

一　孔廣林輯本

孔廣林（1746—1814）[①]，字叢伯，號幼髯，山東曲阜人。廩貢生，署太常寺博士，馳封奉直大夫。孔子七十代孫，經學家孔廣森之兄。二十六歲即絶意科舉，覃心經學，有《通德遺書所見録》《周禮臆測》《儀禮臆測》等。兼精音律，尤善北劇，有雜劇《璇璣錦》《女專諸》《松年長生引》等傳世。

一般認爲，孔廣林所輯《三禮目録》是該書最早的清人輯本。該輯本見收於孔氏所作《通德遺書所見録》（原名《鄭學》），爲第七種，未單行傳世。孔廣林輯録鄭玄《禮序》及《周禮》《儀禮》《禮記目録》，合爲一卷；且隨輯文出注若干條，主要著録輯佚的文獻來源，存録異文，偶對輯文作簡單考證。此外，孔廣林復作《敘録》一卷，繫於叢書之末，爲孔氏對鄭玄學術及所輯十八種鄭氏佚著的評述，"敘而録之"，其中亦有涉《三禮目録》。

（一）孔廣林輯佚活動及《通德遺書所見録》成書過程

今將孔廣林輯佚活動及《通德遺書所見録》版本略敘於下：

孔廣林於二十三歲習《三禮》學，即"究心鄭義，讀注疏諸史及前代名人著述，凡有鄭君義訓，見即各依其所著書類録之"[②]。乾隆三十九年（1774），輯鄭玄《易注》《書注》《駁異義》《箴膏肓》《發墨守》《釋廢疾》《鄭志》，爲《北海經學七録》，由古俊樓校刊。是書今僅見有《鄭志》八篇，分別爲《易志》《尚書志》《毛詩志》《周禮志》《儀禮志》《禮記志》《春秋志》及《雜問志》。與孔廣林同時或稍後清人如盧文弨、吴騫、陳鱣等人論及《北海經學七録》，均只涉《鄭志》，未及餘書。葉德輝疑"或他種未刻"，並疑吴騫"所見時亦僅此"。光緒十二年（1886），孔憲琴等重刻《北海經學七録》，謂是書"刊自乾隆甲午，迄今百有餘年，海内窮經之士，時有來刷印者。皆因書板殘缺，未暇補刻，是以世

[①] 孔廣林生卒年鮮少見史籍記載，論者互有抵牾。今考孔廣林孫孔憲璜《孔氏大宗譜》載其"乾隆十一年正月初一日辰時生，嘉慶十九年四月二十三日亥時卒，年六十九"。周洪才《孔子故里著述考》（濟南：齊魯書社，2004年）所敘孔廣林生卒年甚詳，應即本此譜，又林存陽、李文昌《清儒孔廣林生卒年考》（《中國史研究》2014年第3期）亦據此譜爲説。

[②] 孔廣林：《後記》，《通德遺書所見録》卷七十二《敘録》後附，光緒十六年（1890）山東書局刻本，葉一。

少全書。今年秋，憲琦弟、慶元、慶豫兩姪商之於余，檢家藏舊本而修整之，以廣流傳"①。然該重刻本亦只有《鄭志》八篇，且憲琴等人稱廣林尚著《通德遺書》，中有《易注》《書注》《箴膏肓》等，"久擬付諸手民，祇以鉅費難酬，因循未果"。似不目《易注》等爲《北海經學七録》中書，其所謂"補《七録》板成"疑仍專指《鄭志》一書而言。

繼《北海經學七録》後，孔廣林又陸續輯成《六藝論》《三禮目録》等鄭玄佚著共計十八種，於"丁酉春（即乾隆四十二年，1777）彙爲一集"，題曰《鄭學》，可視爲今通行本《通德遺書所見録》的前身。《鄭學》書成後，有鈔本流傳，但未付梓行世。孔廣林以於鄭玄"經學得其辜較矣，將更從事於其緯學"。乾隆四十九年（1784），孔廣林父孔繼汾因所撰《孔氏家儀》爲族人告發篡改《清會典》，獲罪西戍伊犁，中途赦還，於乾隆五十一年（1786）卒於杭州友人梁同書家。孔廣林弟廣森爲營救其父，奔走借貸，心力交瘁，亦於是年病卒。孔廣林因是"纂輯之功，遂爾中輟。蹉跎二十餘年，老且多病，益不復能理前業"。直至嘉慶十八年（1813），孔廣林始"屏棄一切，寧神定志，取所輯七十二卷而檢校之，而訂正之，勉力清録，凡百有五十日，竣厥事"。又因"鄭君之學，有經焉，有緯焉。是編也，緯學自《中候》而外概未之及；經學若《喪服記》《天文七政論》及《唐·藝文志》所載《孟子注》七卷，皆莫能得其一二。而曰鄭君學具在於斯乎，誣之甚，妄之甚。夫亦惟是即目中所經見者，録備遺忘云爾"②，遂改書題《鄭學》爲《通德遺書所見録》。《通德遺書所見録》録清次年，孔廣林即去世，《通德遺書所見録》於其生前及身後長期皆未得刊版流傳。今檢諸各館藏目録，僅有首都圖書館著録一種清嘉慶十八年刻本，餘皆光緒十六年（1890）山東書局本。然按孔廣林《通德遺書所見録後記》及孔憲琴等人《北海經學七録跋》文，孔氏一門似因困於資斧，很長時間未能將先人著作刊行於世。所謂嘉慶刻本者，或因山東書局本後附嘉慶十八年孔廣林《後記》而誤判矣。

---

① 《北海經學七録》光緒十二年（1886）刻本書後孔憲琴等《跋》。
② 孔廣林：《通德遺書所見録》卷七十二《敘録》，光緒十六年（1890）山東書局刻本，葉二。

(二)《鄭學‧三禮目錄》鈔本與《通德遺書所見錄‧三禮目錄》山東書局刻本對讀

今筆者檢得孔輯《鄭學》鈔本一種及光緒十六年山東書局刻《通德遺書所見錄》本,見二本的分卷、所輯鄭玄諸書名目及書中各條輯文的排列次序均無變易。然通過比勘二叢書所收《三禮目錄》,發現文字內容上存在較多差異。其中一些有代表性的變動,可以反映出孔廣林治學方法以及人生心態的變化。

1. 卷篇形式差異

二本在形式上有一定區別,如卷題、篇目的格式。鈔本卷端上題《鄭學》卷第幾,下題輯佚書名第幾。以此《三禮目錄》爲例,鈔本上題《鄭學》卷第三十五,下題《三禮目錄》第七。刻本則上題《三禮目錄》第七,中題孔廣林輯,下題小字《通德遺書所見錄》卷三十五。鈔本別題《周禮目錄》《儀禮目錄》《禮記目錄》於各經篇目前,總領諸篇。刻本無此三題,但於各篇篇題與正文之間題"周禮""儀禮""禮記"字樣,如"天官冢宰第一周禮""士冠禮第一儀禮""曲禮第一禮記"等。

2. 輯文、注語差異

二本間更明顯的差異,體現在鄭《目》的輯文和孔廣林的注語上。

首先,刻本糾正了一些鈔本文字上的錯誤。

如鈔本鄭《序》輯文"侍賈君景伯",刻本輯文於"侍"下增一"中"字。按,"景伯"爲東漢大儒賈逵字,據《後漢書‧賈逵傳》,漢和帝永元八年(96),賈逵"復爲侍中"。可知鈔本"侍"下脫"中"字,刻本改正。

鈔本《儀禮目錄‧士冠禮》輯文"士之子恒爲士",句下注云:《釋文》引者正此。刻本注文"正"作"止"。按,"引者正此"語義不明,"正"係"止"誤,刻本改正。

刻本對鈔本的改動,更多不是出於勘正訛誤的目的;而是在處理某些他書異文時,所遵循的輯佚、校勘原則發生變化。這種改動直接表現在二本的部分輯文上,而輯文上的差異自然也帶來了注文相應的變動。

如鈔本《周禮目錄‧冬官考工記》輯文"以備大數爾",句下注云:"爾"字依《釋文》增。刻本輯文無"爾"字,句下注云:《考工釋文》云"……以備大數爾……"按，《周禮疏》引鄭《目錄》云"以備大數"，無"爾"字。鈔本徑依《釋文》增改本疏原文，而刻本則無此問題。

鈔本《儀禮目錄·士昏禮》輯文"必以昏者，以陽往陰來之義"，句下注云：疏作"陽往而陰來"，《釋文》作"取其陽往而陰來"，兹依《詩·匏有苦葉》正義所引者。又《詩正義》引此二句"昏"下有"時"字。刻本輯文作"必以昏者，陽往而陰來"，句下注云：《釋文》引者……"陽"上有"取其"二字，《詩·匏有苦葉》正義引作"必以昏時者，取陽往陰來之義"。按，今檢孔輯本三種輯佚來源，《儀禮疏》作"必以昏者，陽往而陰來"；《釋文》作"必以昏者，取其陽往而陰來"；《詩正義》作"必以昏時者，取陽往陰來之義"。鈔本此句據《詩正義》引文徑改《禮疏》本文，而又不全依；特別是輯文"陽"上之"以"字一無所本。刻本則嚴格依從《禮疏》，不再渗入他書異文。

結合前文所述，鈔、刻本《三禮目錄》雖未專門寫明輯佚的主要依據；但從注文行文來看，孔廣林主要使用《周禮疏》《儀禮疏》和《禮記正義》所徵引的《三禮目錄》作爲輯文的底本。尤其是注文中多次辨析，本疏中的佚文訛誤是監本刊印時產生的錯誤；可見孔廣林所用的經書注疏底本極有可能是明監本。此外，根據注文內容，知孔廣林還參考了《毛詩正義》、《儀禮經傳通解》、《儀禮經傳通解續》、《禮記集説》、《史記》司馬貞《索隱》、《玉海》中保留的《三禮目錄》佚文。鈔本、刻本雖然都以《三禮》注疏徵引的《目錄》作爲輯佚的主要材料，但標準卻發生改變。鈔本並不完全遵從《三禮》疏，常依據《經典釋文》等書徵引的《目錄》佚文徑改底本原文，且去取文字有一定隨意性，難以看出有何統一標準。而刻本雖然重視《經典釋文》等他書所保留的異文，但直接回改底本原文的情況大大減少。

刻本還吸收了其他曾批閱《鄭學》鈔本的學者的校讀意見，對鈔本做出一定改動。

鈔本《三禮目錄》在天頭處録有兩條他人識語，題"臧説"，當指臧庸。就筆跡看，臧批與輯文、注文似無明顯差别，無法判斷是鈔者謄録，或是臧庸本人親題。刻本未將臧庸校語刻入，但在本書處理輯文、撰寫小注時則明顯採納了臧庸的意見。

鈔本《儀禮目錄·特牲饋食禮》輯文"非天子之士而"，句下注云：此下似有脱文。而臧校云："非天子之士"五字是賈疏語，注疏本及《通解續》皆誤採耳。

觀上謂"諸侯之士"自明。刻本無此六字輯文，而於前句輯文下出注云：……《通解續》及監本此下並有"非天子之士而"六字，據疏云"鄭知非天子之士而云諸侯之士者"，則此六字明係疏文，《通解續》誤竄入《目錄》中，監本沿其誤耳。或轉疑此處有脫文，大謬，茲省。按，刻本此處襲用臧校觀點及論證依據，完全否定鈔本疑有脫文的意見，而不具臧庸名。

鈔本《儀禮目錄·有司》輯文"無別行儐尸於堂之事"，句下注云：《通解續》脫此字。臧校云：既云"上大夫儐尸於堂"，又云"下大夫禮尸於室"，自然下大夫無儐尸於堂之事矣。此亦是賈疏語。注疏及本及《集釋》誤採耳。《經傳通解續》無此句，極是，不得認其脫也。刻本輯文無此句，於前句下出注云：此下監本有"無別行儐尸於堂之事"，亦係疏文闌入者，茲依《通解續》省。按，刻本此處據臧校刪改輯文，並重出注語，亦未具臧庸名。

除《三禮目錄》之外，鈔本《鄭學》所輯他書中亦保留了不少臧庸的批校。刻本大部分徑直採用臧校觀點及論證理路，僅在表述上略略加以改動，而不著明爲臧氏所言。感興趣者可詳細對讀二本有關內容，筆者茲不贅述。

3. 孔廣林撰《敘錄》差異

除了對讀鈔本、刻本《三禮目錄》本書，筆者還比較了孔廣林自作《敘錄》中的總敘及分敘《三禮目錄》的部分，發現刻本對鈔本的改動在此一卷中尤爲明顯。其中，除了一些措辭上的差異，有些改動特別反映出孔廣林學術趣味甚至心態上的微妙變化。

例如，二本《敘錄》對王應麟輯佚鄭玄著作真僞的判斷有明顯不同。鈔本云：王應麟"留意古學，不拘於時。輯鄭君《周易注》《尚書注》《駁異義》《鍼膏肓》《發墨守》《釋廢疾》《鄭志》散之見它書者，各錄爲一帙"。而刻本則以王應麟僅輯《周易注》一種，云："後又見輯《尚書注》《駁異義》《鍼膏肓》《發墨守》《釋廢疾》《鄭志》六種，並稱伯厚輯錄。竊思伯厚既輯錄七種，宜皆列在集中。何《玉海》後止有《易注》，未及諸書。"又云："久乃聞諸好古君子，云是惠氏輯錄，託名深寧，因以惠氏《九經古義》參證輯中案語，多與相同。然後知誠非伯厚手輯矣。"這種認識上的轉變，直接影響到孔廣林的輯佚工作。鈔本中稱輯佚乃"用其本爲主"，即以王應麟所輯七種鄭玄逸書爲所本。這恐怕是孔廣林早期輯佚活動的依據，其《北海經學七錄》欲輯鄭玄《易注》《書注》《駁異義》《箴膏肓》《發墨守》《釋廢疾》《鄭志》，與所謂王應麟輯鄭七種書目相合。而刻本則不再提及孔氏自身輯佚工作與王輯鄭書的關係,亦不再特別推崇王氏之學。

二本《敘錄》在陳述輯佚依據上,也有詳略之分。鈔本詳細指出,叢書十八種子目的輯佚工作是"取《十三經注疏》、《十七史》、《水經注》、《通典》、《藝文類聚》、《初學記》、《文選注》、李氏《易集》、《太平御覽》、《册府元龜》、《禮書》、《儀禮經傳通解》、《玉海》諸書,蒐羅綴輯,補漏正舛,引而廣之"①。而刻本只是籠統稱"取經史諸子以及先儒各家著述",不再具列書名。就鈔、刻本下各書的實際情況看,輯佚的參考文獻與鈔本《敘錄》所稱基本吻合,略豐富一些。而刻本《敘錄》之所以删繁就簡,可能是因在各書輯文下大多隨文出注,揭示文獻出處,故在《敘錄》中不再贅述。

二本《敘錄》更大的差異,體現在對前人的學術評價及對自身輯佚工作的認識上。

鈔本在批評宋人對待鄭玄著述的態度時,直斥其"非肆意以詆斥,即束置而不觀"。而刻本則簡單稱爲"多視之蔑如",語氣似不及之前激烈。

在論及自身的輯佚工作時,鈔本稱《鄭學》書成,而"鄭君遺文,迹具在斯",而刻本則自稱"幡然曰,嘻,過矣",復更改書名以表謙退之意。刻本還增有不少自謙之辭,在敘及治學生涯時,自稱"胸慚九庫,學愧十年,敢肆管窺,漫思蠡測,徒以傾心漢義,趨步儒流",這些都是鈔本所無的,應是源自孔廣林暮年自慨,並非刻意作態。同時,刻本删去了一些孔廣林對自己輯佚工作的暗得之辭。如鈔本於《三禮目錄·序錄》末稱:"雖未知鄭君之舊,其然與否,以意揆之,或不爽云。"可見孔氏彼時對自己的輯佚工作仍比較自信。而刻本則完全删去了這些內容。

筆者推測,孔廣林這種治學心態上的轉變,一方面可能是因爲,嘉慶初元,孔廣林在杭州經由阮元結識丁杰、臧庸、陳鱣諸儒,相互討論鄭學時開闊了眼界,推翻掉某些舊有的學術觀點。更重要的是,孔廣林自橫遭家難後,對清廷高壓文化政策有了切實體會,且長時間無心向學,心態趨向保守,對他人的評價益發謹慎,而對自己的學術判斷則更加謙抑內斂。

當然,刻本《通德遺書所見錄》雖然是以孔廣林嘉慶十八年自訂本爲依

---

① 孔廣林:《鄭學》卷七十二《敘錄》,清鈔本。

據,但孔氏謄清稿本今已不可見。刻本與鈔本之間的衆多差異,究竟是完全出自孔廣林手所自訂,亦或有後學筆墨羼入,不能確知。只能有待新文獻的進一步發現,再將這一問題確鑿地解決清楚。

二 臧庸輯本

臧庸(1767—1811),原名鏞堂,字在東,改字西成,號拜經,江蘇武進(今常州)人。一生攻苦力學,著述頗豐。曾入阮元幕,佐其編撰《經籍籑詁》《十三經注疏校勘記》等。著有《拜經日記》《拜經堂文集》,輯錄《子夏易傳》《蔡氏月令章句》《盧氏禮記解詁》《鄭氏三禮目錄》《爾雅漢注》《通俗文》《漢書音義》等。

臧庸生平輯古著作頗多,曾自詡"纂輯之學在王伯厚之上";但不專主一家,對漢魏宿儒逸書舊注多有涉獵。其於鄭玄佚著輯有《校鄭康成易注》《三禮目錄》《鄭氏論語注》《孝經鄭氏解輯》等。今僅存《三禮目錄》《孝經鄭氏解輯》二種。又題名臧庸高祖臧琳所輯鄭玄《六藝論》,恐亦是臧庸自輯而歸美先人。

(一) 臧輯《三禮目錄》成書及刊刻過程

據臧庸自述,其輯《三禮目錄》,初定於乾隆五十八年(1793)。時臧庸客於蘇州袁廷檮拜經閣,爲袁氏校理群經。書成後,亦以之質就袁氏,"凡一字之去取,莫不有本云"。臧庸於九月六日作跋於書後,記其事。然此書似未付梓,鈔錄亦不廣,同時學人鮮有論及此本者。嘉慶二年(1797),臧庸對該書進行補定,於三月復跋於此重訂本後。嘉慶六年(1801),陳善取此《三禮目錄》重訂本與臧琳輯《六藝論》,"手自繕寫,合爲一册,付梓以識景慕"①。此書又收入《拜經堂叢書》中,應據陳善刊本而成,並保留陳善所撰後記。今同述觀梓武進臧氏藏本《拜經堂叢書》中,列臧輯本《三禮目錄》爲第八種。光緒二十六年(1900),徐乃昌取臧輯《三禮目錄》刻入《鄦齋叢書》,所據應爲

---

① 陳善:《刻六藝論・三禮目錄書後》,日本東方文化學院京都研究所昭和十年(1935)影印同述觀梓武進臧氏藏本《拜經堂叢書》本《三禮目錄・書後》,葉一。

陳善刊本或《拜經堂叢書》本；然僅保留臧庸兩條跋文，而抽去陳善後記。

臧輯《三禮目録》初定本今未見傳世，當時所知者據臧庸自稱亦只有袁廷檮一人，亦未見文獻載袁氏向人論及此本，故其面目已不可考。《中國古籍善本書目》著録臧庸《三禮目録》稿本一種，藏於常熟市圖書館，不知是否即指此乾隆初定本而言。嘉慶二年補訂本後題"嚴杰校字"。另，陳善亦稱從友人趙坦（字寬夫）處親見是本並抄録刊刻。可知此本寫成後已爲多名學者親見，確有其事，較爲可信。陳善刻本今亦傳世不廣，而《拜經堂叢書》本係據陳善刻本而成，雖不能確定《叢書》本較陳善刻本及補訂本是否又有所增益，但至少可以認爲《叢書》本能夠反映出嘉慶補訂本的基本面貌。

（二）臧輯《三禮目録》的幾個特點

臧庸所輯《三禮目録》於清人衆輯本中，成書時間不是最早，未具篳路藍縷之功，亦頗受前人輯本影響（詳見後文）；但仍然體現出較爲鮮明的個人學術趣味，值得重視。

1. 臧輯本的部分輯文與他家明顯不同

《三禮目録》清輯本數種，輯文整體上大同小異，而臧輯本一家卻與他家多有不同之處，頗具個人特色。

臧輯本在《禮序》的分段、排次上較有特點。臧庸認爲鄭《序》既有總述部分，又有分述《三禮》的內容。因此，對某些字句的排列順序不同於他家輯本，且在某些章句下出注寫明該段的大旨。

如輯文"禮者體也……踐而行之曰履"，句下注云：鄭玄《禮序》/《禮記正義》一/《春秋正義》五十一。按，此句輯文，諸家輯本均繫作鄭《序》首句，而臧庸則繫於"致隆平龍鳳之瑞"句後。臧注以此爲鄭玄《禮序》，而至於繫於此句前的"世祖以來"至"致隆平龍鳳之瑞"諸句，臧注則以爲乃《周禮序》。

又輯文"舉大略，小闕其殘者"，句下注云"此言《周禮》"。輯文"二者或施而上，或循而下"，句下注云"此言《儀禮》"。按，臧本此二句輯文位置與他家均不同。"舉大略"一句，諸家多繫於"二者或施而上"句後，且不以二句所述各指一經。

臧輯本還輯入他家所無之内容。

如《禮序》輯文"庶成此家世所訓也"句後，臧輯本復輯云：其名《周禮》，爲《尚書·周官》者，周天子之官也。《書序》曰："成王既黜殷命，滅淮夷，還歸在豐，作《周官》。"是言失之矣。按，臧輯本此數句爲諸家所無；而孔廣森等人輯本於"庶成"句後有輯文"凡著《三禮》七十二篇"，爲臧輯本所無。又此數句臧輯本繫於鄭《序》較前位置，而其他輯本則以此數句爲所輯鄭《序》篇終。

又如《儀禮目錄》十七條末，臧輯本復云：賈公彦曰：劉向《別錄》即此十七篇之次是也。皆尊卑吉凶次第倫敘，故鄭用之。至於《大戴》即以《士喪》爲第四，《既夕》爲第五，《士虞》爲第六，《特牲》爲第七，《少牢》爲第八，《有司徹》爲第九，《鄉飲酒》第十，《鄉射》第十一，《燕禮》第十二，《大射》第十三，《聘禮》第十四，《公食》第十五，《覲禮》第十六，《喪服》第十七。《小戴》於《鄉飲》《鄉射》《燕禮》《大射》四篇亦依此《別錄》次第；而以《士虞》爲第八，《喪服》爲第九，《特牲》爲第十，《少牢》爲第十一，《有司徹》爲第十二，《士喪》爲第十三，《既夕》爲第十四，《聘禮》爲第十五，《公食》爲第十六，《覲禮》爲第十七，皆尊卑吉凶雜亂，故鄭玄皆不從之矣。按，此段全爲賈公彦語，顯然不是鄭玄《三禮目錄》佚文。臧輯本此數句較輯文低一格，可見亦非按輯文處理。此數句爲其他諸家所無，而臧輯本特作單行大字，繫於《儀禮目錄》末，或以賈說有據，故於《目錄》後錄入以明鄭義。

2. 臧輯本重視所依據文獻的版本

據臧庸自稱，此輯本初作時，"據陸德明、孔穎達、賈公彦三家，參之以單注、兼義宋明舊板及李如圭《儀禮集釋》、朱子《儀禮經傳通解》、黃氏榦《通解續》"①。這是《三禮目錄》輯佚諸家中較有特色的。從徵引文獻的範圍看，臧輯本並不是最廣泛的；然而卻注意參校《三禮》本經的不同版本，尤其是宋刻舊本，這是較可貴的，爲其餘諸輯本所不及。當然，結合臧輯本的實際情況來看，其說亦不盡然。

臧庸所稱"單注、兼義宋明舊板"，即指《三禮》各經的經注本、注疏合刻本。這裏很容易造成錯覺，以爲臧庸曾蒐羅宋刻單注本、注疏本進行輯佚校錄，即同時使用經注本、注疏本兩大版本系統下的經書本子進行校勘。然就

---

① 臧庸輯：《三禮目錄》卷後，日本東方文化學院京都研究所昭和十年（1935）影印同述觀梓武進臧氏藏本《拜經堂叢書》本，葉十六。

注文所明確標舉的，只有一處輯文所據爲宋本注疏，即：

《禮記目錄·儒行》輯文"儒者濡"，句下注云：舊作"儒"，今從宋板《正義》校改，下同。按，臧注所謂"下同"者，指下句輯文"能濡其身"之"濡"，舊亦作"儒"，而輯文亦依宋本作"濡"。此二"濡"字，孔輯本等他家多作"儒"，所依當是明本，恐誤。又，臧庸所從宋板者，恐是依惠棟校本。惠棟據宋刻七十卷本以校汲古閣本，即易毛本"儒者儒也"之下"儒"字及"儒其身"之"儒"爲"濡"。臧庸曾於袁廷檮處得見惠校本，後襄助阮元撰《十三經注疏校勘記》時，群經亦多採惠校本，故於惠校有較深入的了解。筆者因疑此處對輯文的校勘亦爲從惠校云爾，或非眞正親見宋刻。

除此條輯文外，臧輯本再無明文標注依從宋本的情況，更不涉及宋刻經注本。臧氏所指單注本，應是明人葛鼒於崇禎年間所刻《十三經古注》，世稱永懷堂本，亦即臧庸所稱"葛本"。輯文涉及葛本僅一處。即：

《儀禮目錄·喪服》輯文"喪必有服，所以爲至痛飾也"，句下注云：《釋文》有上十一字，賈疏、毛本、葛本及李如圭《儀禮集釋》、黃榦《儀禮經傳通解續》皆無。按，《十三經古注》是金蟠、葛鼒等人抽取嘉靖中李元陽在閩所刻《十三經注疏》中的經注部分而成，並不屬於宋刻經注本系統，阮元《十三經注疏校勘記》已有說辨之。《古注》本可視爲注疏本系統下的特殊變種，範圍不出閩本，校勘價値有限。注中既繫葛本於毛本之後，亦應是知此單注本非依宋刻經注本而成。然臧庸於跋中特意強調"單注"舊板，對此本顯然估計過高；尤其是可能對經注本系統與明刻節錄注本之間存在認識上的混淆。

除了參用多種版本的《三禮》注疏，臧庸也重視《經典釋文》的不同版本，輯本特意強調使用了明人葉林宗影宋鈔《釋文》。如：

《儀禮目錄·有司徹》輯文"上大夫既祭，賓"，句下注云：舊作"儐"，今從葉林宗影宋鈔《釋文》。

《禮記目錄·大學》輯文"以其記博學可以爲政也"，句下注云：影宋本《釋文》"記"字作"能"。

以上兩條輯文，一處直接以影宋鈔本《經典釋文》爲正，回改《儀禮疏》正文；一處在注語中標舉異文。臧庸在輯佚時特別強調《經典釋文》的版本，與其治學經歷及學術趣味是密切相關的；尤其是其同葉鈔本《經典釋文》的學術淵源頗深。乾隆五十六年(1791)，盧文弨以葉鈔本爲底本，重刻《經典釋文》，並撰《考證》三十卷，臧庸即參與其事。乾隆五十八年（1793），段玉裁亦借得葉鈔本《釋文》，屬臧庸細校通志堂本《釋文》（通志堂本與葉鈔本均係據錢謙益絳雲樓藏宋本而成），臧庸並自臨一部，又以"盧學士所校不無遺漏處，茲復詳爲補勘"①。同年稍後，臧庸從顧之逵處借得汲古閣所藏宋板《左氏音義》一卷以勘葉鈔本，"著其異者，以黃筆識之；明乎紅筆之爲毛、葉同也"②。袁廷檮亦屬臧庸據宋刻《禮記釋文》第二、四殘卷以校，並認爲宋刻與葉抄互有得失。由此可知，臧庸對葉鈔本《經典釋文》較爲熟悉，《三禮目錄》此兩處注文或是源於其校勘葉鈔本時的所得。

除了注意利用《經典釋文》的較好版本，臧庸在輯佚時亦表現出對該書的特別倚重。相較於孔輯《三禮目錄》以本經注疏爲主，只在注文中羅列《釋文》的異文，或在改動本疏文字時，出注寫明乃依據《釋文》而改；臧輯本的輯文明顯來源廣泛，且在一定程度上有重《釋文》甚於本疏的傾向。臧輯本於《禮序》的部分輯文下指明文獻依據，然而在《目錄》正文中則不再標舉輯佚出處。筆者通過比對臧輯本與《三禮》本疏及《經典釋文》所徵引《三禮目錄》佚文發現，臧輯本有不少輯文與《釋文》相合而不從本疏，即徑採《釋文》爲本。臧庸的這種輯佚方法不主一本一書，似乎是於群書衆本中擇善而從，有一定優長；但另一方面，缺乏一個可以視爲工作底本的輯佚主體依據，混採多書而不指明出處，無疑會增加後學追本溯源的難度。尤其是本疏與《釋文》徵引《三禮目錄》常有文字差異，恐是各家約略文字不同而致，不一定有確鑿的孰是孰非，甚至皆非鄭《目》原貌。如果輯佚時缺乏統一標準，忽而取此，忽而取彼，非但不能提供善本，恐怕還會增加淆亂。

臧輯本還使用了不少宋元經解作爲參考文獻，其中多有他家輯本所無者。如輯本參考了宋人李如圭的《儀禮集釋》。

《儀禮目錄·大射儀》輯文"以觀德者也"，句下注云：舊作"觀其禮也"，今從宋李如圭《集釋》所引。按，臧輯本此處輯文與諸家輯本所輯均不同。

又如臧輯本還使用了元人吳澄的《儀禮逸經傳》。

---

① 臧庸：《拜經堂文集》卷二《挍影宋經典釋文書後》，宗舜年咫園民國十九年（1930）石印漢陽葉名澧家寫本。

② 臧庸：《拜經堂文集》卷二《書左氏音義之六校本後》，宗舜年咫園民國十九年（1930）石印漢陽葉名澧家寫本。

《儀禮目録·特牲饋食禮》輯文"大戴第七,小戴第十,《別録》第十五",句下注云:上三句據《士冠禮》疏補。元吴氏澄所補作"小戴第十三",誤也。按,此處所指即吴澄《儀禮逸經傳》。臧庸在乾隆初定本後跋中敘述輯佚依據時並未提及該書,此條可能是嘉慶補訂時所增。

當然,臧輯本也並非盲從宋儒經説,於注中多有辨析宋儒之誤。

如《儀禮目録·特牲饋食禮》輯文"諸侯之士以歲時祭其祖禰廟之禮",句下注云:此下注疏本及《集釋》《經傳通解續》有"非天子之士"五字,是賈疏語誤入,今删。按,臧注認爲宋儒誤將賈疏作鄭玄語,而明監本等注疏本乃從宋儒經解而誤,故於輯文中特意不取。

《儀禮經傳通解》《續》、《儀禮集釋》、《儀禮逸經傳》是宋元時期較有代表性的經學著作。臧輯本大量利用宋元經解著作,不是單純重視前人舊注;應該還考慮到宋元宿儒解經所依據的乃是宋刻古本,其著作在客觀上自然也保留了一定的舊本文字面貌,可供一窺。此外,某些宋元經解還在一定程度上影響到明刻經書;因此,辨析宋儒舊説的某些引經文字對經書的清源與校誤有特別意義。

3. 臧輯本保留了時人的若干研究成果

臧輯《三禮目録》與其餘諸家輯本的一個顯著區别,在於採録多位前輩及同時學者意見。臧輯本共引孔廣林、盧文弨、顧廣圻計三家四條經説,數量上誠然不能算是豐富;但較之他本多有襲用他人成説甚至照搬輯本的情況,臧庸能於注文中具明出處,不竊美時賢勝義的作法就顯得嚴謹而可貴了。

臧輯本引盧文弨説1條,即《儀禮目録·士冠禮》輯文"則是仕於諸侯。天子之士……",句下注云:盧學士云,"侯"字句絶,"天子"下屬。

引顧廣圻説1條,即《儀禮目録·既夕》輯文"大戴第五删……",句下注云:元和顧千里云,"删"字當衍。

這裏特別討論臧輯本與孔輯本間的關係。

臧輯《三禮目録》的乾隆初定本成書已晚於孔輯本,但以其面目闕如,是否受到孔氏影響暫無法討論。但是嘉慶二年的補訂本及後來的刻本,無疑受到孔輯本的較大影響。臧庸在杭州與孔廣林結交後,見到孔廣林輯入《鄭學》中的《三禮目録》,不僅披校是本,而且也將孔本中的某些意見引入己書。

如:《儀禮目錄·喪服》輯文"劉向《別錄》第十一",句下注云:曲阜孔叢伯云,"劉向"二字衍文,蓋《儀禮》中軼刊。監本者取《通解續》校補,而《通解續》載鄭《目》自《喪服》至《特牲》皆無篇次,監本依《士冠禮》疏補,因誤加。①

又《儀禮目錄·有司徹》輯文"有司徹",句下注云:孔云,"徹"字衍。案舊本皆有。按,今檢孔輯鈔本《三禮目錄》之《儀禮目錄》均作"有司",下無"徹"字,知此"孔云"即指孔廣林而言。

此外,臧輯本卷首鄭玄《禮序》輯文"今讚而辨之",句下注云:案《釋文·序錄》引鄭氏《三禮目錄》云"二鄭信同宗之大儒,今贊而辨之"即引此文,可證《序》冠《目錄》。按,此注與孔廣林《鄭學》鈔本《敘錄》"三禮目錄"條云"知《三禮目錄》七十二篇,前冠《禮序》以總會之……《釋文·序錄》引《禮序》亦稱《目錄》,尤其明證"相合。臧注此處亦本孔書為說,而未具孔廣林名。但是,臧庸於己書後照錄孔廣林《敘錄》"三禮目錄"條全文,明確指出該説源自孔廣林,"善其説,因鈔附於自定本後",亦未完全埋沒孔論。

總體而言,臧庸、孔廣林的學術影響是交互的;不是一方完全照搬另一方的成果,僅做改頭換面的小修小補。臧庸輯佚《三禮目錄》,參考、引用了孔輯本的若干意見;前文亦討論過孔氏吸取了臧庸的某些學術見解。臧庸在注文中明確寫清哪些為"孔説",並不掩蓋孔廣林的輯佚成就。同時,臧輯本在孔輯本的基礎上有較多個人創見,有自己獨立的學術理路和趣味。臧輯本是學者在正常的學術交流關係下的個人工作,不是全就孔本成書的因襲之作。

三　袁鈞輯本與黃奭輯本

在孔廣林、臧庸輯《三禮目錄》之外,尚有袁鈞、黃奭二人輯本影響亦較大,如孫啓治、陳建華等學者認為,《三禮目錄》諸輯本中以袁鈞、黃奭二本稍優②。然而就筆者比對發現,二本與孔輯《鄭學》鈔本《三禮目錄》具有較明顯的因襲關係,今將袁、黃二輯本一併論之。

---

① 今檢《儀禮·士禮》疏云:故鄭云,大、小戴、《別錄》即皆第一也。其劉向《別錄》即此十七篇之次是也。監本據此疏文補《喪服》等篇次,故誤。
② 詳見孫啓治、陳建華:《古佚書輯本目錄(附考證)》,第53頁。

（一）袁鈞輯本

袁鈞（1751—1805）①，字秉國，一字陶軒，號西廬，浙江鄞縣（今屬寧波）人。年二十補諸生②，嘉慶元年（1796）舉孝廉方正，後主稽山書院。於鄭玄之學研究最深，輯有《鄭氏佚書》。又留意四明（今浙江寧波）掌故，搜討尤富，嘗輯《四明詩萃》《四明文徵》等。工詩古文詞，有《瞻袞堂文集》傳世。

袁鈞從事鄭玄之學甚早，"自行束脩，喜讀其書。每思網羅寫定，卒卒罕暇"③。直至乾隆六十年（1795），袁鈞寓友人德清縣令李賡芸處，李氏"爰出藏籍，用助搜採"，而袁書乃成其事。袁書題名《鄭氏佚書》，共收鄭玄遺書並附《鄭君紀年》二十三種，稿成後即藏於家，叢稿"細書密札，戢春行間，整比匪易"④。《鄭氏佚書》的寫定過程，就目前可見的有限材料，存在歧説。一則袁鈞曾孫可烺⑤謂"將《易》《書》《詩》若干種委族弟堯季校勘……至《尚書》之《大傳注》《五行傳注》《略説注》非寫定本"。一則俞樾謂"其手寫自定者四種，曰《易注》，曰《尚書注》，曰《尚書中候注》，曰《詩譜》……其未寫定者尚有一十九種……其族曾孫堯年竭數年之力，一一爲之寫定"⑥。一則《鄞縣西袁氏家乘》，謂"鈞著有《鄭氏佚書》二十三種，手自寫定者十八種，紙墨黯敝，不可讀；其未寫定者三種，曰《尚書大傳注》三卷、《五行傳注》一卷、《略説注》一卷；其原稿闕佚者一種，曰《駁五經異義》十卷。堯年一一爲之校補，閲數寒

---

① 關於袁鈞之生卒年，以往研究或語焉不詳，或存在較大分歧，且多不知所本。如申暢、陳方平、霍桐山等編《中國目錄學家辭典》（鄭州：河南人民出版社，1988年）謂"袁鈞（約1730—1806）"；洪可堯等編《四明書畫家傳》（寧波：寧波出版社，2004年）謂袁鈞"生於清康熙五十四年，卒於嘉慶十年"；林存陽、李文昌《孔廣林與清代鄭學輯佚——以〈通德遺書所見録〉爲中心》（《經學文獻研究集刊》2017年第2期）謂袁鈞"生於乾隆十七年（1752），卒於嘉慶十一年（1806）"等。今按《鄞縣西袁氏家乘》謂袁鈞"乾隆十六年辛未二月十九日生，嘉慶十年乙丑四月十五日卒"，知其生卒年當爲1751—1805。
② 事見《袁鈞傳》，民國十七年（1928）重印光緒二十六年（1900）教本堂活字本《鄞縣西袁氏家乘》卷二十八《列傳》下，葉四。一説補諸生時年十九，見《鄞縣志·袁鈞傳》。
③ 袁鈞：《鄭氏佚書敘》，光緒十四年（1888）浙江書局刊《鄭氏佚書》，葉一。
④ 袁可烺：《鄭氏佚書識語》，光緒十四年（1888）浙江書局刊《鄭氏佚書》書前，葉一。
⑤ 袁可烺，一作袁烺，如光緒十四年浙江書局刊《鄭氏佚書》書前俞樾《序》即稱"其曾孫烺已刻而行之"，又袁氏《識語》亦自稱"烺"。是名爲後《續修四庫全書總目提要》《東京大學總合圖書館漢籍目録》及孫欽善《清代考據學》（北京：中華書局，2018年）等採信，恐誤。今據《鄞縣西袁氏家乘》定爲"可烺"。
⑥ 俞樾：《鄭氏佚書序》，光緒十四年（1888）浙江書局刊《鄭氏佚書》書前，葉一。

暑而書完"①。其中袁可烺與《家乘》說法較爲接近；俞《序》作於光緒十四年，不知是否據浙江書局所刊之《鄭氏佚書》底稿面貌而爲説。但無論如何，袁書成後多年，復經袁堯年大規模校補甚至增益，應是不爭之事實。袁鈞歿後，所遺諸書傳至其孫眉壽，"婁思鋟板，囏於貲斧，未竟厥志"。其曾孫可烺服賈而有儒者風，乃節衣縮食，於先人所遺書中先將《鄭氏佚書》付梓。然至光緒十年(1884)，僅刻成其中《易注》《尚書注》《尚書中候注》《毛詩譜》四種而輟，可烺並於是年爲文記其事。而袁堯年復以校寫本上之浙江學政瞿鴻機。瞿氏大加賞異，檄書局踵刊之，而袁氏"又將其已刻四種之版歸之局中，以成全書"。光緒十四年(1888)，浙江書局刻成《鄭氏佚書》全帙，袁輯《三禮目錄》即於是時始有刻本。

袁輯本《三禮目錄》爲《鄭氏佚書》第八種，今袁鈞稿本及袁堯年校補寫本均不可見，僅浙江書局刻本流傳甚廣。書前有袁鈞撰語數行，略敘《三禮目錄》的基本情況。除《三禮目錄》外，袁輯本亦輯有鄭玄《禮序》，冠於《目錄》正文前，並於輯文前題"禮序"以明之。袁輯本於各條(篇)輯文末尾出注。注文首先標明輯文出處；如復需考辨輯文内容者，則書"考證曰"以引領按語，是諸家輯本中注文體例最嚴整的一家。

如《周禮目錄·冬官考工記》袁輯本於整條輯文後出注云：本疏。考證曰，《釋文》引"司空之篇"至"備大數"，"司空"下無"之"字，而此句上有"此篇司空之官也"七字，"購"下無"求"字，"大數"下有"爾"字。按，其中，"本疏"謂此段輯自《周禮疏》，"考證曰"及其後内容爲袁鈞所作按語。

關於輯佚的依據，袁鈞自述曰："取諸經義疏及他所徵引，參之往舊所有輯本。辨析譌謬，補正闕失，並齊其不齊者，以次收合。"②就《三禮目錄》來看，袁輯本參考的文獻主要有：本經注疏、《經典釋文》、《通典》、《玉海》、《儀禮經傳通解》、《禮記集説》、《柳貫集》等。袁輯本於每條(篇)輯文後，幾乎無一例外地出注書"本疏"二字，可知本經疏文是輯佚的主要依據(可視爲輯佚所據底本)。

---

① 《袁堯年傳》，民國十七年(1928)重印光緒二十六年(1900)敦本堂活字本《鄞縣西袁氏家乘》卷二十八《列傳》下，葉十三。

② 袁鈞：《鄭氏佚書敘》，光緒十四年(1888)浙江書局刊《鄭氏佚書》，葉一。

(二) 黄奭輯本

黄奭(1809—1853),字右原,一字叔度,江蘇甘泉(今屬揚州)人。道光十二年(1832),爲順天府尹吳傑薦,賜舉人。專精漢學,有《爾雅古義》,又輯《高密遺書》《知足齋叢書》等,經後學擴編爲《漢學堂叢書》行世。

黄奭於道光十八年(1838)至咸豐二年(1852)間,輯佚每成一書,即付刊版,以備校勘。後因太平天國戰事,書板有所散失。光緒間,黄奭子黄灝、黄澧購求存版,印行《漢學堂叢書》(書成後,復經王鑒、秦更年增訂重印,易名爲《黄氏逸書考》),內容涵蓋經解、通緯、子史鉤沉等部分。其中有關鄭玄著作的輯本,最早在道光二十三年(1843)即有刻本,題爲《高密遺書》,共十種,其中即包括《三禮目録》。1934年,朱長圻補刻黄書時,在《高密遺書》外增入七種鄭玄著作,改稱《通德堂經解》。

(三) 袁輯本、黄輯本與孔輯本的關係

由於《三禮目録》的篇幅、内容較爲簡短,可供輯佚的他書文獻亦相對有限,主要集中在本經注疏、《經典釋文》及少量宋元經解、類書;因此,客觀上必然出現各家輯本文字大同小異的情況。然而,由於不同學者的治學態度不同,有些輯本清楚注明了參用他人的輯佚、校勘意見;有些則經過修飾文字,將他人的輯佚成果據爲己用;甚至不加遮掩,照搬照抄。

筆者通過比對發現,袁輯本、黄輯本《三禮目録》在不同程度上都有因襲孔輯本,而不具明爲孔氏成果的情況。需要特别說明的是,孔輯《三禮目録》刻本(即《通德遺書所見録》山東書局刊本)最早應在光緒年間行世,以袁鈞、黄奭之生卒年及從事學術活動的時間計,二人均未得見是本;這裏比較的是袁、黄二本與孔輯《三禮目録》之《鄭學》本(主要依據前文所稱鈔本)之間的關係。

1. 黄輯本與孔輯本的關係

關於黄奭輯佚工作的學術史評價呈兩極分化:一方面,黄奭是清代輯佚大家,專事此業,成果頗豐;一方面,後來研究者則批評黄氏所輯書常將他人成果竊爲己有,"轉録而已,不甚足貴"[①]。關於黄氏所襲取之他人輯佚著作

---

① 梁啓超:《中國近三百年學術史》,北京:中國書籍出版社,2020年,第278頁。

者，據以往學者考證，已辨出有《馬融易傳》《九家易集注》《雷次宗儀禮喪服經傳略注》《神農本草經》《晋段龜龍〈涼州記〉》等多種。筆者考察《三禮目錄》一書發現，黄奭輯本與孔廣林輯本關係極爲密切，二本的輯文文字、語句排列順序、輯佚的文獻依據等大致重疊；黄輯本的注文與孔注亦幾乎毫無二致。因此，黄輯本應是完全脱胎於孔輯《鄭學》本而成的。

首先，黄注的出注位置與孔注完全一致，僅有一處不同。即《儀禮目錄·鄉飲酒禮》。

孔輯本此節輯文作：諸侯之卿大夫三年大比將，於五禮屬嘉禮。大戴此乃第十，小戴及《别錄》此皆第四。孔氏於輯文"大比將"句下出注云：《釋文》以下有"之禮"二字，其引者止此。《詩·干旄正義》引此作"諸侯之卿大夫三年賓賢能之禮"。《記·鄉飲酒正義》引此作"諸侯之鄉大夫三年將獻賢者於君以禮賓與之飲酒"。於輯文"於五禮屬嘉禮"句下出注云：句首似脱篇名。

黄輯本此節輯文作：諸侯之卿大夫三年大比，將獻賢者能者於其君，以禮賓之，與之飲酒。於五禮屬嘉禮。大戴此乃第十，小戴及《别錄》此皆第四。黄氏於輯文"大比將"句下出注云：此字依《釋文》增。於輯文"與之飲酒"句下出注云：《釋文》此下有"之禮"二字，引止此。《詩·干旄正義》引此作"諸侯之卿大夫三年賓賢能之禮"。《禮記·鄉飲酒正義》引此作"諸侯之鄉大夫三年將獻賢者於君以禮賓與之飲酒"。於輯文"於五禮屬嘉禮"句下出注云：句首似脱篇名。

比較孔注與黄注可見，二注的文字基本是相同的。區别在於黄輯本的輯文較孔本多出"獻賢者能者於其君以禮賓之與之飲酒"十六字，因此注文的位置也相應移至新增輯文之後。孔本此節輯文當本賈疏以輯，而校之以《經典釋文》。今檢《儀禮疏》，賈疏作"鄭《目錄》云，諸侯之鄉大夫三年大比，將獻賢者能者於其君，以禮賓之，與之飲酒。於五禮屬嘉禮。大戴此乃第十，小戴及《别錄》此皆第四"。知孔輯本鈔本此處明顯脱漏輯文，而黄本乃補全。然孔本此處之脱文，究竟是鈔者筆誤，抑或爲孔氏輯佚時誤闕，因乏孔廣林《鄭學》稿本可觀，已無從而知。而黄氏此處出文位置與孔本之差異，嚴格來講，只能説是與孔輯本之鈔本相異，亦不能確切説成是補正孔氏之闕。又賈疏明文作"諸侯之鄉大夫"，而鈔本孔輯本則作"卿大夫"。又檢《詩經·干旄正義》，本作"故《鄉飲酒目錄》云，諸侯之鄉大夫三年賓賢能之禮"。

鈔本孔輯本此二處均誤"鄉"爲"卿",而黃本亦均作"卿",應係因襲孔本致誤。

黃本注文與孔本注文的處理方式相同,都是緣文出注。孔輯本共出注一百五十餘處,黃注位置幾乎全同孔注。正常情況下,不同學者對同一書籍作考校工作,即使偶有意見相同之時,也不可能做到於通書處處耦合。因此,黃書應該就是在孔本的基礎上略事修改而成的。

黃輯本對孔輯本的注文所做的極爲有限的改動,主要是刪去了孔注中的一些助詞、連接詞,並不涉及注文文本的主體內容。

如孔注中習慣稱某書引者如何,而黃注則刪去"者"字。

《儀禮目錄·鄉射禮》孔本輯文"謂之"至"之屬",句下出注云:《釋文》引者止此。黃本輯文同孔本,句下出注云:《釋文》引止此。按,黃本此處全同孔本,僅於注文中刪一"者"字。

又,孔注行文較爲簡略,對於《釋文》等文獻與《三禮》本疏有關《三禮目錄》的異文,一般只寫明增刪變易的本字。而黃注則常於該字後復綴一"字"字。

《儀禮目錄·士虞禮》孔本輯文"虞安也",句下出注云:《釋文》"安"上有"猶"。黃本輯文同孔本,句下出注云:《釋文》"安"上有"猶"字。同孔注。按,黃本此處與孔本全同,僅於"猶"下增一"字"字。

《禮記目錄·經解》孔本輯文"經解者"至"得失也",句下出注云:《釋文》無"之",無"也"。黃本輯文同孔本,句下出注云:《釋文》無"之"字,無"也"字。黃注同孔注,但於"之""也"後各增一"字"字。

黃輯本的注文較孔注增加了若干連接詞、指示代詞,但在內容上沒有任何實質的改變。

《禮記目錄·緇衣》孔本輯文"善其"至"武公也",句下出注云:"者"下"之"字、"故述"至"其名"十一字、"美武公"三字依《釋文》增,《釋文》引者止此。黃本輯文同孔本,句下注云:"者"下"之"字、"故述"至"其名"十一字、"美武公"三字並依《釋文》增,《釋文》引止此。按,黃注全同孔注,但於"依"字前增一"並"字,刪"引者"之"者"字。

《禮記目錄·喪服四制》孔本輯文"仁義"至"四者",句下出注云:二字依《釋文》增。黃本輯文同孔本,句下出注云:此二字依《釋文》增。按,黃注於"二字"前加一"此"字,以提示所增二字爲"四者"。然注文本係隨文而出,既繫於輯文"四者"下,自是對此二字而言,似亦無特別增字強調之必要。

除了略略在無關緊要處修飾注文外,黃輯本亦非完全照搬孔輯本,黃注糾正了孔注中存在的若干錯誤。

如:孔輯本鄭玄《序》①輯文"斯道也"至"龍鳳之瑞",句下出注云:《序用禮廢興》。黃本輯文同孔本,句下出注云:《序周禮廢興》。按,此段輯文輯自賈公彥《序周禮廢興》,孔注中"用"應係"周"之誤字。黃注即改"用"作"周",不誤。

孔輯本《周禮目錄·冬官考工記》輯文"以備大數爾",句下出注云:"爾"字依《釋文》增。《釋文》引者目"司空之篇亡"止此。黃本輯文同孔本,句下出注云:"爾"字依《釋文》增。《釋文》引自"司空之篇亡"止此。按,孔注之"目"當爲"自"之誤字。黃注基本全同孔注,無"引者"之"者","目"作"自",訂正孔注誤字。

孔輯本《儀禮目錄·覲禮》輯文"覲見也"至"禮也",句下出注云:《釋文》引者止此,而句末有"曰覲禮"二字。黃本輯文同孔本,句下出注云:《釋文》引止此,句末有"曰覲禮"三字。按,"曰覲禮"爲三字,孔注云"二"字顯係"三"字之誤。黃輯本注文作"三",不誤。又黃注刪孔注"引者"之"者"字及"而句末"之"而"字。

孔輯本《禮記目錄·玉藻》輯文"名曰玉藻者",句下出注云:《釋文》謂此句。黃本輯文同孔本,句下出注云:《釋文》無此句。按,核《禮記正義》及《經典釋文》原文可知,《釋文》無"名曰玉藻者"一句。孔注云"謂此句",語義不明。黃注改"謂"爲"無",則文義頓時通順。又孔輯本鈔本此篇目錄題曰"玉藻事第十三",不知何本。黃輯本輯文作"玉藻第十三",無"事"字,應爲正。

對於孔注中十分明顯的訛誤,黃注確實有所訂正。然而對於孔注中一些相對隱晦的錯誤,黃輯本則沒有留意,徑直照錄。

如孔輯本鄭《序》最末句輯文"凡著三禮七十二篇",句下出注云:見儀禮目錄鄭氏注疏。黃本輯文同孔本,注文僅無"見"字,餘同孔注。按,此句輯文本是賈公彥引鄭玄《序》文以疏解《儀禮》經文"鄭氏注"一句,故孔輯本注

---

① 黃氏於《目錄》正文前亦輯有鄭《序》,冠於卷首,亦不題"禮序""鄭序"之類字樣,其輯文文字、文獻依據與考證內容全同孔本。

文實指此句輯文的出處是《儀禮》"鄭氏注"三字之疏,"目錄"二字疑衍。而黃輯本於此句下徑注云"儀禮目錄鄭氏注疏",應係蹈襲孔本而不覺有誤,故照錄衍文,以訛傳訛。又《通德遺書所見錄》刻本《三禮目錄》此句輯文下孔注云:見《儀禮》"鄭氏注"疏。説明孔氏後亦删去"目錄"二字,當係更正舊注之誤。

整體説來,黃輯本《三禮目錄》乃因襲孔輯本而成,鮮少創見。比對黃、孔二本,黃氏抄襲孔注的文證隨處可見。尤其需要指出的是,前文所列舉的黃注訂正孔注的若干錯誤,是僅針對孔輯《鄭學》的鈔本而言的。筆者要特别申明二點,其一,孔輯本的這些錯誤有可能只是因傳鈔產生的,並非孔廣林原書中的訛舛。其二,這些錯誤僅存在於鈔本中,而在《通德遺書所見錄》刻本中已基本得到更正。這至少説明,孔廣林後來已對舊輯諸書做了較爲細緻的寫定工作,糾正了原有的部分錯誤。因此,黃輯本對於孔輯本的勘正之功,也要大大打個折扣。這也進一步削弱了黃輯本的學術價值。

2. 袁輯本與孔輯本的關係

以往學者認爲"廣林與袁鈞的輯佚,主體内容均爲獨立完成"①,可能是以孔輯《通德遺書所見錄》的成書、刊刻時間作爲判斷依據,袁書的寫定時間固是在孔書正式完成之前,然而卻忽略了在《通德遺書所見錄》之前,孔輯《鄭學》在乾隆四十二年就已寫定,並廣爲學者所知、傳抄的事實。袁鈞在輯佚過程中接觸到孔輯《鄭學》,從時間上説是完全可能的。如果只是從表面上看,袁、孔二輯本《三禮目錄》確實存在較大差異;但如果深入分析袁輯本的各條注文,則可發現其與孔注存在一定的内在聯繫。過去認爲袁輯本與孔輯本全無關聯的觀點似不甚確。

袁鈞輯《鄭氏佚書》在學術史上評價甚高,學者多以袁書爲清人輯佚鄭玄遺書之集大成者。如葉德輝即云:"元和惠棟開山於前,曲阜孔廣林《通德遺書》接軫於後,而黃奭復有《高密遺書》之輯,皆不如袁鈞《鄭氏佚書》晚出之詳。"②尤其是袁鈞於輯文下所作注語,被視爲具有較高學術價值。林存陽、李文昌《孔廣林與清代鄭學輯佚——以〈通德遺書所見錄〉爲中心》謂:

---

① 陳冬冬:《論孔廣林〈通德遺書所見錄〉的輯佚學成就》,《瀋陽大學學報(社會科學版)》2015年第17卷第3期,第391頁。

② 葉德輝:《書林清話》卷八,北京:古籍出版社,1957年,第220頁。

"袁鈞所輯之書,佚文之下不僅詳注出處,而且附以'考證曰'之例。……袁書'考證曰'之後,或詳釋佚文之義,或辨析佚文之疑,或具列他本之異,使其所輯佚文更爲明晰、更可據信。這在袁書中並非個例,非常普遍。後世謂袁書之'詳',抑或在此。"①

從體例上來説,袁注確實是諸家《三禮目録》輯本中最規範的;然而並不代表其在實際的内容、質量上較之前的孔注有更大突破。袁注看似文字較多,主要是因爲採取總括式寫法,一條注文内常包含較多内容,還需要額外增寫文字,提示某句注文所對應的是哪一句輯文。這種出注方式較之簡明扼要即可講清問題的隨文注語,文字量自然較大;但其中並不一定具有豐富的考證、校勘内容。尤其是比對袁輯本與孔輯本可以發現,袁注與孔注在内容上基本重複,很像是將孔輯本各句輯文下的散注聚合爲一條,並在敘述上略作改動而成的。

如《儀禮目録·既夕》篇下,袁氏之考證曰:"哭時"下、"三日"下無"也"字,從《釋文》補。《釋文》引"士喪"至"三日","哭時"下有"也"字,無"凡朝"已下十八字,"其上士"之"其"作"若","先葬前"作"在先葬","三日"下有"也"字。"大戴第五删"未詳。

而孔輯本《儀禮目録·既夕》輯文"哭時",句下注云:《釋文》此下有"也"字。(記作孔注①)輯文"凡朝……一廟",句下注云:"凡朝"已下《釋文》無。(記作孔注②)輯文"其",句下注云:《釋文》作"若"。(記作孔注③)輯文"則既夕哭先葬前三日也",句下注云:"也"字依《釋文》增,"先葬前"《釋文》作"在前葬",其引者止此。(記作孔注④)輯文"删",句下注云:此字未詳。(記作孔注⑤)

仔細來看一下二本注語的對照關係。袁注"哭時下(無也字從釋文補)"對應孔注①。袁注"三日下無也字從釋文補"對應孔注④。袁注"《釋文》引士喪至三日"對應孔注④。袁注"哭時下有也字"對應孔注①。袁注"無凡朝已下十八字"對應孔注②。袁注"其上士之其作若"對應孔注③。袁注"先葬前作在先葬"對應孔注④。袁注"三日下有也字"對應孔注④。袁注"大戴第五删未詳"對應孔注⑤。可見,如將袁注各句拆解來看,其内容完全不離孔

---

① 《經學文獻研究輯刊》第十八輯,上海:上海書店出版社,2017年,第267頁。

注範圍。

這裏想要特別指出，袁注表述較爲重沓。袁注既云"'哭時'下、'三日'下無'也'字，從《釋文》補"，則《釋文》此二句下有"也"字可知；而袁注於後復云"《釋文》'哭時'下有'也'字，……'三日'下有'也'字"。筆者推測，袁輯本中這種贅餘的注文，一方面是因爲輯佚時依據《經典釋文》改動了本經疏文，故而在注中特別説明；另一方面可能是因爲在改寫、整合多句隨文注語時，未能前後兼顧，徹底消除掉原始注文緊密貼合輯文的特性。

更爲明顯的文例爲，《禮記目錄‧鄉飲酒》篇下，袁氏之考證曰：《釋文》無"名曰"二字，下有"也"字，無"此於"二字，"吉事"作"吉禮"止。

袁注中的"《釋文》無'名曰'二字"一句係指輯文"名曰鄉飲酒義者"，但"下有也字"一句卻並非就該句輯文而言。袁注中亦未説明，《鄉飲酒》的數句輯文中究竟是何字下依《經典釋文》有"也"字。

如果是隨文出注，則不會出現這種令人費解的情況。以孔輯本爲例，《禮記目錄‧鄉飲酒》輯文"尊賢養老之義也"句下注云："也"字依《釋文》增。

再檢視孔輯本《禮記目錄‧鄉飲酒》篇中的其他輯文、注語。孔本輯文"名曰"，句下注云：《釋文》無此二字。輯文"此於《別錄》屬吉事"，句下注云：《釋文》引者無"此於"二字，"事"作"禮"。

兩相對比可以發現，袁注很像是將數句輯文下的注語匯總合一而成的。而"下有也字"這種不明所指的表述疏漏，顯然是在將分散的注文匯聚在一起時，忘記增文舉句而造成的。

由於袁輯本《三禮目錄》可能經過袁堯年等人的校改、寫定，現在無法確定這種於各條（篇）末總出一注的形式是否爲袁本底稿的原貌。但從上例可知，袁輯本的注語中留有隨文出注的痕跡。這種痕跡的成因可能有二，一是袁注或爲參考某個採用隨文出注的輯本而寫成的；二是袁注的最初面貌本就是隨文出注。如果以後者爲假設前提，復結合袁輯本的注文內容來看，則初始的袁輯本可能類似黄輯本，出注的位置幾乎與孔輯本相重疊。但無論哪種假設更合實情，都能反映出袁輯本與孔輯本有一定隱蔽的關聯。

本經注疏、《經典釋文》是諸家輯《三禮目錄》都必須依據的主體文獻；袁注中記錄的《釋文》與疏文間的異文，全部同孔注一致，尚在情理之中。但是，在使用他書文獻時，於徵引書目所出注的輯文篇目、句次，列具的輯文異文,以及考訂結論仍近乎完全重疊,這種情況過於巧合,未免令人生疑。

如《禮記目錄‧明堂位》篇下,袁氏之考證曰:"明堂"下本脱"位"字,據衛氏《集説》增。《釋文》引"以其"至"之位",無"之時"二字。

而孔輯本《禮記目錄‧明堂位》輯文"名曰明堂位者",句下注云:本脱"位"字,依衛氏《集説》增,《釋文》無此句。輯文"以其……之位也",句下注云:《釋文》止引此句,而無"之時"及"也"字。

比較二人注語,孔注依《禮記集説》於"明堂"下補"位"字,袁注亦據《集説》補"位"字。而袁注有關《釋文》之敘述,與孔注完全雷同,只是變更説法而已。

又如《禮記目錄‧射義》篇下,袁氏考證曰:"之義"下本無"也"字,從《釋文》補。《釋文》無"名曰"二字,"之義"下有"也"字,無"此於"二字,"吉事"作"吉禮"。《集説》"取於"作"取其"。

而孔輯本《禮記目錄‧射義》輯文"名曰",句下注云:《釋文》無此二字。輯文"取於",句下注云:《集説》作"其"。輯文"士之義也",句下注云:"也"字依《釋文》增。輯文"此於……吉事",句下注云:《釋文》無"此於","事"作"禮"。

比較二人注語,袁注所記錄的《禮記集説》及《經典釋文》的異文,與孔注仍是一致的。

宋人衛湜所撰《禮記集説》不是袁鈞輯佚的主要依據。通檢袁輯本,一共只徵引衛氏《集説》二次。然而,這僅有的二次徵引(包括該條注文内的其他内容),都與孔注近似。尤其是其中一條將《集説》作爲增補本經疏文的依據,而孔注也恰恰據《集説》增補了相同的疏文。這或可反映出,袁注不僅是在對異文的羅列上,甚至是在對輯文的文字處理上,仍同孔注保持一致。

袁鈞在輯佚時並無多少版本意識,既不留意他書文獻的異本,亦不甄選本經注疏的善本。袁注中唯一一條提及輯佚用書版本信息的注文,内容和結論仍與孔注近似。

《儀禮目錄‧士冠禮》下袁氏考證曰:《釋文》引"童子"至"爲士",譌"天子"二字于"諸侯"前。今監本依《通解》考正,"諸侯"絶句,"天子之士"屬下爲義。

而孔輯本《儀禮目錄‧士冠禮》輯文"仕於諸侯天子之士",句下注云:陸氏《釋文》譌作"天子諸侯之士",今監本依《通解》改正,"諸侯"句絶。"天子之士"屬下爲義。輯文"士之子恒爲士",句下注云:《釋文》引者正此。

　　比較二人的注語不難看出,袁注除將孔注標舉《經典釋文》引文起止的內容移到注文之首,對孔注幾乎照搬不改。尤其是,袁注所論述的《釋文》的訛誤,監本改正的依據,以及經文正確的句讀,全部與孔注吻合,甚至連表述的文字幾乎都與孔注一模一樣。這裏想要特別指出,孔輯本非常重視理清明監本的文字面貌與朱熹《儀禮經傳通解》、黄榦《儀禮經傳通解續》的關係。這一點也被其他學者所注意到①。雖然,利用監本與《通解》《通解續》互校,並不是孔廣林的獨創;但是,不重版本校勘的袁輯本恰有多處注文與孔校本的重要校勘觀點相合,至少能夠反映出,二輯本存在一定程度的因襲關係。

　　通過檢核袁、孔二本中的全部注文,可以發現一個較有意思的現象,袁注與孔注的詳略情況幾乎是一致的。即,如孔注在某條輯文下,羅列較多他書異文,並加以較細緻的考辨;則袁注也必然於該條輯文下作出詳細論述,且理據與孔注大致相同。如孔本在某條輯文下的注語非常簡略,不敘明改字理由;而袁本在該輯文位置所出的注文一般也比較簡單,没有具體考證。甚至統觀袁鈞《鄭氏佚書》,仍然與孔廣林《鄭學》保持有某種程度上的詳略一致性。袁鈞《鄭氏佚書》共輯有鄭氏遺書二十二種②,較孔廣林《鄭學》多出四種,分别爲《尚書五行傳注》《尚書略說注》《春秋傳服氏注》《鄭記》。孔氏所未及之書,袁輯一般也比較疏略,尤其是《五行傳注》《略說注》等"所輯内容亦極簡陋,幾乎可以忽略不計"③。誠然,造成袁氏所輯諸書在整體上有繁簡、精粗、優劣差異的成因可能很多,比如袁氏掌握文獻的多寡、個人的治學趣味、輯佚時間精力的分配等等;但其中某些佚書無現成輯本可以依傍參考,以致袁氏的輯佚工作亦相對粗劣,應該也是其中一個重要原因。

　　需要特別注意的是,袁注中除了有大量與孔注相仿的内容,還沿用了某些孔注中的錯誤説法。這是二本之間存在沿襲關係的明證。

　　如袁輯本鄭《序》輯文末句"凡著三禮七十二篇",注作"儀禮目録鄭氏注

---

① 如臧庸輯本即採孔廣林説,敘"儀禮目録·喪服"輯文"劉向"二字衍文的產生,係因監本《儀禮》取《通解續》校補,復以《士冠禮》疏文補《通解續》之闕而致。詳見前文所引。
② 袁書另附《鄭君紀年》一種,係訂補陳鱣《鄭氏年譜》而成,以其不屬於鄭玄佚著,故此處不計入。
③ 陳冬冬:《論孔廣林〈通德遺書所見録〉的輯佚學成就》,《瀋陽大學學報(社會科學版)》2015年第17卷第3期,第391頁。

疏",同孔輯本注文所云。前文已經指出,孔注當衍"目錄"二字①。袁輯本此注應與黄輯本一樣,都是誤録了孔氏注中的衍文。袁注中的此類錯誤應該可以有力地證明,袁輯本確實是暗襲孔輯本而成的。

當然,袁輯本在孔輯本的基礎上還是寫入了一定的個人學術意見,但是這種情況在袁注中非常鮮見,只有寥寥數條。

如《禮記目録·樂記》袁輯本輯文作:名曰《樂記》者,以其記樂之義。此於《别録》屬《樂記》。蓋十一篇合爲一篇,謂有《樂本》,有《樂論》,有《樂施》,有《樂言》,有《樂禮》,有《樂情》,有《樂化》,有《樂象》,有《賓牟賈》,有《師乙》,有《魏文侯》。今雖合此,略有分焉。注云:本疏。考證曰:《釋文》"名"下無"曰"字,引至"之義"止。《禮記·樂記疏》云:"案鄭《目録》云第三是《樂施》,第四是《樂言》,第五是《樂禮》。今記者以《樂禮》爲第三者,鄭《目録》當是舊次未合之時,今之所列或記家别起意,意趣不同故也。"《柳貫集》引鄭《目録》"樂記者"至"十一篇"下云"篇雖合布,略有分焉"。

而孔輯本輯文僅作:名曰樂記者,以其記樂之義,此於《别録》屬《樂記》。其中,輯文"名曰"句下注云:《釋文》無"曰"字。輯文"以其記樂之義"句下注云:《釋文》引者止此。

袁輯本此處輯文内容多於孔輯本。孔氏之所以不録"蓋十一篇"至"略有分焉"數句,可能是依《釋文》引文起止及《禮記目録》他篇體例,疑此數句非《禮記目録》原文,而爲孔穎達《正義》内容,故不輯入。今檢柳貫《待制集》②及朱彝尊《經義考》所引柳説,均作"篇雖合而略有分焉",不知袁注引柳氏云"篇雖合布"者所據何本。又,臧輯本與袁輯本此篇輯文相同,而臧本無注。臧庸於《拜經日記》卷九"樂記篇目"條詳考《樂記》篇目分合情況,内容與袁注多有重合。臧庸自叙《日記》書成於乾隆五十九年(1794),略早於袁輯《遺書》。二家不知是否互有借鑒,姑誌於此,以俟再考。

客觀來説,袁輯本《三禮目録》確實加入了少量的個人見解;但是整體上缺乏鮮明的學術特色。袁輯本與孔輯本的差别並不顯著,二本注文上的差異多僅是表述上的調整,而非有實質的增補進益。第一,袁輯本在引據文

---

① 具體論證請參前文,兹不贅述。
② 筆者所據者爲《四部叢刊》景元本。

獻、學術理路、輯校結論上與孔注相差無幾，具體內容的多寡詳略一致；甚至有蹈襲孔誤而不自知的情況。第二，袁輯本不重視輯佚使用文獻的版本，引據他書文獻的範圍也比較偏狹。偶爾提及本經監本、宋元經解，恐非出自己意，只是拾人牙慧。第三，袁氏對鄭玄及其遺著研究情況的認識，如對王應麟輯佚鄭著的學術評價，可能是承襲孔廣林舊說而來。① 以往有研究者認爲，袁注與孔注"輯佚文句互有短長，可相互補充"。實際上袁輯本《三禮目錄》與孔輯本在輯文上幾乎重合，注文内容並無本質差異。筆者傾向認爲，與臧庸輯本這種具有較突出個人治學風格、較多獨立學術成果的輯本不同，袁輯本對孔輯本的訂正補充作用是十分有限的。

　　總體說來，黃奭輯本《三禮目錄》除了對孔廣林輯本的筆誤略作勘正，簡單調整個別注文的措辭以外，直接照録孔輯本輯文且大量襲用孔注而不具名，是確鑿無疑的竊取前人成果行爲。袁鈞輯本雖然在面貌上與孔輯本有一定差異，但究其輯佚内容，尤其是袁鈞的注語，較之孔本並無太多新意。袁輯本在學術觀點、輯佚所使用的文獻以及具體的考證上，應該都在很大程度上吸收了孔輯本的成果，但亦没有隻字片語明確標注或提及孔氏的貢獻。筆者認爲，孔輯本是《三禮目録》的首個清人輯本，是開創性的學術工作；尤其是《通德遺書所見錄》本訂正舊輯《鄭學》本訛誤，並吸收臧庸等同時學者意見，在内容上更加完善。而袁鈞、黃奭所輯是在孔輯《鄭學》本的基礎上而成，且僅有較少甚至完全没有個人創見。因此在學術價值上遜於孔輯本。以往研究認爲袁本、黃本等後出本更優，"踵事增繁，或有後勝於前者"②，或孔廣林"輯佚成就略遜於袁鈞而好于黃奭"③的觀點，恐怕有待商榷。當然，本文以上結論僅就《三禮目録》單書而言。如要整體評價袁鈞、黃奭等人的輯佚工作和學術史地位，還需將袁輯《鄭氏佚書》、黃輯《通德堂經解》與孔輯《鄭學》所重疊的書目全部進行比對，才能得到更切實可靠的結論。這裏限於篇幅，不再作深入討論，姑識於此，以俟方家再考。

---

　　① 感興趣者可對讀袁鈞《鄭氏佚書叙》及各書提要與孔廣林《鄭學·叙録》，能看到二者在主要結論上多具一致性，本文兹不贅述。
　　② 《續修四庫全書總目提要（稿本）》册三十《叢書部》"通德遺書所見録"條，濟南：齊魯書社，1996年，第479頁。
　　③ 陳冬冬：《論孔廣林〈通德遺書所見録〉的輯佚學成就》，《瀋陽大學學報（社會科學版）》2015年第17卷第3期，第391頁。

四　王謨輯本

　　王謨(1732—1816)，字仁圃，號汝上，一號汝麋，江西金溪人。乾隆三十三年(1768)舉人，四十三年(1778)進士，官建昌府教授。平生好爲博覽，輯古甚勤，有《漢魏叢書》《漢魏遺書鈔》《漢唐地理書鈔》《江西考古錄》《豫章十代文獻略》《十三經策案》等。又有《汝麋詩鈔》《汝麋文鈔》等，已不傳。

　　王輯《三禮目錄》收入其所輯《漢魏遺書鈔》中，未有單行刻本。王輯本前有《序錄》一篇，首題"《隋志》，鄭元(玄)撰《三禮目錄》一卷。梁有陶弘景注一卷，亡"。後文係節錄《經典釋文》而成。王謨於《序錄》後作按語，以《三禮目錄》無傳本，"僅從賈、孔二家《正義》鈔出《周禮目錄》六條、《儀禮目錄》十七條、《禮記目錄》四十九條"①。

　　王輯本是諸家輯本中相對簡單的一種。王謨不輯鄭玄《禮序》，僅輯《三禮目錄》正文。其輯佚的依據文獻亦相對單一，只局限於本經注疏。各條輯文下不作考證，不錄他書異文。王氏於書前所作按語，也僅是依范曄《後漢書》略敘鄭玄著述情況，不討論《三禮目錄》及鄭玄學術，無有個人研究見解。核對王輯本與孔、臧等人輯本後可以發現，王輯本在輯文内容上並不較他人更多，又專事鈔撮而不重考證。因此，王輯本的學術價值恐怕遠遜色於他家輯本。

五　餘論

　　鄭玄學術在清代受到前所未有的關注。通觀有清一代，鄭玄的散逸著作得到了較爲充分的輯錄、考證、校勘，有多種專題輯佚叢書或單行輯本傳世。《三禮目錄》僅是鄭玄佚著中篇幅不大、學術分量較輕的一種，尚有多家輯本。清人於其他鄭著的研究之盛，可見一斑。《三禮目錄》及鄭玄其他遺書的清人輯本雖多，然而繁盛下也有一定的學術弊端，如有的學者暗襲舊本，欺世盜名；而有的學者因草創未善，光芒反爲因循者所掩。這些都需要後世學人加以對讀分析，辨明情實。本文認爲，在諸家《三禮目錄》輯本中，孔廣林輯本爲首創

---

①　《漢魏遺書·序錄》，嘉慶三年(1798)刻本，葉二。

之本，臧庸輯本在孔輯本的基礎上加入不少個人見解，是諸家中成就較高的二種。王謨輯本相對粗糙，黃奭輯本乃襲取孔輯本而成，袁鈞輯本除去暗用孔輯本的內容後，亦鮮有個人見解，三家輯本的學術價值較爲有限。

　　《三禮目錄》在清代輯佚的情況，對輯佚學術自身的發展，以及輯佚學史的書寫，都有一定的啟發性意義。首先，輯佚可以是手段，爲學術研究提供材料；也可以成爲目標，作爲終身的研究事業。不同的輯佚目的，以及個人的交遊際遇，必然影響最終的輯佚成果呈現出不同的面貌。如孔廣林輯《鄭學》，與其本人治《三禮》密切相關，因此輯佚過程中較爲注重考證，而輯本中的某些內容也反映在其所作的《周禮臆測》《儀禮臆測》等學術撰著中，自成具有個人特色的學術體系。而袁鈞、黃奭等學者則專事輯古，或偏精一科，或覆蓋四部，輯書往往以求多、求博爲務，甚至有襲用他書而不注明的行爲。臧庸爲經學名儒，一生以學術幕友身份艱苦謀食，游走於多位高官儒商幕下，對盧文弨重刻《經典釋文》、阮元編纂《經籍籑詁》《十三經注疏校勘記》等學術工程出力頗多。其個人的輯佚工作自然也常藉助幕主之力，得以廣採善本，融匯衆說，輯本的學術價值自然厚實。王謨囿於一地，獨老書齋，以一己之力通輯漢唐數千種散佚文獻，且以史地書籍爲輯佚重心，對經書文獻的輯佚常局限於鈔撮而不重考證，所據文獻亦不過本經注疏及《釋文》而已。此外，各家在處理輯文時的標準與方法也值得今日從事輯佚工作的研究者借鑒。輯佚學是否可以參考版本學、校勘學的方法，以一書爲主，確立所謂的工作底本，兼錄他書的異文，理清各輯文的出處，以免互相淆亂。抑或以提供全本、善本爲最終標準，對各書異文擇善而從，對各書的異文進行剪裁、拼綴、統一整合。同時，對輯佚學術的評價標準也有再討論的餘地。輯佚著作的資料性功用，使我們容易將多、全、精作爲判斷輯佚學術高下的最終標準。即蒐羅材料愈多，輯佚文字愈全，考證工作愈精，則輯本的價值愈高，學者的成就愈大。前修未密、後出轉精誠然是學術發展的客觀規律；但我們應該同時承認學術先行者的開創之功。同一文獻的輯佚工作，最早的輯佚者常在文獻的搜討範圍、輯本的書寫體例、輯文的具體考證上做出示範；後來人不少是對前人工作的小修小補。因此，有無個人創見，也應該成爲輯佚學科的重要評價標準。我們應努力建立起一套甄別輯本的更爲全面、客觀的檢驗方法。最後，需要特別注意的是，輯本的書寫可能是一個不斷修正、補遺的過程。某家輯本可能存在多個版本。各家輯本的寫定、傳鈔及刊刻時間可能相互交叉，不能簡單以最終本或通行本的刊刻時間作爲判斷輯本成書的唯一依據，也不可盡信學者序跋中的自誇之辭；需要結合書跋文獻、時人評述及傳世版本實物進行綜合考察，才能揭示輯本的學術層累過程，從而做出更加貼近實情的評價。

清代輯佚學是清代學術的重要一環，名家迭出，著作繁多。想要理清其中的頭緒，客觀評價各家的得失、優劣，既需要宏觀的理論建構，也需要大量細緻、務實的校讀、考證工作。希望本文這一點瑣屑、細微的研究工作，能夠爲我們準確評價清代學人，客觀書寫清代學術史，提供一定參考。

附録：

表1　孔、袁、黄三家輯本注文對照

輯文篇次	孔廣林輯本[①]注文	袁鈞輯本注文	黄奭輯本注文
鄭玄《序》	並禮記大題正義	通典禮序考證曰又見禮記大題疏禮下無也字	同孔注[②]
		禮記大題疏	
		同上	
		同上	
	明堂位正義	明堂位疏	同孔注
	序用禮廢興	序周禮廢興	用作周，餘同孔注
	玉海・三禮	玉海・三禮	同孔注
	釋文・三禮序録引此句作"二鄭信同宗之大儒"	序周禮廢興	同孔注

---

　① 這裏僅指孔輯《鄭學》本而言。
　② 黄奭輯本注文與孔廣林注文字幾乎完全重合，故不贅録黄注，僅於表中揭示其與孔注文字差異。下同，不具注。

續表

輯文篇次	孔廣林輯本注文	袁鈞輯本注文	黃奭輯本注文
	釋文·三禮序錄引此句"讚"作"贊"	同上考證曰釋文三禮序錄引謂二鄭句作二鄭信同宗之大儒又引今讚而辨之句讚作贊	同孔注
	已上見賈公彥序周禮廢興		同孔注
	見儀禮目錄鄭氏注疏	儀禮目錄鄭氏注疏	無見字,餘同孔注
周禮·天官		本疏	
周禮·地官		本疏	
周禮·春官		本疏	
周禮·夏官		本疏	
周禮·秋官		本疏	
周禮·冬官	釋文無之字而句上有此篇司空之官也七字	本疏考證曰釋文引司空之篇至備大數司空下無之字而此句上有此篇司空之官也七字購下無求字大數下有爾字	同孔注
	釋文無求字		同孔注
	爾字依釋文增釋文引者目司空之篇亡止此		無者字,目作自,余同孔注
儀禮·士冠禮	陸氏釋文謂作天子諸侯之士今監本依通解改正諸侯句絕天子之士屬下爲義	本疏考證曰釋文引童子至爲士謂天子二字于諸侯前今監本依通解考正諸侯絕句天子之士屬下爲義	同孔注
	釋文引者正(?止)此		無者字,餘同孔注

續表

輯文篇次	孔廣林輯本注文	袁鈞輯本注文	黃奭輯本注文
儀禮·士昏禮	疏作陽往而陰來釋文作取其陽往而陰來兹依詩匏有苦葉正義所引者又詩正義引此二句昏下有時字釋文止此	本疏考證曰取其陽往陰來之義本作陽往而陰來從禮記昏義目錄疏引改彼疏無士字因下無而字至之義止釋文引士娶至陰來往下有而字詩匏有苦葉疏引必以至之義昏下有時字取下無其字	無者字，止此前有引字，餘同孔注
儀禮·士相見禮	釋文止引此句		同孔注
儀禮·鄉飲酒禮	釋文以下有之禮二字其引者止此詩干旄正義引此作諸侯之卿大夫三年賓賢能之禮記鄉飲酒正義引此作諸侯之鄉大夫三年將獻賢者於君以禮賓與之飲酒	本疏考證曰大比下本無將字飲酒下本無之禮二字從釋文增釋文引諸侯至之禮止詩干旄疏引此作諸侯之鄉大夫三年賓賢能之禮禮記鄉飲酒疏引此作諸侯之鄉大夫三年將獻賢者於君以禮賓與之飲酒並有刪約也於五禮上本無鄉飲酒三字引者脫爾前後例之可見今以義補	此字依釋文增
			以下作此下，無其字、者字，記前增一禮字，餘同孔注
	句首似脱篇名		同孔注
儀禮·鄉射禮	此字依釋文增	本疏考證曰之禮下本無也字釋文引州長至之屬之禮下有也字今據補大戴下本無第字以義補	同孔注
	釋文引者止此		無者字，餘同孔注

續表

輯文篇次	孔廣林輯本注文	袁鈞輯本注文	黃奭輯本注文
儀禮·燕禮	釋文作勳	本疏考證曰樂之下本無禮也二字釋文引諸侯至樂之下有禮也字今據補勤勞釋文作勳勞疏引目錄作勤勞云兼聘使之勞王事之勞二者禮記燕義目錄疏引諸侯至樂之亦作勤勞云謂征伐聘問釋文誤也	同孔注
	釋文此下有禮也二字其引止此		無其字,餘同孔注
儀禮·大射儀	釋文無此句	本疏考證曰其禮下本無也字釋文引諸侯至其禮也有也字今據補數不本作不數以義改	同孔注
	也字依釋文增釋文引者止此		無者字,餘同孔注
	本作不數談		同孔注
儀禮·聘禮	此字依釋文增	本疏考證曰之禮下本無也字釋文引大問至大夫之禮下有也字今據補於五禮上本脫聘禮二字以義補	同孔注
	釋文引者止此		無者字,餘同孔注
	句首亦脫篇名		同孔注
儀禮·公食大夫禮	也字依釋文增其引者止此	本疏考證曰之禮下本無也字釋文引主國至之禮也有也字今據補於五禮上本脫公食大夫四字以義補	無其字、者字,餘同孔注
	句首示脫篇名		示作亦,餘同孔注

續表

輯文篇次	孔廣林輯本注文	袁鈞輯本注文	黃奭輯本注文
儀禮·覲禮	釋文引者止此而句末有曰覲禮二字	本疏考證曰屬賓下本脫禮字小戴下本脫第字以義補釋文引前十一字句末有曰覲禮三字	無者字、而字，二作三，餘同孔注
	此下似脫禮字		同孔注
儀禮·喪服	釋文作降	本疏考證曰之禮下本無也字及喪必以下十一字從釋文補釋文引天子至飾也隆譌降以棄句本無棄字疏引鄭目錄不忍至之耳全存下無居字而已下有棄字今據補已棄亡之耳已下本無喪服於五禮屬凶禮八字以義補別錄上本有劉向二字此衍文也十六篇於別錄俱不出姓名不應此獨有今刪去	同孔注
	已上十二字依釋文增引止此		引前有釋文二字，餘同孔注
	本疏復又引此數句無居字已棄之棄依彼增		復作後，餘同孔注
	案已前十篇目錄於別錄俱不云劉向不應至此特出姓氏此二字誤衍蓋儀禮中軼刊監本者以通解爲本重校刊之而喪服至特牲通解於目錄皆不載錦尾第次監本依士冠疏補輒誤加耳		已作以，餘同孔注
儀禮·士喪禮	釋文引者止此	本疏考證曰屬凶下脫禮字以義補小戴第十三本譌第八士冠禮疏說小戴之次曰士喪爲第十三今據改釋文引前十四字	無者字，餘同孔注
	通解續引止此		同孔注
	小戴第十三本譌第八茲依疏說小戴之次改		同孔注

續表

輯文篇次	孔廣林輯本注文	袁鈞輯本注文	黃奭輯本注文
儀禮·既夕	釋文此下有也字	本疏考證曰哭時下三日下無也字從釋文補釋文引士喪至三日哭時下有也字無凡朝已下十八字其上士之其作若先葬前作在先葬三日下有也字大戴第五刪未詳	同孔注
	凡朝已下釋文無		同孔注
	釋文作若		同孔注
	也字依釋文增先葬前釋文作在前葬其引者止此		無其字、者字，餘同孔注
	此字未詳		同孔注
	大戴已下通解續無唯有別錄名士喪禮下篇八字		同孔注
儀禮·士虞禮	釋文安上有猶	本疏考證曰釋文引虞至安之虞下有猶字安之下有禮字今據補屬凶下本無禮字以義補小戴第八本譌第十五士冠禮疏說小戴之次曰士虞爲第八今據改	猶後增字字，餘同孔注
	釋文引者止此而句未有禮字		無者字、而字，未作末，餘同孔注
	通解續引止此		同孔注
儀禮·特牲饋食禮	釋文無此七字	本疏考證曰以歲時祭其祖禰之禮本作祭祖禰三字從釋文增釋文引諸侯至之禮止禰作廟士也之也本譌作而於五禮上本脫特牲二字以義改補大戴以下十三字本脫士冠禮疏云別錄即十七篇之次則別錄爲第十五又云大戴特牲爲第七小戴特牲爲第十今並據補也	同孔注
	疏及通解續並作諸侯之士祭祖禰兹從釋文釋文引者止此		無者字，餘同孔注
	此下似有脫文		同孔注
	此下當有大戴第七小戴第十別錄第十五十三字今脫蓋通解續無之監本又漏補		同孔注

續表

輯文篇次	孔廣林輯本注文	袁鈞輯本注文	黃奭輯本注文
儀禮・少牢饋食禮	釋文止引此句	本疏考證曰釋文引諸侯已下十四字	同孔注
	通解續無此七字		同孔注
儀禮・有司	釋文無此七字通解續無上字	本疏考證曰屬吉下本脫禮字別錄下本脫名字並以義補釋文引大夫既祭儐尸於堂之禮十字	同孔注
	釋文止引此句		同孔注
	通解續脫此四字		同孔注
	此下本衍徹字鄭注本無徹字		同孔注
	此下似脫禮字		同孔注
	此下似脫名字		同孔注
禮記・曲禮		本疏	
禮記・曲禮下		本疏	
禮記・檀弓		本疏	
禮記・檀弓下		本疏	
禮記・王制		本疏	
禮記・月令		本疏	
禮記・曾子問		本疏	
禮記・文王世子	釋文引目錄云以其善爲世子之禮故著諡號標篇言可法也	本疏考證曰以其記文王下本作爲世子時之法從釋文改補釋文引以其善爲世子之禮故著諡號標篇言可法也十八字	同孔注

續表

輯文篇次	孔廣林輯本注文	袁鈞輯本注文	黃奭輯本注文
禮記·禮運	釋文無此二字	本疏考證曰變易下本無及字從釋文補釋文引禮通至之道變易下有及字	同孔注
	此字依釋文增		同孔注
	末句釋文皆不引		同孔注
禮記·禮器	釋文引目錄云以其記禮使人成器孔子謂子貢瑚璉之器是也蓋撮舉其文耳	本疏考證曰釋文引鄭云以其記禮使人成器孔子謂子貢瑚璉之器是也約舉之詞	同孔注
禮記·郊特牲	釋文無此句	本疏考證曰本疏無也字已下十四字從釋文補入釋文無首五字郊天作祭天	同孔注
	釋文作祭		同孔注
	也字以下十四字依釋文增		以作已，餘同孔注
禮記·内則	釋文止引以其已下十四字	本疏考證曰釋文引以其已下十四字	同孔注
禮記·玉藻	釋文謂此句	本疏考證曰本無因以名之四字從釋文補釋文引以其至名之無天子二字及爲之二字	謂作無，餘同孔注
	釋文無此二字		同孔注
	釋文無此二字		同孔注
	釋文此下有因以名之四字		同孔注
禮記·明堂位	本脱位字依衛氏集説增釋文無此句	本疏考證曰明堂下本脱位字據衛氏集説增釋文引以其至之位無之時二字	同孔注
	釋文止引此句而無之時及也字		同孔注
禮記·喪服小記	句首似脱名曰二字	本疏考證曰疏引本無名曰二字以義補釋文止引以其句無字也	同孔注
	釋文止引此句而無也字		同孔注

續表

輯文篇次	孔廣林輯本注文	袁鈞輯本注文	黃奭輯本注文
禮記・大傳	釋文無首句此下有故以大傳爲篇六字	本疏考證曰疏引本無故以大傳爲篇句從釋文補釋文引以其至爲篇止	同孔注
禮記・少儀	正義作少兹從釋文	本疏考證曰釋文引以其至威儀止少作小	同孔注
禮記・學記		本疏考證曰釋文引學記至之義止	
禮記・樂記	釋文無曰字 釋文引者止此	本疏考證曰釋文名下無曰字引至之義止禮記樂記疏云案鄭目錄云第三是樂施第四是樂言第五是樂禮今記者以樂禮爲第三者鄭目錄當是舊次未合之時今之所列或記家別起意意趣不同故也柳貫集引鄭目錄樂記者至十一篇下云篇雖合布略有分焉	同孔注
禮記・雜記	釋文無此二字	本疏考證曰釋文無名曰二字及以下二字至士至作及	同孔注
	釋文無以下二字至作及		同孔注
禮記・雜記下	此十五字正義本引在雜記上録之末（？末）以曲禮檀弓例之似當在此	本疏考證曰此十五字本在前録之末以曲禮檀弓之例移置於此	末作末，餘同孔注

續表

輯文篇次	孔廣林輯本注文	袁鈞輯本注文	黃奭輯本注文
禮記·喪大記	大字依釋文增此下釋文有故以大記爲名六字	本疏考證曰疏引大事本無大字無故以大記爲名六字從釋文補釋文引以其至爲名止	大字作大事，餘同孔注
禮記·祭法	也字依釋文增	本疏考證曰之數下本無也字從釋文補釋文引以其至數也止	同孔注
禮記·祭義	釋文無曰字	本疏考證曰釋文名下無曰字記下無祭祀二字引至之義止	同孔注
	釋文無此二字		同孔注
	釋文無也字		同孔注
禮記·祭統	釋文此句在以其上之本下無也字而有故名祭統四字	本疏考證曰釋文統猶本也在以其上之本下無也字下有故名祭統四字	同孔注
禮記·經解	釋文無此二字	本疏考證曰釋文引經解至得失止得失上無之字	同孔注
	釋文無之無也		之後增字字，也後增字字，餘同孔注
禮記·哀公問	釋文無此句	本疏考證曰諡下本無以字從釋文補釋文引善其至顯之止	同孔注
	以字依釋文增		同孔注
	釋文引者止此		無者字，餘同孔注
禮記·仲尼燕居	釋文無此句	本疏考證曰釋文引善其至曰燕居止侍下無之字言事可法作言可法也	同孔注
	釋文無之字		同孔注
	釋文無事也字依釋文增		同孔注

續表

輯文篇次	孔廣林輯本注文	袁鈞輯本注文	黃奭輯本注文
禮記・孔子閒居	釋文無曰	本疏考證曰釋文名下無曰字善其下無既字不襲作不衰一下無弟子引至閒居止	曰下增字字，餘同孔注
	釋文無既無弟而不襲作不衰		同孔注
禮記・坊記	釋文無曰	本疏考證曰釋文名下無曰字失下無者字引至失也止	曰下增字字，餘同孔注
	釋文無者		者下增字字，餘同孔注
禮記・中庸	釋文無此句	本疏考證曰之德下本無也字從釋文補釋文引以其至德也止無伋字	同孔注
	釋文無此字		同孔注
	此字依釋文增		同孔注
禮記・表記	釋文無此句	本疏考證曰儀表下本無者也二字從釋文補釋文引以其至儀表下有者也二字	同孔注
	此二字依釋文增		同孔注
	索隱三代世表注引鄭云表明也疑在此		同孔注
禮記・緇衣	釋文無此句	本疏考證曰賢者下本無之字厚下本無故述其所稱之詩以爲其名十一字鄭詩下本無美武公三字並從釋文補入釋文引善其至公也止	同孔注
	者下之字故述至其名十一字美武公三字依釋文增釋文引者止此		依前增並字，引下無者字，餘同孔注
禮記・奔喪	釋文無此二字	本疏考證曰釋文無名曰二字以其二字居下有于字國作邦赴作歸無此於十字實下無逸字至篇也止	同孔注
	釋文無以其二字居下有於字國作邦赴作歸		同孔注
	釋文無此字		字作句，餘同孔注
	釋文引者止此而實下無逸		無者字、而字，逸下增字字，餘同孔注

續表

輯文篇次	孔廣林輯本注文	袁鈞輯本注文	黃奭輯本注文
禮記·問喪	釋文無此二字	本疏考證曰釋文引問喪至由也止以其記善問作善其問以知	同孔注
	釋文作善其問以知居喪之禮所由也		同孔注
禮記·服問	釋文無此二字	本疏考證曰之節下本無也字從釋文補釋文引服問至節也止以其善問作善其問	同孔注
	以問喪錄例之以脫記字釋文作善其問		以作似，餘同孔注
	也字依釋文增		同孔注
禮記·閒傳	釋文無曰	本疏考證曰所宜下本無也字從釋文補釋文名下無曰字引至宜也止	曰下增字字，餘同孔注
	也字依釋文增		同孔注
禮記·三年問	釋文無曰	本疏考證曰所由下本無也字依釋文補釋文名下無曰字至由也止	曰下增字字，餘同孔注
	也字依釋文增		同孔注
禮記·深衣	釋文此句在制也下	本疏考證曰唐揚之水疏引深衣至明矣無素純曰長衣五字祭服下無之字玉藻曰之作云釋文引作以其記深衣之制也名曰深衣謂連衣裳而純之以采也有表則謂之中衣以素純則曰長衣也刪約之辭	同孔注
	詩揚之水正義引者與此同釋文無深衣二字有讀字者作也		引下無者字，無有讀字三字，餘同孔注
	詩正義無此句釋文作以素純則曰長衣也在有表句下		同孔注
	詩正義無此字		同孔注
	正義作曰兹從詩正義		同孔注
	詩正義引者自深衣連衣裳至此		無者字，餘同孔注
	大夫以上已下至此釋文無		同孔注

續表

輯文篇次	孔廣林輯本注文	袁鈞輯本注文	黃奭輯本注文
禮記・投壺	釋文無此二字	本疏考證曰之禮下正篇下本無也字並從釋文補釋文無名曰二字及以其記三字之禮下有也字無此於二字正篇下有也字	同孔注
	釋文無此三字		同孔注
	也字依釋文增		同孔注
	釋文無此二字		同孔注
	釋文句末有也字		同孔注
禮記・儒行	釋文無此句	本疏考證曰釋文引以其至服人道德者之者作之行下無也字柔也作和也下有言字服人下有也字止	同孔注
	釋文者作之又無也字		同孔注
	釋文柔作和		同孔注
	言字也字依釋文增釋文引者止此		無者字，餘同孔注
禮記・大學	釋文無此二字	本疏考證曰釋文引大學至政也	同孔注
禮記・冠義	釋文無曰	本疏考證曰釋文引前二句名下無曰字	同孔注
禮記・昏義	釋文無此二字	本疏考證曰釋文引昏義至成也	同孔注
禮記・鄉飲酒義	釋文無此二字	本疏考證曰釋文無名曰二字下有也字無此于二字吉事作吉禮止	同孔注
	也字依釋文增		同孔注
	釋文引者無此於二字事作禮		引下無者字，增止此二字，餘同孔注
禮記・射義	釋文無此二字	本疏考證曰之義下本無也字從釋文補釋文無名曰二字之義下有也字無此於二字吉事作吉禮集說取於作取其	同孔注
	集說作其		同孔注
	也字依釋文增		同孔注
	釋文無此於事作禮		此於下增二字二字，餘同孔注

續表

輯文篇次	孔廣林輯本注文	袁鈞輯本注文	黃奭輯本注文
禮記·燕義	釋文無曰	本疏考證曰之義下本無也字從釋文補釋文名下無曰字君下有與字相尊作相報之義下有也字	曰下有字字，餘同孔注
	與字也字依釋文增報正義作尊誤依釋文改		同孔注
禮記·聘義	釋文無曰字	本疏考證曰釋文名下無曰字問下無之禮二字至之義止	同孔注
	釋文無之禮及也字		同孔注
禮記·喪服四制	釋文無此句	本疏考證曰禮知下本無四者二字從釋文引補釋文無首句取於作取其知下有四者二字無此於舊説四字喪服作喪禮	同孔注
	釋文作其誤		同孔注
	二字依釋文增		二上增此字，餘同孔注
	釋文無此於舊説四字服作禮		同孔注

　　唐田恬，北京大學中國語言文學系古典文獻專業博士，東北師範大學文學院講師。主要從事清代文獻的整理與研究。代表作：點校《十三經注疏校勘記》(負責《周禮》《禮記》《公羊傳》《爾雅》部分，北京：北京大學出版社，2016年)，在《中國典籍與文化》《中國典籍與文化論叢》《國際漢學研究通訊》等期刊發表論文多篇。

阮刻本《禮記注疏》校補缺文考

井　超

《禮記注疏》經、注、疏、釋文四者俱全的版本，目前可見的有元十行本、閩本、監本、毛本、殿本、《四庫》本、和珅本、阮刻本等，②元十行本上承宋十行本，下啓閩本、阮刻本等，在經書版本流傳中占據有極其重要的位置，明代不斷對其修補刷印，主要有明初修版、正德六年修版、正德十二年修版、嘉靖三年修版以及嘉靖重校修版等。根據不同源流，這些版本大致可以分爲三類：第一類是元刻明嘉靖重校修本→閩本→監本→毛本→殿本→四庫本；第二類是元刻明正德十二年修本→阮刻本；第三類是（宋十行本）→和珅本。③這些版本之中，唯有和珅本、阮刻本內容基本完整④，其他各本都或多或少存在缺頁、缺字等情況，影響了讀者對《禮記注疏》的使用。和珅本與阮刻本雖皆無缺文，但情況又有不同，和珅本的底本是宋十行本，本身就甚少缺文，而阮刻本底本乃日本静嘉堂文庫藏元刻明正德十二年修本⑤，此本至少經過了明

---

*　本文爲 2020 年度國家社科基金青年項目"阮元刊刻《十三經注疏》研究"（20CZW010）階段性成果。

②　本文討論各時期版本，所採用簡稱及所據版本如下：南昌府本爲臺灣藝文印書館影印南昌府學初刻《禮記注疏》63 卷；中華本爲中華書局 1980 年影印世界書局縮印阮刻《禮記注疏》63 卷；静嘉堂本爲日本静嘉堂文庫藏元刻明修《禮記注疏》63 卷；再造本爲《中華再造善本》影印元刻明修《禮記注疏》63 卷；閩本爲日本東京大學東洋文化研究所藏明嘉靖李元陽刻《禮記注疏》63 卷；監本爲日本國立公文書館藏明國子監刻《禮記注疏》63 卷；毛本爲美國哈佛大學漢和圖書館藏明崇禎毛晉汲古閣刻《禮記注疏》63 卷；殿本爲清乾隆四年武英殿刻《十三經注疏》本《禮記注疏》63 卷；和珅本爲日本國立公文書館藏清和珅仿宋刻本《附釋音禮記注疏》63 卷。

③　王鍔先生對《禮記》各版本源流關係進行了較爲全面的揭示，詳見《〈禮記〉版本研究》，北京：中華書局，2018 年。

④　南昌府本《禮記注疏》卷六〇第一九頁第一行右第一字下，仍有墨釘，占兩個字的位置。此其未及補者。這種情況極少，詳見阮元校刻《禮記注疏》，《十三經注疏》第 5 册，臺北：藝文印書館股份有限公司，2013 年，第 992 頁上欄。

⑤　静嘉堂本經阮元、皕宋樓收藏，筆者在《元十行本〈附音釋禮記注疏〉探賾》一文中考定爲阮元校刻《禮記注疏》所據底本，詳見《歷史文獻研究（總第 50 輯）》，揚州：廣陵書社，2023 年，第 159—171 頁。

初、正德六年和正德十二年三次校修，與《中華再造善本》影印北京市文物局藏元刻明嘉靖重校修本相比，阮刻底本未經嘉靖三年修版及嘉靖重校修，而嘉靖重校修除了大量重刻以外，還對留存下來的板片進行了修補，補足了一些缺文。① 因此，阮刻本校補缺文的工作量頗爲繁重。

就靜嘉堂本版頁來看，阮刻底本缺文主要有三種表現形式，一是版頁之中有空缺，二是版頁之中有墨釘，三是缺頁造成缺文。前人討論元十行本缺文，多集中在墨釘和缺頁上，對於空缺者很少關注，因此雖然空缺和墨釘是同一個問題的兩個不同表現形式，但本文對這三種缺文逐一討論。

一　阮刻本對底本空缺者的校補

元十行本《禮記注疏》的明代補版，正德十二年及以前的補版有大量缺文，嘉靖時期補版很少存在缺文，並且對前代補版缺文進行了一定的修補。如原板片缺文處未鏟去，雖印本作墨釘，不甚美觀，但修補時操作簡便。如原板片將缺文處鏟去，印本作空白，修補時需要補入木塊，再行刊刻，操作起來比較複雜。如缺文不多，還可用此法處理，缺文一多，則不如重刻省力。因此，版頁上作空缺，不利於補刻。阮刻底本靜嘉堂本，版頁上空缺的版頁有卷二三第十九頁B面、卷二四第十八頁A面、卷二六第三十頁A面、卷三四第十四頁A面、卷二七第五頁、卷二九第十六頁、卷六一第九頁至第十頁等，其中卷二七第五頁、卷二九第十六頁、卷六一第九頁至第十頁四頁空缺較多，比較典型，我們將其與樂平本②、再造本進行對比，略述如下：

靜嘉堂本卷二七第五頁之空缺，樂平本同，再造本修版，將缺文補齊，三個版本版心一致，皆爲白口，無補版時間，根據版心及字體判斷，當是正德十二年重刻版頁。靜嘉堂本卷二九第十六頁之空缺，樂平本同，皆有"王世珍膳"及刻工名"劉深"，樂平本版心有"正德六年刊"字樣，靜嘉堂本重裝作僞，

---

① 據李妏統計，再造本《禮記注疏》63卷共有590多處墨釘，涉及53卷，除卷一二、卷二四、卷二五、卷二八、卷三七、卷四三、卷五〇、卷五五、卷五七、卷六三外，其餘各卷均有墨釘。詳見李妏《元十行本〈附釋音禮記注疏〉墨釘成因初探》，《歷史文獻研究（總第42輯）》，揚州：廣陵書社，2019年，第76-87頁。

② 江西省樂平市圖書館藏有元刊明修十行本《禮記注疏》殘本，存卷七至卷九、卷一七至六三，缺13卷。就現存卷册來看，該本乃明初修印本，配以嘉靖三年補版印本。

割去此五字；再造本撤換此頁，重新刊刻，版心有"府舒校"三字，乃嘉靖重校修版，除有一處作墨釘外，其他缺文皆補齊。静嘉堂本卷六一第九頁、第十頁之空缺，樂平本同，版心有"正德六年刊"字樣，静嘉堂本重裝作僞，割去此五字；再造本嘉靖時修版，將缺文補齊，版心仍作"正德六年刊"。

在《禮記注疏校勘記》中，卷二七第五頁之空缺，没有一條校勘記。卷二九第十六頁之空缺，僅有三條校勘記提及，分別是：

  在尊南南上：閩、監本作"南上"，岳本同，嘉靖本同，衛氏《集説》同。毛本"南上"誤"面上"，此本訛脱。
  謂蜡祭時也：閩、監本如此，衛氏《集説》同，《考文》引宋板同。此本"時"字在，"謂蜡祭"三字缺。毛本"時"誤"是"。
  在賓主兩楹間旁側夾之：惠棟校宋本作"間"，衛氏《集説》同，《考文》引補本同。此本"間"字脱，閩、監、毛本"間"誤"之"。①

卷六一第九頁之空缺，僅一條校勘記出文涉及，但未專言底本缺文情況。卷六一第十頁之空缺，僅有一條校勘記提及：

  取其相應有象大數也：閩、監、毛本作"象大"，此本"象大"二字缺。岳本"大"作"天"，嘉靖本、衛氏《集説》同。②

根據校勘記内容來看，雖提及底本缺文，但這些校勘記並非是爲校底本缺文而設，而是反映别本訛誤時順帶提及。校勘記何以不校這些缺文呢？我們推測，因明嘉靖時期已將此四頁修補殆盡，故閩本、監本、毛本等此四頁皆不缺。洪震煊在校勘時，見閩、監、毛等不缺，故不校底本缺文。

以上四頁中的缺文，阮刻本《禮記注疏》皆不缺。盧宣旬在刊刻《禮記注疏》時，面對没有校勘記的缺文，衹能藉助閩本、監本、毛本、殿本、和珅本等進行補足。下面，我們以静嘉堂本卷二七第五頁爲例，説明阮刻本補版情況。（見圖1、圖2）

---

  ① 阮元《禮記注疏校勘記》卷二九，《江蘇文庫·文獻編》影印華東師範大學圖書館藏《十三經注疏校勘記》本，南京：鳳凰出版社，2018年，第6册，第9—10頁。
  ② 阮元《禮記注疏校勘記》卷六一，《江蘇文庫·文獻編》影印華東師範大學圖書館藏《十三經注疏校勘記》本，第6册，第162頁。

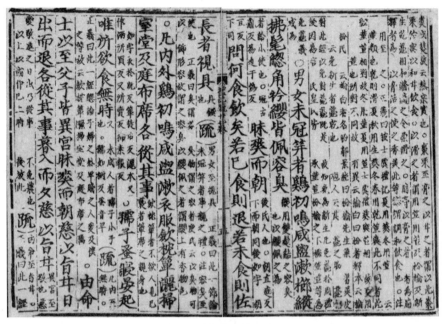

圖1　靜嘉堂本《禮記注疏》卷二七第五頁

圖2　南昌府本《禮記注疏》卷二七第五頁

此頁空缺多達三十一處，南昌府本已補齊，我們將南昌府本與閩本、監本、毛本、殿本、和珅本進行對校，發現南昌府本的絕大多數補缺與各本一致，不計體例不同造成的差異，南昌府本與各本的異文有以下四條：

1.卷二七第五頁第三行右"用萱"下空缺，南昌府本作"鄭玄云"，閩本、監本、毛本、殿本、和珅本作"鄭注云"。

2.卷二七第五頁第五行左"乾也"下空缺，南昌府本作"周禮"，閩本、監本、毛本、殿本、和珅本作"者按"，是。

3.卷二七第五頁第六行左"皇氏皆"下空缺，南昌府本作"失之"，閩本、監本、毛本、殿本、和珅本作"云文"，是。

4.卷二七第五頁第二十行左第一處空缺，南昌府本作"士"，閩本、監本、毛本、殿本、和珅本作"○"，是，此"○"乃注文與釋文之間隔。

這四處異文，第一處兩可，後三處皆是南昌府本文字訛誤，中華本第一處、第四處與南昌府本同，第二、三兩處已改正。南昌府本爲何會出現這種問題呢？原因大概有兩種，一是補寫者不細心導致誤刻，二是南昌府本依據補寫的版本與我們所見的閩、監、毛本等不是一個版次。

二　阮刻本對底本作墨釘者的校補

静嘉堂本《禮記注疏》中存在大量的墨釘，這些墨釘或零星出現，或成片出現，嚴重影響閱讀使用，阮刻本對墨釘皆進行了修補。這些墨釘校勘情況如何？是如何得到修補的呢？下面，我們以卷五三第七頁爲例進行考察。

《禮記注疏》卷五三是《中庸》篇的內容，第七頁涉及"誠者"至"久也"節疏文的"數也"二字，及"今夫"至"不已"節的經文、注文、釋文，疏文至"○詩曰惟天"止。此頁有十三行出現墨釘，以南昌府本計之，第一行右缺疏文"數也"二字，第七行右缺注文"昭昭地之博厚本由撮土"十字，第七行左缺注文"由一勺言天地山川積小"十字，第八行右缺注文"耿耿小明也振猶收也卷"十字，第八行左缺釋文"注同本亦作炤同撮七活"十字，第九行右缺釋文"嶽洩息列反卷李音權又"十字，第九行左缺釋文"勺徐市若反黿音元鼃徒"十字，第十行右缺釋文"蛟鼈必列反耿公迥反又公"十一字，南昌府本下"公"字衍，中華本無，故此行實缺十字，第十行左缺釋文"頂反舊音孔頂反區羌俱"十字，第十三行右缺注文"天所以爲天文王"七字，第十三行左缺注文"地山川之云也"六字，第十四行右缺釋文"穆上音烏下於"六字，第十四行左缺釋文"反慎如字一本"六字，第十五行右缺疏文"能從微至著"五字，第十五行左缺疏文"昭狹小之貌"五字，第十六行右缺疏文"之多〇今"四字，第十六行左缺疏文"多少唯一"四字，第十七行右缺疏文"五岳而不"四字，第十七行左缺疏文"山之初時"四字，第十八行右缺疏文"區也今夫"四字，第十八行左缺疏文"言爲之不"四字，第十九行右缺疏文"天地分而"四字，第十九行左缺疏文"昭與撮土"四字，第二十行右缺疏文"成大是從"四字，第二十行左缺疏文"天地體大"四字，此頁共缺一百五十七字。（見圖3、圖4）

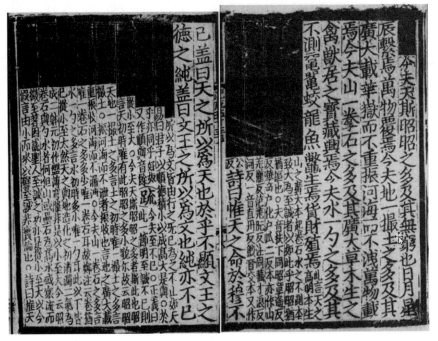

圖3　静嘉堂本《禮記注疏》卷五三第七頁

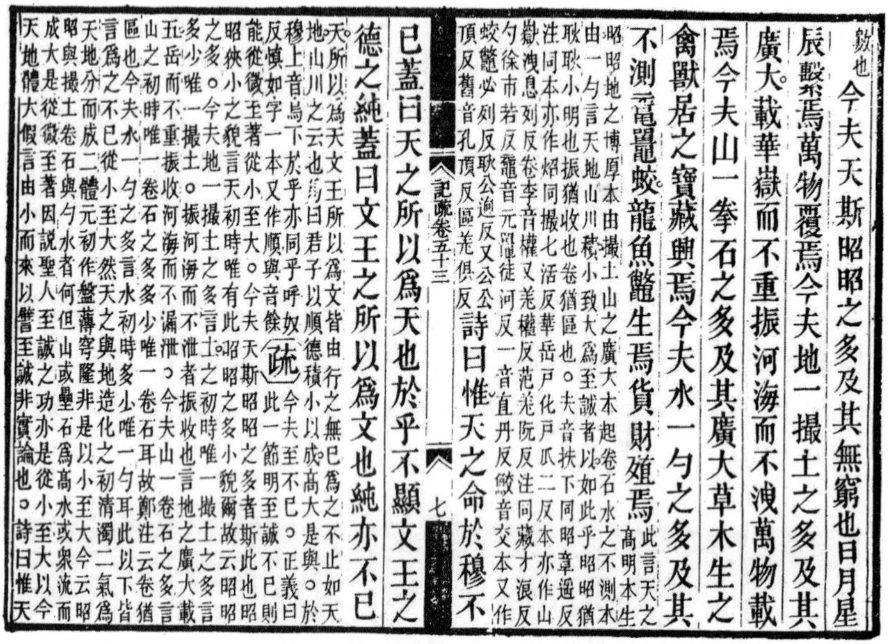
斂也今夫天斯昭昭之多及其無窮也日月星
辰繫焉萬物覆焉今夫地一撮土之多及其
廣大載華嶽而不重振河海而不洩萬物載
焉今夫山一拳石之多及其廣大草木生之
禽獸居之寶藏興焉今夫水一勺之多及其
不測黿鼉蛟龍魚鼈生焉貨財殖焉此言天之高明本生
昭昭地之博厚本由撮土山之廣大本起卷石水之不測本
由一勺言天地山川積小致大爲至誠者以如此乎昭昭猶
耿耿小明也振猶收也卷猶區也○夫音扶下同昭章遙反
注同本亦作炤同撮七活反華戶化反戶瓜二反本亦作山
嶽洩息列反卷李音權又羌權反范羌阮反注同藏才浪反
勺徐市若反黿音元鼉徒河反一音直丹反蛟音交本又作
蛟鼈必列反耿公迥反又公頂反舊音孔頂反區羌俱反詩曰惟天之命於穆不
記疏卷五十三 七
已蓋曰天之所以爲天也於乎不顯文王之
德之純蓋曰文王之所以爲文也純亦不已
天所以爲天文王所以爲文皆由行之無已爲之不止如天
地山川之云也易曰君子以順德積小以成高大是與○於
穆上音烏下於乎亦同乎呼奴反愼如字一本又作順與音餘
疏今夫至不已○正義曰此一節明至誠不已則
能從微至著從小至大○今夫天斯昭昭之多者斯此也昭
昭狹小之貌言天初時唯有此昭昭之多小貌爾故云昭昭
之多○今夫地一撮土之多言土之初時唯一撮土之多言
多少唯一撮土○振河海而不泄者振收也言地之廣大載
五岳而不重振收河海而不漏泄○今夫山一卷石之多言
山之初時唯一卷石之多多少唯一卷石耳故鄭注云卷猶
區也今夫水一勺之多言水初時多少唯一勺耳此以下皆
言爲之不已從小至大然天之與地造化之初清濁二氣爲
天地分而成二體元初作盤薄穹隆非是以小至大今云昭
昭與撮土卷石與勺水者何但山或壘石爲高水或衆流而
成大是從微至著因說聖人至誠之功亦是從小至大以今
天地體大假言由小而來以譬至誠非實論也○詩曰惟天

圖 4　南昌府本《禮記注疏》卷五三第七頁

此頁校勘記涉及經、注、疏、釋文，《禮記注疏校勘記》中共出校 15 條，《禮記釋文校勘記》没有出校。爲方便討論，列之如下：

1. 本由撮土：惠棟校宋本、岳本、嘉靖本、衛氏《集説》同，閩、監、毛本“由”作“起”。

2. 本從一勺皆合少成多自小致大：惠棟校宋本、宋監本、岳本、嘉靖本、衛氏《集説》同。閩、監、毛本“從”誤“由”，“皆合少成多自”誤“言天地山川積”。孫志祖校云：“《困學紀聞》‘合少成多’出《中庸》注。閻若璩云無此語，蓋未見宋本也。”

3. 昭昭猶耿耿小明也振猶收也：惠棟校宋本、宋監本、岳本、嘉靖本同，閩、監本“耿耿小明也振猶收也”九字缺。

4. 天所以爲天：惠棟校宋本、宋監本、毛本、岳本、嘉靖本同，閩、監本五字缺。

5. 如天地山川之云也：惠棟校宋本、宋監本、毛本、岳本、嘉靖本、衛氏《集説》同，閩、監本“地山川之云也”六字缺。

6. 明至誠不已則能從微至著從小至大：惠棟校宋本同，閩、監、毛本“能從微至著"誤"聖人至誠亦"。

7. 昭昭狹小之貌：惠棟校宋本同，閩、監、毛本"狹小之貌"四字缺。

8. 故云昭昭之多○：惠棟校宋本同，閩、監、毛本"之多"二字作三空缺。

9. 言多少唯一撮土：惠棟校宋本同，閩、監、毛本"多少唯一"四字缺。

10. 載五岳不爲重：惠棟校宋本同，閩、監、毛本作"載華嶽而不重"。

11. 言山之初小唯一卷石之多：惠棟校宋本同，閩、監、毛本"小"作"時"。

12. 此以下皆言爲之不已：惠棟校宋本同，閩、監、毛本"爲之"誤"至誠"。

13. 清濁二氣爲天地分而成二體：惠棟校宋本同，閩、監、毛本"天地分而"四字缺。

14. 水或衆流而成大是從微至著：惠棟校宋本同，閩、監、毛本"成大是從"誤"聚爲深自"。

15. 以今天地體大：惠棟校宋本同，閩、監、毛本"體大"誤"山川"。①

南昌府本根據以上十五條校勘記，補足缺文，凡校勘記言閩、監、毛本誤或者缺文者，除第二條以外，南昌府本皆據校勘記改正或者補足，計有第一條、第三至九條、第十二至十五條。第二條當是刊刻者一時疏忽，照抄閩、監、毛本的文字，中華本改作"本從一勺皆合少成多自小致大"，訂正了南昌府本的問題。第十、十一兩條，校勘記祇列異文，不作判斷，南昌府本遂與閩、監、毛本一致，唯將"華嶽而不重"之"華"字改成"五"字，殿本作"華"，和珅本作"載五岳不爲重"，可以排除南昌府本刊刻者參考殿本、和珅本的可能性，因此，極有可能是刊刻者遵照閩、監、毛本的同時，見"華"字爲誤字，遂徑改爲"五"。

對照缺文和校勘記，我們可以發現，校勘記並未對所有缺文出校，第一行右所缺疏文"數也"二字，第七行右所缺注文"昭昭地之博厚"六字，第八行左所缺釋文"注同本亦作炤同撮七活"十字，第九行右所缺釋文"嶽洩息列反卷李音權又"十字，第九行左所缺釋文"勺徐市若反黿音元黿徒"十字，第十行右所缺釋文"蛟黿必列反耿公迥反又"十字，第十行左所缺釋文"頂反舊音孔頂反區羌俱"十字，第十四行右所缺釋文"穆上音烏下於"六字，第十四行

---

① 阮元《禮記注疏校勘記》卷五三，《江蘇文庫·文獻編》影印華東師範大學圖書館藏《十三經注疏校勘記》本，第6册，第128—129頁。

左所缺釋文"反慎如字一本"六字,第十六行右所缺疏文"今"字,第十八行右所缺疏文"區也今夫"四字,第十九行左所缺疏文"昭與撮土"四字,凡七十九字,校勘記没有涉及。僅憑校勘記,盧宣旬没有辦法補齊缺文,祇能藉助其他版本。有校勘記的缺文,盧宣旬可斟酌去取,我們把没有校勘記的缺文與盧宣旬可能利用到的版本進行對比,探討盧宣旬如何補足這些文字。(見表1)

表1 南昌府本《禮記注疏》卷五三第七頁無校勘記補字與各本文字對照表

缺文位置	南昌府本	閩本	監本	毛本	殿本	和珅本
第一行右疏文	數也	數也	數也	數也	數也	數也
第七行右注文	昭昭地之博厚	昭昭地之博厚	昭昭地之博厚	昭昭地之博厚	昭昭地之博厚	昭昭地之博厚
第八行左釋文	注同本亦作烈同撮七活	墨釘	空缺	註同本亦作烈同撮七活	注同本亦作烈同撮七活	注同本亦作烈同撮七活
第九行右釋文	嶽洩息列反卷李音權又	墨釘	空缺	嶽洩息列反卷音權+空缺+又	嶽洩息列反卷李音權又	嶽洩息列反卷李音權又
第九行左釋文	勺徐市若反黿音元黿徒	墨釘	空缺	勺徐市若反黿音元黿徒	勺徐市若反黿音元黿徒	勺徐市若反黿音元黿徒
第十行右釋文	蛟鼉必列反耿公迥反又公	墨釘	空缺	蛟鼉必列反耿公迥反又	蛟鼉必列反耿公迥反又	蛟鼉必列反耿公迥反又
第十行左釋文	頂反舊音孔頂反區羌俱	墨釘	空缺	頂反舊音孔頂反區羌俱	頂反舊音孔頂反區羌俱	頂反舊音孔頂反區羌俱
第十四行右釋文	穆上音烏下於	墨釘	空缺	穆上音烏下於	穆上音烏下於	穆上音烏下於

續表

缺文位置	南昌府本	閩本	監本	毛本	殿本	和珅本
第十四行左釋文	反慎如字一本	墨釘＋本	空缺＋本	反慎如字一本	反慎如字一本	反慎如字一本
第十六行右疏文	今	今	今	今	今	今
第十八行右疏文	區也今夫	區也○今夫	區也○今夫	區也○今夫	區也今夫	區也今夫

　　首先需要説明的是，南昌府本第十行右釋文所補"蛟鼈必列反耿公迥反又公"釋文，於十字的位置擠刻入十一字，衍末"公"，除閩本、監本缺以外，毛本、殿本、和珅本皆不衍，此當是南昌府本刊刻時的疏失，中華本不誤，説明南昌府本後世修版已更正之，故其中的差異可忽略不計。

　　《禮記注疏》卷五三第七頁中《禮記注疏校勘記》未出校的缺文，閩本、監本大多也缺。毛本"嶽洩息列反卷李音權又"誤爲"嶽洩息列反卷音權＋空缺＋又"，缺"李"字，增一空格；"區也今夫"沿閩、監本之誤作"區也○今夫"，較之底本墨釘，多一字。毛本中的這兩處問題，皆較易發現，可據別本補齊。除第十行右釋文補字以外，南昌府本補字與殿本全同。和珅本"昭昭地之博厚"之"博"作"愽"，第十行右釋文補字不衍"公"字，其他各條，南昌府本補字也皆與和珅本同。"愽""博"乃古今字，南昌府本如若據和珅本補字，逕改爲"博"也無可厚非。因此，南昌府本《禮記注疏》卷五三第七頁未出校的缺文，有三種補字的可能：一是，以毛本爲主，參考殿本或和珅本；二是以殿本爲依據改字；三是以和珅本爲依據改字。結合有校勘記的缺文的校補情況，極有可能是第一種情況。

　　下面，我們再以南昌府本《禮記注疏》卷六一第二三頁校補爲例，考察南昌府本校補缺文的情況。

　　《禮記注疏》卷六一第二三頁是《鄉飲酒義》"介必"至"參也"節的部分經文和注文、釋文、疏文。《禮記注疏校勘記》不憚其煩，出校二十條，校補此頁面缺文。列之如下：

1. 大數取法於月也：惠棟校宋本如此，宋監本、岳本、嘉靖本、衛氏《集說》同。閩、監、毛本"法"上衍"象"字，此本空缺。

2. 更揔明鄉飲酒坐位：惠棟校宋本如此。閩、監、毛本"明"誤"言"，"酒"下衍"禮"字，此本空缺。衛氏《集說》亦作"明"。

3. 每事皆三之義：惠棟校宋本作"之義"，衛氏《集說》同。閩、監、毛本"之義"二字誤"以成禮"三字，此本空缺。

4. 東方產育萬物故爲聖也：惠棟校宋本如此，衛氏《集說》同。閩、監、毛本"爲聖"上衍"爲春"二字，"也"字脫。

5. 長之使大仁恩也：惠棟校宋本如此，衛氏《集說》同。閩、監、毛本"仁恩也"誤"亦爲仁"，此本空缺。

6. 於五行春爲仁：閩、監、毛本有"於"字，惠棟校宋本無，此本空缺。

7. 春夏皆生養萬物俱有仁恩之義：《考文》引宋板如此，閩、監、毛本"生養萬物"四字誤"是生育長養"五字，此本空缺。

8. 以生物言之則謂之聖：《考文》引宋板如此，閩、監、毛本"言之則謂"四字誤"於春如通明"五字，此本空缺。

9. 藏也者此言北方主智：閩、監、毛本有"此"字，惠棟校宋本"此"字無，此本空缺。

10. 若以萬物歸藏言之：惠棟校宋本如此，閩、監、毛本"萬物歸"三字誤"其生長收"四字，此本空缺。

11. 主人獻賓將西行就賓：惠棟校宋本如此，衛氏《集說》同。閩、監、毛本"賓將西"三字誤"酬之禮既"四字，此本空缺。

12. 以介覻隔賓主之間也：惠棟校宋本如此，衛氏《集說》同。閩、監、毛本"隔"字誤"在於"二字，此本空缺。

13. 釋所以主人居東方之意：惠棟校宋本如此，衛氏《集說》同。監、毛本"意"上衍"義"字，此本空缺，閩本同。

14. 故主人造爲產萬物之象者也：閩、監、毛本如此，衛氏《集說》"象"下無"者"字，《考文》引宋板"象者"二字作"事"字，此本空缺。

15. 魄謂明生：惠棟校宋本如此，衛氏《集說》同。閩、監、毛本"明"字誤"月輪"二字。

16. 若初以前月大：閩、監、毛本如此，衛氏《集說》"初"上無"若"字，《考文》引宋板"若初"二字作"所"字,此本空缺。

17. 三賓者政教之本者:惠棟校宋本如此,閩、監、毛本"政"上衍"爲"字,此本空缺。

18. 象國之立三卿:《考文》引宋板同,閩、監、毛本"象"上衍"亦"字。

19. 大數取法於月也:閩、監、毛本"法"上衍"象"字。

20. 故禮之數取法於月也:《考文》引宋板同,衛氏《集説》同,閩、監、毛本"數"上衍"大"字。①

我們將以上二十條校勘記與静嘉堂本缺文相校,除第一行右注文缺文"言禮者陰也"之"也"字和第一行左釋文缺文"○成魄普伯"五字未出校,其餘缺文皆一一出校。南昌府本補全缺文,第二行左疏文至第六行右疏文經過了重排。以上二十條校勘記所涉缺文,南昌府本補刻時,凡校勘記言閩、監、毛本有誤的皆改正,即便是像第六、九、十四條這樣没有明確正誤結論的,也以惠棟校宋本或者衛湜《禮記集説》文字,體現了遵從早期版本的傾向,與對卷五三第七頁有校勘記的缺文的處理方式不同,這説明盧宣旬校補缺文,有一定的隨意性。

另外,第二條、第十六條校勘記對應的缺文,南昌府本補刻作"更揔明鄉飲酒禮坐位""若以前月大",與校勘記意見不合,屬於工作失誤。第十一條校勘記對應的缺文,南昌府本補刻作"主獻賓將西行就賓","主"下缺"人"字,與校勘記出文不合,但不影響文意。此句話位於第六行右側,缺此字以後,第六行左以後疏文,皆與底本位置一致,當是刊刻者有意爲之。

此頁没有校勘記的缺文不多,但是具有一定的典型性。第一行右注文缺文"言禮者陰也"之"也"字,南昌府本作"也",閩本、監本、毛本、殿本、和珅本同,毋庸贅述。第一行左釋文缺文"○成魄普伯",南昌府本作"○成魄普伯",閩本、監本、毛本同,殿本作"魄普伯",和珅本作"○卿去京"。這驗證了我們在卷五三第七頁中的猜測,就我們抽校葉面缺文看,南昌府本補字當是以毛本爲主的。

---

① 阮元:《禮記注疏校勘記》卷六一,《江蘇文庫·文獻編》影印華東師範大學圖書館藏《十三經注疏校勘記》本,第 6 册,第 164—165 頁。

三　阮刻本對底本缺頁者的校補

　　静嘉堂本卷一第二十四頁，卷二第二頁，卷一〇第二十七頁，卷一一第十六頁，卷一二第三頁，卷一九第二十一頁，卷二一第十一頁，卷二六第四頁，卷二九第二十頁，卷三〇第七頁、第九頁，卷三一第十四頁，卷三七第二十一頁，卷四八第七頁，卷五三第十七頁，卷五六第十五、十六、十七頁，卷五七第七頁，卷五九第六頁，卷六〇第十七、十八頁，卷六二第十頁皆抄配，共計二十三頁。

　　通過考察《禮記注疏校勘記》相關内容，對照樂平本、再造本版頁，我們發現静嘉堂本抄配頁中，阮元校勘之後的缺頁占大多數，比如，卷一第二十四頁，静嘉堂本爲抄配，再造本缺頁，似乎此頁缺誤已久。然其中"故曾子兒啼妻云"句，阮校曰："監、毛本作'妻'。此本'妻'誤'箋'，閩本同。衛氏《集説》不誤。"①校勘記明確稱底本誤爲"箋"字，則阮元校勘時并不缺頁。静嘉堂本抄配作"妻"，與校勘記所言底本情況不同，此頁抄配時間應在阮元校書之後。卷一一第十六頁静嘉堂本抄配，再造本爲正德十二年補版。其中"大公爲王官伯"句，阮校曰："惠棟校宋本作'王'，此本'王'誤'三'，閩、監、毛本作'五'，亦非。"②静嘉堂本抄配作"王"，再造本爲"三"。説明阮元所見之本尚不缺頁。卷六二第十頁，静嘉堂本抄配，樂平本爲原版頁，再造本爲嘉靖三年新刊版頁，校勘記多條提及底本缺文，樂平本皆與之吻合，説明阮元校勘《禮記注疏》所見之本尚未缺頁。

　　通過比較，有四頁缺頁阮元校勘之前就存在，分别是卷一九第二十一頁，卷二一第十一頁，卷六〇第十七、十八頁，這四頁皆有較爲詳實的校勘記説明底本缺文的情況。另外，還有兩頁可以推測出阮元校勘之前就存在，卷二九第二十頁，静嘉堂本爲抄配，樂平本和再造本皆爲《附釋音周禮注疏》卷二〇第二十頁，足見此誤由來已久，且被繼承到嘉靖年間。雖校勘記出校較少，未提及底本缺頁或者缺文，但我們懷疑此頁阮元校勘之前就缺。卷三〇

---

①　阮元：《禮記注疏校勘記》卷一，《江蘇文庫·文獻編》影印華東師範大學圖書館藏《十三經注疏校勘記》本，第 5 册，第 474 頁上欄。

②　同上書，第 548 頁下欄。

第七頁，静嘉堂本爲抄配，樂平本空缺，再造本空缺，校勘記雖未説明底本缺頁、缺文，此頁亦當爲阮元校勘之前就有的缺頁。

我們以《禮記注疏》卷二一第十一頁爲例，探討阮刻本如何校補缺頁。

《禮記注疏》卷二一第十一頁爲《禮運》"及其"至"其初"節疏文"上古中古而來"至"昔者"至"其朔"節疏文"計一百六"的内容。静嘉堂本此頁爲抄配，樂平本亦爲抄配，再造本則缺頁，説明此頁缺誤已久。《禮記注疏校勘記》出校二十七條，列之如下：

1. 前文云燔黍捭豚謂中古之時：惠棟校宋本同，閩、監、毛本"燔黍捭豚謂中古之"八字缺。

2. 但中古神農未有宫室上棟下宇：惠棟校宋本同，閩、監、毛本"中古神農未有宫室"八字缺。

3. 及在五帝以來：閩、監、毛本同，浦鏜校"及"改"乃"。

4. 此及其死也而云升屋則非神農時也：惠棟校宋本同，閩、監、毛本"也而云升屋則非神農"九字缺。

5. 以爲五帝時或爲三王時皇氏以爲：惠棟校宋本同，閩、監、毛本"時或爲三王時皇氏以"九字缺。

6. 夏則居橧巢：閩、監、毛本同，《石經》同，岳本同，嘉靖本同，衛氏《集說》同。《釋文》出"居橧"云"本又作'增'，又作'曾'，同則登反"；出"櫟"云"本又作'巢'"。《考文》引古本、足利本"橧"作"櫓"。洪頤煊《九經古義補》云："按《太平御覽》五十五引作'櫓'，《家語·問禮篇》亦作'櫓'。劉熙《釋名》云：'櫓，露也，露上無屋覆也。'《左傳》'楚子登巢車，以望晋軍'，杜注云'巢車，車上加櫓'，孔氏《正義》引《說文》云'轈，兵高車加巢，以望敵也。櫓，澤中守草樓也。"巢"與"櫓"，皆樓之别名'。今本作'橧'，傳寫之誤。"

7. 寒則累土暑則聚薪柴居其上：毛本同，岳本同，嘉靖本同，衛氏《集說》本同，閩、監本十二字缺。按：此節閩、監本經注多缺，"合土"以下至節末全缺，毛本已完補。兹不復載。

8. 食腥也：此注文三字在"未有火化"句下，毛本同，岳本同，嘉靖本同，衛氏《集說》同。閩、監本並脱。

9. 作起：此"後聖有作"句下注，毛本同，岳本同，嘉靖本同，衛氏《集說》

同。閩、監本脱。

10. 然後脩火之利：閩、監本同，《石經》同，岳本同，嘉靖本同，衛氏《集説》同，毛本"脩"作"修"。

11. 孰冶萬物：閩、監、毛本同，嘉靖本同，衛氏《集説》同，《考文》引古本、足利本"冶"作"治"。按："治"非也，此本疏亦作"治"，字之誤也。

12. 瓦瓴甓及甋大：毛本同，岳本同，嘉靖本同，《釋文》出"令甓及甋大也"，《考文》云"甋大"下有"也"字。

13. 以爲臺榭宫室牖户：《石經》同，岳本同，嘉靖本同，衛氏《集説》同，毛本"牖"誤"牖"。

14. 榭器之所藏也：此"以爲臺榭宫室牖户"注文，監本空缺。

15. 以炮：諸本同，監本空缺。

16. 裹燒之也：此"以炮"注文，諸本同，監本空缺。

17. 以燔：諸本同，監本空缺。

18. 加於火上：此"以燔"注文，諸本同，監本空缺。

19. 以亨：諸本同，監本空缺。

20. 煮之鑊也：此"以亨"注文，諸本同，監本空缺。

21. 以炙：諸本同，監本空缺。

22. 貫之火上：此"以炙"注文，諸本同，監本空缺。

23. 以爲醴酪：諸本同，監本空缺。

24. 烝釀之也酪酢酨：此"以爲醴酪"注文，諸本同，監本空缺。

25. 治其麻絲以爲布帛以養生送死以事鬼神上帝皆從其朔：諸本同，監本空缺。

26. 朔亦初也亦謂今行之然：此"皆從其朔"注文，諸本同，監本空缺。

27. 疏：閩、監、毛本此節疏文多缺，此"疏"字亦缺，惟此本及惠棟校宋本完善，今具録於左。浦鏜校從《儀禮經傳通解續補》入，亦同。

昔者先王至其朔惠棟校宋本作"昔者至羽皮"。○正義曰此一節更論上古之事昔者先王既云未有宫室則揔是五帝之前云未有火化之事則唯爲伏犧之前以上文中古神農有火故也○冬則居營窟監、毛本"營窟"誤"檜巢"。者營累其土而爲窟地高則穴於地地下則窟於地上謂於地上累土而爲窟○夏則居檜巢者謂檜聚其薪以爲巢○飲其血茹其毛者雖食鳥獸之肉若不能飽者則茹食其毛以助飽也若漢時蘇武以雪雜羊毛而食之是其類也〇後聖至其朔〇正義曰此一節論中古神農及五帝并三王之事各隨文解之〇後聖有作者謂上古之後聖人作起〇然後脩火之利者謂神農也火利言脩者火利先有用之簡少至神農更脩益使多故云脩知者以世本云燧人出火案鄭六藝論云燧人在伏犧之前凡六紀九十一代廣雅云一紀二十六萬七千年六紀計一百六十萬二千年也①

    閩本、監本、毛本、殿本此頁多缺誤，以上二十七條校勘記祇是將閩、監、毛本缺誤或者兩可的異文列出，無法涵蓋所有缺文，釋文部分更是一條校勘記都沒有。阮刻本補刻此頁，僅據校勘記是無法完成的。而且，因體例的關係，僅據毛本、殿本也不可能完成補缺。元十行本以下各本中，唯和珅本此頁完整。那麼，阮刻本補缺祇有兩種可能性，一是靜嘉堂本抄配頁在阮校之前就存在，阮元校補皆以此抄配頁爲依據，另一種可能是據和珅本校補。究竟爲哪一種可能性呢？

    以上所列校勘記中，第十一條校勘記，根據内容來看，底本應當誤作"治"，和珅本即誤作"治"，而靜嘉堂本抄配頁作"冶"；第二十七條校勘記曰"此本及惠棟校宋本完善"，此處的"此本"指的不是阮校底本，而是另有他指。如若底本完好，《禮記注疏校勘記》沒有必要大費周章，出如此多的校勘記。盧宣旬摘錄校勘記時，僅僅刪去第八條、第九條及第二十七條所錄原文，也説明底本有缺文。因此，此處所謂"此本"极有可能是暗引的和珅本。

    那麼，阮元所藏元十行本卷二一第十一頁抄配頁是何時據何本抄呢？靜嘉堂抄配頁上有一則避諱，釋文"甓，步厤反"之"厤"，與阮刻本同，當是避乾隆名諱，説明此頁抄配在乾隆時期或者以後。因元十行本凡有正德補頁者皆缺此頁，此頁的抄配祇有兩種可能性，或者據和珅本抄，或者據阮刻本抄。就第十一條校勘記的内容來看，此頁據阮刻本抄的可能性更大。（見圖5、圖6、圖7）

---

① 阮元:《禮記注疏校勘記》卷二一，《江蘇文庫·文獻編》影印華東師範大學圖書館藏《十三經注疏校勘記》本，第 5 冊，第 630－631 頁。

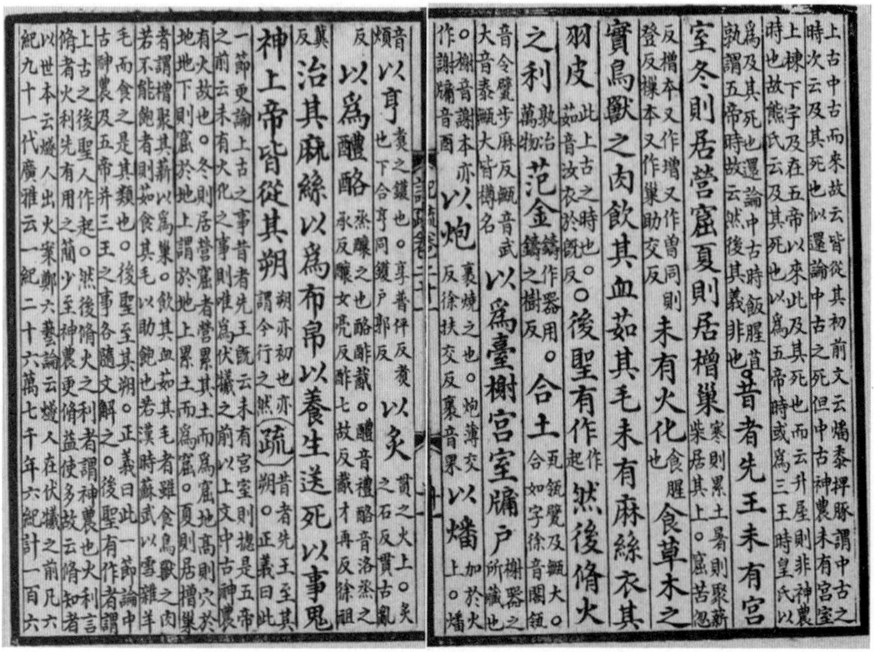

圖 5　靜嘉堂本《禮記注疏》卷二一第十一頁（抄配頁）

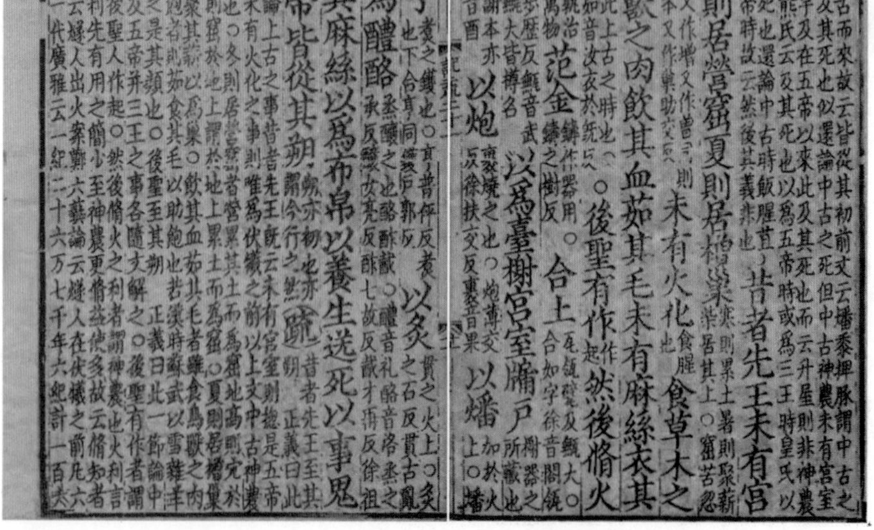

圖 6　和珅本《禮記注疏》卷二一第十一頁

圖7 南昌府本《禮記注疏》卷二一第十一頁①

就刊刻而言,南昌府本卷二一第十一頁,並非照録和珅本文字,而是結合校勘記改字,"及在五帝以來"之"及"字,和珅本作"及",南昌府本改作"乃",蓋據校勘記,從浦鏜之説。此頁之"○",因體例原因,和珅本偶作空缺,南昌府本殆據底本體例而補。

結語:阮元校刻《禮記注疏》所據底本元刻明正德十二年修本有大量缺文,主要表現爲文字空缺、墨釘或者缺頁,這是校刻者不得不面對的棘手問題。在文獻流通不夠通暢的時代,想要把這些缺文補齊,絶非易事。元十行本在明代經過了多次修版,中後期的修版一項重要任務就是補刻缺文,尤以嘉靖重校修補刻缺文爲多,所補文字正誤參半,並不可靠。元刻明嘉靖重校修本、閩本、監本、毛本輾轉翻刻,缺文逐漸得到校補,但仍存在不少,且所補缺文也或多或少地存在問題。阮元校刻《禮記注疏》,在校、刻兩個階段,都對底本缺文做了大量工作,《禮記注疏校勘記》對缺文進行了校勘,不過存在遺漏之處,阮刻本《禮記注疏》將底本缺文基本補齊,實乃大功一件。刊刻者

---

① 加墨圍者爲校勘記涉及文字。

補足缺文,除了利用校勘記以外,或以毛本爲據,或利用和珅本,綜合取材,沒有明確標準,情況複雜,需要具體分析。

　　井超,南京師範大學文學院副教授,研究方向爲經學文獻整理與研究、清代學術史研究。

《撫本禮記鄭注考異》辨正

張　文

南宋淳熙四年(1177)撫州公使庫所刻《禮記注》二十卷，學界公認爲現存最精良完整的《禮記》經注版本。① 清嘉慶十一年(1806)，江寧知府張敦仁"影摹重彫"此撫州本，校讎名家顧千里實際主持其事，顧氏於是撰成《撫本禮記鄭注考異》，而以張氏名義刊行流傳。《撫本禮記鄭注考異》上下卷凡577條，考辨諸本是非異同，論説多有精見卓識。近年所見喬秀岩先生《學〈撫本考異〉記》《影印張敦仁影刻撫本禮記識語》、李科先生《〈撫本禮記鄭注考異〉之校勘學價值略論》、侯婕先生《〈撫本禮記鄭注考異〉平議》《〈撫本禮記鄭注考異〉整理前言》，② 對其學術成就皆有系統總結和精要評判。《考異》乃精心結撰之作，顧氏自負以爲有功學者可傳不朽，當初對此已有自我期許和評價："觀乎《考異》之爲書，舉例也簡，持論也平，斷決也精，引類也富，大抵有發疑正讀之功，無繭絲牛毛之苦，去鑿空騰説之損，收實事求是之益，豈但有功於此書也哉？夫固使弊於校者，箴其膏肓而起其廢疾矣。"③ 核諸實際情況，斯言堪稱定評，絶非自我溢美。誠如喬秀岩先生所論，"《考異》充分體

---

* 本文部分内容曾提交參加2022年12月北京大學中國古文獻研究中心主辦的"禮學文本的成立、經典化與詮釋"研討會，承蒙北京大學劉玉才教授、南京師範大學王鍔教授、中國社會科學院部同麟研究員等專家評議並提供修改建議，在此謹致由衷謝忱。

① 參見喬秀岩：《〈禮記〉版本雜識》，《北京大學學報(哲學社會科學版)》2006年第5期，第103—111頁；王鍔：《南宋撫州本〈禮記注〉研究》，《中國經學》第11輯，桂林：廣西師範大學出版社，2013年，第153—178頁。

② 喬秀岩：《學〈撫本考異〉記》，《學術史讀書記》，北京：生活·讀書·新知三聯書店，2019年，第135—162頁；喬秀岩：《影印張敦仁影刻撫本禮記識語》，《禮記》(顧校叢刊)卷首，福州：福建人民出版社，2020年，第1—17頁；李科：《〈撫本禮記鄭注考異〉之校勘學價值略論》，《版本目録學研究(第六輯)》，北京：北京大學出版社，2015年，第325—337頁；侯婕：《〈撫本禮記鄭注考異〉平議》，《歷史文獻研究(總第43輯)》，揚州：廣陵書社，2019年，第324—331頁；張敦仁撰，侯婕整理：《撫本禮記鄭注考異》，王鍔主編：《學禮堂叢刊》，北京：北京聯合出版公司，2022年，第77—92頁。

③ 顧廣圻著，王欣夫輯：《顧千里集》卷十七跋三《禮記考異二卷》，北京：中華書局，2007年，第265頁。

現顧千里對經注文本的深刻理解，説是清代《禮記》學的最高成就，不算過譽"，"《撫本考異》是我們學文獻學、提高讀書能力、深入理解鄭玄注經的最佳嚮導"。① 可以確切無疑地説，《撫本禮記鄭注考異》不僅是經籍版本校勘的一大傑作，也是清代《禮記》研究的重要成果，其校勘理念和研究方法皆具有典範意義。

然而因受時代條件局限，顧氏所據版本基礎薄弱，其推理論證亦偶有疏漏，賢者千慮之失誠所難免。如就版本而言，顧氏主要據《唐石經》、撫州本、明嘉靖刻單行經注本、相臺岳氏刻經注附釋音本，以及元刻明修十行本、明嘉靖間李元陽刻本、萬曆間北京國子監本、崇禎間毛氏汲古閣本等所謂"俗注疏本"，其中宋本惟有撫州本一種。我們今天能方便利用的很多宋本，如國家圖書館所藏南宋婺州蔣宅崇知齋刻經注本（存卷一—卷五）、建安余仁仲萬卷堂刻經注附釋音本、纂圖互注本、紹熙三年兩浙東路茶鹽司刻宋元遞修注疏本（即越刊八行本），皆有《中華再造善本》影印本。以及南宋蜀刻大字本，現分藏遼寧圖書館（卷一—卷五）、國家圖書館（卷六—卷二〇），國家圖書館出版社 2020 年合璧影印。又有日本足利學校所藏越刊八行本，其印製時間尚早於國圖藏本，文字質量也更爲精善，北京大學出版社 2014 年據之影印。此外敦煌文獻中還有《禮記》寫本殘卷，其抄寫時代遠在經書始有刊版之前，對於經注校勘尤有特殊意義。② 這些版本資料都有重要價值，但在當時顧氏皆無緣獲見。雖然顧氏校讎精詣冠絶一時，其高妙處多能突破版本局限，論説每與未見之本合如符契，但有時僅憑撫州本單文孤證，難免會影響其思慮之周密與判斷之準確。

喬秀岩先生曾説，"顧千里非神仙，偶有失誤"，並列舉《考異》偶失四條，即《月令》"注當祀者古以玉帛而已"條、"注營室主武士"條、《内則》"注史孝厚者也"條、《少儀》"穎"條，詳細論證且駁辨其非。③ 當然《考異》偶失不止於此，需要引起注意的是，作爲清代最傑出的校勘學家，顧氏的疏失往往具有

---

① 喬秀岩：《影印張敦仁影刻撫本禮記識語》，《禮記》（顧校叢刊）卷首，第 16 頁。
② 敦煌寫本中有《禮記》白文本殘卷兩件（編號俄敦二一七三、俄敦六七五三），經注本殘卷五件（編號伯二五〇〇、伯二五二三碎二、斯二五九〇、伯三三八〇、斯五七三），許建平先生所撰《敦煌經部文獻合集》已經收録整理。
③ 喬秀岩：《學〈撫本考異〉記》，《學術史讀書記》，第 148—150 頁。

典型意義,分析考辨其論説之非和致誤之由,可爲我們從事校勘提供鑒戒和啓迪。有鑒於此,本文綜合參考前人校勘成果,充分利用各種版本資料,深入探討經注文本邏輯,對《考異》疏失擇要進行辨析考證,以期踵繼前賢而推進《禮記》校勘及研究。

一

《禮記·曲禮下》:"國君去其國,止之曰:'奈何去社稷也?'大夫,曰:'奈何去宗廟也?'士,曰:'奈何去墳墓也?'國君死社稷。大夫死衆,士死制。"鄭注:"死其所受於君。**衆,謂軍師**。制,謂君教令所使爲之。"《考異》卷上"注衆謂軍師"條云:

> "軍"當作"君",此撫本之誤,各本不如此。《正義》引熊氏云"祇得死君之師衆",可證。山井鼎所據與此同,亦誤。①

從版本異文來看,阮元《校勘記》云:"'衆謂君師',閩、監、毛本同,岳本、嘉靖本同,衛氏《集説》同,惠棟校宋本'君'作'軍'。"②可知阮校所據諸本,自十行本以下皆作"君",惟惠棟校宋本作"軍"。所謂惠棟校宋本,即國家圖書館所藏越刊八行本,今核其原本作"軍",與《校勘記》引述相合,日本足利學校所藏八行本同。至於阮氏、顧氏當時未見之本,如婺州本、蜀大字本亦皆作"軍",而余仁仲本、纂圖互注本則作"君"。據此則婺州本、蜀大字本、八行本皆同撫州本,顧氏以爲"此撫本之誤,各本不如此",單純就版本而言已不成立。

從經注文義來看,作"軍"實非誤字。鄭玄注經貫通三禮,《周禮》爲其立説綱領,此注即與《周禮》密切相關。《周禮·夏官·大司馬》:"凡制軍,萬有二千五百人爲軍。王六軍,大國三軍,次國二軍,小國一軍,軍將皆命卿。二千有五百人爲師,師帥皆中大夫。五百人爲旅,旅帥皆下大夫。百人爲卒,卒長皆上士。二十五人爲兩,兩司馬皆中士。五人爲伍,伍皆有長。"鄭注

---

① 張敦仁撰,侯婕整理:《撫本禮記鄭注考異》卷上,第 100 頁。
② 阮元:《禮記注疏校勘記》卷四,劉玉才主編:《十三經注疏校勘記》整理本(五),北京:北京大學出版社,2015 年,第 2400 頁。

云:"軍、師、旅、卒、兩、伍,皆衆名也。"①所謂衆名,即編制軍隊之稱,其中軍將、師帥皆由卿大夫擔任。此經言"大夫死衆",鄭注"衆謂軍師",與《周禮》經注極爲契合。而《禮記》下篇《檀弓上》"謀人之軍師,敗則死之",鄭注"利己亡衆,非忠也",又以"衆"釋"軍師",與此亦可相互參證。至於孔穎達《正義》所引熊氏之説,謂"秖得死君之師衆及君政令",其實放在疏文中整體來看,只是敷衍經注大意,並非原本引述注文,且注文已明言"死其所受於君",故《正義》所釋"君之師衆"與注文"軍師"未有牴牾,不能證明其所據本即作"君師"。

從其他文獻的引述和前人的校勘來看,山井鼎《七經孟子考文》引古本作"軍師",其所謂古本是指日本足利學校所藏古抄本。又據日本學者林秀一先生《孝經述議復原研究》,劉炫《孝經孔傳述議》天子章引此注正作"軍",其所見古本當如是。② 綜合上述幾方面來看,撫州本作"軍"必非誤字,"君"字當因同音而訛,或者誤據《正義》而改。

二

《禮記·檀弓上》:"孔子既得合葬於防,曰:'吾聞之,古也墓而不墳。今丘也,東西南北之人也,不可以弗識也。'於是封之,崇四尺。孔子先反,門人後,雨甚,至。孔子問焉,曰:'爾來何遲也?'曰:'防墓崩。'孔子不應。三。"鄭注:"三言之,**以孔子不問。**"《考異》卷上"注以孔子不問"條云:

各本"問"誤作"聞"。③

今案,婺州本、蜀大字本、余仁仲本、纂圖互注本、八行本皆作"聞",惟撫州本作"問"。北宋版《通典》引此注作"聞",其所據古本當如此。④ 此節記述孔子

---

① 彭林整理:《周禮注疏》卷三十三,上海:上海古籍出版社,2010年,第1074頁。
② 林秀一撰,喬秀岩、葉純芳、顧遷編譯:《孝經述議復原研究》,崇文書局,2016年,第125頁。案,林秀一先生校記云:"《曲禮》注作君",喬秀岩先生對其説已有糾補。(參見喬秀岩:《〈孝經孔傳述議讀本〉編後記》,收入喬秀岩、葉純芳:《學術史讀書記》,第181頁。)
③ 張敦仁撰,侯婕整理:《撫本禮記鄭注考異》卷上,第103頁。
④ 杜佑:《通典》卷一〇三,據日本宫内廳書陵部藏北宋刊本影印,上海:上海人民出版社,2008年,第四卷,第486頁。

與門人的問答，孔子詢問門人爲何遲歸，門人回答說墳墓崩壞，脩之而來故遲歸，孔子以爲脩墓違古而未應答，門人以爲他沒有聽清，因此重複說了三次。就經注文義而言，此處顯然應當作"聞"，若爲"問"則齟齬難通。《考異》謂各本誤作"聞"，其說非也。撫州本作"問"，因字形音聲相近而訛。

三

《禮記·檀弓上》："孔子之喪，有自燕來觀者，舍於子夏氏。子夏曰：'聖人之葬人，與人之葬聖人也，子何觀焉？昔者夫子言之曰：吾見封之若堂者矣，見若坊者矣，見若覆夏屋者矣，見若斧者矣，從若斧者焉。馬鬣封之謂也。今一日而三斬板而已封，尚行夫子之志乎哉！'"鄭注："板，蓋廣二尺，長六尺。斬板，謂斷其縮也。**三斷止之**，旁殺。蓋高四尺，其廣袤未聞也。《詩》云：'縮板以載。'"《考異》卷上"注三斷止之"條云：

> 岳本、十行以來本皆同此。《釋文》以"上之"作音，唯山井鼎所據宋板注疏作"上"，今未見。嘉靖本作"正"，又"止"之訛也。①

《考異》未明言是非，然詳繹其意，蓋從《釋文》作"上"，以爲"上"訛"止"，"止"又訛"正"。

阮元《校勘記》云："'三斷止之旁殺'，閩、監、毛本同，岳本同，衛氏《集說》同。嘉靖本'止'誤'正'，惠棟校宋本'止'作'上'，《考文》引古本、足利本同。《釋文》出'上之'，云'時掌反，下以上同'。"②《釋文》本作"上"，八行本與之同，余仁仲本、纂圖互注本作"正"，婺州本、蜀大字本皆同撫州本作"止"。北宋版《通典》引此注亦作"止"③，其所據當有更早版本來源。

竊疑此注當以作"止"爲是，"上"與"正"皆因形近而訛。通篇《禮記》注中，"已，止"是常訓，今略舉數例以見其概。如《檀弓下》"得已，則吾欲已"，注云"已，猶止也"；又"我其已夫"，注云"已，止也"。《曾子問》"不知其已之遲數"，注云："已，止也。"《哀公問》"貴其不已，如日月東西相從而不已也"，

---

① 張敦仁撰，侯婕整理：《撫本禮記鄭注考異》卷上，第106頁。
② 阮元：《禮記注疏校勘記》卷八，劉玉才主編：《十三經注疏校勘記》整理本（五），第2459頁。
③ 杜佑：《通典》卷八六，第四卷，第207頁。

注云："已,猶止也。"《孔子閒居》"《詩》云'明明天子,令聞不已'",注云:"不已,不倦止也。"《中庸》"《詩》曰'惟天之命,於穆不已',蓋曰天之所以爲天也。'於乎不顯,文王之德之純',蓋曰文王之所以爲文也,純亦不已",注云:"天所以爲天,文王所以爲文,皆由行之無已,爲之不止,如天地山川之云也。"此經"今一日而三斬板而已封",鄭注蓋亦以"止"解"已",故承上注"斬板,謂斷其縮也",而即言"三斷止之",其語義脈絡較爲分明。《正義》釋經云"爲三徧設板築土,而止已其封也",似即本於鄭注"止"字之訓。至於《正義》所云"築墳之法,所安板側於兩邊,而用繩約板令立,後復内土於板之上,中央築之,令土與板平,則斬所約板繩斷,而更置於見築土上,又載土其中,三遍如此,其墳乃成",則是廣言築土作墳之法,似不足爲《正義》本作"上"之證。

四

《禮記·檀弓下》:"知悼子卒,未葬,平公飲酒,師曠、李調侍,鼓鐘。杜蕢自外來,聞鐘聲,曰:'安在?'……杜蕢洗而揚觶。"鄭注:"舉爵於君也。**《禮》'揚'作'騰'**。揚,舉也。騰,送也。'揚'近得之。"《考異》卷上"注禮揚作騰"條云:

> 嘉靖本、岳本、十行本皆與此同。俗注疏本"騰"作"媵",下"騰,送也"同。案,俗本非。《鄉飲酒義》注云:"今禮皆作'騰'。"《射義》注云:"今禮'揚'皆作'騰'。"可證也。《儀禮》古文作"媵",今文作"騰",見《燕》及《大射》二篇。鄭彼經從"媵"而此注用"騰"者,以訓送之字,古文"媵"爲正,若今文作"騰",是爲假借,義得兩通。賈《燕禮》疏云:"'騰'與'媵'皆是送義。"而其引此注字爲"媵"者,取順彼經文,又謂"媵""騰"同字也。此《正義》引彼經則作"媵",復舉此注則作"騰",意亦謂"騰""媵"同字。十行本《正義》中尚未全誤,俗本盡依《燕禮》惣改成"媵",似是實非者也。又案,《燕禮》注"今文'媵'皆作'騰'"不誤,《大射》注"古文'媵'皆作'騰'","古"當是"今"耳。**漢石經《大射》殘字作"媵"**,蔡雖當是今文,但**未必合於鄭**。凡漢人中,同習一家而經字互異者多矣,恐難以相決。①

---

① 張敦仁撰,侯婕整理:《撫本禮記鄭注考異》卷上,第109頁。

阮元《校勘記》云:"'禮揚作媵',宋監本、岳本、嘉靖本、惠棟校宋本同。閩、監、毛本'媵'作'媵',衛氏《集説》同,下'媵送也'同。段玉裁云:'《説文》俟,送也。俟即媵字,媵非是。'"①阮校所謂宋監本實即撫州本,婺州本、蜀大字本、余仁仲本、纂圖互注本、八行本亦皆同作"媵"。段玉裁依據《説文》,斷定"媵"字爲非,其説偏離經注文本,實不可從。《考異》參證《鄉飲酒義》《射義》之注,依據《儀禮·燕禮》《大射》注文所疊今古文,知《儀禮》今文皆作"媵",古文皆作"媵",考辨諸本是非,論説較爲精詳。

惟其言漢石經《大射》殘字作"媵",且謂"蔡雖當是今文,但未必合於鄭",猶有錯訛和缺憾。此則緣於未見漢石經殘石,而爲洪适《隸釋》所誤。《隸釋》著録石經《儀禮》殘碑,爲《大射》之文凡45字,其中有三"媵"字。然洪氏著録此文,自言"石摩滅,字畫比它經不明白",蓋因其字體摩滅殘闕,而《大射》注云"古文媵皆作媵",故洪氏定其字爲"媵"。②然據今所見漢石經殘石拓片,則《大射》實作"媵"而非"媵",馬衡先生對此已有考辨。③《燕禮》注云"今文媵皆作媵",與《大射》注"古文媵皆作媵"矛盾,《考異》謂《大射》注"古文"當爲"今文"之誤,其説甚是。漢石經爲東漢熹平四年蔡邕等奉詔刊立,刊刻石經緣於"文字多謬,俗儒穿鑿,疑誤後學",意在規範和統一經書文本,其所據當爲博士傳授的今文之本。④今所見漢石經《儀禮》殘石文字,皆與鄭注所引今文相合。《考異》誤據《隸釋》之文,遂謂"蔡雖當是今文,但未必合於鄭",其説不確。

五

《禮記·檀弓下》:"叔仲皮學子柳。叔仲皮死,其妻魯人也,衣衰而繆絰。"鄭注:"**衣,當爲'齊',壞字也。**"《考異》卷上"注衣當爲齊"條云:

> 嘉靖本、十行本同此。岳本"齊"作"齋",俗注疏本同。《正義》云:

---

① 阮元:《禮記注疏校勘記》卷九,劉玉才主編:《十三經注疏校勘記》整理本(五),第2490頁。
② 洪适:《隸釋》卷十四,《四部叢刊》三編景明萬曆刻本,上海:商務印書館,1935年,第6頁。
③ 馬衡:《漢石經集存》,北京:科學出版社,1957年,第47頁。
④ 今所見《禮經》殘石有"鄉飲酒第十"之篇題,則知其所用爲大戴本,而石經又附刻校記。馬衡先生云:"熹平石經之刻,蓋以大戴本爲主,而以小戴校之。"(馬衡:《漢石經集存》,第51頁。)

"但'齊'字壞滅而有'衣'在。"案,《正義》謂"齊"形近"衣",壞滅多筆,其在者遂成"衣"字耳。不謂初作"齌"字,壞滅其外而中"衣"獨在也,岳本所改者不得其意。《釋文》云"依注'衣'作'齌',音咨"者,《禮記》經注"齊衰"之字,本亦作"齌",前已屢見,故此竟據正字説之耳。必知"齊"爲是者,以鄭據《喪服》,見今彼文作假借之"齊"故也。《五經文字》但云"齌,《説文》",不云見《禮記注》,則張參亦從作"齊"之本。下注"姑姊妹在室齊衰",與此注承接,各本仍皆作"齊",即岳本亦未改矣。①

阮元《校勘記》云:"'衣當爲齊壞字也',惠棟校宋本、宋監本、嘉靖本同。閩、監、毛本'齊'作'齌',岳本同,衛氏《集説》同。《五經文字》云:'齌,《説文》。齊,經典相承隸省,今經文多借齊字代之。'案,疏中'齊'字,閩、監、毛本亦皆作'齊',無作'齌'者。"② 婺本、蜀大字本、八行本亦作"齊",余仁仲本、纂圖互注本則作"齌"。

依據字義來看,"齌"爲正字,"齊"爲假借字。《説文·衣部》云:"齌,緶也,从衣齊聲。"據《釋文》"衣衰,依注'衣'作'齌',音咨",是《釋文》本作"齌"之證。據孔疏"但'齊'字壞滅而有'衣'在",以"齊"與"衣"相對,一"滅"一"在",則其本字當爲二字之合體,是《正義》本亦當作"齌"。敦煌寫本《禮記注》(檀弓下)殘卷(編號伯二五〇〇)有這段文字,其字形正作"齌"。該殘卷的書寫年代,許建平先生考定爲唐開元十年以前。③ 據此可知,在唐初有作"齌"的本子,這與張參《五經文字》所謂"經典相承隸省"相合。在唐前寫本中,"齌""齊"二字雜錯並見。如《雜記上》"兩手摳衣,去齊尺",《釋文》云:"齊,本又作齌。"《檀弓上》"哭泣之哀,齊斬之情",《釋文》云:"齊,本又作齌。齌衰之字,後皆放此。"據張參《五經文字》云"今經文多借'齊'字代之",很可能在唐代進行過字形的規範和統一,五代兩宋監本繼承和沿襲唐石經,故經注多見"齊"而罕見"齌"。但"齌"字在經典文獻中仍有遺存,如《孟子·滕文公上》"三年之喪,齌疏之服",趙岐注云:"齌疏,齌縗也。"劉熙《釋名·釋喪制》曰:"期曰齌,齌,齊也。"北宋本《通典》凡"齊衰"皆作"齌縗",徐鍇《説文繫

---

① 張敦仁撰,侯婕整理:《撫本禮記鄭注考異》卷上,第 111 頁。
② 阮元:《禮記注疏校勘記》卷十,劉玉才主編:《十三經注疏校勘記》整理本(五),第 2514 頁。
③ 許建平:《敦煌經部文獻合集》第二册,北京:中華書局,2008 年,第 973 頁。

傳》亦曰"《禮》'齌縗'字,謂緧衣下也"。

從鄭玄注經之例來看,其中"當爲"者多言"字之誤"或"聲之誤"。① 惟此注言"壞字",則與尋常"字之誤"有異。若依《考異》之説,"齊"字因形近而訛作"衣",則與凡言"字之誤"無别。我們認爲,鄭注於此發疑正讀,重點在於辨析字形,不但指明本爲何字,而且追溯致誤之由,其字當從《釋文》作"齌"。若作"齊"字,雖於喪服齊衰之義可通,但鄭注"壞字"之意終究不明。余仁仲本、纂圖互注本、岳本等作"齌"(或"齌"),應該是依據《釋文》校改,但其所改合乎鄭注之意。

六

《禮記·曾子問》"三月而廟見,稱來婦也。擇日而祭於禰,成婦之義也",鄭注云:"謂舅姑没者也。必祭成婦義者,**婦有共養之禮**,猶舅姑存時,盥饋特豚於室。"《考異》"注婦有共養之禮"條云:

各本"共"作"供",此撫本之誤。《釋文》云:"有供,九用反。"②

阮元《校勘記》云:"'婦有供養之禮',閩、監、毛本同,岳本同,嘉靖本同,《釋文》同。惠棟校宋本'供'作'共',宋監本亦作'共',衛氏《集説》同。"③蜀大字本、八行本同撫州本作"共",余仁仲本、纂圖互注本作"供"。

今考撫州本中,"供""共"雜錯並見,其餘諸本及《釋文》亦然。如《曲禮上》"禱祠祭祀,供給鬼神",《釋文》云"共,本或作供"。《檀弓下》"蕢也,宰夫也,非刀匕是共",婺州本、撫州本、蜀大字本、余仁仲本、纂圖互注本、八行本皆作"共"。《表記》"后稷之祀易富也。其辭恭,其欲儉,其禄及子孫",鄭注云:"富之言備也。以傳世之禄,共儉者之祭,易備也。"撫州本、蜀大字本、余仁仲本、纂圖互注本、八行本亦皆作"共"。

案《説文》云:"供,設也,一曰供給。共,同也。"顧氏蓋據《説文》,故以"供"爲正字,以"共"爲誤字。實則"共"字本有供給、供置之義,《爾雅·釋

---

① 段玉裁:《經韻樓集》卷二《周禮漢讀考序》,上海:上海古籍出版社,2008年,第24頁。
② 張敦仁撰,侯婕整理:《撫本禮記鄭注考異》卷上,第124頁。
③ 阮元:《禮記注疏校勘記》卷十八,劉玉才主編:《十三經注疏校勘記》整理本(五),第2687頁。

詁》"供、峙、共,具也",郭注云:"皆謂備具。"經典也多以"共"爲"供",段玉裁《説文解字注》謂"《周禮》《尚書》供給、供奉字,皆借'共'字爲之",阮校《校勘記》亦云"供給字古亦借'共'字爲之",其説皆是也。蜀大字本、撫州本、八行本諸本皆作"共",大致可以推斷五代兩宋監本已如此。二字古多通用,不可遽定是非。

七

《禮記·禮運》"故聖王所以順,山者不使居川,不使渚者居中原,而弗敝也",鄭注云:"小洲曰渚,廣平曰原。山者利其禽獸,渚者利其魚鹽,中原利其五穀。使各居其所安,不易其利,勞敝之也。民失其業則窮,**窮斯盗**。"《考異》卷上"注窮斯盗"條云:

> 嘉靖本"盗"作"濫"。岳本、十行以來本"斯盗"作"則濫"。案,"斯盗"是也。《坊記》云:"約斯盗。"注云:"約,猶窮也。"此取彼文,當依撫本。①

阮元《校勘記》云:"'窮則濫',閩、監、毛本同,岳本同。惠棟校宋本'則'作'斯',嘉靖本同。衛氏《集説》作'窮斯濫矣',《考文》古本作'窮斯濫矣也',足利本作'窮則斯濫',宋監本作'窮斯盗'。"②余仁仲本、纂圖互注本作"窮則濫",蜀大字本、八行本作"窮斯濫"。今考諸本惟撫州本作"窮斯盗",《考異》謂此本於《坊記》,可謂具有精見卓識,其説足以言之成理,然尚不能論定是非。

《坊記》"小人貧斯約,富斯驕。約斯盗,驕斯亂",注云:"約,猶窮也。"《論語·衛靈公》"君子固窮,小人窮斯濫矣",《釋文》爲"斯濫"作音,引鄭云"竊也"。《禮器》"管仲鏤簋、朱紘、山節、藻梲,君子以爲濫矣",鄭注云:"濫,亦盗竊也。"若依撫州本作"窮斯盗",則是取用《坊記》經注。若依蜀大字本、八行本作"窮斯濫",則是引述《論語》本文。相較而言,引述《論語》本文似更直接簡當。"濫""盗"字形相近易訛,然在鄭玄經注體系中,其文義無甚差

---

① 張敦仁撰,侯婕整理:《撫本禮記鄭注考異》卷上,第131頁。
② 阮元:《禮記注疏校勘記》卷二十二,劉玉才主編:《十三經注疏校勘記》整理本(五),第2762頁。

異,未必此是而彼非。

八

《禮記·禮器》"天子、諸侯之尊廢禁,大夫、士棜禁,此以下爲貴也",鄭注:"廢,猶去也。棜,斯禁也。謂之棜者,無足,有似於棜,或因名云耳。大夫用斯禁,**士用棜禁**。禁,如今方案,隋長,局足,高三寸。"《考異》卷上"注士用棜禁"條云:

> 案,《正義》解經云"'大夫、士棜禁'者,謂大夫用棜,士用禁",解注云"《玉藻》云'士用禁',又《士冠禮》《士昏禮》承尊皆用禁,是士用禁也",據此則其本注作"士用禁",無"棜"字。而賈氏《鄉飲》疏引仍作"士用棜禁",且云"故《禮器》大夫、士總名爲棜禁"云云,是賈本有"棜"字也,蓋當時兩本並行耳。今各本皆有,則與賈合,而與《正義》爲不合也。①

阮元《校勘記》云:"'士用棜禁',閩、監、毛本同,岳本同,嘉靖本同,衛氏《集説》同。惠棟云'棜'字衍。案,惠棟是也。"②此注"士用棜禁"四字,諸本皆同。阮元《校勘記》引惠棟之説,以爲"棜"字衍文。《考異》分辨《正義》本無"棜"字,賈疏本有"棜"字,認爲當時兩本並行,其説甚是。惜其所辨僅止於此,並未進而探討當從何本,則鄭注之真相終究不明。

案《儀禮·士冠》"尊于房户之間,兩甒,有禁",鄭注云:"禁,承尊之器也。名之爲禁者,因爲酒戒也。"《士昏》"尊于室中北墉下,有禁",鄭注云:"禁,所以庋甒者。"《鄉飲》"尊兩壺于房户間,斯禁",鄭注云:"斯禁,禁切地無足者。"《鄉射》"尊於賓席之東,兩壺,斯禁",鄭注云:"斯禁,禁切地無足者也。"《特牲》"壺、禁在東序",又其記"壺、棜禁,饌于東序",鄭注云:"禁言棜者,祭尚厭飫,得與大夫同器,不爲神戒也。"《少牢》"司宫尊兩甒于房户之間,同棜,皆有冪,甒有玄酒",鄭注云:"棜,無足禁者,酒戒也。大夫去足改名,優尊者,若不爲之戒然。"《禮記·玉藻》"大夫側尊用棜,士側尊用禁",鄭

---

① 張敦仁撰,侯婕整理:《撫本禮記鄭注考異》卷上,第133頁。
② 阮元:《禮記注疏校勘記》卷二十三,劉玉才主編:《十三經注疏校勘記》整理本(五),第2771頁。

注云:"梡,斯禁也。無足,有似於梡,是以言梡。"據此諸經及注,大夫用斯禁無足(即梡),士用禁有足,鄭義於此極分明,孔疏所釋甚周詳。"梡"字誤衍無疑,惠棟之説是也。

《儀禮·鄉飲》賈疏引此注作"士用梡禁",是其所據之本已誤衍"梡"字,故其所釋甚爲迂曲。曹元弼《禮經校釋》云:"賈以大夫、士同名禁,同得稱梡,揆以各經注本文,多牽强。其誤在不知《禮器》注'梡禁'之'梡'爲衍字,因以大夫、士梡禁爲一物,不知大夫、士梡禁,猶言大夫梡、士禁耳,與《玉藻》文無不合。"①其辨正賈疏之誤,深得經注之意。

九

《禮記·禮器》:"是故因天事天,因地事地,因名山升中于天,因吉土以饗帝于郊。升中于天,而鳳皇降,龜龍假。饗帝於郊,**而風雨節,寒暑時**。"《考異》卷上"而風雨節寒暑時"條云:

> 唐石本無"節"字。案,《正義》復舉經文無"節"字,《月令正義》孟春引此無"節"字,《郊特牲正義》引亦然。唐石本依《正義》本,是也。各本皆有,蓋因《正義》下云"風雨應節"而衍耳。俗注疏本並復舉者亦添之,誤甚。②

阮元《校勘記》云:"'而風雨節寒暑時',閩、監、毛本同,岳本同,嘉靖本同,衛氏《集説》同。《石經》無'節'字。按,《月令正義》引《禮器》'饗帝於郊,而風雨寒暑時',《郊特牲》下兩引皆無'節'字。"③蜀大字本、余仁仲本、纂圖互注本、八行本亦皆有"節"字,與阮校諸本相同。《唐石經》無"節"字,嚴可均《唐石經校文》云:"各本'雨'下衍'節'。《金石文字記》云'而風雨節寒暑時',脱'節'字。按,仿宋本疏舉經文無'節',《月令》疏、《郊特牲》疏、《周禮·大宗伯》疏、《御覽》八百七十二引竝無'節'。"④彭元瑞《石經考文提要》云:"孔穎達《正義》,《月令》下有云《禮器》云'饗帝於郊而風雨寒暑時',《郊特牲》下亦

---

① 曹元弼:《禮經校釋》卷四,《續修四庫全書》第94册,上海:上海古籍出版社,1996年,第158頁。
② 張敦仁撰,侯婕整理:《撫本禮記鄭注考異》卷上,第134頁。
③ 阮元:《禮記注疏校勘記》卷二十四,劉玉才主編:《十三經注疏校勘記》整理本(六),第2788頁。
④ 嚴可均:《唐石經校文》卷五,《景刊唐開成石經》附錄,第4册,北京:中華書局,1997年,第3054頁。

同,兩引皆無'節'字,今从《唐石經》。"①汪文臺《十三經注疏校勘記識語》云:"疏本無'節'字,閩、監、毛本有者非也,《周禮·天官》《大司徒》《大宗伯》疏引亦無'節'字。"②

今案撫州本、蜀大字本、八行本皆有"節"字,則可推斷五代兩宋監本亦當如此。八行本《正義》述注有"節"字,顯然非閩、監、毛本等所謂"俗注疏本"誤添之。又據《正義》釋經云"以陰陽順序,故風雨應節,寒暑順時",則《正義》本當有"節"字。且經文言"升中于天,而鳳皇降,龜龍假。饗帝於郊,而風雨節,寒暑時",前後文例正同。《樂記》云"天地之道,寒暑不時則疾,風雨不節則饑",亦可與此參證。據此諸多版本、前後文例及本書內證,則經文當有"節"字似無庸置疑。

就版刻源流來看,經書刻本始於五代監本,五代監本源自《唐石經》。大致而言,五代監本乃據唐石經經文刊板,其注文則取配經注寫本。然《唐石經》所刻《禮記》非古本之舊,其中《月令》爲唐玄宗刪定,其篇次亦由第六改爲第一,故監本《禮記》應更多依據當時通行的經注寫本。王國維先生曾就此指出,監本《禮記》"顯與石經本殊異"。③因而對於校勘《禮記》,似不宜過於倚重《唐石經》。《唐石經》無"節"字,當依顧炎武《金石文字記》以爲誤脫。

至於《月令》《郊特牲》諸疏所引,在經書本文明白無疑的情況下,其文字似皆不足爲據。此正如盧文弨所論:"大凡昔人援引古書,不盡皆如本文。故校正羣籍,自當先從本書相傳舊本爲定。況未有彫板以前,一書而所傳各異者,殆不可以徧舉。今或但據注書家所引之文,便以爲是,疑未可也。"④

十

《禮記·內則》:"食:蝸醢而苽食、雉羹,麥食、脯羹、雞羹,**析稌**、犬羹、兔羹,和糝,不蓼。"《考異》卷上"析稌"條云:

---

① 彭元瑞:《石經考文提要》卷六,清嘉慶四年許宗彥刻本,第7頁。
② 汪文臺:《十三經注疏校勘記識語》卷三,《續修四庫全書》第183冊,上海:上海古籍出版社,1996年,第578頁。
③ 王國維:《五代兩宋監本考》卷上,《王國維全集》第七卷,杭州:浙江教育出版社,2010年,第201頁。
④ 盧文弨:《抱經堂文集》卷二十《與丁小雅進士論校正方言書》,北京:中華書局,1990年,第284頁。

嘉靖本、十行本皆同此。唐石本"析"作"折",岳本、俗注疏本亦皆作"折"。案,《釋文》云:"折,之列反。"是其本作"折"也。《正義》云:"謂細析稻米爲飯。"是其本作"析"也。唐石本依《釋文》,但各有所出,仍不得以"折"改"析"。①

阮元《校勘記》云:"'析稬',嘉靖本同。閩、監、毛本'析'作'折',《石經》同,岳本同,衛氏《集説》同,《釋文》同。段玉裁校本云:'折'當'析'之誤,'析'同'淅',汰米也。陸云'之列反',非。"②蜀大字本、八行本皆作"折",八行本《正義》述注亦作"折"。潘宗周《禮記正義校勘記》謂阮引段説非也,疏云"細折稻米爲飯",明非"淅"字之義。③《考異》謂《正義》本作"析",其説不確。

十一

《禮記·雜記上》:"爲君使而死,公館復,私館不復。公館者,公宫與公所爲也。私館者,自卿、大夫以下之家也。"鄭注:"公所爲,**君所作離宫館也**。"《考異》卷下"注君所作離宫館也"云:

各本"館"上有"別"字,唯山井鼎所據與此同。案,《曾子問正義》載《鄭志》鮑遺問此注有"別"字,蓋有者爲是。④

案,《七經孟子考文》於此實無校記,《考異》言"唯山井鼎所據與此同",未詳何據,疑有不確。阮元《校勘記》云:"'公所爲君所作離宫館也',惠棟校宋本、宋監本無'別'字。"⑤余仁仲本、纂圖互注本、蜀大字本皆有"別"字,八行本則與撫本相同。

國圖藏宋刻宋元遞修本《經典釋文》,在"爲君""使""復"條之下,出"官館"並云"本亦作觀,音同",撫州本附刻《禮記釋文》同。依據出文前後之次,知其所指當爲注文"宫館",而"宫"字訛作"官"。余仁仲本、纂圖互注本及十

---

① 張敦仁撰,侯婕整理:《撫本禮記鄭注考異》卷上,第138頁。
② 阮元:《禮記注疏校勘記》卷二十七,劉玉才主編:《十三經注疏校勘記》整理本(六),第2835頁。
③ 潘宗周撰,李佩整理:《禮記正義校勘記》卷上,王鍔主編:《學禮堂叢刊》,北京:北京聯合出版公司,2022年,第342頁。
④ 張敦仁撰,侯婕整理:《撫本禮記鄭注考異》卷下,第158頁。
⑤ 阮元:《禮記注疏校勘記》卷四十一,劉玉才主編:《十三經注疏校勘記》整理本(六),第3022頁。

行本等所附釋音,其前後次序亦皆相同。據此可知《釋文》本當作"離宮館",中間没有"別"字,與撫州本相合。清初徐乾學刻通志堂本《經典釋文》,其"官館"則作"公館",蓋知"官"爲誤字而校改,然顯然與出文次序不合。通志堂又據撫州本覆刻單行《禮記釋文》,其中亦將"官館"改爲"公館"。後來盧文弨抱經堂刻《經典釋文》,爲了彌縫出文前後次序的矛盾,又將"公館"置於"使""復"之間。正是緣於通志堂、抱經堂等刻本的臆改,使《釋文》真實面目愈益隱晦。

此條《釋文》並非單純注音,而是重在記載異文。在《禮記》各篇經注中,"公館"一詞多次出現。如前面《曾子問》引述"《禮》曰'公館復,私館不復'",又言"自卿、大夫、士之家曰私館,公館與公所爲曰公館",與此正可前後參照,而鄭彼注云:"公館,若今縣官宫也。公所爲,君所命使舍己者。"又《雜記上》前經"大夫次於公館以終喪,士練而歸,士次於公館",鄭注云:"公館,公宫之舍也。"可見"公館"一詞,不但經文有明確記載,而且注文有詳細解釋,《釋文》不可能至此才給其注音,也不可能突然出現"公觀"之異文。曹元忠跋撫州本《禮記釋文》對此已有辨析,指出《釋文》"官館"當作"宫館",即注文之"離宫館",非經文"公館復,私館不復"之"公館",故繫於所出"復"字之下。① 因各本《禮記注》作"離宫別館","宫館"二字不相聯屬,故徐乾學、盧文弨以爲《釋文》有誤,故其所刻皆改作"公館"。

至於《曾子問》孔疏載《鄭志》鮑遺問"注此云公所爲,君所命使舍己者,注《雜記》云公所爲,若今離宫別館也",其所引與此注文稍有出入,可能並非原本引述,也可能是傳寫有誤。從文辭語義來看,鄭注《儀禮·聘禮》《禮記·曲禮》,皆謂"館,舍也"。此"離宫館"爲偏正結構,當指離宫之館,亦即離宫之舍,與前注"公館,公宫之舍"義合。而"離宫別館"爲並列結構,館舍之義不太明確。又《漢書·枚皋傳》《翼奉傳》《大宛傳》皆言"離宫館",是當時有此稱,鄭玄蓋以漢制釋經。而《釋文》謂"本亦作觀",是其所見別本作"離宫觀",與《漢舊儀》所載上林苑中"離宫觀七十所"之文亦相合。雖然《史

---

① 曹元忠跋文詳見日本東京大學東洋文化研究藏宋淳熙中撫州公使庫刊開禧咸淳間修本《禮記釋文》卷末,亦收入傅增湘:《藏園群書經眼録》卷二經部二羣經總義類,北京:中華書局,2009年,第88頁。案,曹氏所據撫州本《禮記釋文》爲後印本,中間多有修版抽換之葉,此條《釋文》適在開禧所換葉中,故曹氏以爲重刻者高安國寫刻之誤,其實撫州本原刻已如此。

記《漢書》也有"離宮別館"之文，但在此處不甚契合經注之義。據此諸證，是《釋文》本、撫州本作"離宮館"，其文義已完足，似非有脫誤。

通志堂本、抱經堂本《經典釋文》在清代較爲通行，阮元、顧廣圻等人皆受其蒙蔽。如阮元《禮記釋文校勘記》，謂"撫本'公'作'官'，非也"。① 殊不知作"公"出於後人臆改，作"官"猶近古本面目。清嘉慶十一年顧氏影刻撫州本《禮記》，當時未能尋獲撫州本《禮記釋文》，乃據通志堂本《禮記釋文》進行覆刻，因此沿襲其訛誤作"公館"。後來顧氏獲見撫州本《禮記釋文》，於嘉慶二十五年重新校刊修板，又將"公館"剜改作"官館"。惜其校改僅止於此，未能進而探究《釋文》真相，並據以修正《考異》之説。

十二

《禮記·祭法》："埋少牢於泰昭，祭時也。相近於坎壇，祭寒暑也。"鄭注："相近，**當爲'禳祈'**，聲之誤也。禳，猶卻也。祈，求也。寒暑不時，則或禳之，或祈之，寒於坎，暑於壇。"《考異》卷下"注當爲禳祈"條云：

> 案，十行本《正義》中"禳"作"攘"，傳校葉鈔《釋文》作"依注讀爲攘"，蓋轉寫誤也。此祭名，字當從"示"，《周禮·小祝》《儀禮·聘》皆從"示"。禳之爲言攘也，鄭注《小祝》云："禳，禳卻凶咎。"注《聘》云："禳，祭名也，禳之以除災凶。"此注云："禳，猶卻也。"可互相證。②

阮元《校勘記》云："'相近當爲禳祈'，閩、監、毛本同，嘉靖本同。惠棟校宋本'禳'作'攘'，岳本同，衛氏《集説》同。下同。按，此本疏'相近當爲攘祈'、'攘卻也'、'則祭攘卻之'及'祭以攘之'、'故讀相近爲攘祈'，五'攘'字俱從才旁，閩、監、毛本並改從示旁。"③ 今案，注文"禳"字，據《釋文》"依注讀爲攘"，是《釋文》本作"攘"。蜀大字本、八行本俱作"攘"，八行本及十行本《正義》皆同，然則《正義》本亦作"攘"。

《月令》季春之月"命國難，九門磔攘，以畢春氣"，鄭注云"磔牲以攘於四

---

① 阮元：《禮記釋文校勘記》卷三，劉玉才主編：《十三經注疏校勘記》整理本（六），第3262頁。
② 張敦仁撰，侯婕整理：《撫本禮記鄭注考異》卷下，第164頁。
③ 阮元：《禮記注疏校勘記》卷四十六，劉玉才主編：《十三經注疏校勘記》整理本（六），第3072頁。

方之神,所以畢止其災也",又引《王居明堂禮》曰"季春,出疫于郊,以禳春氣",《釋文》作"禳",云"本又作攘",諸本經注亦皆作"攘"。據《説文》"禳,磔禳,祀除厲殃也",則"禳"爲正字。然二字讀音相同,字形相近,且"禳"爲去除,"攘"爲推卻,其字義亦相關,故"禳"可假借爲"攘"。據《周禮·天官·女祝》注"禳,攘也",則此二字皆符合鄭義,未可遽定"攘"爲誤字。

十三

《禮記·表記》"子曰:事君,大言入則望大利,小言入則望小利",鄭注:"大言,可以立大事也。小言,可以立小事也。**入,謂君受之**。利,禄賞也。"《考異》卷下"注謂君受之"條云:

> 各本"謂"作"爲"。唯山井鼎所據與此同,其古本、足利本亦然。案,《釋文》以"爲君"作音,此蓋撫本之誤。①

阮元《校勘記》云:"'入爲君受之',閩、監、毛本、岳本、嘉靖本同。惠棟校宋本'爲'作'謂',宋監本、衛氏《集説》同,《考文》引古本、足利本同。《釋文》出'爲君'。"② 余仁仲本、纂圖互注本作"爲",蜀大字本、八行本作"謂"。

今案,撫州本、蜀大字本、八行本作"謂"不誤,《正義》"入猶受也"可證,指君接受其言也。《四庫全書考證》以"爲"字爲訛,據宋本改作"謂"。③ 金良年先生認爲此處《釋文》次序錯亂,"爲君"並非爲此注作音,蓋指上注"乃後親進爲君言也",諸本作"爲"者誤從《釋文》。④《考異》爲《釋文》及俗注疏本所誤,故以撫州本爲訛。

"謂""爲"一聲之轉,其字義可以互訓,在古書中多通用,詳見王引之《經傳釋詞》。⑤ 清代以來從事校勘者,對此二字有不同認識,有人視其爲通假,有人則以爲訛誤。如《禮記·文王世子》"曲藝皆誓之",鄭注"曲藝,爲小技

---

① 張敦仁撰,侯婕整理:《撫本禮記鄭注考異》卷下,第179頁。
② 阮元:《禮記注疏校勘記》卷五十四,劉玉才主編:《十三經注疏校勘記》整理本(六),第3158頁。
③ 王太岳:《四庫全書考證》卷十二,清光緒二十五年廣雅書局刻武英殿聚珍版叢書本。
④ 金良年:《〈禮記〉校讀劄記》,《傳統中國研究集刊(第十一輯)》,上海:上海人民出版社,2013年,第43頁。
⑤ 王引之:《經傳釋詞》卷二,南京:江蘇古籍出版社,2000年,第26—28頁。

能也",《考異》云:"案《正義》云'謂小小技術',則'爲'當作'謂',各本皆誤,下注'爲後復論說也'同。凡古書'爲''謂'多互訛。"①阮元《儀禮注疏校勘記》云:"'謂''爲'二字,唐人多通用,然究嫌蒙溷,今悉挍出。"②若就校勘《禮記》而言,依據現存版本形態來看,此二字在經注中頻繁出現,絶大多數情況截然分明,有幾處偶見混用者,應當屬於版刻傳寫之訛,不宜籠統視爲通假。

十四

《禮記·鄉飲酒義》"鄉人、士、君子,尊於房户之間,賓主共之也",鄭注:"鄉人,鄉大夫也。士,州長、黨正也。**君子,謂卿、大夫也。**卿大夫、士飲國中賢者,亦用此禮也。"《考異》卷下"注君子謂卿大夫也"條云:

> 岳本同此。嘉靖本"夫"下有"士"字,十行本有,"卿"誤作"鄉",俗注疏本承之。山井鼎所據宋板無"士"字,"卿"亦誤"鄉",其古本亦然,云:"二本恐非,當作'君子,謂卿、大夫、士也'。"其説是矣。今本《正義》中"君子者,謂卿大夫也",蓋脱"士",與注同耳。注下句"卿、大夫、士飲國中賢者",唯俗本"卿"誤"鄉",各本及山井鼎所據即不誤也。③

阮元《校勘記》云:"'君子謂卿大夫士也',閩、監本作'卿',嘉靖本'卿'誤'鄉',有'士'字,此本同,毛本同。岳本亦作'卿',無'士'字,衛氏《集説》同,《考文》引宋板、古本亦無'士'字。段玉裁校云:案下文'卿大夫士飲國中賢者',即承此'君子謂卿大夫士'而釋之也,宋監本無'士'字,非也。"④蜀大字本、八行本皆無"士"字。余仁仲本、纂圖互注本有"士"字,《釋文》引述注文亦有"士"字。

關於此注其實頗有争議,如山井鼎《七經孟子考文》、阮元《校勘記》、郝懿行《鄭氏禮記箋》亦以爲當有"士"字,也有很多學者以爲"士"字誤衍。如《殿本考證》云:"按疏則注當云'君子,謂卿、大夫也','士'字衍。"⑤《岳本考

---

① 張敦仁撰,侯婕整理:《撫本禮記鄭注考異》卷上,第128頁。
② 阮元:《儀禮注疏校勘記》卷一,劉玉才主編:《十三經注疏校勘記》整理本(四),第1731頁。
③ 張敦仁撰,侯婕整理:《撫本禮記鄭注考異》卷下,第195頁。
④ 阮元:《禮記注疏校勘記》卷六十一,劉玉才主編:《十三經注疏校勘記》整理本(六),第3221頁。
⑤ 《禮記注疏》卷六十一附考證,清乾隆四年武英殿刻《十三經注疏》本。

證》云："按鄭氏既以州長、黨正釋'士'字,此釋君子不得添入'士'字,係後人誤增無疑。"①金良年先生《〈禮記〉校讀劄記》云："'士'字不當有,《考證》説是,《撫本考異》及段説可商。禮所稱'君子'不包士,《儀禮·士相見禮》'凡侍坐於君子'章注'君子謂卿大夫及國中賢者也',賈疏'鄭云君子謂卿大夫者,禮之通例,大夫得稱君子,亦得稱貴人,而士賤不得也'可證也。此章稱'鄉人、士、君子尊於房户之間',既列'士'於'君子'之外,則'君子'不包士明甚。段所謂'下文卿大夫士飲國中賢者,即承此君子謂卿大夫士而釋之也'者,不僅不能爲有'士'字之證,恰爲'君子謂卿大夫也'衍'士'字之由。"②今案,金氏考辨較爲精詳,其説似是。

以經注版本證之,依據撫州本、蜀大字本、八行本,大致可以推斷宋代監本無"士"字。以孔氏《正義》證之,此段經注之下孔疏云"君子者,謂卿大夫也",又前面《鄉飲酒義》篇題之下孔疏引鄭注亦云"君子,謂卿大夫",兩處疏文皆無"士"字,八行本《正義》和十行本以來注疏合刻本皆如此,可知《正義》本當無"士"字。就鄭注之義而言,其釋經文"鄉人"爲鄉大夫,"士"爲州長、黨正,此兩者即鄉飲酒之主人,"君子"爲卿、大夫,即鄉飲酒之賓客。下注"卿大夫、士飲國中賢者,亦用此禮也"承上而言,所謂"卿大夫、士"當爲主人,即經文之"鄉人、士",亦即注所謂鄉大夫、州長、黨正。段玉裁謂此"卿大夫、士"乃承"君子謂卿大夫士"而釋之,其説非也。而鄭注所謂"國中賢者",則與經文之"君子",亦即注文之"卿、大夫",俱爲鄉飲酒之賓客。《儀禮·士相見》"凡侍坐於君子",注云"君子,謂卿、大夫及國中賢者";又"聞始見君子者",注云:"君子,卿、大夫若有異德者。"又《鄉飲酒》"徵唯所欲,以告於鄉先生、君子可也",注云:"鄉先生,卿大夫致仕者也。君子,有大德行不仕者。"與此篇經注似可參證。

餘 論

喬秀岩先生討論《禮記》經注文本,認爲"唐石經、撫州公使庫本、八行本

---

① 《禮記》卷二十附考證,清乾隆四十八年武英殿仿岳氏相臺五經本。
② 金良年:《〈禮記〉校讀劄記》,《傳統中國研究集刊(第十一輯)》,第45頁。

爲一類，唐石經爲始祖，撫本爲現存最精最完本；余仁仲本、纂圖互注本、十行本以及閩、監、毛本爲一類，余仁仲本不妨假設爲此類文本之淵源，纂圖互注本與余仁仲本幾乎全同，岳本則介乎兩類之間"①。這兩大類的劃分極爲精當，至於婺州本、蜀大字本，喬秀岩先生尚未論及，依據我們的比勘結果，這兩種也應歸屬撫州本、八行本一類。這兩個系統之間的異文，前者要明顯優於後者。一般來說，如果蜀大字本、撫州本、八行本皆一致，可以推斷五代兩宋監本當如此。如果撫州本與蜀大字本、八行本不一致，則其訛誤可能性較大。撫州本的文字訛誤，《考異》雖然校訂精詳，然而並非囊括無遺，其中頗有闕漏之處，今亦參校宋槧諸本，擇要列舉附錄於此。

1.《禮記·曲禮上》"孤子當室，冠衣不純采"，注云："謂年未二十者。三十壯有室，有代親之端，不爲孤也。當室，適子也。《深衣》曰：'孤子，衣純以素。'"案，注"謂年未二十者"，婺州本、蜀大字本、余仁仲本、纂圖互注本、八行本"二"皆作"三"，是也。《深衣》"如孤子，衣純以素"，鄭注云"三十已下，無父稱孤"，正可參證。此撫州本之誤，而《考異》失校。

2.《禮記·曲禮下》："踐阼，臨祭祀，内事曰'孝王某'，外事曰'嗣王某'。"案，"踐阼"，唐石經、婺州本、蜀大字本、余仁仲本、纂圖互注本、八行本皆作"踐阼"。"阼""祚"二字義別，但在古籍中多混用，後人或視其爲通假。然就"踐阼"之義而言，絶不可通用"祚"字，此在《禮記》經注有其明徵。如《文王世子》言"成王幼，不能涖阼"，注云："涖，視也。不能視阼階，行人君之事。"又言"周公相，踐阼而治"，注云："踐，履也。代成王履阼階，攝王位，治天下也。"又言"昔者周公攝政，踐阼而治""周公踐阼"。《學記》注亦引《大戴禮記》云"武王踐阼"。各篇經注皆作"阼"，鄭注釋之爲"阼階"，知其原本當爲"阼"字。

3.《禮記·曲禮下》"臨諸侯，畛於鬼神，曰'有天王某甫'"，注云："畛，致也。祝告至于鬼神辭也。"案，注"祝告至于鬼神辭也"，蜀大字本、余仁仲本、纂圖互注本"至"皆作"致"。此注既承"畛，致也"，則"致"字爲是。《正義》云"王往方岳，凡所過山川，悉使祝往致辭，告於山川鬼神也"，亦可參證。

4.《禮記·王制》"五十養於鄉，六十養於國，七十養於學，達於諸侯"，注

---

① 喬秀岩：《〈禮記〉版本雜識》，《北京大學學報（哲學社會科學版）》2006年第5期，第109頁。

云:"天子、諸侯養老同也。國,國中小學,在王宮之左。學,大學也,在郊。此殷制明矣。"案,注"此殷制明矣"上,婺州本、蜀大字本、余仁仲本、纂圖互注本、八行本皆有"小學在國中,大學在郊"九字。《正義》云:"云'小學在國中,大學在郊,此殷制明矣'者,以上文云'小學在公宮南之左,大學在郊',下文云'殷人養國老於右學,養庶老於左學',貴右而賤左。小學在國中,左也。大學在郊,右也。與殷同也,故云此殷制明矣。"是《正義》本有此九字。撫州本誤脫此九字,文勢不相接,語義不完整。

5.《禮記·月令》季秋之月"命主祠祭禽于四方",注云:"以所獲禽,祀四方之神也。《司馬》職曰:'羅幣,致禽以祀祊。'"案,注引《司馬》職"羅幣",據《周禮·大司馬》當爲"'羅弊',余仁仲本、纂圖互注本、八行本皆不誤。

6.《禮記·郊特牲》:"舉斝角,詔妥尸。古者尸無事則立,有事而后坐也。尸,神象也。祝,將命也。"注云:"妥,安坐也。尸始入,舉奠斝若奠角,將祭之,祝則以主人拜安尸,使之坐。尸即至尊之坐,或時不自安,則以拜安之也。"案,注"祝則以主人拜安尸",余仁仲本、纂圖互注本、八行本"以"皆作"詔"。《儀禮·特牲》賈疏引此注亦作"詔"。此既釋經文"詔妥尸",據文義則作"詔"是也。

7.《禮記·喪服小記》"父母之喪偕,先葬者不虞、祔,待後事,其葬服斬衰",注云:"其葬服斬衰者,喪之隆哀宜從重也。"案,注"喪之隆哀宜從重也",八行本"哀"作"衰",《四庫全書考證》改從"衰",阮元《校勘記》亦以"衰"爲是。詳繹經注之義,言父母之喪同時,爲父本服斬衰,爲母本服齊衰,而母則先葬,葬時爲之服斬衰,其虞、祔之祭仍服齊衰。注文當讀"喪之隆"爲句,謂葬乃喪事之重,而虞、祔爲喪事之輕,故葬時衰服從重而服斬也。此撫州本之誤,當從八行本作"衰",《四庫考證》、阮元《校勘記》校改是也。

8.《禮記·學記》"記曰'蛾子時術之',其此之謂乎",注云:"蛾,蚍蜉也。蚍蜉之子,微蟲耳,時術蚍蜉之所爲,其功乃服成大垤。"案,注"其功乃服成大垤",蜀大字本、余仁仲本、纂圖互注本、八行本"服"皆作"復"。《釋文》出"乃復",云"扶又反"。據文義則作"復"是,撫州本作"服",蓋因聲近而訛。

9.《禮記·雜記上》"大夫爲其父母兄弟之未爲大夫者之喪服如士服,士爲其父母兄弟之爲大夫者之喪服如士服",注云:"唯大夫以上乃能備儀盡飾,士以下則以臣服君之斬衰爲其父,以臣從軍而服之齊衰爲其母與兄弟,亦以勉人爲高行也。"案,注"以臣從軍","軍"當爲"君"。此撫州本之誤,蜀大字本、余仁仲本、纂圖互注本、八行本皆不誤。

10.《禮記·雜記下》:"相趨也,出宮而退。相揖也,哀次而退。相問也,既封而退。相見也,反哭而退。朋友,虞、附而退。"注云:"此弔者恩薄厚、去遲速之節也。相趨,謂相問姓名,來會喪事也。相揖,嘗會於他也。相問,嘗相惠遺也。相見,嘗執摯相見也。"案,注"相趨,謂相問姓名",余仁仲本、纂圖互注本、八行本"問"皆作"聞"。考經文"相趨""相揖""相問""相見""朋友"並列,注文不當又釋"相趨"爲"相問",且姓名不宜言相問也。《正義》云"相趨,謂與孝子本不相識,但相聞姓名,而來會趨喪也",可證作"聞"爲是。此撫州本之誤,當從各本作"聞"。

11.《禮記·雜記下》:"子曰:百日之蜡,一日之澤,非爾所知也。"注云:"蜡之祭,主先穡也。"案,注"先穡",余仁仲本、纂圖互注本、八行本皆作"先嗇",《釋文》亦爲"先嗇"作音。《郊特牲》"蜡之祭也,主先嗇而祭司嗇也",注云:"先嗇,若神農者。司嗇,后稷是也。"此用《郊特牲》文,則《釋文》及各本作"嗇"是也。

12.《禮記·祭義》"其氣發揚于上爲昭明,焄蒿悽愴,此百物之精也,神之著也",注云:"焄,謂香臭也。蒿,謂氣烝出貌也。上言衆生,此言百物,明其與人同也,不如人貴爾。蒿,或爲'藃'。"案,注"蒿,或爲'藃'",蜀大字本、余仁仲本、纂圖互注本、八行本"藃"皆作"薰"。《釋文》出"爲薰",云"皮驕反,又皮表反"。"薰"與"蒿"音近相通,"藃"字則音義皆隔,蓋因字形殘闕而訛,當從《釋文》及各本作"薰"。

13.《禮記·坊記》"御婦人,則進左手",注云:"御者在右,前左手,則身微偕之。"案,注"則身微偕之",蜀大字本、八行本"偕"作"偝",余仁仲本、纂圖互注本作"背"。《曲禮上》"僕御婦人,則進左手,後右手",注云"遠嫌"。此注亦言避嫌之義,"偝""背"謂背嚮,文義皆通。《禮記》經注多用"偝"字,如《坊記》前文云:"利祿先死者而後生者,則民不偝,先亡者而後存者,則民可以託。《詩》云:'先君之思,以畜寡人。'以此坊民,民猶偝死而號無告。"注云:"死者見偝,其家之老弱號呼稱冤,無所告無理也。"又"殷人弔於壙,周人弔於家,示民不偝也"。撫州本作"偕",顯爲"偝"之誤字,當據蜀大字本、八行本改作"偝"。

14.《禮記·中庸》:"仲尼祖述堯、舜,憲章文、武,上律天時,下襲水土。"注云:"《春秋傳》曰:'君子曷爲爲《春秋》?撥亂世,反諸正,則莫近諸《春秋》。'"案,注"則莫近諸春秋",蜀大字本、余仁仲本、纂圖互注本、八行本皆無"則"字。此《公羊傳》哀十四年文,撫州本誤衍"則"字。

最後需要說明的是,我們對於《考異》糾謬補闕,絕非吹毛求疵苛責前賢,而是希冀追尋前賢遺轍,繼續推進經典校勘。誠如余嘉錫先生《四庫提要辨證》序文所言:"然而紀氏之爲《提要》也難,而余之爲《辨證》也易,何者?無期限之促迫,無考成之顧忌故也。且紀氏於其所未讀,不能置之不言,而余則惟吾之所趨避。譬之射然,紀氏控弦引滿,下雲中之飛鳥,余則樹之鵠而後放矢焉。易地以處,紀氏必優於作《辨證》,而余之不能爲《提要》決也。夫蠹生於木,而還食其木,柳子厚好讀《國語》,乃能作《非國語》,蓋必與之相習,然後得其要害也。余之略知學問門徑,實受《提要》之賜,逮至用力之久,遂掎摭利病而爲書,習慣使然,無足怪者。"[1]我們研讀《禮記》經注,亦得益於《考異》指引門徑。而今天從事《禮記》校勘,相較於顧氏所處之時代,亦具有得天獨厚之條件。顧氏自言《考異》之作,"專慮壹志,唯爲古人來者計,而不知其他"[2]。我們應當發揚這種精神,惟有心懷誠敬黽勉從事,古籍校勘庶幾盡掃落葉,文化經典才能更好傳承!

張文,華東師範大學古籍所副研究員。

---

[1] 余嘉錫:《四庫提要辨證序録》,《四庫提要辨證》,北京:中華書局,2007年,第52頁。
[2] 張敦仁撰,侯婕整理:《撫本禮記鄭注考異》卷末附録顧廣圻跋,第203頁。

陳鱣《禮記參訂》成書考

黄 漢

陳鱣(1753—1817),字仲魚,號簡莊,浙江海寧人。他少承家學,宗尚許鄭,精研文字訓詁,長於校勘輯佚。又與錢大昕、段玉裁、王念孫等交遊往來,質疑問難。還同黄丕烈、吴騫等傳鈔善本、校勘文字。同輩學人推爲漢學領袖[①],"督學阮元稱浙中經學,鱣爲最深"[②]。其生平事迹見於《清史列傳》卷六十九、《清史稿》卷四八四[③],陳鴻森《陳鱣年譜新編》考之頗詳[④]。陳鱣著述極多,然去世後多流散亡佚。又因生前梓刻較少,故現存著作無多。惟留《孝經鄭注》《六藝論》《論語古訓》《對策》《綴文》《續唐書》《簡莊疏記》數種,本文所研究的《禮記參訂》亦是其中比較重要的一種。此書綜合運用文字、音韻、訓詁、校勘等知識,對陳澔《禮記集説》的句讀、字義訓釋、義理解説等提出批評。[⑤]《禮記參訂》内容廣博、材料豐富,保留了大量有關陳鱣學術的材料,然其成書情況、文本來源又十分複雜,亟需釐清。[⑥]

---

① 吴衡照《海昌詩淑》云:"(陳鱣)尤深于許、鄭之學,同時推爲漢學領袖。"參見〔清〕陳鱣:《簡莊文鈔》卷首《雜綴》,清光緒十四年(1888)海昌平氏粵東刻本,第 2 頁 a。"紀曉嵐云:'近來風氣趨《爾雅》《説文》一派,仲魚蓋其雄也。'"參見〔清〕柳得恭:《燕臺録》,林基中編:《燕行録全集》卷六十,首爾:東國大學校出版部,2001 年,第 226 頁。
② 佚名撰,王鍾翰點校:《清史列傳》卷六十九,北京:中華書局,1987 年,第 5557 頁。
③ 〔清〕趙爾巽等撰,中華書局編輯部點校:《清史稿》卷四百八十四,北京:中華書局,1977 年,第 13350 頁。
④ 陳鴻森:《陳鱣年譜新編(上)》,《中國經學(第二十二輯)》,桂林:廣西師範大學出版社,2018 年,第 71-132 頁。陳鴻森:《陳鱣年譜新編(下)》,《中國經學(第二十四輯)》,桂林:廣西師範大學出版社,2019 年,第 1-78 頁。
⑤ 按:本文所提及的《禮記集説》,若無特殊説明,均指元陳澔之書,而非宋衛湜《禮記集説》。
⑥ 對於《禮記參訂》的研究,目前主要有伍佩琦《陳鱣〈禮記集説參訂〉研究》(香港中文大學碩士學位論文,2015 年 6 月)和趙兵兵、劉玉才《陳鱣〈禮記參訂〉稿鈔本八種考述》(《嶺南學報》復刊第 15 輯,上海:上海古籍出版社,2021 年,第 119-145 頁)。前者討論了《禮記參訂》的撰作、版本、體例,以及陳鱣對《禮記》鄭注的徵引、態度等問題,但失之過略,存在較多錯誤。後者詳細考察了《禮記參訂》稿本遞藏及七種傳鈔本的面貌、源流,梳理細緻,考辨精審,但未論及《禮記參訂》成書問題。

一　《禮記參訂》稿本概貌及其成書

　　陳鱣《禮記參訂》手稿現藏香港大學馮平山圖書館，共八册十六卷，索書號：善 095.32/72/75。以往原書獲觀不易，學者多利用伍佩琦《陳鱣〈禮記集說參訂〉研究》所附九幅原色書影。然而近年來中國古籍數字化進程不斷加快，目前已能在香港大學馮平山圖書館善本書影像庫網站瀏覽全書黑白影像，①稿本仍有諸多細節有待揭橥。

　　《禮記參訂》稿本書首共有五部分，字迹各有不同。先夾一紙云："朱韶編《四維堂書目》第一頁。《禮記參訂》，海寧陳鱣手稿本，十六卷，每半葉十行，行二十一字。卷一《曲禮上第一》《曲禮下第二》，卷二《檀弓上第三》。"又墨筆塗去"卷一"以下云云。其次爲《元本禮記集說跋》，内容與陳鱣《經籍跋文·元本禮記集說跋》有相似之處。復次爲鈔撮與《禮記集說》相關的幾段文字：第一段"康熙二十六年江西巡撫安世鼎疏……"與王士禛《池北偶談》"陳澔從祀"内容一致，②第二段"雍正二年八月從少詹錢以塏請禮部遵旨議……"見於蔣良騏《東華錄》等書，③第三段節選朱彝尊《經義攷》"陳澔《禮記集說》"條。④ 又次爲篇卷目次，如"第一《曲禮下》、二《檀弓上》"云云。最後爲節選何良俊《四友齋叢說》部分文字。⑤

　　《禮記參訂》正文半葉 11 行、行 21 字，無行格，鈐"吴興劉氏嘉業堂藏書記""朱嘉賓圖書印""香港大學馮平山圖書館之書"印。根據字迹，大致可將正文條目分爲兩個層次：第一層自首至尾的大字正文，共 315 條，⑥基本是先

---

①　筆者根據該《禮記參訂》黑白影像整理成書，復參校天津圖書館所藏《禮記參訂》清鈔本、中國國家圖書館所藏《禮記參訂》適園鈔本，又校之中國國家圖書館所藏元天曆元年建安鄭明德宅刻本《禮記集說》等書。若無特殊說明，本文所提及的《禮記參訂》均指香港大學馮平山圖書館所藏陳鱣手稿本，所引《禮記參訂》皆據筆者點校本。原稿本無頁碼，爲方便讀者檢閱，又不致行文冗繁，各注明所引之卷數。

②　〔清〕王士禛撰，靳斯仁點校：《池北偶談》卷二，北京：中華書局，1982 年，第 36 頁。

③　〔清〕蔣良騏撰，林樹惠、傅貴九點校：《東華錄》卷二十六，北京：中華書局，1980 年，第 424 頁。

④　〔清〕朱彝尊撰，林慶彰等校：《經義考新校》卷一百四十三，上海：上海古籍出版社，2010 年，第 2645 頁。

⑤　〔明〕何良俊：《四友齋叢說》卷二，北京：中華書局，1959 年，第 19—20 頁。

⑥　其中卷六《文王世子》"下象《管》"條與卷七《禮器》"其出也"條較爲特殊，兩條均爲當卷最後一條，《禮記》經文及相應《禮記集說》楷書書寫，陳鱣按語行書書寫、位於天頭。

列《禮記》經文，再引相應的陳澔《禮記集說》，最後爲陳鱣按語。按語多通過徵引鄭注、孔疏，批評《禮記集說》解説。如卷一《曲禮上》云："'賜人者不曰來取，與人者不問其所欲。'《集説》：'賜者，君子；與者，小人。'按：鄭注：'與人不問其所欲，己物或時非其所欲，將不與也。'不論君子小人。"第二層爲小字天頭眉批、行間夾注及兩枚籤條。天頭眉批多爲完整條目，並有相應批入符號提示插入正文何處，共 206 條（含籤條），內容偏重於利用版本校勘《禮記集説》文字。如卷五《月令第六》眉批云："'乃命祭典。'按：唐石經作'乃修祭典'，嘉靖摹宋本、毛本同。撫本、岳本、十行本、閩、監本俱作'乃脩'。《集説》元刻本誤作'乃命'，明刻及今本作'脩'。"行間夾注多爲大字正文增入文字，或訂正其訛脱。除批入符號外，還有於某一條首尾加符號，意在删去此條；於字上加墨點以示删改，如卷首原題"禮記集説參訂卷第一"，"集説""卷"字上加墨點，示删去。從內容上來看，小字及多數符號明顯晚於大字正文寫成。

《禮記參訂》稿本中没有關於其成書時間的明確表述，但書中正文、眉批、夾注頻頻提及元本《禮記集説》，可見《禮記參訂》的成書與陳鱣獲得元本《禮記集説》關係密切。陳鴻森《清儒陳鱣年譜》疑嘉慶十四年（1809）陳鱣得元本《禮記集説》。① 伍佩琦繼而據此，並結合吳騫嘉慶十八年（1813）所作《經籍跋文序》，推定《禮記參訂》不晚於嘉慶十八年寫成；至於陳鱣開始撰作《禮記參訂》的時間，或早於嘉慶十四年。② 2018 年陳鴻森又作《陳鱣年譜新編》，將陳鱣得元本《禮記集説》的時間改爲嘉慶十五年（1810）秋。③ 二説均有再討論的空間。伍佩琦在考證《禮記參訂》撰寫經過時，提及《禮記參訂》稿本卷首《元本禮記集説跋》及《經籍跋文·元本禮記集説跋》，稱後者"惟當中內容的編排略有不同"④。實則二文差別甚多。且《經籍跋文》在傳鈔、刻印的過程中，內容有所删改，所收《元本禮記集説跋》在《經籍跋文》不同版本中面貌亦有不同。這些差異，對於考察《禮記參訂》成書十分重要。

---

① 陳鴻森：《清儒陳鱣年譜》，《"中研院"歷史語言研究所集刊》第六十二本第一分，1993 年，第 194 頁。
② 伍佩琦：《陳鱣〈禮記集説參訂〉研究》，第 41 頁。
③ 陳鴻森：《陳鱣年譜新編（下）》，第 37 頁。按：元本《禮記集説》原爲袁廷檮所藏，《清儒陳鱣年譜》所定年份是依袁氏去世年份推定，《陳鱣年譜新編》則依下文提及的《經籍跋文》鈔本跋文文末年月題記所定。
④ 伍佩琦：《陳鱣〈禮記集説參訂〉研究》，第 39 頁。

嘉慶十八年,陳鱣選取平生所作有關宋元經書善本的跋文十九篇,並《干氏攷》一篇,編爲《經籍跋文》一卷。稿本現藏上海圖書館,①索書號:綫善T08294-95。半葉14行,行21字,紅格,白口,四周雙邊。書首有吳騫所作序文,卷末有錢泰吉手札一通、葉景葵與顧廷龍跋文各一篇。鈐"管庭芬印""培蘭""芷湘讀過""景奎所得善本""合衆圖書館藏書印"等印。"陳氏先是謄録舊文,復作修改,凡增損文字約四十處。"②各篇跋文文末皆有陳鱣撰寫年月題記。仲魚下世後,手校手著流散。道光八年(1828)春,管庭芬於西吳書舫購回《經籍跋文》手稿。錢泰吉據之手鈔一本③,又命管庭芬根據原稿校訂,復請李超孫、李富孫細校,囑蔣光煦刻入《別下齋叢書》,《經籍跋文》始有刻本。管庭芬校定時,悉删各篇跋文文末撰寫年月題記。又因《經籍跋文》刻本流傳甚廣,稿本及錢泰吉鈔本難以睹見,故後人罕知其中差異。這些缺失的年月題記,不僅對於考訂陳鱣獲得善本、撰寫跋文的時間有所裨益,更有助於考證《禮記參訂》的成書年月。《經籍跋文》稿本所收《元本禮記集説跋》云:

　　　　《禮記集説》十六卷,元刻本……其經文之勝于今本及不合古本,又

---

①　《中國古籍善本書目》著録云:"清鈔本,葉景葵、顧廷龍跋。"1933年葉景葵判斷"此册爲簡莊先生寫定原稿",彌足珍貴。1958年顧廷龍重新檢校此書,"與潘景鄭君再三諦審,認爲錢札確係親筆,簡莊、兔牀俱屬樵木"。陳鴻森目驗後,亦稱此爲摹本,非陳鱣真迹。2014年先行再次考訂,確定爲陳鱣手迹無疑。按:葉、顧之言,見於《經籍跋文》稿本卷末各自所作跋文。其餘參見陳鴻森:《陳鱣年譜新編(下)》,第64頁。陳先行:《版本目録學的思考與實踐(中)——〈上海圖書館善本題跋真迹〉編後記》,《古籍新書報》第139期,2014年3月28日,第6頁;又見陳先行、郭立暄編著:《上海圖書館善本題跋輯録》,上海:上海辭書出版社,2017年,第885頁。以下所引《經籍跋文》,均據此稿本,僅於文中注明篇名。

②　陳先行、郭立暄編著:《上海圖書館善本題跋輯録》,第884頁。

③　錢氏鈔本現藏中國國家圖書館,索書號:12193。半葉13行,行24字,紅格,白口,四周雙邊。書首有蔣光煦跋語,次葉有管庭芬識語"道光丁酉三月校於潯江寓館之太古軒,芷湘誌",再次葉爲吳騫序文。卷末有管庭芬道光十七年所作跋文一篇,又有筆跡不同的兩則識語"管庭芬芷湘氏謹跋于潯江寓館之太古軒""歲在己巳長夏,杭人邵章觀于瘦竹幽花之館"。鈐"蔣氏別下齋藏書""庭芬""庭芬讀過""潯溪老屋""自彊齋藏書記""萬拓堂"印。此本文間有所圈改,天頭有籤條涉及内容删改、行款調整,如第一篇跋文文末天頭貼一籤條云"嘉慶十五年等字,俱删去,不要寫,下每篇同。接寫下篇,不要另紙,下皆同";《干氏攷》篇天頭籤條云"此篇不要寫",知各跋文文末陳鱣撰寫年月題記及《干氏攷》自此删去。中國國家圖書館另有一鈔本,索書號:06241。半葉10行,行25字,無行格欄綫。鈐"翁斌孫印"。卷末有周星詒跋文一篇,許洪喬跋文一篇,又有識語云:"是卷刻《別下齋叢書》,楊舍人丈屬我戚人鈔存一本。此本從楊鈔出,庚午六月十七日爲貽公親家手校一過。凡今鈔譌字徑改,楊誤旁識或標字簡端云。錫曾記。"知此本源出蔣光煦刻本,同治九年(1870)周星詒手校一過。上海圖書館亦有一鈔本,索書號:綫普372203。該本封面題"藝風堂鈔本",各篇皆無陳鱣撰寫年月題記,知是繆荃孫(1844—1919)據蔣光煦刻本鈔出。

其說之背于古者，具詳余所著《禮記參訂》，兹不贅錄……余少時所誦習者坊間刻本，誤字孔多。今得以校正，遂跋而藏之。嘉慶十五年七月既望，陳鱣識。

跋文文末撰寫年代題記表明此跋文寫成於嘉慶十五年七月，但這並不等同於陳鱣此時獲得元本《禮記集説》。陳鱣在文中明確交代了自己著有《禮記參訂》。跋文既云"俱詳""兹不贅錄"，知彼時《禮記參訂》業已成書。《禮記參訂》稿本各卷題"禮記集説參訂"，"集説""卷"字以墨筆點删去，這表明"禮記參訂"爲陳鱣所定最終書名，《元本禮記集説跋》稱"禮記參訂"、不稱"禮記集説參訂"，可證至嘉慶十五年七月陳鱣作《元本禮記集説跋》時，《禮記參訂》已經撰寫完成。跋文又云"今得以校正"，知陳鱣正因獲元本《禮記集説》，方得校勘少時所讀坊間刻本。《經籍跋文》其他各篇均記校勘所獲善本之異文，此篇未記者，以其校勘元本之成果，俱入《禮記參訂》，故不贅錄。"又其説之背于古者"，承於"其經文之勝於今本及不合古本"句之下，"其説"正指《禮記集説》，"又"字則表明陳鱣在校勘文字的同時，又考辨了《禮記集説》的立説。

陳鱣所得元本《禮記集説》，原爲袁廷檮從錢景開處購得。① 嘉慶十四年八月袁氏去世，次子袁兆箋，亦黃丕烈女婿，"向未經理書籍事"②，故本年初冬黃丕烈"至五研樓，爲袁壻仲和整理其先人壽階親翁遺書"③。其後，袁兆箋移至城中，"依其婦翁黃蕘圃居，遂將公生平所蓄古書及先世遺澤一切皆移去"④。但在黃丕烈整理袁氏遺書之前，廷檮所藏已有所流散。證據有三：黃丕烈跋《後山詩注》云："壻家書籍半就淪亡，而余代爲儲……非書主人去即攘爲己有。"⑤又嘉慶十四年十一月跋《覆瓿集》云："己巳仲冬廿有四日，坊間得五硯樓書，余轉向取歸，猶是珍惜之意云爾。"⑥嘉慶十五年四月袁廷檮

---

① 《經籍跋文·元本禮記集説跋》云："余得諸中吳袁氏五硯樓者，末有'白隄錢聽默經眼'小印，蓋書賈錢景開所收，而袁氏購之。"
② 〔清〕黃丕烈：《蕘圃藏書題識》卷八，余鳴鴻、占旭東點校：《黃丕烈藏書題跋集》，上海：上海古籍出版社，2015年，第469頁。
③ 〔清〕黃丕烈：《蕘圃藏書題識續錄》卷一，余鳴鴻、占旭東點校：《黃丕烈藏書題跋集》，第745頁。
④ 〔清〕戈宙襄：《半樹齋文》卷十二《袁綬階二丈傳》，清道光七年(1827)刻本，第16頁b。
⑤ 〔清〕黃丕烈：《蕘圃藏書題識》卷八，第470頁。
⑥ 〔清〕黃丕烈：《蕘圃藏書題識再續錄》卷三，余鳴鴻、占旭東點校：《黃丕烈藏書題跋集》，第920頁。

女婿貝墉云:"惟先外舅於去秋驟病溘化,手聚數萬卷,一旦烏有。"①袁廷檮去世之後,藏書即已失守,這也與陳鱣《經籍跋文·宋本爾雅疏跋》所言"壽階既殁,藏書多散"相合。元本《禮記集説》應在嘉慶十四年八月、九月間從袁氏家中流出,十一月十五日陳鱣已客居吴中,②應在此前後得到袁氏所藏元本《禮記集説》。

陳鱣得到善本後,多與友人"互攜宋鈔元刻,往復易校。校畢,並繫跋語,以疏其異同,兼誌刊板之歲月、册籍之款式、收藏之印記"③。但他獲得元本《禮記集説》後,不僅先後撰寫了兩篇面貌有别的《元本禮記集説跋》,更撰寫了《禮記參訂》。在書中,陳氏大肆批駁陳澔《禮記集説》,還言及自己應試禮部,專從鄭注,"爲主司所黜,終不悔讀鄭注也"(《禮記參訂》卷一《曲禮上》)。如斯種種,知《禮記參訂》的成書與陳鱣科場失意聯繫甚密。嘉慶十三年(1808),陳鱣春闈復黜,功名之志漸無,遂南歸築紫微講舍於西山之麓,藏書校勘。次年,他獲得元本《禮記集説》,作《元本禮記集説跋》(即《禮記參訂》稿本卷首所載)。但當回想自己四上禮闈而不中,尤其專從鄭注而被黜,陳鱣依舊滿懷激憤,不滿足於繫以跋文、校勘異同。於是撰寫《禮記參訂》,大肆批駁科舉用書《禮記集説》。這一點,在《經籍跋文·元本禮記集説跋》中更是表露得一覽無餘。是文云:

> 攷宋時劉懋有《禮記集説》、衛湜有《禮記集説》百六十卷,元時又有彭絲《禮記集説》四十九卷,曷爲仍襲其名?且其父名大猷,而子字曰可大,其學宗程朱,而名曰澔,與程純公名相犯,止加水旁,皆有可議者。其生平無它著作,株守窮鄉,妄欲説經垂世,而固陋空疏,弊端百出。《經義考》目爲兔園册子,殆不爲過。

> 攷延祐科舉之制,《易》《詩》《書》《春秋》皆以宋儒新説與古注疏相參,惟《禮記》專用古注。是書之作,本已違制,故不爲儒者所稱。明初定制,《禮記》亦尚崇鄭注、孔疏。自永樂中,胡廣等修《五經大全》,《禮記》始用陳澔《集説》爲主。四百年來,以之取士,因循未改,不過因其簡

---

① 〔清〕貝墉:《知不足齋重刻履齋示兒編序》,〔宋〕孫奕撰,侯體健、況正兵點校:《履齋示兒編》附録,北京:中華書局,2014年,第425頁。
② 〔清〕陳鱣:《跋〈南唐書〉》,〔宋〕陸游撰,〔清〕周在浚箋注:《南唐書》,上海圖書館藏清鈔本。
③ 〔清〕管庭芬:《跋陳簡莊徵君〈經籍跋文〉》,〔清〕陳鱣撰:《經籍跋文》,上海圖書館藏稿本。

便易明。然觀其自序,但云欲以坦明之說,使初學讀之即了其義而已。後之頒行學官,所謂始願不及此耳。

以上文字,除"《經義攷》"一句外,其他均不見於《禮記參訂》稿本卷首的《元本禮記集說跋》,應是陳鱣後來寫作時增入。他在文中批評陳澔姓名與程顥相犯,平生並無其他著作,居於窮鄉僻壤之中,妄圖說經垂世。又批評陳澔所作《禮記集說》固陋空疏、弊端百出,連書名都是仍襲前代著作。朱彝尊批評《禮記集說》爲"兔園冊子",幾無偏頗。陳鱣考元代延祐科舉之制度,雖《周易》等用宋儒新說,但《禮記》卻用鄭玄注。而陳澔撰寫《禮記集說》,宗法程朱,本已違制,故不爲儒者所稱許。且陳澔寫作此書僅欲以坦明之說便於初學,後立於學官、用以取仕,亦非其始願。此跋文嚴厲批評陳澔及《禮記集說》、評議科舉之制,正與《禮記參訂》思想傾向相一致,俱是科場失意後的憤懣之語。

要之,科場失意與偶獲善本,正促成了《禮記參訂》的成書。嘉慶十三年,陳鱣春闈復黜,功名之志漸無,遂回南歸鄉。次年十一月前後,陳鱣得元天曆本《禮記集說》,草成《元本禮記集說跋》一篇,即《禮記參訂》稿本卷首所載跋文,文中已對《禮記集說》經文之訛、立說之誤提出批評。但當回想自己四上禮闈不中,尤其專從鄭注被黜,陳鱣心懷激憤,不滿足於繫以跋文、校勘異同。於是詳加考證,撰寫《禮記參訂》,大肆批駁科舉用書《禮記集說》。至嘉慶十五七月陳鱣重新修改《元本禮記集說跋》時,《禮記參訂》已經寫作完成。

二 從《簡莊疏記》到《禮記參訂》

陳鱣日積月累的讀書隨筆《簡莊疏記》,專爲疏解經書、詮釋字義而作,體例頗與《讀書雜志》《經義雜記》相近。現存不分卷手稿和十七卷別下齋刻本兩種版本,後者是據已亡佚的十四卷本手稿刊刻而成。從不分卷本到十七卷本,《簡莊疏記》的條目逐漸增多,文本逐漸層累、寫定。① 《簡莊疏記》與《禮記參訂》不無關係,十七卷本《簡莊疏記》中有《禮記疏記》兩卷②,共計136

---

① 關於《簡莊疏記》的版本及文本層累、生成等問題,筆者已另撰文說明。

② 《簡莊疏記》刻本中,時有"見《書疏記》"等語,乃陳鱣命名書中不同部分。今單舉《簡莊疏記》中《禮記》部分,亦仿此,稱爲《禮記疏記》。

條,其中75條見於《禮記參訂》;2條內容基本相同,1條《禮記參訂》刪節自《禮記疏記》,剩下72條《禮記參訂》明顯據《禮記疏記》增修而來。從《禮記疏記》到《禮記參訂》,文本變得更爲複雜多樣,陳鱣的寫作旨趣與思想也發生了轉變。試看如下兩條:

  《經解》云:"《易》曰:'君子慎始。差若豪氂,繆以千里。'"《釋文》:"豪,依字作'毫'。氂,本又作'釐'。"疏:"此《易·繫辭》文也。"按:"豪""氂"爲正字,"毫"爲俗字,"釐"爲假借。今《易·繫辭傳》無此文,蓋《易緯》之文也。①

  《易》曰:"君子慎始。差若毫氂,繆以千里。"此之謂也。《集説》:"所引'《易》曰',緯書之言也。"按:疏:"'《易》曰'者,此《易·繫辭》文也。"(《禮記參訂》卷十四《經解》)

在《禮記疏記》中,陳鱣首先摘録《禮記》經文、《經典釋文》與相應孔疏,再加按語考辨。依《簡莊疏記》全書體例,本應鈔入鄭注,但因鄭玄此處無注,故闕。按語第一部分辨析"豪""毫""氂""釐"四字的正俗假借。正字既指相對於俗體的正體,又是區别於假借的本字。陳鱣認爲"豪"是正字,"毫"是俗字。對於"氂""釐"這組異文,他則明確指出二字假借關係。陳鱣雖然於此並未直言判斷正字的標準及根據,但從《簡莊疏記》全書來看,他往往以《説文解字》所載爲本字、正體。《説文解字》云"𧰽,豕鬣如筆管者。出南郡。从希,高聲。乎刀切。𢑱,篆文从豕。臣鉉等曰:'今俗别作毫,非是'","𧰽"爲古文,"豪"爲篆文楷定,自然陳鱣以"豪"爲正字、"毫"爲俗寫。《説文解字》又云"氂,犛牛尾也""釐,家福也","氂"與"豪"同爲纖細之物,符合文義,故爲正字。"釐"雖與文意不合,但被《説文解字》所收,故非是俗體。又因與"氂"均從"𠩺"得聲,古音同爲來聲之韻,故爲假借。陳鱣準之《説文解字》,辨析《經典釋文》的立説,通過考證"豪""毫""氂""釐"的正俗通假,詮釋字義,疏解經文。按語第二部分考證孔疏的立説,認爲其説有誤,《經解》所引蓋爲《易緯》之文。陳鱣此語或據《史記》《漢書》注言之。《史記·太史公自序》云"故《易》曰'失之豪氂,差以千里'",裴駰《集解》云:"今《易》無此語,

---

① 〔清〕陳鱣:《簡莊疏記》卷十,民國四年(1915)刻本,第13頁b。

《易緯》有之。"①又《漢書·司馬遷傳》顏師古注云:"今之《易經》及《彖》《象》《繫辭》,並無此語。所稱《易緯》者,則有之焉。斯蓋易家之別説者也。"②無論是考字之正俗假借,還是辨孔疏之立説,陳鱣最終落腳點都在於疏解經義。在他心中,《禮記》經文是第一位,《經典釋文》、孔疏是第二位。若二者有誤,當考辨之以明經義。

但這條文本改編入《禮記參訂》後,内容有所不同。《禮記集説》所云"緯書之言"與《簡莊疏記》"蓋《易緯》之文也"的觀點一致。但陳鱣卻在《禮記參訂》按語中删去了自己原先的看法,只是節引了孔疏。他正是想通過簡單地引這樣一句孔疏,以"此《易·繫辭》文也"來反駁《禮記集説》"緯書之言"的觀點。之所以删去了辨析"豪"等字正俗假借的内容,是因為《禮記集説》未對這句經文做出解釋。既無解釋,自然無法批駁。

考證文字起初是為了疏解經義,《禮記疏記》云:"'鳳皇麒麟,皆在郊椒。'注:'椒,聚艸也。'《釋文》:'椒,本或作藪。'按:作'藪'者是也。《説文》云:'藪,大澤也。從艸,數聲。'《周語》云'不崇藪',韋注:'無水曰藪。'又云:'物之歸也。'"③陳鱣將此條修改入《禮記參訂》,卻這樣寫道:

"鳳皇麒麟,皆在郊椒。"《集説》:"'椒'與'藪'同。"按:鄭注:"椒,聚艸也。"《釋文》:"椒,本或作'藪'。"鱣謂:作"藪"者是也。《説文》云:"藪,大澤也。從艸,數聲。"《周語》云"不崇藪",韋注:"無水曰藪。"又云:"物之歸也。""藪"為正字,"椒"為或體,不當云"'椒'與'藪'同"。《集説》每不論及字體,此偶一論之,而竟不合也。(《禮記參訂》卷七《禮運》)

在《禮記疏記》中,面對"椒""藪"這組異文,陳鱣以《説文解字》"椒,木薪也"為根據,判定"藪"為正字。由此,進一步補充了鄭注,將經文之"椒"疏解為長滿草的沼澤。但這段文字改編入《禮記參訂》後,增加了"'藪'為正字"數語。陳鱣再次強調並且明確指出"藪"為正字,"椒"為或體,從而批評《禮記集説》所云"椒與藪同"。《禮記集説》"凡名物度數,据古注正義",且"欲以坦

---

① 〔漢〕司馬遷撰,〔南朝宋〕裴駰集解,〔唐〕司馬貞索隱,〔唐〕張守節正義:《史記》卷一百三十,北京:中華書局,2013年,第3975—3977頁。
② 〔漢〕班固撰,〔唐〕顏師古注:《漢書》卷六十二,北京:中華書局,1962年,第2719頁。
③ 〔清〕陳鱣:《簡莊疏記》卷九,第14頁b。

明之説,使初學讀之即明了其義",此處僅就字義言之,並非討論字體。且辨析字之正俗非其主旨,自然書中少有談論。陳鱣非要以"論及字體"强加於《禮記集説》,又批評其"每不論及字體",多少有些强詞奪理。

以上兩組文本的比較,可見陳鱣寫作時關注的重心發生了變化,比起考文字正俗、辨孔疏得失,進而疏解經義來,他更要批評《禮記集説》。不僅如此,即使《禮記集説》不引鄭注、孔疏,也被陳鱣視爲過錯,加以批評,如:

"殤不祔祭。"注:"'祔'當爲'備',聲之誤也。"疏:《喪服小記》云:'殤與無後者從祖祔食。'今云'殤不祔祭',與《小記》文乖,故知"'祔'當爲'備'",備、祔聲相近。"按:《易・繫辭傳》云"服牛乘馬",《説文》引作"犕牛乘馬",《詩・谷風》云"匍匐救之",《孔子閒居》引作"扶服救之",是備、祔聲近也。①

"殤不祔祭,何謂陰厭、陽厭?"《集説》:"曾子不悟其指,乃問云:祭殤之禮略而不備,何以始末一祭之間有此兩厭也?"按:鄭注:"'祔'當爲'備',聲之誤也。言殤乃不成人,祭之不備禮,而云陰厭、陽厭乎?此失孔子指也。"疏:"知'祔當爲備'者,按《喪服小記》云'殤與無後者從祖祔食',今云'殤不祔祭',與《小記》文乖,故知"'祔'當爲'備'"。備、祔聲相近,故云'聲之誤'也。"鱣謂:《易・繫辭傳》"服牛乘馬",《説文》引作"犕牛乘馬",《詩・谷風》云"匍匐救之",《孔子閒居》引作"扶服救之",是備、祔聲近也。《集説》于上文"'假'當作'嘏'""'綏'當作'隋'"皆本鄭注立言,而與此"'祔'當爲'備'"之注則不提及,但云"略而不備",使後人何從知爲備耶?《集説》于此等字義,不先爲著明者甚多。惟加音切,或有並不加以音切者,黑白不分,鹵莽從事,體例又不畫一。居然傳諸後世,何也?(《禮記參訂》卷六《曾子問》)

孔疏申發鄭注"'祔'當爲'備'"之意,但對二字聲音相近未做過多解釋。陳鱣則引經據典,利用異文,補證説明。《易・繫辭傳》云"服牛",《説文解字》引作"犕牛","服""犕"必是同一字。前者中古音爲奉母屋韻,後者爲並母脂韻,知上古無"奉""並"之分,"匐""服"亦可證明。又"祔"與"服"聲母相

---

① 〔清〕陳鱣:《簡莊疏記》卷九,第14頁a—b。

近,"備""牰"聲母相近,所以二字聲近。在《禮記集説》中陳澔以"祭殤之禮略而不備"解釋"殤不祔祭",其説正是自鄭注而來。雖未明言"祔當爲備",但"不備"與"不祔"相對,亦知二者義近。但陳鱣卻認爲《禮記集説》上文皆本鄭注,此處卻略而不提,使後人不得知"祔"何以爲"備"。鄭注、孔疏原是爲疏解經義,《禮記集説》也採納了其觀點,加以申發,但陳鱣並不關注經義是否闡明,而是將重點放在《禮記集説》不引、不解釋鄭注之上。他更是空發議論,批評《禮記集説》的注音方式單一,且體例不一。"黑白不分,鹵莽從事""居然傳諸後世,何也"數語,何其激烈。

要之,《簡莊疏記》是《禮記參訂》成書之一大取資。在寫作《禮記參訂》過程中,陳鱣將《簡莊疏記》文本修改編入,文本發生删節、增補等變化,陳鱣寫作的重心由疏解經義變爲批駁《禮記集説》。不僅如此,陳鱣也一改往日寫作《簡莊疏記》時的冷静客觀,在《禮記參訂》中言語更爲激烈,十分意氣用事。

三 《陳氏禮記集説補正》與《禮記參訂》

署名納蘭性德①的《陳氏禮記集説補正》(以下簡稱《集説補正》")是清代辨析《禮記集説》舛誤的一大力作。陳鱣得到元刻本《禮記集説》後,草就《元本禮記集説跋》一篇,便已提及《集説補正》。他寫道:

> 其時,納蘭成德作《集説補正》三十八卷,□□□于嘉定陸翼王之手。所正者,如"《曲禮》'很毋求勝,分毋求多',注:'況求勝者,未必能勝;□□□□□多。'爲不免計較得失。'奉席如橋衡',注云:'如橋之高,如衡之平。'爲橋衡,從注、疏□□□爲是。《檀弓》'五十以伯仲',注引賈公彦《儀禮疏》,乃孔穎達《禮記疏》文,正與賈疏相反。《學記》"術有序",注引《周禮》'鄉大夫春秋以禮會民而射於州序',《周禮》實無此文。"如此之類甚多,皆足令無辭以答。然猶有未盡者,如《曲禮》"若夫

---

① 關於《陳氏禮記集説補正》作者問題,有所爭論。張琪《〈陳氏禮記集説補正〉作者考》(《經學文獻研究集刊(第十四輯)》,上海:上海書店出版社,2015 年,第 234—243 頁)對歷來爭議作了梳理,並考證該書中有九處引文明確標明徵引自陸元輔,表明此書確與陸氏有關係,但全書是否皆爲陸氏代作,則可存疑。

坐如尸,立如齊",鄭注:"言若欲爲丈夫也。"《集説》乃從劉原父之説,讀若扶……

《集説補正》補陳澔所遺、正陳澔所誤,陳鱣在跋文中引述《集説補正》内容,並稱其猶有未盡。緊接着,他又寫成十一條批駁《禮記集説》的文字,這十一條多半被寫入《禮記參訂》之中。陳鱣這一做法,頗有"補續"《集説補正》之意。同時,跋文所引《集説補正》内容,亦在《禮記參訂》中有所提及。如卷一《曲禮上》"很毋求勝"條云"至于'況求勝者'云云,不免計較得失,《集説補正》已言之矣","奉席如橋衡"條亦云"《集説補正》已辨之,云'橋衡'從注、疏作一事爲是"。兩條引用《集説補正》觀點,均加以説明。但在卷二《檀弓上》"五十以伯仲"條中,陳鱣卻不提《集説補正》,而統稱"前人",云"《集説》所引後條誤以孔疏爲賈疏,前人已辨之"。到了卷十《學記》"術有序"條,他只説"所云《周禮》鄉大夫亦無此文",直接將《集説補正》觀點占爲己有。無論是跋文的寫作,還是《禮記參訂》的成書,都可見《集説補正》之影響。下面根據二書具體條目,對這一問題作進一步分析。

"三牲用藙。"《集説》:"藙,茱萸也。"竊案:鄭注:"藙,煎茱萸也。"不但以茱萸釋藙,而必曰煎,則有人工作之矣。猶秋用芥,以芥醬釋之也。故孔氏引賀氏説申之曰:"今蜀郡作之,九月九日取茱萸,折其枝,連其實,廣長四五寸,一升實可和十升膏,名之藙。"《集説》既從舊注,以芥爲芥醬矣,於茱萸獨去煎字,何也?①

"三牲用藙。"《集説》:"藙,茱萸也。"按:鄭注:"藙,煎茱萸也。漢律,會稽獻焉。《爾雅》謂之樧。"疏:"賀氏云:'今蜀郡作之,九月九日取茱萸,折其枝,連其實,廣長四五寸,一升實可和十升膏,名之藙也。'"又按:《説文》云:"櫱,煎茱萸。从艸,顈聲。漢律:會稽獻櫱一斗。""櫱"即"藙"之正字,"櫱"爲煎茱萸,"煎"字不當删。(《禮記參訂》卷八《内則》)

《集説補正》的寫作體例是先鈔録《禮記》經文,其次列《禮記集説》,緊接

---

① 〔清〕納蘭性德著,陳士銀點校:《禮記陳氏集説補正》卷十六,合肥:安徽教育出版社,2020年,第142—143頁。本文引用時,對部分標點加以修改。

"援引考證,以著其失"①。凡無所補正者,經文與《禮記集說》並不載焉。此條先引鄭注,明"藃"含"煎"之義,並爲之解說。又引鄭注《内則》"芥,芥醬也"、孔疏爲證。《集說補正》注意到《禮記集說》前後徵引鄭注不同,批評它從鄭注卻刪"節"字。《禮記參訂》亦先鈔録經文,次列《禮記集說》,再援引考證。兩條都引鄭注、孔疏爲證,批評《禮記集說》從鄭注而有所刪節。有所不同的是,《禮記參訂》在增添《說文解字》加以論說,且其按語往往首列鄭注、孔疏。

在《禮記參訂》中,隨處可見其與《集說補正》寫作旨趣、方法相似之處。《禮記參訂》卷十四《祭統》"宫宰宿夫人"條云:"《集說》襲鄭注而刪其句,其實末句有精義,不可少也。""君執紖"條云:"《集說》引鄭注,而刪其引《周禮》並或作何字,殊失鄭意矣。"這與《集說補正》一樣,都旨在批評《禮記集說》刪減鄭注,失之過簡。《集說補正》在批駁《禮記集說》時,"凡澔之説皆一一溯其本自何人"②,如卷十四云:"'天子無介',《集說》:'介所以佐賓,天子以天下爲家,無爲賓之義,故無介也。'竊案:此本之注、疏,然孔疏又云:'其實餘事,亦有介副,故□人共介□,是天子臨鬼神使介執□也。'"③此條指明《禮記集說》本之鄭注、孔疏,又引孔疏駁之。陳鱣寫作《禮記參訂》時,也這樣寫道:

> "齊衰,惡笄以終喪。"《集說》:"婦人居齊衰之喪,以榛木爲笄以卷髮,謂之惡笄。以終喪者,謂中間更無變易,至服竟則一并除之也。"按:鄭注:"笄,所以卷髮。帶,所以持身也。婦人質,於喪所以自卷持者,有除無變。"疏:"此一經明齊衰婦人笄帶終喪無變之制。'惡笄'者,榛木爲笄也。婦人質,笄以卷髮,帶以持身,於其自卷持者,有除無變,故要經及笄不須更易,至服竟一除。"《集說》本之,而不明其旨,竟刪去"帶,所以持身",疏矣。(《禮記參訂》卷十《喪服小記》)

陳鱣詳引鄭注、孔疏,亦點明《禮記集說》本之注、疏,又批評其刪節鄭注,與《集說補正》的寫作旨趣與考證方法相合。《禮記注疏校勘記》引段玉

---

① 〔清〕紀昀等纂:《四庫全書總目·經部》卷二十一,桂林:廣西師範大學出版社,第540頁。
② 〔清〕紀昀等纂:《四庫全書總目·經部》卷二十一,第540頁。
③ 〔清〕納蘭性德著,陳士銀點校:《禮記陳氏集說補正》卷十四,第120頁。

裁挍本云"'惡笄'下應有'帶'字"①,鄭注"帶,所以持身也"正解此"帶"字。陳鱣批評《禮記集説》不明其旨,意或在此。

《禮記參訂》中明引《集説補正》者共 27 條,約有三種情況:第一種,《集説補正》已言之例,即讚同《集説補正》的觀點,並在正文中加以説明,提示讀者可自行翻檢。主要形式有二:如《集説補正》已言之、已辨之、亦嘗非之,共 4 條;餘詳《集説補正》、解詳《集説補正》,共 4 條。第二種,《集説補正》顧此失彼例,即陳鱣肯定《集説補正》批駁《集説》之處,但同時《集説補正》亦有錯誤或不足之處,共 7 條。第三種,《集説補正》言之有誤例,即陳鱣批評《集説補正》所解有所疏失,共 12 條。陳鱣對於《集説補正》的批評主要集中在兩個方面:一方面批評《集説補正》字義訓解有誤,如:

"雪霜大摯。"《集説》:"摯,傷折也,與摯獸、摯蟲之摯同。"竊案:傷折之説,蓋本之蔡邕。然不若直作"至"字解,蓋摯與至同。毛《傳》"摯而有別",朱子亦讀爲至。霜雪,冬之盛陰。冬陰勝春陽,故雪霜大至,不必言傷折而後見其陰盛也。②

"雪霜大摯,首種不入",《集説》:"摯,傷折也,與摯獸、驚蟲之義同。百穀惟稷先種,故云'首種'。"按:鄭注:"舊説'首種'謂稷。"《釋文》:"摯音至,蔡云:'傷折。'種,章勇反,蔡云:'宿麥。'"疏:"按《考靈耀》云:'日中星鳥,可以種稷。'則百穀之內,稷先種,故云'首種'。首即先也,種在百穀之先也。"鄭注引舊説,蓋本緯書,惟于摯字無釋。《集説》"傷折"本《釋文》所引蔡《章句》,但云"與摯獸、驚蟲之義同",則未的當。攷《説文》:"霵,寒也。從雨,執聲。或曰:早霜。讀若《春秋傳》'摯阢'。"《初學記》引"舊音竹入反",疑此當作"霵",而假用"摯"字耳。《補正》作"至"字解,於義未允。(《禮記參訂》卷五《月令》)

《集説補正》考證《禮記集説》"傷折"之説本自蔡邕,認爲《禮記集説》訓解不佳,不若直接訓爲"至","摯"與"至"同,又據毛《傳》、《詩集傳》爲證。古音"摯"章聲質韻,"至"章聲緝韻,聲同可得通假。《經典釋文》亦云:"摯音

---

① 〔清〕阮元總纂,〔清〕洪震煊分校,唐田恬整理:《禮記注疏校勘記》卷三十二,劉玉才主編:《十三經注疏校勘》第 6 册,北京:北京大學出版社,2014 年,第 561 頁。
② 〔清〕納蘭性德著,陳士銀點校:《禮記陳氏集説補正》卷九,第 85 頁。

至。"《經義述聞·大戴禮記下》云:"'霜雪大滿,甘露不降。'家大人曰:'滿'本作'薄',字之誤也。……《廣雅》曰:'薄,至也。'……言霜雪大至也。霜雪大至與甘露不降正相對。《月令》曰:'雪霜大摯。'摯,亦至也。"①王氏所言極是。此亦可見《集説補正》言之有理。《禮記參訂》辨析《集説》所引云云,本自《集説補正》而來。但陳鱣以爲《集説補正》訓解於義未允,《説文解字》收有"霻"字,應爲"摯"之本字,其"寒"義正可與"霜雪大摯"相發明。"霻"古音端聲侵韻,《初學記》所引舊音爲端聲緝韻正與"摯"聲相近。陳鱣以《説文解字》爲根據,既批評了《集説補正》,又指責了朱熹之説。

另一方面,陳鱣也會對《集説補正》不從鄭注、孔疏或徵引他説加以指責。《禮記參訂》卷六《文王世子》云:

"文王之爲世子也。"《集説》:"石梁王氏曰:'"文王之爲世子也"一句,衍文。'"按:鄭注:"題上事。"疏:"'文王之爲世子也'者,從篇首以至於此,是文王之爲世子及武王、成王之法,其武王、成王爲世子之禮,皆上法文王,故以'文王之爲世子'總結之也。"《集説》既引石梁王氏以爲衍文,又引劉氏以謂'伯禽所行,即文王所行世子之道',俱屬不合。《補正》駁之似矣,而不據注、疏相證,故備述之。

《集説補正》針對王氏所説,批評道"此篇'文王之爲世子也'句,所以結上'文王之爲世子'三節",這一説法本自鄭注。《禮記參訂》指責《集説補正》不據注疏相證,所以又詳加徵引鄭注、孔疏。若《集説補正》不從注疏或從他説,陳鱣也會加以批評,卷一《曲禮下》"天子之六工"云"其(《集説補正》)闢陳説良是,惜下引葉氏説未當也",卷五《月令》"合諸侯制百縣"條云《集説補正》所引方氏"説甚迂回"。

要之,《陳氏禮記集説補正》與《禮記參訂》成書關係密切。陳鱣得到元刻本《禮記集説》後,草就《元本禮記集説跋》一篇,彼時就翻閲參考了《集説補正》。"然猶有未盡者"一語,不僅表明他主動接受了《集説補正》,又暗示了他意欲沿着批評《禮記集説》的路繼續走下去。在寫作《禮記參訂》時,陳鱣借鑒了《集説補正》寫作體例、考證方法,部分觀點甚至有所因襲。雖然深

---

① 〔清〕王引之撰,虞思徵等校點:《經義述聞》第十三《大戴禮記下》,上海:上海古籍出版社,2018年,第746—747頁。

受《集説補正》影響,但尊尚鄭、許的學術理念,讓陳鱣與《集説補正》偶有矛盾,對其加以批評。

四　匯校衆本或兼採諸家

陳鱣少時所誦習的《禮記集説》坊間刻本誤字頗多,既得元本,故匯集諸本、校勘考辨。《禮記參訂》中 93 條涉及版本的文字,正是陳鱣校勘元本所得。然而細籀其文,便會發現兩個問題:這些校勘內容不記元本《禮記集説》之善,而多記其訛;部分內容與阮元《十三經注疏校勘記》、顧廣圻《撫本禮記鄭注考異》有所重合。利用陳鱣文集、《經籍跋文》等文獻記載,能勾稽出陳鱣藏書中有關《禮記》的部分,再對《禮記參訂》中"今本"等版本概念加以辨析,便可以還原陳鱣校勘《禮記集説》的過程,進而從這一角度考察《禮記參訂》的成書。

仲魚既歿,藏書盡散,不知流傳何處。今日雖難睹陳鱣舊時所藏所校,但藉助《簡莊文鈔》《經籍跋文》等記載大致能勾稽出陳氏寓目、收藏過哪些與《禮記》相關的書籍。《經籍跋文·宋本禮記注跋》稱嘉慶十二年陳鱣獲贈顧千里影摹重雕宋淳熙刻本《禮記注》二十卷,並附《釋文》。在此之前,他在顧之逵處曾獲見原本。是文又云他藏有明嘉靖時仿宋刻本、清時仿宋岳氏刻本《禮記注》。同時,陳鱣還曾購得乾隆六十年(1795)和珅刻本《禮記注疏》,此本底本即南宋劉叔剛所刻十行本《禮記正義》。"因借友人所臨惠本而重校之……仍目之曰宋本。"《宋本禮記注疏跋》提示其家另藏有十行本《禮記注疏》一部,"惜多修版"。至於《禮記集説》,《元本禮記集説跋》提及明內府刻本、"今本十卷",知有所收藏。此外,陳鱣還曾提及阮元《十三經注疏校勘記》,《禮記疏記》中又徵引過唐石經,説明家中有藏。

了解陳鱣的藏書後,大致可以還原出他如何校勘《禮記集説》、寫作《禮記參訂》。首先,陳鱣校勘了元刻本、明內府刻本、清刻本《禮記集説》。《經籍跋文·元本禮記集説跋》云"明內府刻本尚有,書凡十六卷。明刻本猶然,今本十卷,不知何時坊刻所并……余少時所誦習者,坊間刻本,誤字孔多。今得以校正,遂跋而藏之",陳鱣既以"坊刻"言"今本",則其少時所讀應爲清刻十卷本,而他手中又有明內府刻十六卷本。"今得以校正",意指以元刻本

《禮記集說》校勘明內府十六卷本與清十卷本。《禮記參訂》所云"元本《集說》並無此一行""《集說》元刻本誤作'非之',明刻本及今本不誤",均是指此。這裏,"今本"與跋文所云"今本"一樣,都是指清刻十卷本。有時,陳鱣會以"此""此本"指代所得元本《禮記集說》,以"今本皆""今本並"稱呼明十六卷本與清十卷本,如"此本脱,今本並沿其誤""此誤脱,今本皆沿其誤"。

同時,陳鱣對校了家藏諸多《禮記》重要版本。《禮記參訂》卷五《月令》云:"'律中夾鍾。'按:唐石經作'夾鐘',閩、建、毛本同。《釋文》以'夾鍾'作音,宋撫本、岳本、十行本、嘉靖摹宋本、衛《集說》本與此俱作'鍾'。"卷七《禮運》云:"'故事可守也。'按:唐石經、宋撫本、岳本、明摹宋本作'有守'。十行本作'可守',此沿其誤。""撫本"即所藏顧廣圻影刻宋淳熙撫州公使庫初印本,"岳本"即所藏清代仿宋岳刻本,"十行本"即其家所藏多有修版之宋十行本,"嘉靖摹宋本"即所藏明嘉靖時仿宋刻本。有時,陳鱣也會以"宋刻各本"來指稱以上宋本,但"各本"範圍有所不同。《禮記參訂》卷十六《射義》云:"'反求諸己而已矣。'按:唐石經、宋刻各本並作'求反',此同岳本。衛氏《集說》誤作"反求",今本皆沿其誤。"《禮記鄭注彙校》云"'反求',余仁仲本、岳本、嘉靖本、和本、十行本、閩本、監本、毛本、殿本、阮刻本同;唐《石經》、撫州本、八行本作'求反',是"①,則《禮記》惟有唐石經、撫州本、八行本作'求反',所以《禮記參訂》所云"宋刻各本"便指撫州本、八行本,這兩種在陳鱣藏書範圍內。而卷九《玉藻》"入大廟説笏,非禮也"條云"唐石經、宋刻各本俱作'非古'",參之《禮記鄭注彙校》②,知此"各本"又可指撫本、岳本、十行本等。

此外,陳鱣還參考、徵引已有的校勘成果。這部分内容混在陳鱣親自校勘的文字中,往往難以發現。如:

"子弒父,凡在官者,殺無赦。"《集說》:"石梁王氏曰:'注疏本作"凡在官者,殺無赦"爲是。'凡按:疏云:"此'在官'字,諸本或爲'在官',恐與上'在官'相涉而誤也。"據此,則孔氏所見或本作"官"而非其所用,故唐石經、宋十行本、嘉靖摹宋本、衛《集說》本、閩、監、毛本皆作"官",惟有撫本、岳本、嘉靖本、《攷文》引古本、足利本作"官",即疏所言或本。

---

① 王鍔彙校:《禮記鄭注彙校》卷二十,北京:中華書局,2020年,下册第891頁。
② 王鍔彙校:《禮記鄭注彙校》卷九,上册第444頁。

《集説》不引疏而引石梁王氏之批，陋矣。(《禮記參訂》卷三《檀弓下》)

文中所提"宋十行本""嘉靖摹宋本""撫本""岳本"等是陳鱣所有，但閩本、監本、毛本、嘉靖本等卻未曾被陳鱣收藏。《經籍跋文·宋本禮記注跋》云"阮侍郎《十三經校勘記》亦詳言之"，則當時陳鱣已見到嘉慶十一年文選樓單行本《十三經校勘記》。檢是書，有内容相關的一條校勘記：

"子弑父，凡在宫者，殺無赦。"閩、監、毛本同。《石經》同。衛氏《集説》同。岳本"宫"作"官"，嘉靖本同，《考文》引古本、足利本同。《正義》云："此'在宫'字，諸本或爲'在官'，恐與上'在官'相涉而誤也。"據此，則作"在宫"者**亦**孔氏所見之本，而非《正義》所用之本也。①

《禮記注疏校勘記》提及閩、監、毛本及嘉靖本等版本異文，又據孔疏判定"在宫"爲孔氏所見本、非《正義》所用。《禮記參訂》不僅與之版本異文、觀點相同，而且在文字表達上也十分相近。《禮記注疏校勘記》所云"'在宫'者亦孔氏所見之本"中"亦"字尤值得關注，此字不僅照應了岳本、嘉靖本、《考文》所引版本的異文，也與孔疏相呼應。《禮記參訂》雖未言"亦"，但以"即疏所言或本"補充説明。由此，知陳鱣寫作《禮記參訂》時，參考了《禮記注疏校勘記》。這種做法雖然大大豐富了校勘内容，但也給《禮記參訂》的理解帶來了問題。《禮記參訂》卷五《月令》"還反"條云"宋刻以下各本俱作'反'，此沿其誤"，這兩處"各本"若以陳鱣實際所藏言之，僅包括撫本、岳本、十行本、嘉靖摹宋本等版本。但若從陳鱣徵引《禮記注疏校勘記》角度出發，則涵蓋了閩、監、毛本等版本。

除了徵引《十三經註疏校勘記》，陳鱣亦參考了《撫本禮記鄭注考異》。嘉慶十年，顧廣圻爲張敦仁主持影刻宋淳熙撫州公使庫本《禮記》，並將其校勘成果總編爲《撫本禮記鄭注考異》(以下簡稱"《考異》")二卷，附於書末。嘉慶十一年書成，陳鱣獲贈一部初印本。陳鱣在《經籍跋文·宋本禮記跋》中稱此書"字畫矜莊，彫鐫古雅，與宋刻鐵豪無異"，又誇讚《考異》二卷"尤爲精審"。在《禮記參訂》中即有一條與《考異》内容極爲相近。將二者摘録如下：

---

① 〔清〕阮元總纂，〔清〕洪震煊分校，唐田恬整理：《禮記注疏校勘記》卷十，劉玉才主編：《十三經注疏校勘》第5册，第177頁。本文引用時，對部分標點加以修改。

敛手足形唐石本以下各本與此同。釋文以"敛手"作音,是其所自出也。前經"子游問喪具"下此句,唐石本及各本作"首"。彼正義云:"但使衣衾敛於首足形體,不令露見而已。"此正義云:"但以衣棺敛其頭首及足,形體不露。"是正義本皆作"首",不作"手"。今案:首也,足也,形也,是三事。故鄭注彼經以體解形,此經不注者,已具於彼也。首,言上之所始。足,言下之所終。形,言中之所該。敛法備此三者,《士喪》可考。然則正義作"首"爲是,彼經不見於釋文,故唐石本仍作"首",而各本亦仍之。以此相決,或釋文本彼亦作"手"。①

"敛手足形。"按:疏云:"敛其頭首及足,形體不露。"是經文本作"首"也。前"子游問喪具"節,此句作"敛首",彼疏文云"敛於首足,形體不令露見而已",正與此同。此句《釋文》以"敛手"作音,故唐石經已下各本俱作"手"。惟宋刻九經白文作"首",今秦版亦尚作"首",應據改。蓋自首而足而形是三事,敛法備此三者,《士喪禮》可攷。鄭注彼句以體解形,此句不注者,已見于前耳。(《禮記參訂》卷三《檀弓下》)

顧廣圻校勘《檀弓下》"敛手足形",發現唐石經以下各本俱作"手",《經典釋文》亦以"敛手"作音,他認爲《經典釋文》影響了唐石經及之後各本。《檀弓上》"子游問喪具"節云"敛首足形",唐石經及各本同。且《正義》疏解此句經文時,云"敛其頭首",所以《正義》所據《禮記》經文亦作"首"。對於"手""首"孰是孰非,他認爲"首"爲是,因爲首、足、形是三事,敛法應備此三者。陳鱣認爲《檀弓下》"敛手足形"孔疏云"敛其頭首",所以經文本作"首"。"子游問喪具"節經文、疏文作"首",即是明證。《經典釋文》以"敛手"作音,所以唐石經以下各本俱作"手",這一觀點與顧廣圻相同。兩條內容基本相同,都稱"唐石本以下各本",又提及"子游問喪具"節之異文,這兩點本屬客觀事實,內容相近或無問題。但《考異》"今案"以下言敛法備首、足、形三事以及鄭注"彼經以體解形"爲顧廣圻個人觀點,《禮記參訂》依然與之相同。陳鱣親見《考異》,撰作《禮記參訂》又在其後,可見確實鈔錄了《考異》,又稍加修改。

---

① 〔清〕張敦仁撰,侯婕整理:《撫本禮記鄭注考異》,北京:北京聯合出版有限責任公司,2022年,第109頁。

要之,《禮記參訂》成書,亦是陳鱣校勘諸書、兼採衆家之結果。陳鱣寫作時,既親自校勘元刻本、明刻本、清刻本《禮記集説》及所藏《禮記》相關版本,又徵引參考了《撫本禮記鄭注考異》《十三經注疏校勘記》,甚至因襲了相關學術觀點。不過陳鱣在書中批評《禮記集説》徵引他書而没略其名,自己卻也存有私心,犯了相同的錯誤。

五　結語

在中國傳統禮學研究中,清代無疑是比較重要一個時代,尤其是它在整個中國古典學術中處於總結階段。這一時期,涌現出汗牛充棟的禮學著作,王鍔《三禮研究論著提要》對此有比較全面的梳理。① 儘管如此,怎樣辨證、準確地認識這些禮學著作的價值,仍然是今日學者需要思考的問題。對於一部著作價值作出正確的判斷,根本仍在對於著作文本的深入瞭解,而解決此部著作的成書問題當爲首要任務。成書問題不是對於作者時代、撰寫經過的簡單羅列,而是要由此深入到某一禮學著作的文本如何生成、變化,文本來源究竟是抄撮舊説,還是作者創見;若是抄撮舊説,作者又對文本做了哪些改動。惟有辨明這些問題,釐清文本的層次與來源,才能對某一著作、某一作者乃至其所處時代學術做出正確判斷。

《禮記參訂》稿本有大字正文與小字眉批、夾注之分,二者内容有所偏重。陳鱣又在《經籍跋文·元本禮記集説跋》中明確交代了其寫作宗旨,即"其經文之勝于今本及不合古本,又其説之背于古者,具詳余所著《禮記參訂》",亦可據之將《禮記參訂》521條條目分爲兩個層次:"其説之背于古者",即批評陳澔立説者,共428條;"其經文之不合古本",即指摘《禮記集説》經文訛脱者,共93條。前者實又可分爲三個層次,第一層增删自《簡莊疏記·禮記疏記》,第二層明引暗合《陳氏禮記集説補正》,第三層爲陳鱣新撰之條目;後者又可分兩個層次,第一層爲陳鱣親校元、明、清《禮記集説》諸本及家藏各本《禮記》,第二層乃其採擇《禮記注疏校勘記》《撫本禮記鄭注考異》諸書。

---

① 王鍔:《三禮研究論著提要(增訂本)》,蘭州:甘肅教育出版社,2007年。

綜合來看，《禮記參訂》是陳鱣科舉失意後的意氣之作，陳鱣欲藉此批評科舉用書《禮記集說》。陳鱣在寫作《禮記參訂》時，參考了他日積月累的讀書隨筆《簡莊疏記》。該書分疏各經，詮釋字義，疏解《禮記》者共有 136 條，其中有 75 條文字被改編寫入《禮記參訂》。陳鱣在改編時不僅對文本進行了刪節、增補，其寫作重心也由疏解經義變爲批駁《禮記集說》。他還借鑒了《陳氏禮記集說補正》的寫作宗旨、體例、考證方法，部分觀點甚至有所因襲。雖然深受《陳氏禮記集說補正》影響，但尊尚許、鄭的學術理念，讓陳鱣與《陳氏禮記集說補正》偶有矛盾，也使得《禮記參訂》獨具特色。與此同時，爲了指摘《禮記集說》經文訛脱、批評其"不合古本"，陳鱣校勘了元刻本、明刻本、清刻本《禮記集說》，又廣泛地對校所藏《禮記》版本，乃至不惜鈔襲阮元《禮記注疏校勘記》、顧廣圻《撫本禮記鄭注考異》。陳鱣對於《禮記集說》的批駁，有可取亦有不足之處。但他一改往日寫作《簡莊疏記》時的冷靜客觀，在《禮記參訂》中言語更爲激烈，更顯意氣用事。

黃漢，北京大學中國古文獻研究中心、北京大學中文系古典文獻學博士研究生，研究方向經學文獻、清代文獻。